중국의 민간전설
양축 이야기

梁祝故事

저자 이주노李珠魯

서울대학교 중어중문과를 졸업하고 같은 대학에서 문학박사학위를 취득하였으며, 현재 전남대학교 중어중문과 교수로 재직하고 있다. 중국현대문학을 전공하면서 중국문화, 중국 건축에도 관심을 지니고 있다. 저서로 ≪중국현대문학의 이해≫ (공저) 등이 있으며, 역서로는 ≪중화유신의 빛 양계초≫, ≪중국 고건축 기행≫, ≪색채와 중국인의 삶≫ 등이 있다.

중국의 민간전설
양축 이야기
梁祝故事

인 쇄 2017년 3월 25일
발 행 2017년 3월 30일

저 자_이주노
발행인_정병석
발행처_전남대학교출판부
등 록_1981. 5. 21. 제53호
주 소_61186 광주광역시 북구 용봉로 77
전 화_(062) 530-0571~2
영업부_(062) 530-0573
팩 스_(062) 530-0579
홈페이지_http: //www.cnup.co.kr
이메일_cnup0571@hanmail.net

값 20,000 원

ISBN 978-89-6849-398-0 (93380)

이 도서의 국립중앙도서관 출판예정도서목록(CIP)은 e-CIP홈페이지(http://www.nl.go.kr/ecip)와
국가자료공동목록시스템(http://www.nl.go.kr/kolisnet)에서 이용하실 수 있습니다.
(CIP제어번호: CIP2017007766)

양축 이야기

중국의 민간전설

梁祝故事

- 이주노 저 -

전남대학교출판부

■ 책을 내면서

양산백과 축영대의 이루지 못한 비극적인 사랑 이야기는 중국의 민간에 오랫동안 널리 전해져 온 이야기이다. 청춘 남녀의 풋풋하면서도 뜨거운 사랑이 이데올로기나 사회제도에 의해 왜곡되고 파괴되었을 때, 그리고 이들 청춘 남녀가 자신들의 사랑을 지기키 위해 온 몸을 던져 맞서 싸우다가 생명까지도 내던졌을 때, 우리는 죽음으로써 지키려 했던 이들의 사랑으로부터 장엄미와 숭고미를 느끼게 된다. 아마도 중국에서 이 양축 이야기가 갖가지 문학양식으로 변주되면서 오래도록 전해져왔던 것은 바로 절망과 좌절의 순간 초월에 이르는 이들의 삶과 죽음을 통해 느끼는 초감성적 힘과 카타르시스 덕분일 것이다.

양산백과 축영대의 사랑 이야기, 즉 양축 이야기를 연구의 대상으로 설정한 것이 2006년이니, 이제 어느덧 10년이 지난 셈이다. 애당초 양축 이야기를 대학원생들과 함께 읽고 토론하였던 것은 중국의 민간문학, 특히 구비문학에 대한 관심에서 비롯되었다. 이러한 관심은 뒤이어 민간전설 '백사전白蛇傳', 그리고 중국 소수민족의 문학, 중국 신화에 대한 관심으로 계속 이어졌으니, 양축 이야기에 대한 연구는 민간문학 연구를 위한 마중물 역할을 톡톡히 한 셈이다.

이 책은 그동안 여러 학술지에 발표했던 몇 편의 논문들과 이번에 새로이 작성한 글로 이루어져 있다. 기왕에 발표했던 논문들은 이 책의 전체적인 짜임새에 맞추어 일부 수정하거나 보완하였다. 전체적인 얼개를 살펴보면, 우선 양축 이야기의 원형을 더듬어보고, 양축 이야기를 각종 서사매체별로 분류하여 살펴보면서 양축 이야기가 어떻게 변용되었는지를 분석하였다. 이어 양축 이야기가 어디에서 최초로 발원하여 각지로 전파되었을지 각각의 주장을 살펴보고, 이에 바탕하여 각지의 구비전설과 소수민족의 양축 이야기를 조망하였으며, 양축 이야기가 중국을 넘어 동아시아에 전파되어 있는 양상을 훑어보았다. 아울러 앞으로의 진전된 연구를 위해 양축 이야기와 관련된 기초 자료를 부록의 형태로 덧붙였다.

양축 이야기를 오랫동안 연구과제로 삼아 연구하였음에도 막상 인쇄에 부치려고 하니 아쉬움이 많이 남는다. 아직까지도 미처 살피지 못한 1차 텍스트가 많이 남아 있기 때문이다. 이 책의 출판이 연구의 끝이 아니라 새로운 시작이라 위로하는 수밖에 없다. 양축 이야기를 연구하느라 그동안 여러 분에게 신세를 졌다. 양축 이야기에 대한 연구를 먼저 시작하여 연구의 방향을 제시해주었음은 물론 많은 연구 자료를 기꺼이 제공해주었던 김우석 교수에게 감사의 인사를 전한다. 양축 이야기의 1차 텍스트를 함께 읽느라 고생했던 여러 대학원생들, 그리고 연구논문에 대해 세심한 조언을 아끼지 않았던 동료 교수들께도 감사의 인사를 전한다. 이 책이 그나마 꼴을 갖추어 출판될 수 있도록 수고하신 전남대학교출판부의 여러분에게 감사드린다. 이 책이 중국의 민간문학 연구에 작은 디딤돌이 되기를 소망한다.

2017년 3월

■ 목 차

제1장 양축 이야기의 원형을 찾아서

제2장 서사매체별 양축 이야기의 변용

제3장 양축 이야기의 기원과 전파

제4장 동아시아의 양축 이야기

제5장 맺음말을 대신하여

부 록

■ 각지의 양축문화

영피의 양축문화회관

영파의 양산백묘

항주의 만송서원

제녕 역산의 양축독서동

의흥의 선권동

의흥의 선권동정문

여남의 양산백묘

여남의 양축 패방

영파의 혼속절

의흥의 관접절

■ 양축 영화

양축통사(1926년)

양산백과 축영대(1953년)

양축(1994년)

양산백과 축영대(2003년)

■ 양축 TV드라마

양산백과 축영대(1999년)

신(新) 양산백과 축영대(2000년)

신편 양축전기(2002년)

양산백과 축영대(2007년)

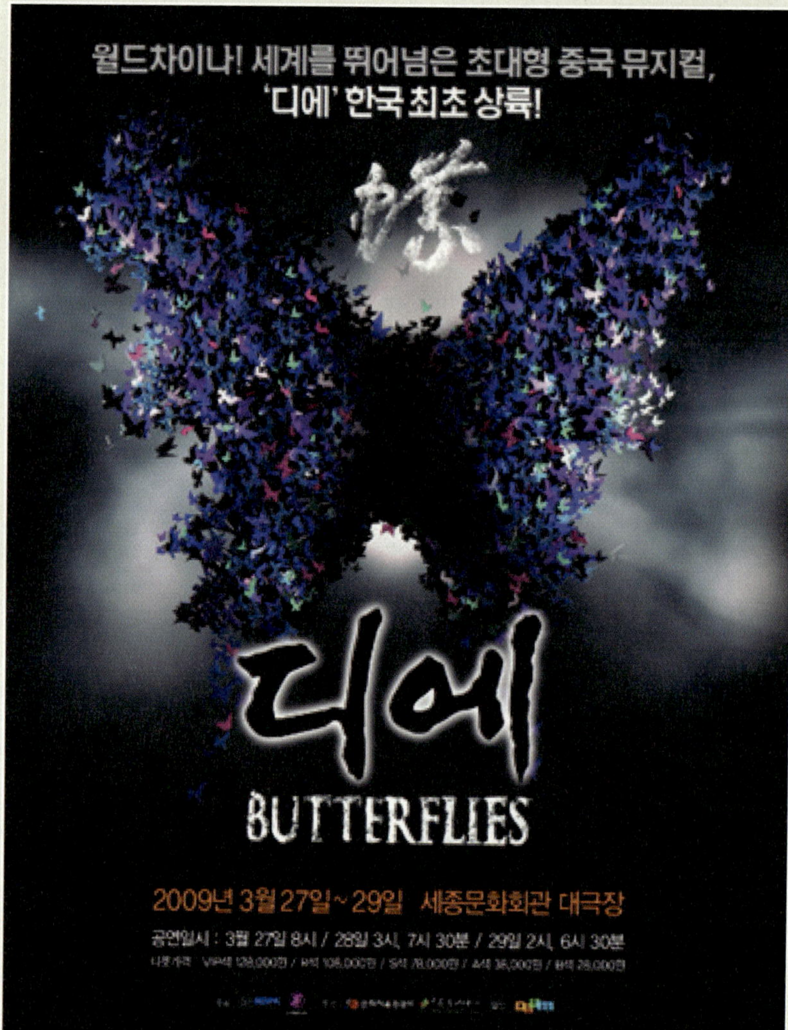

디에(蝶) Butterflies

■ 한국 고소설 양산백전

한국 고소설 양산백전

■ 북한의 양축 오페라

■ 일본의 접·련

■ 다양한 양축 문화

발레 양산백과 축영대

2003년 국가우정국이 발행한 양축 우표

1

양축 이야기의 원형을 찾아서

- 양축 이야기의 모티프
- 순정형 이야기와 양축 이야기

양축 이야기의 모티프

양축 이야기는 양산백梁山伯과 축영대祝英臺의 이루어질 수 없는 비극적 사랑을 담고 있다. 이 이야기는 '백사 이야기白蛇故事', '맹강녀 이야기孟姜女故事', '견우와 직녀 이야기牽牛織女故事'와 더불어 중국의 4대 민간전설로 손꼽히고 있다. 가장 일반적인 양축 이야기는 기본적으로 '축영대의 남장구학男裝求學' - '양축의 동문수학同門修學' - '양축의 사랑과 좌절' - '양산백의 죽음과 축영대의 순사殉死'라는 줄거리로 이루어져 있다. 양축 이야기의 가장 일반적인 줄거리는 다음과 같다.

> 축영대는 여자의 몸으로 공부를 하고 싶은지라 남장을 하여 서원에 간다. 축영대는 서원에서 양산백과 침식을 함께 하여 공부하는 동안, 양산백과 돈독한 우정을 쌓으면서 깊은 애정을 느끼게 된다. 양산백은 축영대가 여자임을 알지 못한 채 삼년이 흐르고, 축영대는 집으로 돌아간다. 얼마 후에 서원을 떠난 양산백은 축영대를 찾아갔다가 비로소 축영대가 여자임을 알게 되고, 이를 진즉 알아차리지 못한 자신의 어리석음을 한탄한다. 그리하여 양산백은 곧바로 축영대에게 청혼하지

> 만, 축영대는 이미 다른 집안의 아들과 정혼한 터였다. 낙심하여 집에 돌아온 양산백은 그리움이 병이 되어 앓아누웠다가 끝내 회복하지 못한 채 세상을 뜨고 만다. 양산백은 세상을 뜨기 전에 부모에게 축영대가 시집가는 길목에 자신을 묻어달라고 유언을 남긴다. 양산백이 죽었다는 사실을 전해들은 축영대는 시집가는 날 가마가 양산백의 무덤을 지나가게 한다. 시집가는 날 축영대를 태운 가마가 양산백의 무덤 앞에 이르자 갑자기 하늘이 어두워지고 비바람이 쳐서 도저히 나아갈 수 없다. 가마에서 내린 축영대가 무덤 앞에서 제사를 지내고 슬피 울자, 갑자기 양산백의 무덤이 열린다. 축영대가 얼른 무덤 안으로 뛰어들고, 무덤은 아무 일도 없었다는 듯 다시 닫힌다.

양축 이야기는 여러 지방지의 기록에서 엿볼 수 있듯이 역사적으로 실재했던 인물과 사건을 소재로 삼은 듯한 기술형태를 취하고 있으며, 오랜 시간에 걸쳐 넓은 공간에 전파되는 동안 이야기를 뒷받침할 만한 증거물로서 무덤과 사당, 독서처 등을 곳곳에 남기고 있다. 따라서 이야기를 하는 화자나 이야기를 듣는 청자 모두가 이야기의 진실성을 믿는 가운데 역사화가 진행되었음을 알 수 있다. 이러한 점에서 양축 이야기는 전설의 전형적 성격을 고루 갖추고 있다고 볼 수 있다.

양축 이야기의 원형은 대체로 위진남북조 시기, 특히 동진 시기에 이루어졌다고 보고 있다. 양축 이야기는 송대 이후 명청대를 거치면서 각종 서사장르, 이를테면 잡극雜劇이나 전기傳記, 각종 지방희 등의 희곡, 탄사彈詞나 고사鼓詞, 목어서木魚書 및 보권寶卷 등의 곡예, 그리고 민간설화의 주요한 소재가 되었으며, 20세기 이후에는 소설과 영화, 에니메이션, 발레, 교향악, 텔레비전 드라마 등의 다양한 영역에서 각광받는 소재로 등장하였다. 아울러 현재 양축 이야기는 중국에서 무형문화재와 문화상품으로서 그 존재가치를 크게 인정받고 있다.

위의 기본적인 줄거리에서 알 수 있듯이, 양축 이야기는 '남장'과 '순사'라는 모티프를 운용하고 있으며, 각종 서사장르로 확산되는 과정에서 축영대가 여자임을 밝혀내려는 '탐색'의 모티프와 순사한 축영대의 옷이나 혼이 나비로 변한다는 '화접化蝶'의 모티프를 추가하기도 한다. 이들 여러 모티프들 가운데에서 양축 이야기를 다른 이야기와 구별짓는 가장 중요한 모티프는 '남장'과 '순사'라고 할 수 있다. 아울러 '화접'의 모티프는 송대 이후에야 덧붙여졌으리라 추정되지만, 양축 이야기를 구성하는 중요한 모티프이므로 여기에서 함께 다루기로 한다. 이제 양축 이야기의 원형을 찾아가는 과정의 첫 걸음으로서, 위진남북조 시기에 이르기까지 중국의 각종 문헌에 '남장'과 '순사', '화접'이라는 모티프가 어떻게 나타나 있는지를 살펴보기로 하자.

■ 남장男裝

역사 기록에 등장하는 최초의 남장 여인은 하夏나라 최후의 군주인 걸왕桀王이 총애했던 말희末喜 혹은 妺嬉이다. 주지하다시피 걸왕은 은殷나라 최후의 군주인 주왕紂王과 더불어 중국 역사상 가장 포악하고 황음무도했던 폭군이며, 결국 은나라의 탕왕湯王에게 토벌되어 쫓겨나고 말았다. 말희는 뛰어난 미색으로 걸왕의 마음을 사로잡아 온갖 악행을 저질렀는데, ≪한서漢書.외척전外戚傳≫에 실린 안사고顔師古의 주석에 따르면 "용모는 아름다우나 덕이 없고, 행실은 여자이나 마음은 장부(美於色, 薄於德, 女兒行, 丈夫心)"였다고 한다. 사내 대장부의 기질을 지닌 말희가 남장을 하였다는 것은 ≪진서晉書.오행지五行志≫에 "말희는 남자의 관모를 썼다(末喜冠男子之冠)"라고 기록되어 있다.

말희에 뒤이어 남장한 여인에 관한 역사 기록은 춘추시대 제齊나라 영공靈公에게서 볼 수 있다. 영공은 신변의 여인들이 남장한 모습을 즐겨 구경하였는데, 이로 인해 궁중의 궁녀로부터 시비에 이르기까지 모두들 남자의 복장을 하였다. 그러자 온 나라의 부녀들까지 이를 본떠 남장을 하기에 이르렀다. 이것이 눈에 거슬린 영공은 민간의 여인들은 남장을 하지 못하도록 영을 내렸지만, 남장의 풍조를 막을 수 없었다. 화가 치민 영공은 남장한 여인의 옷을 찢고 허리띠를 자르게 하였지만, 그래도 남몰래 남장을 하는 풍조는 여전하였다. 이때 상대부上大夫인 안영安嬰이 나서서 "남장을 금하려면 우선 궁내부터 시행하여야 하며, 궁내의 여인들이 여자의 옷을 입게 되면 민간 여인의 남장도 저절로 사라질 것"이라고 간언하였다.[1)]

남장한 여인에 관한 기록은 ≪남사南史·송서宋書≫의 〈진희왕창전晉熙王昶傳〉에도 나온다. 진희왕 유창劉昶은 남조의 송宋 문제文帝의 아홉째 아들인데, 폐제廢帝가 즉위한 후에 그의 모반을 의심하자 난을 일으켰다가 실패하고 말았다. 그러자 "창은 일이 그른 것을 알고 밤에 문을 열고서 위魏로 도망하였다. 그는 어머니와 모친을 내버린 채 첩 한 사람만을 데리고 갔는데, 남장 차림으로 말에 태워 뒤따르게 하였다"[2)]고 한다. 물론 이 경우는 도주하는 급박한 상황에서 남의 눈을 피하기 위한 남장이라 할 수 있다.

이와는 달리 남장한 여인이 남자에 못지 않은 재능을 발휘하는 경우도 있다. ≪남사·제서齊書≫의 〈최혜경전崔慧景傳〉과 ≪북사北史·위서魏書≫의 〈양대안전楊大眼傳〉에는 다음과 같은 기록이 실려 있다.

> 동양東陽이란 곳에 루령婁逞이란 여인이 있었는데, 옷을 바꿔입어 사

내로 속였다. 그녀는 대충 장기를 둘 줄 알고 글도 알아 고관들과 널리 교제하였으며, 벼슬이 양주 의조종사議曹從事에 이르렀다. 나중이 남장 여인임이 드러나 제나라 명제明帝가 불러들이라 영을 내렸다. 루령은 비로소 여인의 복장차림으로 떠나면서 이렇게 탄식해마지 않았다. "이 정도의 재주인데도 아낙네로 지내다니 어찌 아깝지 않겠는가!"[3)]

양대안의 아내 반씨潘氏는 말타기와 활쏘기에 능하여 직접 군영으로 남편을 찾아가기도 했다. 전쟁을 하거나 사냥을 할 때마다 양대안은 아내 반씨에게 갑옷을 입혀 싸움터를 함께 누비거나 숲과 골짜기를 함께 내달렸다. 군영에 돌아와서 장막 아래에 함께 앉은 채 양대안은 여러 장수와 막료를 마주하여 태연하게 껄껄 웃었으며, 때로 아내를 가리키면서 남에게 이렇게 말하기도 하였다. "이 사람이 바로 반장군이오."[4)]

이들은 모두 역사 기록에 등장하는 인물들이거니와, 남장한 여인에 관한 기록은 문학 텍스트에도 등장한다. 우리가 잘 알고 있는 화목란花木蘭의 남장종군男裝從軍과 관련된 이야기가 바로 그것이다. 이 이야기의 텍스트는 원래 송나라 곽무천郭茂倩이 편찬한 ≪악부시집樂府詩集≫에 실려 있는 〈목란시木蘭詩〉이다. 이 시는 〈공작동남비孔雀東南飛〉와 더불어 위진남북조 시기의 북방 민간서사시의 대표작으로 일컬어지고 있다. 이 시의 창작 시기에 대해서는 여러 가지 견해가 있지만, 대체로 북조시대에 이야기의 원형이 형성되어 남방으로 유전되었다가 수당 시기에 문인의 윤색을 거쳤으리라 보고 있다.

〈목란시〉의 내용은 대체로 다음과 같다. 군병을 징집하는 천자의 칙령이 내렸는데, 징집 대상자의 명단에 목란의 아버지가 올라 있다. 목란의 집에는 아들이 없는지라 목란이 아버지를 대신하여 전장에 나가려 한다. 목란이 말과 안장, 채찍을 사서 전장에 뛰어든 지 어느덧 십년이 넘는다. 수많은 공적을 세우고서 천자를 알현하지만, 목란은 관직도 마다하고 고향으로 돌아온다. 고향으로 돌아와 군복을 벗어던지고 치마로 갈아입고서야, 동료들은 그가 여자임을 알게 된다.

이로써 위진남북조 시기에 이르기까지 남장한 여인에 대한 기록이 적지 않음을 알 수 있다. 남장한 여인에 대한 기록은 당대唐代에 이르러 더욱 많아진다. 이를테면 ≪구당서舊唐書≫와 ≪신당서新唐書≫에는 고종高宗과 측천무후則天武后 사이에 태어난 태평공주太平公主가 남장을 즐겨 하였다는 기록이 실려 있고, 측천무후 역시 어렸을 적에 남복을 입혀 키웠다는 기록이 실려 있다. 현종玄宗 때에는 궁중의 여인들이 남장 차림에 호모胡帽를 쓰고 말을 타고 다니는 풍조가 성행했으며, 무종武宗의 비妃인 왕씨王氏는 무종과 함께 남장 차림으로 사냥을 하였는데 무종과 분별할 수 없었다는 기록도 실려 있다.

이처럼 여인이 남장하는 풍조가 성행했던 시대적 분위기 속에서 태어난 것이 〈사소아전謝小娥傳〉이라 할 수 있다. 이공좌李公佐의 대표적인 전기소설인 이 작품에는 복수를 위해 남장한 여인 사소아를 그려내고 있다. 사소아는 장사를 하던 아버지와 남편이 강도를 만나 죽임을 당하는 불운을 겪는데, 아버지와 남편의 원혼이 수수께끼를 일러준다. 수년 후에야 어느 관리의 도움을 받아 수수께끼를 푼 사소아는 남장을 하여 우여곡절 끝에 원수를 갚는다.

이밖에도 당대의 온정균溫庭筠이 지었다고 전해지는 ≪건손자乾巽子≫에도 남장한 여인이 등장한다. 이 이야기는 ≪태평광기太平廣記≫ 권367의 〈맹구孟嫗〉에 다음과 같이 실려 있다.

> 내 남편 장찰張詧은 곽분양郭汾陽에 의해 임용되었는데, 곽분양이 여러 차례 청을 올려 의대를 하사받아 늘 그의 곁에 있었다네. 장찰의 모습은 모습은 나와 아주 비슷하게 생겼었지. 장찰이 죽자 곽분양은 매우 가슴아파했네. 그래서 나는 남편의 의관으로 위장하여 장찰의 동생이라 명함을 내밀어 곽분양을 모시게 해달라고 청했네. 곽분양은 크게 기뻐하면서 나로 남편의 빈자리를 대신하게 해주었지. 그렇게 해서 15년을 살았어. 곽분양이 돌아가셨을 때 내 나이 벌써 일흔 둘이었다네. 군중에서 거듭 상주문을 올려 나는 어사대부의 관직을 겸하게 되었네. 그런데 갑자기 외롭다는 생각이 들어 이 가게의 반씨潘氏 노인에게 시집가 아내가 되었지.[5)]

이렇게 살펴보노라면, 당대에 〈사소아전〉이나 〈맹구〉가 출현하였던 것은 결코 돌연한 일이 아니라, 오랜 기간에 걸친 역사서의 기술과 문학적 창작에 힘입은 것임을 알 수 있다. 특히 당대 사회의 개방적인 분위기가 남장한 여인에 대한 기술을 더욱 성행케 하였으리라 추측할 수 있을 것이다.

■ 순사殉死

사랑하는 임과 평생 희로애락을 함께 하는 것은 동서고금의 청춘남녀의 바람일 것이다. 그러나 사랑이 아무리 뜨겁다 할지라도 사랑의 완성을 가로막는 요인은 너무나 많고 불시에 닥쳐온다. 그리하여 세상을 먼저 떠난 임을 좇아 목숨을 버리기도 하고 사랑을 이루지 못해 목숨을 내던지기도 한다. 중국에서 가장 오래된 시집인 ≪시경詩經≫에도 이룰 수 없는 사랑으로 인한 괴로움을 토로하는 시가가 적지 않다. 그 가운데 하나인 〈왕풍王風·대거大車〉에서는 "살아서 방을 달리 하더라도 죽어서는 무덤을 함께 하세. 내 말을 믿지 않는다면, 저 하늘의 해에 맹세하리(穀則異室, 死則同穴, 謂予不信, 有如皦日)”라고 노래한다. 지극한 사랑을 위해서라면 죽음마저도 마다하지 않겠다는 순사의 의지를 내비치고 있는 것이다.

사랑하는 이를 따라 죽은 순정殉情의 여인으로 우리는 제일 먼저 순舜임금의 아내였던 아황娥皇과 여영女英이라는 두 자매를 떠올릴 수 있다. 주지하다시피 아황과 여영은 전설속의 임금인 요堯의 딸이다. 요는 재능과 덕망을 겸비한 순에게 제위를 선양하는 한편, 두 딸을 순에게 시집보냈다. 그리하여 아황은 순의 왕후가 되고, 여영은 비妃가 되었다. 훗날 순은 남방을 시찰하기 위해 떠났는데, 이를 나중에 알고서 뒤쫓아 간 자매는 동정洞庭에 이르러 순이 창오蒼梧에서 죽어 구의산九嶷山 아래에 묻혔다는 것을 듣게 되었다. 자매는 슬픔에 겨워 눈물이 그치지 않았는데, 이때 흘린 눈물에 젖은 대나무는 반죽斑竹이 되었다. 자매는 슬픔을 이기지 못해 끝내 상수湘水에 몸을 던지고 말았다.

아황과 여영의 순정은 이후 수많은 문인에 의해 읊어져 전해졌다. ≪산해경山海經≫에서는 “동정호에는 순 임금의 두 여인이 살고 있어늘 강 깊은 곳에서 노니는데, 드나들 때마다 거센 비바람이 휘몰아친다(洞庭之中, 帝二女居之, 是常遊於江淵, 出入必以飄風暴雨)”고 하였으며, 굴원屈原은 그의 ≪구가九歌≫ 가운데 〈상군湘君〉과 〈상부인湘夫人〉을 지어 두 자매의 덕을 찬양하였다. 또한 한나라의 유향劉向은 ≪열녀전列女傳≫의 〈유우이비有虞二妃〉에서 “유우씨의 두 부인은 요 임금의 두 딸이며, 큰딸은 아황, 작은딸은 여영이다(有虞二妃, 帝堯二女也, 長娥皇, 次女英)”이라고 적었다. 양梁나라의 임방任昉 역시 ≪술이기述異記≫에서 순 임금 및 자매와 관련된 여러 유적들에 대해 기술하였다.[6]

이로써 아황과 여영의 순정에 관련된 기술이 끊임없이 이어져 왔음을 알 수 있다.

지아비를 잃은 비련의 여인이 지아비를 좇아 목숨을 버리는 이야기는 맹강녀孟姜女에게서도 되풀이된다. 앞에서도 언급하였지만, 맹강녀 이야기는 중국의 사대 민간전설의 하나로서 오랫동안 민간에 널리 전해져온 이야기이다. 맹강녀의 이름은 이미 ≪시경·정풍鄭風≫의 〈유녀동거有女同車〉에도 나오는 바, "저 아리따운 맹강이여, 진실로 아름답고 어여쁘구나(彼美孟姜, 洵美且都)", "저 아리따운 맹강이여, 정겨운 목소리 잊지 못해라(彼美孟姜, 德音不忘)"라고 노래하고 있다.

맹강녀 이야기의 추형은 ≪춘추좌씨전春秋左氏傳.양공襄公≫ 23년의 기록에 적혀 있다. 즉 제나라 임금인 장공莊公이 거莒나라를 치다가 패하는 바람에 기량杞梁은 죽고 말았다. 제나라로 돌아온 장공이 남편을 마중나온 그의 아내를 위로하자, 그의 아내는 "제 남편에게 죄가 있다면 어찌 군왕의 위로를 받을 수 있겠습니까. 만일 죄가 없다면 선대로부터의 초가집이라도 있으니 이 들판에서 위로를 받을 수야 없지요"[7]라고 대답하였다는 것이다. 이처럼 전쟁터에서 남편을 여읜 여인의 이야기가 보다 온전한 줄거리를 갖추어 기록된 것은 한나라 유향劉向의 ≪열녀전列女傳≫ 〈정순전貞順傳〉에 실린 다음의 이야기이다.

> 기량의 처는 자식이 없는데다 안팎으로 가까운 친척이 아무도 없었다. 남편이 돌아오지 않자 이에 남편의 주검을 성 아래에서 찾아내고서 슬피 울었다. 그 마음의 정성이 사람들을 감동시켜 길을 지나는 자마다 눈물을 훔치지 않는 이가 없었다. 열흘 동안 울자 성이 무너졌다. 그녀는 남편을 묻으면서 말했다. "나는 어디로 돌아갈거나! 부인이라면 반드

시 의지할 곳이 있을 터, 아비가 있으면 아비에게 의지하고 남편이 있으면 남편에 의지하고 자식이 있으면 자식에게 의지하련만, 이제 나는 위로는 아비가 없고 가운데로는 남편이 없고 아래로는 자식이 없으며, 안으로는 나의 정성을 드러내어 기댈 곳이 없고 밖으로는 나의 절개를 세워 기댈 곳이 없구나. 내 어찌 두 마음을 가질 수 있으리오! 역시 죽을 따름이로다!" 그리하여 마침내 치수淄水로 달려가 죽고 말았다.[8)]

이 이야기는 전쟁터에서 죽은 남편의 시신을 성 아래에서 찾아냈으며, 끝내 남편의 뒤를 좇아 순사하였다는 것뿐이다. 이 이야기는 훗날 진시황의 만리장성의 축성을 배경으로 하는 설화로 발전되어 민간에 널리 퍼지게 되었다. 즉 진시황의 만리장성 축성에 끌려간 남편이 고된 노동으로 인해 쓰러져 죽고, 소식 없는 남편을 찾아온 아내는 남편이 죽었다는 소식에 슬피 울다가 그 지극한 정성 덕분에 성벽이 무너져 남편의 시신을 찾아냈으며, 성벽이 무너졌다는 소식에 화가 치민 진시황이 그녀를 불러 보고는 그녀의 미모에 반해 첩이 될 것을 요구하지만 그녀는 포악무도한 진시황을 꾸짖고서 남편의 시신을 껴안고 바다로 뛰어들었다는 것이다.

이루어지지 못한 사랑의 괴로움으로 인해 목숨을 버리는 여인 역시 순정형의 주인공이라 할 수 있다. 동진東晉의 간보干寶가 육조시대의 지괴소설志怪小說을 모아 펴낸 ≪수신기搜神記≫에 이러한 순정형 여인이 등장한다. ≪수신기≫ 15권의 당부유唐父喩와 16권의 자옥紫玉이 이러한 경우인데, 각각의 이야기는 아래와 같다.

진나라 시황제 때에 왕도평王道平이라는 자가 있었다. 장안 사람으로 어릴 적 당숙해唐叔偕의 딸과 같은 마을에 살았다. 그 딸의 이름은 당부유였으며, 용모가 아름다웠다. 그들은 나중에 부부가 되기로 약속한 사이였다. 그런데 왕도평이 정벌에 차출되어 멀리 남국까지 내려가 9년이 되도록 돌아올 수가 없었다. 당부유의 부모는 딸이 장성하자 기다리다 못해 유상劉祥이라는 자와 빙례를 치르고 그의 아내로 시집보내려 하였다. 딸은 왕도평과의 약속을 중히 여겨 이를 거부하였지만, 부모의 핍박을 면할 수 없어 끝내 유상에게 시집을 가고 말았다. 그로부터 3년이 흘렀지만 그 딸은 전혀 기쁜 낯을 보이지 않았다. 항상 왕도평만을 그리워하다가 분함과 원통함이 깊어져 끝내 그 우울함에서 벗어나지 못하고 그만 죽고 말았다.9)

오왕 부차夫差의 막내딸 이름은 자옥이며, 나이 열여덟에 재주가 뛰어나고 모습이 아름다웠다. 당시 젊은이 중에 한중韓重이라는 자가 있었는데, 나이 열아홉에 학문이 뛰어났다. 자옥은 한중을 사랑하여 몰래 서로 편지를 보내 소식을 전하며, 그의 아내가 되겠노라고 약속한 상태였다. 그런데 한중이 제로齊魯 지역으로 공부를 하러 가게 되었다. 그가 떠나면서 부모에게 부탁하여 그녀에게 구혼을 해두라고 하였다. 그러나 임금은 노하여 딸을 주지 않았고, 자옥은 그 일로 기가 막혀 죽고 말아 창문閶門 밖에 묻혔다.10)

위의 이야기의 주인공인 당부유와 자옥은 모두 결혼을 약속한 사이였으나 사랑을 이루지 못한 슬픔과 원통함으로 인해 죽음을 맞이하고 만다. 물론 이 두 편의 이야기는 이것으로 끝나지 않는다. 멀리 떠났던 왕도평이 돌아와 당부유의 무덤을 찾아오자 죽었던 여인이 되살아나 두 사람은 해로하고, 3년만에 돌아온 한중은 자옥의 무덤을 찾아가 자옥의 영혼과 사흘 밤낮을 무덤에서 함께 보낸다. 이 두 편의 이야기는 어떤 형태로든 사랑의 장애를 극복하고 사랑을 완성하는 대단원의 구조를 취하고 있다.

사랑하는 이의 죽음에 슬퍼하여 죽음을 택하는 것은 여자만이 아니다. ≪태평광기≫ 324권에 실린 〈최무백崔茂伯〉은 세상을 떠난 정혼녀를 좇아 순정한 남자를 다루고 있다. 최무백의 딸은 배조裴祖의 아들과 정혼하였으나 갑자기 죽고 말았는데, 배씨 집안에서는 이를 모르고 있었다. 어느 날 최씨의 딸이 배씨 아들에게 나타나 죽었음을 알리면서 정표를 건네주었다. 배씨 아들은 최씨 집을 직접 방문 후에야 정혼녀가 죽었음을 알고서 무덤에 가서 슬피 울었다. 이후 배씨 아들은 슬픔이 맺혀 병들어 죽었으며, 양가의 사람은 두 사람을 합장하였다.[11)]

이와 유사한 예는 ≪태평광기≫ 334권에 실린 〈왕을王乙〉에서도 볼 수 있다. 왕 아무개는 임여군臨汝郡 어느 집 정원을 지나다가 어여쁜 처녀를 보고서 마음에 들어 하룻밤을 함께 보낸다. 그런데 처녀가 갑자기 병을 얻을 앓더니 얼마 후 죽고 말았다. 훗날 관직을 얻어 돌아가던 왕 아무개는 그 집을 지나다가 처녀가 죽었다는 소식을 들었다. 그는 제물을 마련하여 무덤 앞에서 제사를 지내면서 통곡하였는데, 그 순간 땅에 엎드린 채로 죽고 말았다. 하녀가 보았더니 왕 아무개의 혼백이 처녀와 함께 빈궁殯宮으로 들어가는 것을 보았다고 한다.

위의 이야기 가운데 〈왕을〉의 이야기는 ≪광이기廣異記≫에서 인용하여 옮겨 실은 것이다. ≪광이기≫는 당대의 대부戴孚가 육조六朝의 지괴志怪와 전기傳奇를 모아 편찬한 소설집인데, 대체로 대력大歷 연간(766-779)에 펴냈으리라 추정하고 있다. 이렇게 본다면 아황과 여영으로부터 위진남북조 시기에 이르기까지 사랑으로 인한 순정형 이야기는 끊임없이 전해지고 확산되었다고 할 수 있다. 위에서 언급한 순정형 이야기 외에도 '한빙韓憑 부부 이야기', '초중경 아내焦仲卿妻 이야기', '화산기華山畿 이야기' 등에서도 사랑의 완성을 위해 순사하는 인물을 발견할 수 있다. 이들 이야기와 관련해서는 뒤이어 상술하고자 한다.

■ 화접化蝶

사람이 죽어 그의 혼이나 옷 등이 나비로 변한다는 화접은 크게 보아 사람이 살아서든 죽어서든 사물이나 동물로 변한다는 변신류變身類에 속한다. 여기에서는 화접의 원형을 살펴보기 위해 중국의 여러 전적에 나타나는 변신의 양상을 살펴보기로 한다. 중국의 옛 전적 가운데에서 우선 신화화된 인물을 통해 변신의 양상을 엿볼 수 있는데, 치수治水와 관련된 곤鯀과 그의 아들 우禹가 대표적이다.

≪국어國語·진어晉語≫에 따르면, "옛날에 곤은 임금의 명을 어겨 우산羽山에서 죽임을 당하였는데, 누런 곰으로 변하여 우연羽淵으로 들어갔다"[12]고 한다. 곤이 죽어 누런 곰으로 변하였다는 이야기는 남조南朝 양梁나라의 임방任昉이 지은 ≪술이기述異記≫에 "요임금이 곤에게 홍수를 다스리도록 하였는데, 그 임무를 제대로 감당하지 못하자 마침내 우산에서 그를 죽였다. 곤은 누런 곰으로 변하여 우천羽泉으로 들어갔다"[13]고 보다 상세히 기술되어 있다.

곤이 죽어서 곰이 되었다면, 곤의 아들 우는 살아있는 상태에서 곰으로 변한 경우이다. 서한西漢의 회남왕淮南王 유안劉安 등이 지은 ≪회남자淮南子≫에는 다음과 같은 이야기가 실려 있다.

> 우는 홍수를 다스리고자 헌원산軒轅山을 뚫으려 하여 곰이 되는지라, 아내인 도산씨涂山氏에게 말했다. "밥을 가져오려거든 북소리를 듣고 오시오." 우가 돌을 넘으려다가 그만 잘못하여 북을 울리고 말았다. 밥

> 을 가지고 왔다가 우가 곰이 된 모습을 본 도산씨는 부끄러워 달아나다가 숭고산嵩高山 아래에 이르러 돌이 되었는데, 마침 계啓를 낳을 참이었다. 우는 "내 아들을 돌려주오!"라고 말하자, 돌의 북쪽이 쩍 갈라져 계가 태어났다.[14]

이 이야기에서 우는 살아서 곰으로 변하고, 우의 아내는 죽어서 돌로 변한다. 이와 같은 변신은 신화적 인물에게서만 드러나는 것이 아니다. 도가의 신선술이 성행함에 따라, 변신의 양상은 훨씬 다양하고 폭넓게 나타나고 있다. 동진의 갈홍葛洪이 지은 ≪신선전神仙傳≫에는 신선술에 능한 이들이 변신하는 이야기가 많이 기록되어 있다. 태현녀太玄女는 순식간에 노인으로 변했다가 다시 어린아이로 변하기도 하고, 모군茅君은 흰 고니로 변하여 다니기도 한다. 좌자左慈는 조조曹操가 자신을 죽이려 하자 양이나 다른 사람의 모습으로 변하며, 개상介象은 초목이나 날짐승 혹은 길짐승으로 변하여 몸을 숨기기도 한다.

또한 ≪신선전≫에는 신선이 되어 사라진 인물들의 이야기가 많이 실려 있다. 이를테면 봉강鳳綱이나 화자기華子期, 악자장樂子長, 위도세衛度世, 위백양魏伯陽, 심희沈羲, 당공방唐公昉, 반맹班孟 등은 신선이 되어 사라진다. 아울러 황로자黃盧子는 용을 타고 사라지고, 모몽茅濛은 적룡을 타고 승천하며, 안기安期는 우거羽車를 타고 승천한다. 여기에서 나아가 몸만 남기고 혼백이 빠져나가 신선이 되는, 이른바 시해尸解의 경우도 있는데, 특히 사후에 몸의 일부로서 특정한 사물을 남긴 채 시신이 사라진다. 이를테면 왕원王遠은 죽은 후 시신이 사라진 채 옷과 허리띠만 남아 있으며, 이소군李少君 역시 죽은 후 옷가지만 남아 있지만 나중에 관을 열어보니 이것도 신발로 변해 있다. 또한 개상介象은 주판奏版 부적만 남긴 채 시신이 사라지고, 동봉董奉 역시 한 폭의 비단만 남긴 채 시신이 사라진다.

간보가 펴낸 ≪수신기≫에도 살아 있는 사람이나 죽은 사람이 다른 사람이나 물체로 변하는 변신류 이야기가 다수 실려 있다. 회남왕 유안을 찾아온 여덟 노인은 어린 아이로 변하고, 개염介琰은 동자나 늙은이로 변하기도 한다. 또한 수백 년간 함께 은거한 부부는 한 쌍의 학이 되어 날아가고, 황씨 집안의 어머니처럼 목욕을 하다가 자라로 변하여 못으로 사라져버리기도 한다. 이밖에 주목할 만한 경우는 죽은 후에 시신이 다른 물체로 변하는 경우이다. 이를테면 구익부인鉤弋夫人은 죽은 후 시신에서 향기가 피어올랐는데, 무덤을 파보니 시신은 사라진 채 한 켤레 신발만 남아 있다. 왕자교王子喬는 흰 무지개로 변했다가 죽임을 당했는데, 그의 시신은 큰 새로 변하여 날아간다. 또한 한빙韓憑은 미모의 아내를 강왕康王에게 빼앗겨 자살하고, 그의 아내 역시 강왕의 강요를 물리치고서 끝내 자살한다. 한빙 부부는 죽은 후 상사수相思樹가 되고 한 쌍의 원앙으로 변한다.

이처럼 ≪신선전≫과 ≪수신기≫를 비롯한 중국의 각종 고적에는 살아있거나 죽은 사람이 다른 물체로 변하는 이야기가 다수 실려 있다. 변신의 대상으로 도가의 신선술과 관련된 인물들의 경우에는 신선으로 변신하는 경우가 가장 많고, 어린아이나 노인으로 변신하는 경우도 있다. 이외에는 곰과 양, 고니, 학, 자라, 원앙 등의 동물로 변신하는 경우가 변신의 대부분을 차지하고 있고, 나무와 돌, 비단, 신발 등의 식물이나 사물로 변하는 경우도 있다.

이처럼 다양한 동식물 및 사물로 변신하는 경우 가운데, 나비로의 변신을 보여주는 사례는 아마도 이른바 장자莊子의 호접몽蝴蝶夢에서 최초로 엿볼 수 있을 것이다. 즉 장자는 제자에게 이런 이야기를 들려주었던 것이다. “예전에 내가 꿈에 나비가 되어 훨훨 날아다녔다. 너무나도 기분이 좋아 내가 장주임을 알지 못했다. 이윽고 깨어나 보니 장주였다. 내가 꿈속에 나비가 된 것인지, 나비가 꿈속에 장주가 된 것인지 알 수가 없다.”[15] 이 이야기는 인간인 장자와 곤충인 나비의 경계의 무화無化를 통해 인간의 시비와 호오, 미추의 관념의 덧없음이란 철학적 명제를 제기하고 있다.

장자의 호접몽은 인간이 나비로 변하는 문학적 상상력 또한 자극하였음에 틀림없지만, 장자가 실제로 나비로 변하거나 나비가 장자로 변한 것은 결코 아니다. 여기에서 나아가 사람이 나비로 변했다는 화접의 이야기는 동진의 도잠陶潛이 펴낸 ≪수신후기搜神後記≫ 권8 〈불이 나비로 변하다火變蝴蝶〉라는 다음의 이야기에 처음 보인다

> 동진 의희義熙 연간에 오상현에 갈휘부葛輝夫라는 사람이 있었다. 어느 날 처가에서 묵게 되었는데, 삼경이 지난 후에 두 사람이 횃불을 들고 섬돌 앞에 이르렀다. 갈휘부는 이들이 흉측한 도적이라 의심하여 이들을 치려고 갔다. 막 몽둥이로 치려는 순간 이들은 모두 나비로 변하여 훨훨 날아갔다. 그 중의 한 마리가 갈휘부의 겨드랑이 아래로 달려들어 그를 땅바닥에 넘어뜨렸는데, 그는 얼마 지나지 않아 죽었다.[16]

위진남북조 시기까지 사람이 나비로 변한 이야기는 유일하게 이 한 편뿐이다. 그러나 이 이야기에서의 나비는 우리가 살펴보는 다정한 연인이나 부부의 정령이 아니라, 사악한 기운을 품고 있는 정령이다. 이룰 수 없는 사랑을 완성하는 의미를 지닌 정령으로 나비가 등장하는 예로서 흔히 한빙 부부가 죽어서 나비로 변한 경우를 든다. 그러나

≪수신기≫에 실린 한빙 부부의 이야기에는 나비로 변했다는 언급이 전혀 보이지 않는다. 또한 당대의 변문 〈한붕부韓朋賦〉는 한빙 부부의 이야기가 변형된 것인데, 여기에서도 두 사람은 죽어 돌이 되었다가 상사수가 되고 마침내 원앙으로 변할 뿐 나비로 변했다는 기록은 보이지 않는다. 한빙 부부의 이야기에 화접 모티프가 덧붙여졌던 것은 북송대의 ≪태평환우기太平寰宇記≫ 권14에 실린 다음의 기록에서 비로소 엿볼 수 있다.

> 한빙의 무덤은 ≪수신기≫에 따르면 이러하다. "송나라 대부인 한빙은 아름다운 아내를 얻었는데, 송나라 강왕康王이 아내를 빼앗아갔다. 한빙은 강왕을 원망하여 자살하고 말았다. 그의 아내는 남몰래 자신의 옷을 삭혔다가 왕과 함께 누대에 오르자 누대 아래로 몸을 던져 죽었다. 좌우에 있던 사람들이 그녀를 붙잡았으나 손에 잡힌 것은 나비로 변하였다." 또 이르기를 "한빙은 아내와 각각 서로 마주보이는 곳에 묻혔으나 무덤의 나뭇가지가 저절로 얽혔으며, 그 위에 원앙이 깃들더니 목을 맞댄 채 슬피 울었다"고 한다.[17)]

이로써 본다면, 동진 시기에 사람이 나비로 변한 이야기는 등장하지만, 이룰 수 없는 사랑의 완성을 상징하는 화접의 모티프는 북송대 이후에 등장한다고 볼 수 있다. 실제로 위의 ≪태평환우기≫의 기록 외에도, 북송대의 하원何薳이 지은 ≪춘저기문春渚紀聞≫의 권4 잡기雜記에 실려 있는 기록, 즉 건안建安 시기 장국로章國老의 아내 반씨녀潘氏女에 관한 기록, 그리고 남송의 학자 주밀周密이 지은 ≪계신잡지癸辛雜識≫에 실려 있는 기록, 즉 양오楊吳의 아내 강씨江氏 소녀와 양대방楊大芳의 아내 사씨謝氏에 관한 기록은 모두 죽은 이의 혼이 나비로 변한 이야기를 담고 있다. 각각의 내용은 아래와 같다.

> 건안 연간에 장국로章國老의 아내는 의흥宜興의 반씨 딸인데, 두 집안에서 그녀의 아름다움을 칭찬하였다. 그녀가 장국로에게 시집을 간 지 몇 해가 되지 않아 죽었다. 그녀가 죽은 날 방안에는 나비가 가득 날아가 그 수를 헤아릴 수가 없었다. 그녀가 태어날 때에도 이러했다는 것을 들었다. 제단을 마련하고 초상을 펼쳐놓을 때마다 나비 한 마리가 오래도록 머물렀다가 떠났다.[18]

> 양오楊吳는 자는 명지인데, 강씨 소녀를 아내로 맞아들여 잇달아 아들을 얻었다. 명지가 객사한 이튿날, 손바닥만한 나비가 강씨의 곁을 날아다니다가 날이 저물어서야 떠났다. 부고를 듣고서 친족이 모여 우는데, 그 나비가 다시 와서 강씨를 맴돌면서 먹고 마시며 생활하기를 그치지 아니하였다. 아마도 명지가 젊은 아내와 어린 자식에 대한 정을 떼지 못해서 나비로 변하여 돌아왔을 것이다.[19]

> 양대방楊大芳이 사씨를 아내로 얻었는데, 죽어서 아직 염을 하지 않았다. 그런데 부채만한 크기에 자갈색의 나비가 흰 장막 안으로 훨훨 날아들어와 창문 사이를 이리저리 날더니 날이 저물어서야 떠났다.[20]

위의 이야기들은 모두 사람이 죽은 후 나비로 변하는 이야기인데, 여기에서의 나비는 이루지 못한 사랑의 정령으로서의 성격을 지니고 있다. 이러한 점에서 사람이 죽어 그의 혼이나 물건이 나비로 변하는 것은 북송대에야 본격적으로 서사되기 시작하였으며, 특히 남송대에 이르러 이야기의 주요 구성성분의 하나로 널리 운용되었다고 볼 수 있다.

순정형 이야기와 양축 이야기

양축 이야기는 오랜 세월에 걸쳐 다양한 장르에서 반복적으로 서사되는 가운데, 각 시대와 지역 나름의 현실인식과 심미취향 및 장르적 특성을 반영하면서 변용·확장되어왔다. 따라서 양축 이야기가 시대와 서사장르에 따라 어떻게 변형되고 어떻게 의미를 확장하는가를 조사하고, 이러한 변형과 확장에 드러나는 장르적 차이와 문화적 의미를 고찰하는 것은 대단히 흥미로운 작업이라 할 수 있다. 이러한 작업은 중국 문화의 역사적 변모 양상을 추적하고, 문화 속에 내재된 이데올로기적 속성을 분석할 수 있도록 도와줄 것이다.

이야기의 변용과 확장에 대한 고찰과 더불어, 양축 이야기의 원형이 배태되었던 근원적 상황에 대한 검토 또한 중국 문화의 원형을 재구성하고, 중국인의 문화심리구조를 분석할 수 있는 실마리를 제공해줄 수 있다는 점에서 중요한 의미를 갖는다. 특히 양축 이야기가 상이한 환경, 장르 및 여타의 이야기와 상호 영향을 주고받으면서 이루어진 복합체적 성격을 띠고 있다는 점에서, 거의 비슷한 시공간에 등장하였던 일부 이야기를 살펴보는 것은 매우 중요한 의미를 지닌다고 할 수 있다. 이러한 관점에서 여기에서는 비슷한 시기에 나타난 순정형 이야기를 중심으로 양축 이야기의 근원적 상황을 살펴봄으로써 양축 이야기가 생성되었던 시기의 문화심리구조를 고찰하고자 한다.

■ 다양한 순정형 이야기들

양축 이야기는 동진 시기에 그 원형이 이루어졌음에도 불구하고, 양축 이야기에 관한 기록은 꽤 늦은 편이다. 즉 양梁나라 원제元帝가 저술한 ≪금루자金樓子≫에 양축 이야기가 실려 있다는 기록[21], 그리고 당대 중종中宗 시기의 양재언梁載言이 편찬한 ≪십도사번지十道四蕃志≫에 양축 이야기에 관한 기록[22]이 그마나 시기적으로 이른 기록일 뿐이다. 그러나 후세의 문인들의 글에 인용되어 있는 이들 기록은, 현존하는 ≪금루자≫에 양축 이야기가 실려 있지 않는데다가, 양축 이야기에 관한 내용이 구체적으로 밝혀져 있지 않다. 아마도 양축 이야기의 구체적인 이야기를 담고 있는 최초의 기록은 중당中唐에 장독張讀이 펴낸 전기소설집傳奇小說集 ≪선실지宣室志≫에 실린 내용일 터인데, 그 내용은 다음과 같다.

> 축영대는 상우上虞 출신인 축씨의 딸인데, 거짓으로 남장을 하고서 공부하러 떠나 회계會稽 출신인 양산백이란 사람과 함께 공부를 하였다. 양산백의 자는 처인處仁이었다. 축영대가 먼저 고향으로 돌아간 지 2년 뒤에 양산백은 축영대를 찾아갔다가 비로소 여자인 줄 알게 되었다. 양산백은 무엇인가 잃어버린 듯 슬퍼하다가 부모에게 고하여 정혼하고자 하였다. 그러나 축영대는 이미 마씨의 아들과 혼인을 허락한 터였다. 양산백은 후에 은현鄞縣의 현령이 되었다가 병들어 죽어 무성鄮城 서쪽에 묻혔다. 축영대가 마씨에게 시집가던 중 배가 묘소 앞에 이르자 바람과 파도로 인해 나아갈 수가 없었다. 축영대는 양산백의 무덤이 있음을 물어 알고서 무덤에 올라가 슬피 울었다. 이때 갑자기 땅이 저절로 갈라지고 무너져 축영대가 마침내 함께 묻히고 말았다. 진나라 승상 사안謝安이 표를 올려 그 묘를 의부총義婦冢이라 부르게 되었다.[23]

청대에 저호翟灝이 ≪통속편通俗編≫ 37권 〈양산백이 벗을 찾다梁山伯訪友〉조條에 실려 있는 이 글은 기술의 신빙성이 떨어진다는 의심[24]을 사고 있지만, 현재까지는 기술의 신빙성을 부정할 만한 결정적인 증거가 나오지 않은 이상, 굳이 문헌자료로서의 가치를 폄하할 필요는 없을 것이다. 어쨌든 이 글은 이전의 짤막한 언급과는 달리 서사로서 이야기의 구성요소를 기본적으로 갖추고 있는 바, 인물로서 축영대와 양산백을 형상화하고, 사건으로서 '축영대의 남장구학男裝求學'과 '이루어지지 못한 사랑', '양산백의 죽음과 축영대의 순사'가 제시되고 있다.

전체적으로 양축 이야기는 전설 유형type으로 보아 순정형에 속한다고 볼 수 있는데, 사랑하는 이를 좇아 순사하는 순정형 이야기는 양축 이야기에서만 발견되는 것이 결코 아니다. 양축 이야기의 생성시기와 거의 비슷한 위진남북조 시기에 집성된 옛 전적이나 이 시기를 배경으로 하는 이야기 가운데에도 순정형 이야기가 많이 남아 있다. 그 가운데에 널리 알려진 것으로, '한빙 부부韓憑夫婦 이야기', '초중경 아내焦仲卿妻 이야기', '육동미陸東美 이야기', '화산기華山畿 이야기' 등을 들 수 있다. 이들 이야기는 양축 이야기가 생성되었던 시기의 문화심리구조를 살펴보는 데 매우 유용한 자료라고 할 수 있다.

먼저 한빙 부부 이야기를 살펴보기로 하자.

> 강왕康王 때의 벼슬아치 한빙韓憑은 하씨何氏를 아내로 맞아들였는데, 매우 아름다웠다. 강왕이 그녀를 빼앗아버려 한빙이 이를 원망하자, 강왕은 그를 가두고 성을 쌓는 형벌을 내렸다. 그의 아내가 몰래 한빙에게 편지를 보내 자신의 뜻을 밝혀 이르기를 "비는 줄기차게 내리고, 황하는 크고 물은 깊은데, 태양이 떠올라 내 마음 비춰주리"라고 하였다. 얼마 후 강왕은 그 편지를 구하여 좌우의 신하들에게 보여주었으나, 그 뜻을 풀이하는 신하가 아무도 없었다. 신하 가운데 소하蘇賀라는 이

> 가 대답하여, "비가 줄기차게 내린다는 것은 근심스러우면서도 그립다는 말이고, 황하가 크고 물은 깊다는 것은 서로 오고갈 수 없다는 것이며, 태양이 떠올라 마음을 비춰준다는 것은 마음속에 죽기로 결심하였다는 뜻입니다"라고 하였다. 얼마 지나지 않아 한빙은 자살하고 말았다. 그의 아내는 몰래 자신의 옷을 삭게 만들었다. 왕이 그녀와 함께 누대에 오르자, 그의 아내는 누대에서 몸을 던졌다. 좌우의 신하가 그녀를 붙들었지만, 그녀의 옷은 손에 잡히지 않은 채 그녀는 떨어져 죽었다. 그녀는 허리띠에 편지를 남겼는데, "왕께서는 제가 살아 있음을 이롭게 여길 터이지만, 저는 죽는 것이 이롭다고 여깁니다. 원컨대 저의 주검을 한빙과 합장해 주옵소서."라고 적혀 있었다. 왕은 노하여 그녀의 유언을 들어주지 않은 채, 마을 사람을 시켜 매장하도록 하되 무덤이 서로 마주보도록 하였다. 왕은 "너희 부부의 사랑이 끝나지 않아 만약 무덤이 능히 서로 합쳐진다면, 내가 막지는 않을 것이다"라고 말하였다. 그러자 하룻밤 사이에 커다란 가래나무가 두 무덤의 가장자리에 나더니, 열흘 만에 한 아름이 되도록 자랐다. 게다가 몸체를 굽혀 서로 다가가더니 밑에서는 뿌리가 서로 얽히고 위에서는 가지가 엇섞였다. 그리고 원앙 암수 한 쌍이 늘 나무 위에 깃들어 새벽이고 밤이고 떠나지 않은 채 목을 감고서 슬피 우는데, 그 음성이 사람을 감동시켰다. 송나라 사람들이 이를 애달파하여 그 나무를 '상사수相思樹'라 일컬었으며, 상사相思라는 말은 여기에서 비롯되었다. 남방의 사람들은 이 새를 한빙 부부의 정혼精魂이라 말한다.[25]

전국시대 송나라 강왕(기원전 328-286년)의 치세를 시대 배경으로 하고 있는 이 이야기는 조비曹丕가 엮은 ≪열이전列異傳≫에 수록되었다가, 이후 간보干寶의 ≪수신기≫에 실려 우리에게 전해지고 있다. 송나라 강왕은 자신의 형인 척성군剔成君을 무력으로 내쫓고 왕위를 찬탈했으며, 군사력을 강화하여 제나라와 초나라, 위나라 등을 쳐서 영토를 확장하였다. 그러나 ≪동주열국지東周列國志≫에 따르면, 그는 "부인을 많이 취하였으며, 음락淫樂을 일삼아 하룻밤에 수십 명의 여자를 거느렸(又多取婦人爲淫樂, 一夜御數十女)"던 포악무도한 왕으로서 흔히 '걸송桀宋'이라 일컬어지는 인물이다. 한빙 부부 이야기는 아마 강왕의 이러한 성격을 배경으로 지어져 민간에 널리 전해졌던 이야기라고 할 수 있는 바, 강왕의 횡포에 의해 아내를 빼앗긴 한빙의 자살과 그의 아내의 순사가 이야기의 줄거리를 이루고 있다.

순정형의 이야기는 흔히 〈공작동남비孔雀東南飛〉로 일컬어지는 한대의 민간악부民間樂府에 서술된 초중경 아내 이야기에서도 살펴볼 수 있다. 초중경 아내 이야기는 양梁나라 서릉徐陵(507~583)이 펴낸 ≪옥대신영玉臺新詠≫에 〈이 고시는 초중경 아내가 지음古詩爲焦仲卿妻作〉이라는 제목으로 서序와 함께 353구의 장편 서사시가 실려 있으며, 송대 곽무천郭茂倩의 ≪악부시집樂府詩集≫에 옮겨 실려 있다. 초중경 아내 이야기는 동한 말 헌제獻帝 때인 건안建安 연간(196~220년)을 시대 배경으로 하고 있는데, 이야기의 줄거리는 서문에 다음과 같이 밝혀져 있다.

> 한말 건안 중에 여강부廬江府의 말단 관리인 초중경의 아내 유씨劉氏는 초중경의 어머니에게 쫓겨났으나, 개가하지 않으리라 맹세하였다. 친정 집안에서 개가하라 핍박하자 물에 몸을 던져 죽었다. 초중경이 이를 듣고서 역시 뜰의 나무에 목매어 죽으니, 당시 사람들이 이들을 불쌍히 여겨 이렇게 시를 지었다고 한다.[26)]

이 서문을 뒤이어 초중경의 아내는 남편에게 시어머니의 트집과 학대로 인한 괴로움을 하소연하고, 어머니에게 아내를 변호하던 남편은 오히려 타박만 듣는다. 결국 어머니의 고집을 꺾지 못해 남편은 아내에게 잠시만 친정에 가 있으라 말하자, 아내는 시어머니와 시누이에게 하직 인사를 하고서 집을 나선다. 시집에서 내쫓긴 아내가 남편과 헤어지는 장면을 시가에서는 이렇게 노래하고 있다.

> 중경의 말이 앞장서고, 새색시 수레는 뒤를 따르네. 덜컹 덜컹 소리를 내면서 함께 큰길 어귀에 이르렀네. 말에서 내려 수레 속으로 들어가 머리 숙여 귀엣말을 했네. "맹세코 그대와 떨어지지 않으리. 잠시만 친정에 가 있소. 나는 지금 관청에 갔다가 오래지 않아 돌아오리다. 하늘에 맹세코 저버리지 않겠소!" 새색시 중경에게 이르기를 "당신의 깊은 사랑 마음에 사무친다오. 당신이 이처럼 기억해주시니 머지않아 님이 오길 기다리리다. 당신이 반석이 되신다면 저는 갈대가 될 테요. 갈대는 실처럼 질기고 반석은 움직이지 않으리! 저에게는 오라버니 계시어 성격이 천둥처럼 사나우니, 아마도 내 뜻대로 두지 않고 제 마음 볶아댈까 걱정이라오." 손을 들어 오랫동안 흔드니 두 마음은 하나 되어 애처롭기 그지없네.[27)]

친정으로 내쫓긴 초중경의 아내는 친정의 식구들에게 다른 남자에게 개가하라는 강요를 받는다. 아내는 헤어지지 말자는 남편과의 맹세를 떠올리면서 식구들의 핍박을 견디지만, 결국 태수의 아들에게 개가하기로 한다. 양가에서 혼수를 장만하느라 바쁠 즈음에, 남편이 아내의 개가 소식을 듣고서 아내를 찾아와 이렇게 이야기를 나눈다.

> 중경은 새색시에게 말했네, "그대 높이 오른다니 축하하오. 반석은

반듯하고 두꺼워서 천년이라도 가련마는, 갈대는 한 때 질겼으나 바로 잠간 사이에 변하고 말았구료. 그대는 나날이 귀해지고 나는 홀로 황천으로 가리다!" 새색시가 중경에게 말했네, "무슨 뜻으로 그런 말씀하시나요? 다 함께 핍박받아 된 일, 당신이 그렇고 저 또한 그런 것을. 황천에서 뵈오리니 오늘 말씀 어기지 마세요!" 손을 잡았다 헤어져서 각각 집으로 돌아갔네.[28]

사랑을 위해 순사하겠다는 다짐을 나누고 집으로 돌아온 아내는 못에 몸을 던져 자살하고, 이 소식을 들은 초중경 역시 나무에 목을 매어 자살한다. 그리하여 이 시가는 끝부분에서 "두 집안이 합장하려 하여 화산華山 가에 합장했네. 동서로는 소나무와 측백나무를 심고, 좌우로는 오동의 암수를 심었네. 가지와 가지가 서로를 덮고, 잎새마다 서로 닿았네. 그 위로 쌍쌍이 나는 새, 이들을 원앙이라 부른다네. 고개 들어 서로 마주하여 우짖으니, 밤마다 동틀 녘까지 울었다네"[29]라고 노래함으로써 이야기의 서사를 완결짓고 있다.

여기에는 이 시가보다 훗날에 나타난 '화산기華山畿' 고사가 언급되어 있는데, 전체적으로 보아 이 끝부분은 후세의 민간시인들이 가탁한 것으로 보아야 할 것이다.[30] 어쨌든 이 끝부분을 통해, 서릉이 ≪옥대신영≫을 편찬하였을 당시에 이미 초중경 부부에 관한 이야기는 그 줄거리가 순사殉死에 이은 상징적 합장合葬으로 일단락되어 있었음을 알 수 있다.

초중경 아내의 이야기에 이어 순정형의 이야기는 육동미陸東美 이야기에서도 살펴볼 수 있다. 이 이야기는 원래 육조六朝 제齊나라의 조충지祖沖之(429~500)가 펴낸 ≪술이기述異記≫에 실려 있다가, 후에 ≪태평광기太平廣記≫에 옮겨 실려 전해지고 있다. 이 이야기는 오吳나라 황룡黃龍 연간(229~231)을 시대 배경으로 하고 있으며, 육동미 부부의 다정한 결혼생활과 아내의 죽음, 그리고 남편의 순사가 주된 줄거리를 구성하고 있는 바, 그 이야기는 다음과 같다.

> 오나라 황룡 연간에 오군吳郡 해염현海鹽縣에 육동미라는 사람이 있었는데, 그의 부인 주씨朱氏는 용모와 행동거지가 훌륭했다. 그들 부부는 서로를 존중하며 한 발자국도 서로 떨어지지 않았기에 당시 사람들이 그들을 '비견인比肩人'이라 일컬었다. 한번은 부부가 이렇게 말하였다. "이렇게 비익조比翼鳥처럼 늘 붙어 있는 것은 아무래도 좋을 수만은 없을 듯하오." 나중에 부인이 죽자 육동미는 음식을 먹지 않은 채 죽기만을 바랐다. (그가 죽자) 집안사람들이 애처로이 여겨 두 사람을 합장해주었다. 1년이 채 안되어 무덤 위에서 가래나무가 자라났는데, 같은 뿌리에서 두 줄기가 나와 서로 뒤엉키더니 합쳐져서 한 그루가 되었다. 또한 매양 기러기 한 쌍이 늘 그 위에서 살았다. 손권孫權이 이 이야기를 듣고 감탄하여 육동미 부부가 살던 마을을 '비견리比肩里'라 봉하고, 또 그 무덤을 '쌍재묘雙梓墓'라 일컬었다.[31]

순정형 이야기로서 양축 이야기의 시대 배경과 가장 가까운 이야기는 화산기 이야기이다. 육조 시대의 송나라 소제少帝(422-424) 당시를 배경으로 하는 이 이야기는 곽무천이 ≪악부시집≫에서 "≪고금악록古今樂錄≫에서 이르기를, 화산기는 송 소제 때의 오뇌곡懊惱曲으로서 역시 변곡"[32]이라고 밝히고 있는 점으로 보아, 이 이야기는 원래 진陳나라 석지장釋智匠이 펴낸 ≪고금악록≫에 실려 있다가 후에 ≪태평광기≫와 ≪악부시집≫에 옮겨 실려 전해지고 있음을 알 수 있다. ≪태평광기≫

에 '남서사인南徐士人'이라는 이름으로 전해지고 있는 화산기 이야기는 다음과 같다.

> 송나라 소제 때에 남서南徐의 한 선비가 화산에서 운양雲陽으로 가는 길에 객사에서 열여덟 살이나 열아홉 살쯤 되어 보이는 한 여자를 만났는데, 마음에 들었으나 그 뜻을 전할 길이 없어, 마침내 마음의 병이 되고 말았다. 어머니가 그 까닭을 묻자, 선비는 어머니에게 자세히 말씀드렸다. 그리하여 어머니가 화산과 운양으로 가서 그 여자를 찾아 만나서 사정을 이야기하였다. 여자는 그 말을 듣고서 감동하여 자신의 속치마를 벗어서, 선비의 어머니에게 선비의 자리 밑에 몰래 감추어 놓으라 하면서, 그것을 깔고 누우면 틀림없이 병이 나을 것이라고 하였다. 며칠 만에 과연 선비의 병이 나았다. 어느 날 문득 선비가 자리를 들추었다가 속치마를 보고는, 그것을 들고서 울다가 숨이 거의 끊어지게 되자 어머니에게 말하였다. "저를 장사지낼 때 화산을 지나가게 해주세요." 어머니는 그의 뜻에 따르기로 하였다. (상여가) 여자의 집 문에 이르자, 상여 끄는 소가 아무리 때려도 나아가지 않았다. 잠시 기다리자 여자가 목욕하고 화장을 끝내고 나와서 이렇게 노래하였다. "화산의 산기슭, 당신이 이미 날 위해 죽었으니, 나 혼자 살아남은들 누굴 위해 단장하리오? 당신이 날 진정 사랑하신다면, 저 관은 날 위해 열리리라!" 노래가 끝나자 관이 열리니, 여자는 마침내 관 속으로 뛰어들었다. 그리하여 두 사람을 합장하고 그 무덤을 '신사총神士塚'이라 불렀다.[33)]

이들 다섯 편의 이야기를 정리하면 다음의 〈표 1〉과 같다.

| 표 1 |

	한빙 부부 이야기	초중경 아내 이야기	육동미 이야기	양축 이야기	화산기 이야기
시간 배경	戰國時代 宋 康王 (B.C. 328-286)	東漢末 獻帝 建安 연간 (196-220)	삼국 吳 黃龍 연간(229-231)	東晉 373년 (?)[34]	南朝 宋 少帝 (422-424)
공간 배경		廬江府	吳郡 海鹽縣	上虞와 會稽	華山
기록 원전	- 魏 曹丕 ≪列異傳≫ 原載 - 晉 干寶 ≪搜神記≫ 轉載	- 梁 徐陵 ≪玉臺新詠≫ 原載 - 宋 郭茂倩 ≪樂府詩集≫ 轉載	- 齊 祖冲之 ≪述異記≫ 原載 - 宋 ≪太平廣記≫ 轉載	唐 張讀 ≪宣實志≫	- 陳 釋智匠 ≪古今樂錄≫ 原載 - ≪太平廣記≫ 및 ≪樂府詩集≫ 轉載
인물	기혼의 韓憑부부	기혼의 焦仲卿과 아내 劉氏	기혼의 陸東美와 아내 朱氏	미혼의 梁山伯과 祝英臺	미혼의 南徐 선비와 여자
애정의 계기				同學	
애정의 장애 요인	康王의 횡포	시어머니의 학대, 친정의 개가강요		집안의 정혼	
죽음의 유형	남자의 자살 여자의 殉死	여자의 자살 남자의 殉死	여자의 자연사 남자의 殉死	남자의 병사 여자의 殉死	남자의 병사 여자의 殉死
무덤의 형태	分葬 (상징적 합장)	합장	합장	합장	합장
애정의 상징	가래나무[35]와 원앙	松柏과 梧桐, 원앙	가래나무, 기러기		
전설화된 기념물	相思樹		比肩里, 雙梓墓	義婦冢	紳士塚
역사 인물			孫權	謝安	

위의 〈표 1〉에서 알 수 있듯이, 이들 순정형 이야기는 한빙 부부 이야기를 제외하고 대부분 동한말부터 위진남북조 시기를 시간배경으로 하고 있으며, 장강 유역[36]을 공간배경으로 삼고 있다. 또한 이들 순정형 이야기를 문자로 기록한 옛 전적 역시, 양축 이야기가 ≪금루자≫에 실렸으리라 가정한다면, 모두 위진남북조 시기에 이루어진 것들이다. 따라서 이야기의 시공간과 문자화된 시기를 함께 고려한다면, 이들 순정형 이야기는 거의 동일한 시공간에서 민간에 널리 전파되어 회자되었을 가능성이 매우 높다.

아울러 이들 순정형 이야기는 '사랑하는 남녀' - '애정의 장애요인 발생' - '남자(여자)의 죽음' - '여자(남자)의 순사와 합장'이란 기본 줄거리로 짜여져 있음을 알 수 있다. 분장分葬된 한빙 부부의 경우 역시 가래나무의 몸체가 서로 다가가고 뿌리와 가지가 서로 얽힌다는 점에서 합장의 의미를 상징적으로 드러내고 있다. 또한 이들 순정형 이야기는 남녀간의 애정의 상징으로서 애정의 영원성을 상징하는 나무나 새를 자주 등장시키고 있는데, 물론 이는 애절한 남녀의 사랑에 대한 이야기 수용자의 동정과 소망을 반영하고 있다고 볼 수 있다. 아울러 순정형 이야기는 대부분 끝부분에서 남녀의 애정 및 죽음과 관련된 전설화된 기념물을 언급하거나 역사인물을 빌려오고 있는데, 이는 이야기에 객관적 신뢰성을 부여하기 위한 서사전략의 일환이라 할 수 있다.

■ 순정형 이야기의 서사구조

순정형 이야기는 위의 〈표 1〉에서 볼 수 있듯이 이야기의 시대 배경의 차례가 이야기가 문자로 기록된 시기의 순서와 반드시 일치하는 것은 아니다. 사실 이야기 자체의 시대 배경은 이야기의 생성 시기와 전혀 관계가 없다고 할 수는 없지만, 이야기의 생성·발전에 결정적인 의미를 갖는 것은 아니며, 오히려 각각의 이야기를 문자로 기록한 시기가 보다 중요한 의미를 갖는다고 할 수 있다. 적어도 이야기가 문자로 기록되었을 당시에는 각각의 이야기가 기록에 실린 줄거리의 형태로 이미 많은 사람들에게 전파되었을 가능성이 매우 높기 때문이다. 이들 순정형 이야기는 아마 거의 비슷한 시기에 상호 교융하면서 나름의 이야기로 형성되었으리라 추정할 수 있다.

그렇다면 이러한 상호 교융의 과정을 고찰하기 위해 먼저 순정형 이야기에 포함되어 있는 행위의 기능을 추출하여 이야기 자체가 어떻게 제시되는가를 살펴보자. 순정형 이야기에는 아래와 같이 대체로 12가지의 기능이 순차적으로 배열되어 있다.

(1) 남녀가 서로 사랑한다.
(2) 남녀의 애정이 장애에 부닥친다.
(3) 장애요인과 갈등을 겪는다.
(4) 남녀 가운데 한 명이 병이 든다.
(5) 처방이 제시된다.
(6) 남자(혹은 여자)가 죽음에 이른다.
(7) 죽음에 이르러 유언을 남긴다.
(8) 남은 자에게 신이神異한 일이 일어난다.
(9) 남은 자가 순사하고 합장된다.
(10) 애정의 상징물이 나타난다.
(11) 전설화된 기념물이 제시된다.
(12) 역사적 실재 인물이 등장한다.

순정형 이야기에서 (1)의 ‘남녀가 서로 사랑한다’는 기능은 남녀가 처음 만나 애정관계를 이루는 행위 혹은 계기적 행위로서, 흔히 미혼의 청춘남녀에게서 두드러진다. (2)의 ‘남녀의 애정이 장애에 부닥친다’는 기능은 남녀 어느 한쪽이 구체적인 물리적 폭력이나 이데올로기적 억압에 의해 애정관계를 지속·발전시킬 수 없는 상황에 놓이게 됨을 가리키며, 이 기능에 자연사는 포함되지 않는다. (3)의 ‘장애요인과 갈등을 겪는다’는 기능은 장애요인에 대한 저항을 가리키며, 이야기에서는 남녀간의 애정이 더욱 돈독해지는 계기로 작용한다. (6)의 ‘남자(혹은 여자)가 죽음에 이른다’는 기능은 장애요인에 의한 자살이나 병사, 혹은 자연사를 가리킨다. (8)의 ‘남은 자에게 신이한 일이 일어난다’는 기능은 죽은 자의 무덤 앞이나 살아남은 자의 집 앞에서 일어나는 신이한 행위를 가리키며, (10)(11)(12)의 기능은 순사와 합장 이후에 일어나는 행위들이다. 이 12가지 기능이 각각의 순정형 이야기에 나타나는지의 여부를 정리하면 아래의 〈표 2〉와 같다.

| 표 2 |

고사 / 기능	한빙 부부 이야기	초중경 아내 이야기	육동미 이야기	양축 이야기	화산기 이야기
(1)				○	○
(2)	○	○		○	
(3)	○	○			
(4)				○	○
(5)					○
(6)	○	○	○	○	○
(7)	○				○
(8)				○	○
(9)	○	○	○	○	○
(10)	○	○	○		
(11)	○		○	○	○
(12)			○	○	

위의 12가지 기능들이 순정형 이야기에 모두 나타나는 것은 물론 아니지만, 이들 기능들은 순정형 이야기의 줄거리 전개에서 상당한 유사성을 지니면서 순차적으로 진행되고 있다. 위의 표에서 한빙 부부 이야기의 경우 (7)의 '죽음에 이르러 유언을 남기'는 사람은 먼저 세상을 떠나는 한빙이 아니라 한빙을 좇아 순사하는 한빙의 아내라는 점에서, 먼저 세상을 떠나는 사람이 유언을 남기는 화산기 이야기와는 약간 다르다고 할 수 있다. 이 가운데 양축 이야기는 특히 한빙 부부 이야기 및 화산기 이야기와 높은 유사성을 보이고 있다.

먼저 양축 이야기와 한빙 부부 이야기를 비교해보자. 한빙 부부 이야기는 양축 이야기와 달리 기혼의 부부가 등장하며, 애정을 해치는 장애요인인 강왕의 폭력성에 죽음으로 맞서는 부부의 저항, 그리고 순사 이후 분장되었다가 상징적인 합장을 이루어가는 과정의 신이성이 주로 부각되어 있다. 그러나 이 두 이야기는 순정형 이야기가 지니고 있는 기본적인 기능, 즉 (2)(6)(9)를 공유하고 있다는 점에서 다른 이야기와 구별된다. 즉 외부에서 비롯된 장애로 말미암아 남녀의 애정이 지속 혹은 완성되지 못한 점이 동일하며, 남자의 죽음을 좇아 여자가 순사하고 합장된다는 점이 동일하다.

다음으로 양축 이야기와 화산기 이야기 역시 다른 이야기에서는 등장인물이 기혼의 부부임에 반해, 이 두 이야기에서는 모두 미혼의 청춘남녀라는 점이 동일하다. 또한 양축 이야기에서는 축영대가 남장을 하고서 양산백과 함께 동문수학하는 과정을 설정함으로써 애정을 나눌 수밖에 없는 필연성을 제시하고 있는 반면, 화산기 이야기에서는 '길을 가던 중에 만나 마음에 들었다'라고 다소 간략하게 애정에 이르기까지의 과정을 처리하고 있다는 점 외에는, 순정형 이야기의 주요한 구성요소로서 (4)(6)(8)(9)를 공유하고 있다. 즉 이루지 못할 사랑으로 인해 남자가 상사병에 걸려 먼저 죽음에 이른다는 점이 동일하며, 양축 이야기에서는 축영대가 시집가는 길에 배가 양산백의 무덤 앞에 이르자 바람과 파도로 인해 나아가지 못하였다고 한 반면, 화산기 이야기에서는 선비의 상여를 끄는 소가 여자의 집 문에 이르자 나아가지 않았다는 점에서 나아가지 못한 주체와 운송수단이 다르기는 하지만, '남은 자에게 신이한 일이 일어난다'는 점에서는 동일하다.

바로 이러한 점으로 말미암아 양축 이야기의 원형으로 한빙 부부 이야기나 화산기 이야기를 언급하거나 양축 이야기와 이들 두 이야기의 친연성을 강조하는 연구자가 많다고 볼 수 있다.[37] 이들 이야기뿐만 아니라, 초중경 아내 이야기와 육동미 이야기 역시 순정형 이야기가 지니고 있는 기본적인 기능, 즉 (2)(6)(9) 혹은 (6)(9)를 양축 이야기와 공유하고 있다는 점에서 서사구조의 유사성을 보여주고 있다. 다만 초중경 아내 이야기는 시어머니의 학대와 친정식구들의 개가 강요에 서사의 초점이 맞추어지고, 육동미 이야기는 남자의 순사와 합장 이후의 신이한 현상에 초점이 맞추어짐으로써 이야기의 서사구조가 한빙 부부 이야기와 화산기 이야기에 비해 훨씬 단순해졌을 따름이다.

이들 순정형 이야기는 각각 개별적이고 독립적으로 생성되었을 수도 있다. 그러나 이들 이야기의 서사적 시공간이 위진남북조 시기의 장강 유역이며, 이야기가 문자로 기록된 시기 역시 대부분 위진남북조 시기라는 점을 감안한다면, 다시 말해 순정형의 유사한 이야기가 거의 동일한 시공간속에서 생성·유통되었음을 감안한다면, 이들 순정형 이야기는 생성된 이후 민간, 특히 장강 유역에 널리 전파되는 과정에서 상호 교차를 일으켰을 것이며, 이들 이야기가 문자로 기록된 이후에는 이야기 상호간의 교차가 더욱 활발하게 진행되었으리라 추측할 수 있다. 이러한 상호교차는 초중경 아내 이야기에 화산기 이야기가 섞여들어가 있는 점에서 그 일례를 찾아 볼 수 있다.

실제로 양축 이야기의 이후의 변용 과정은 이러한 상호교차의 결과물이라 해도 좋을 만큼 새로운 기능들이 추가되는 바, 양축 이야기에 결여된 (3)(5)(7)(10)의 기능들이 이후의 기록에 보충되어 있다. 즉 이후의 기록에는 (3)의 '장애요인과 갈등을 겪는다'의 기능을 보충하기 위해 축영대와 부모의 갈등 혹은 축씨 집안과 마씨 집안의 갈등이 설정되며, (5)의 '처방이 제시된다'는 기능을 보충하기 위해 축영대가 상사병에 걸린 양산백을 위해 속옷과 처방전을 보낸다. 또한 (7)의 '죽음에 이르러 유언을 남긴다'의 기능을 위해 양산백은 임종의 순간 '어느 곳에 묻어달라'는 유언을 남기게 되며, (11) '애정의 상징물이 나타난다'의 기능을 위해 축영대의 옷이 나비로 바뀌거나 양산백과 축영대의 혼이 나비로 변하여 날아오르게 된다. 어찌 보면 훗날의 양축 이야기는 위의 12가지 기능을 모두 포괄하여 마치 네 가지 순정형 이야기를 하나로 묶어낸 산물처럼 보인다.

■ 양축 이야기의 특징

그렇다면 이와 같은 이야기 줄거리의 유사성에도 불구하고, 여러 순정형 이야기 가운데에서 유독 양축 이야기만이 다른 이야기의 기능을 수용하면서 훗날 중국의 대표적인 민간전설로 발전한 까닭은 무엇일까? 다시 말해 양축 이야기에는 여타의 순정형 이야기와는 다른, 어떤 특이한 요소가 내재되어 있을까? 이는 우선 고대소설이 아무리 이야기 자체의 기이성, 그리고 기이성이 낳는 오락성을 중시한다 할지라도, 서사구조의 완성도를 높일 수 있는, 다시 말해 서사의 논리적 필연성을 강화할 수 있는 여지가 구조적으로 마련되어 있어야 한다는 점, 그리고 당시 이야기의 수용자들이 양축 이야기라는 비극적 애정 이야기를 수용하는 과정에서 새로운 사회에 대한 나름의 염원을 기탁할 수 있는 모티프가 제공되어야 한다는 점과 관련되어 있다.

이러한 측면에서 바라볼 때, 양축 이야기는 서사구조에 있어서 다른 이야기와 변별되는 특징을 지니고 있다. 그것은 양축 이야기가 사랑의 완성을 위해 순사를 무릅쓸 만큼의 깊은 애정을 맺기 위한 계기적 행위를 지니고 있다는 점이다. 양축 이야기를 제외한 다른 순정형 이야기에서는 애정의 계기성이 매우 약하게 드러나고 있다. 이를테면 한빙 부부 이야기에서는 "아내 하씨가 매우 아름다웠다"로, 초중경 아내 이야기에서는 "님께서는 관리 되고나서 절개 지켜 사랑 변함 없었네"[38]로, 육동미 이야기에서는 "부인 주씨는 용모와 행동거지가 훌륭했다"로, 그리고 화산기 이야기에서는 "객사에서 열여덟 살이나 열아홉 살쯤 되어 보이는 한 여자를 만났는데 마음에 들었다"로 서술되어 있을 뿐이다. 이처럼 계기적 행위가 미약할 때, 사랑하는 남녀의 순사의 행위는 다분히 우연적이거나 작위적이라는 느낌을 안겨줌으로써 이야기의 사실성을 약화시키고, 결과적으로 이야기의 흥미를 반감시키는 결과를 낳는다.

그러나 양축 이야기는 '남장에 의한 동문수학'이라는 행위를 설정하고 있는 바, 함께 공부하는 과정에서 우의를 맺는 계기적 행위를 통하여 남녀 두 사람은 목숨을 바쳐 사랑할 수 있는 논리적 타당성을 확보할 수 있게 된다. 뿐만 아니라 이 계기적 행위는 장독의 ≪선실지≫에 "축영대가 거짓으로 남장을 하고 양산백과 함께 공부를 하였다"라고 간단히 서술되어 있지만, 이후의 변용된 양축 이야기에서 수많은 에피소드를 파생시키기도 한다. 즉 남장을 하여서라도 유학하기 위해 순결을 지키겠다는 축영대의 맹세, 남장하였다는 사실이 탄로날 뻔한 위기와 이를 무마하는 축영대의 재치, 집으로 돌아가는 길에 양산백에게 자신이 여자임을 암시하는 축영대의 안간힘, 축영대가 여자임을 알게 되는 과정 등의 에피소드는 모두 '남장에 의한 동문수학'이라는 계기적 행위가 설정되어 있었기에 가능하였던 것이다.

아울러 '남장에 의한 동문수학'이란 모티프는 양축 이야기를 읽는 수용자에게 사회적 금기를 위반하여 전복적 상상력을 발휘할 수 있는 공간으로서 기능하고 있다. '남녀유별'과 '남존여비'를 근간으로 하는 유가의 예교에 따르면, "남자와 여자는 섞여 앉지 않으며 옷걸이를 함께 쓰지 않으며, 수건과 빗을 함께 쓰지 않으며, 물건을 직접 건네주지 않으며,"[39] "남자와 여자는 우물을 함께 쓰지 않으며, 욕실을 함께 쓰지 않으며, 잘 때 자리를 터놓지 않으며, 물건을 빌리거나 빌려주지 않으며, 남녀가 의복을 함께 입지 않으며,"[40] "7세가 되면 남자와 여자는 자리를 함께 하지 않으며, 음식을 함께 먹지 않으며,"[41] "여자는 10세가 되면 밖에 나가지 않고, 여교사의 가르침을 상냥하고 유순하게 따르며, 삼베와 모시의 길쌈을 하고, ……여자의 일을 배워서 의복을 공급한다"[42]라고 하여 남자와 여자의 처신과 사회적 역할의 차이를 명확하게 밝히고 있다.

양축 이야기의 '남장에 의한 동문수학'은 이러한 예교의 틀에서 본다면 일상적 규범에서 크게 벗어난 일탈행위이다. 이러한 일탈행위는 엄격한 위계질서를 강조하는 신분사회에서 피익입자의 위치에 놓인 일반 민중의 전복적 상상력을 자극한다. 양축 이야기를 대하는 민간의 수용자들은 축영대의 '남장에 의한 동문수학'의 욕망을 기성의 권위와 질서에 대한 반항의지로 받아들이며, 마침내 축영대를 자신과 동일시함으로써 사회적 금기를 깨뜨리는 축영대에게서 대리만족을 느끼고, 축영대에 대한 동정과 연민, 그녀의 죽음에 대해 느끼는 슬픔과 분노를 통해 카타르시스를 맛본다. 양축 이야기에 관한 이후의 기록에, "여자와 소인은 다루기 어렵다"[43]는 스승의 가르침에 대해 축영대가 역사적으로 빼어난 업적을 남긴 여성들을 예로 들면서 양산백 혹은 부친이나 스승과 입씨름을 벌이는 장면이 부가되는 것은 바로 수용자의 이러한 전복적 상상력이 반영된 결과라고 할 수 있다. 결국 양축 이야기에 '남장에 의한 동문수학'이라는 사회적 금기에 대한 위반의 욕망이 존재하였기에, 수용자는 양산백과 축영대의 죽음을 통해 단순히 비애미에 그치지 않고, 비장미와 숭고미의 미적 가치에 도달할 수 있는 것이다.

지은이 주

1) 이 기록은 ≪안자춘추(晏子春秋)≫ 권6에 실려 있으며, 원문은 다음과 같다. 靈公好婦人而丈夫飾者, 國人盡服之, 公使吏禁之, 曰: "女子而男子飾者, 裂其衣, 斷其帶." 裂衣斷帶相望, 而不止. 晏子見, 公問曰: "寡人使吏禁女子而男子飾, 裂斷其衣帶, 相望而不止者何也?" 晏子對曰: "君使服之于內, 而禁之于外, 猶懸牛首于門, 而賣馬肉于內也. 公何以不使內勿服, 則外莫敢爲也." 公曰: "善." 使內勿服, 踰月, 而國莫之服.

2) 원문은 다음과 같다. 祁知事不捷, 乃夜開門奔魏, 棄母妻, 唯携妾一人, 作丈夫服騎馬自隨.

3) 원문은 다음과 같다. 東陽女子婁逞變服詐爲丈夫, 粗知圍棋, 解文義, 徧游公卿, 仕至揚州議曹從事. 事發, 明帝驅令還東. 逞始作婦人服而去, 歎曰;"如此之伎, 還爲老嫗, 豈不惜哉.

4) 원문은 다음과 같다. 大眼妻潘氏,善騎射,自詣軍省大眼. 至於攻陳遊獵之際, ,大眼令妻潘戎裝, 或齊鑣戰場, 或并驅林壑. 及至還營, 同坐幕下, 對諸僚佐, 言笑自得, 時指之謂人曰 : "此潘將軍也."

5) 원문은 다음과 같다. 吾夫張詧, 爲汾陽所任, 請重衣賜, 常在汾陽左右. 詧之貌, 酷相類吾. 詧卒, 汾陽傷之. 吾遂僞衣丈夫衣冠, 投名爲詧弟, 請事汾陽. 汾陽大喜, 令替闕. 如此又寡居一十五年. 自汾陽之薨, 吾已年七十二. 軍中累奏, 兼御史大夫. 忽思煢獨, 遂嫁此店潘老爲婦. 李昉 등 모음, 김장환 등 옮김, ≪태평광기≫(15)(서울: 학고방, 2004), 499쪽 참조

6) 관련 기술은 다음과 같다. "會稽山有虞舜巡狩臺, 臺下有望陵祠. 帝舜南巡, 葬於九疑, 民思之, 立祠, 曰望陵祠." "湘水去岸三十里許, 有相思宮望帝臺. 昔舜南巡而葬於蒼梧之野, 堯之二女娥皇女英, 追之不及, 相與慟哭, 淚下沾竹, 竹文上爲之斑斑然."

7) 원문은 다음과 같다. 殖之有罪, 何辱命焉, 若免於罪, 猶有先人之敝廬在下, 妾不得與郊弔.

8) 원문은 다음과 같다. 杞梁之妻無子, 內外無五屬之親, 旣無所歸, 乃就其夫之尸於城下而哭之. 內誠感人, 道路過者莫不爲之揮涕. 十日而城爲之崩, 旣葬曰: "吾何歸矣! 夫婦人必有所倚者也. 父在則倚父, 夫在則倚夫, 子在則倚子, 今吾上則無父, 中則無夫, 下則無子, 內無所依以見吾誠, 外無所依以立吾節, 吾豈能更二哉! 亦死而已!" 遂赴淄水而死.

9) 간보 찬, 임동석 옮김, ≪수신기≫(하)(서울: 동문선, 1998) 69쪽

10) 위의 책, 112쪽

11) 李昉 등 모음, 김장환 등 옮김, ≪태평광기≫ (13권) 앞의 책, 695-696 참조

12) 원문은 다음과 같다. 昔者鯀違帝命, 殛之於羽山, 化爲黃能, 以入於羽淵.

13) 원문은 다음과 같다. 堯使鯀治洪水, 不勝其任, 遂誅鯀於羽山, 化爲黃能, 入於羽泉.

14) 원문은 다음과 같다. 禹治洪水, 通軒轅山, 化爲熊, 謂涂山氏曰: "欲餉, 聞鼓聲乃來." 禹跳石, 誤中鼓, 涂山氏往, 見禹方作熊, 慚而去, 至嵩高山下, 化爲石, 方生啓. 禹曰: "歸我子!" 石破北方而啓生.

15) 昔者莊周夢爲蝴蝶, 栩栩然蝴蝶也. 自喩適志與, 不知周也. 俄然覺, 則蘧蘧然周也. 不知周之夢爲蝴蝶與? 蝴蝶之夢爲周與? (≪莊子·齊物論≫)

16) 원문은 다음과 같다. 晉義熙中, 烏傷葛輝夫, 在婦家宿. 三更後, 有兩人把火至階前. 疑是凶人, 往打之. 欲下杖, 悉變成蝴蝶, 繽紛飛散, 有衝輝夫腋下, 便倒地, 少時死.

17) 원문은 다음과 같다. 韓憑冢, ≪搜神記≫: "宋大夫韓憑取妻美, 宋康王奪之, 憑怨王, 自殺; 妻陰腐其衣, 與王登臺, 自投臺下, 左右攬之, 着手化爲蝶." 又云: "憑與妻各葬相望, 冢樹自然交柯, 有鴛鴦鳥棲其上, 交頸悲鳴."

18) 원문은 다음과 같다. 建安章國老之室, 宜興潘氏女, 二族稱其韶麗. 旣歸國老, 不數歲而卒. 其終之日, 室中飛蝶散滿, 不知其數. 聞其始生亦復如此. 旣設靈席, 每展遺像, 則一蝶停立久之而去.

19) 원문은 다음과 같다. 楊吳字明之, 娶江氏少女, 連歲得子. 明之客死之明日, 有蝴蝶大如掌, 徊翔于江氏旁, 竟日乃去. 及聞訃, 聚族而哭, 其蝶復來, 繞江氏, 飮食起居不置也. 蓋明之未能割戀於少妻稚子, 故化蝶以歸爾.

20) 원문은 다음과 같다. 楊大芳娶謝氏, 亡未殮. 有蝶大如扇, 其色紫褐, 翩翩白帳中徘徊飛集窗戶間, 終日乃去.

21) 明代의 徐樹丕가 펴낸 ≪識小錄≫에 다음과 같이 기록되어 있다. "생각건대 梁山伯과 祝英臺의 일은 기이하도다. ≪金樓子≫와 ≪會稽異聞≫에 모두 실려 있다.(按, 梁祝事異矣.≪金樓子≫及≪會稽異聞≫ 皆載之.)" 周靜書, ≪梁祝文化大觀≫ (學術論文卷) (북경: 중화서국, 1999) 26쪽에서 재인용

22) 宋代의 張津이 쓴 ≪乾道四明圖經≫에 다음과 같이 기록되어 있다. "≪십도사번지≫에 이르기를, 의부 축영대가 양산백과 함께 묻혀 있다고 하였는데, 바로 그 일이다.(按≪十道四蕃志≫云, 義婦祝英臺與梁山伯同冢, 卽其事也.)" 周靜書, ≪梁祝文化大觀≫ (故事歌謠卷) (北京: 中華書局, 1999) 286쪽

23) 英臺上虞氏女, 僞爲男裝游學, 與會稽梁山伯者同肄業. 山伯字處仁. 祝先歸, 二年山伯訪之, 方知其爲女子, 悵然有所失, 告其父母求聘, 而祝已字馬氏子矣. 山伯後爲鄞令, 病死, 葬鄮城西. 祝適馬氏, 舟過墓所, 風濤不能進, 問知有山伯墓, 祝登號慟, 地忽自裂陷, 祝氏遂幷埋焉. 晉丞相謝安, 奏表其墓曰義婦冢. 周靜書, ≪梁祝文化大觀≫ 學術論文卷) 北京: 中華書局, 1999) 11쪽에서 재인용

24) 김우석, 〈양축 이야기 研究 서설〉(≪中國學報≫ 52집, 2005.12) 참조

25) 宋康王舍人韓憑, 娶妻何氏, 美. 康王奪之, 憑怨, 王囚之, 論爲城旦. 妻密遺憑書, 繆其辭曰: "其雨淫淫, 河大水深, 日出當心." 旣而王得其書, 以示左右, 左右莫解其意. 臣蘇賀對曰: "其雨淫淫, 言愁且思也; 河大水深, 不得往來也; 日出當心, 心有死志也." 俄而憑乃自殺. 其妻乃陰腐其衣. 王與之登臺, 妻遂自投臺, 左右攬之, 衣不中手而死. 遺書於帶曰:"王利其生, 妾利其死, 願以尸骨, 賜憑合葬!" 王怒, 弗聽, 使里人埋之, 冢相望也. 王曰: "爾夫婦相愛不已, 若能使冢合, 則吾弗阻也." 宿昔之間, 便有大梓木生於二冢之端, 旬日而大盈抱. 屈体相就, 根交於下, 枝錯於上. 又有鴛鴦, 雌雄各一, 恒栖樹上, 晨夕不去, 交頸悲鳴, 音聲感人. 宋人哀之, 遂號其木曰'相思樹', 相思之名, 起於此也. 南人謂此禽卽韓憑夫婦之精魂.

26) 漢末建安中, 廬江府小吏焦仲卿妻劉氏, 爲仲卿母所遣, 自誓不嫁, 其家逼之, 乃投水而死. 仲卿聞之, 亦自縊於庭樹. 時人傷之, 爲詩云爾.

27) 원문은 다음과 같다. 府吏馬在前, 新婦車在後. 隱隱何甸甸, 俱會大道口. 下馬入車中, 低頭共耳語: 誓不相隔卿, 且暫還家去, 吾今且赴府, 不久當還歸, 誓天不相負. 新婦謂府吏: 感君區區懷. 君旣若見錄, 不久望君來. 君當作磐石, 妾當作蒲葦. 蒲葦紉如絲, 磐石無轉移. 我有親父兄, 性行暴如雷, 恐不任我意, 逆以煎我懷. 擧手長勞勞, 二情同依依.

28) 원문은 다음과 같다. 府吏謂新婦; 賀卿得高遷, 磐石方且厚, 可以卒千年, 蒲葦一時紉, 便作旦夕間, 卿當日勝貴, 吾獨向黃泉." 新婦謂府吏: 何意出此言, 同是被逼迫, 君爾妾亦然. 黃泉下相見, 勿違今日言." 執手分道去, 各各還家門.

29) 원문은 다음과 같다. 兩家求合葬, 合葬華山傍. 東西植松柏, 左右種梧桐. 枝枝相覆蓋, 葉葉相交通. 中有雙飛鳥, 自名爲鴛鴦. 仰頭相向鳴, 夜夜達五更.

30) 金學主·李鍾振 저, ≪中國俗文學槪論≫ (서울: 한국방송통신대학, 1991) 65쪽

31) 원문은 다음과 같다. 吳黃龍年中, 吳都海鹽有陸東美, 妻朱氏, 亦有容止. 夫妻相重, 寸步不相離离, 時人號爲比肩人. 大婦云. "皆比翼, 恐不能佳也." 後妻卒, 東美不食求死. 家人哀之, 乃合葬. 未一歲, 冢上生梓樹, 同根二身, 相抱而合成一樹. 每有雙鴻, 常宿於上. 孫權聞之嗟嘆, 封其里曰'比肩', 墓又曰'雙梓'. 김장환 외 옮김, 李昉 등 모음, ≪太平廣記≫ (16권) (서울: 학고방, 2004) 446-447쪽

32) ≪古今樂錄≫曰 : 〈華山畿〉者, 宋少帝時懊惱一曲, 亦變曲也. 郭茂倩, ≪樂府詩集≫ (第二冊), 中華書局, 669쪽

33) 원문은 다음과 같다. 宋少帝時, 南徐一士子, 從華山畿往雲陽. 見客舍有女子, 年可十八九, 悅之無因, 遂感心疾. 母問其故, 具以啓母. 母往至華山雲陽, 尋見女子, 具說之. 女聞感之, 因脫蔽膝, 令母密藏於席下, 臥之當已愈. 數日果瘥. 忽擧席, 見蔽膝, 持而泣之, 氣欲絶, 謂母曰:"葬時從華山過." 母從其意. 比至女門, 牛打不行. 且待須臾, 女粧點沐浴竟而出, 歌曰: "華山畿, 君旣爲儂死, 獨活爲誰施? 君若見憐時, 棺木爲儂開!" 言訖, 棺木開, 女遂透棺中. 因合葬, 呼曰神女塚. 위의 책 7권, 304쪽

34) ≪宣實志≫의 내용에 따르면 양축고사의 시대배경은 東晉의 謝安이 승상의 지위에 오른 무렵이라고 볼 수 있다. 謝安은 東晉의 장군인 桓溫(312-373)이 왕위에 오르려는 뜻을 이루지 못한 채 세상을 떠난 후에 尙書僕射 겸 吏部尙書를 역임하고, 얼마 후에 總中書省을 겸하게 되었다. 따라서 ≪宣實志≫의 내용대로라면 양축 이야기는 373년을 전후한 시기를 배경으로 한다고 보아야 할 것이다.

35) 가래나무(梓)는 목질이 연하면서 잘 썩지 않는 나무로서, 陸佃의 ≪埤雅≫에 따르면 "가래나무는 나무 가운데의 으뜸이기에 나무왕이라 일컫는다. 대체로 나무는 가래나무

보다 좋은 것이 없다.(梓爲百木長, 故呼梓爲木王. 蓋木莫良於梓.)"고 하였다. 이로 인해 ≪書經梓材≫에서는 가래나무를 빌려 나라를 다스리는 법에 비유하고 있다. 또한 가래나무는 흔히 황제나 황후의 棺材로 쓰였는 바, ≪禮記·檀弓上≫에서는 "천자의 관은 네 겹으로 한다. 물소가죽으로 만든 관으로 천자의 시신을 담는데, 그 두께는 3치이고, 피나무로 만든 관 한 겹과 가래나무로 만든 관이 두 겹이매, 네 겹의 관이 모두 시체의 위아래를 둘러싼다.(天子之棺四重, 水兕革棺被之, 其厚三寸, 椸棺一, 梓棺二, 四者皆周.)"라고 하였다. 아마 이들 殉情型 이야기에 가래나무가 자주 등장하는 것은 이 나무가 棺의 材木으로 쓰였던 사실과 관련이 있는 듯하다.

36) 廬江府는 지금의 安徽省 廬江縣 남서쪽 30리에, 吳郡 海鹽縣은 지금의 浙江省 平湖市 乍浦鎮 남동쪽에, 上虞와 會稽는 지금의 浙江省 上虞縣과 紹興市에, 그리고 華山은 지금의 江蘇省 句容縣 북쪽 혹은 武錫市 서쪽 교외의 惠山에 위치하고 있었다.

37) 이러한 논의의 가장 대표적인 논문으로는 錢南揚의 〈祝英臺故事敍論〉과 羅永麟의 〈試論梁山伯與祝英臺故事〉 등을 들 수 있다. 周靜書 主編, 앞의 책(學術論文卷), 7-13쪽 및 280-299쪽 참조

38) 〈古詩爲焦仲卿妻作〉 "君旣爲府吏, 守節情不移."

39) "男女不雜坐, 不同椸枷, 不同巾櫛, 不親授." ≪禮記·曲禮上≫

40) "外內不共井, 不共湢浴, 不通寢席, 不通乞假, 男女不通衣裳." ≪禮記·內則≫

41) "七年男女不同席, 不共食.." ≪禮記·內則≫

42) "女子十年不出, 姆敎婉娩聽從, 執麻枲, 治絲繭, 織紝組紃, 學女事以共衣服" ≪禮記·內則≫

43) "子曰 : '唯女子與小人爲難養也." ≪論語陽貨≫

2

서사매체별 양축 이야기의 변용

구조주의자인 토도로프Georgi Todorov에 따르면, 모든 서사물[1]은 이야기histore와 담론discourse의 두 층위로 구분된다. 여기에서 담론은 이야기를 실어나르는 매체로서, 문자로 씌어지는 소설, 영상으로 시각화되는 영화, 그림으로 그려지는 만화, 춤으로 표현되는 발레 등의 형식을 가리킨다. 토도로프의 뒤를 이어 채트먼은 이야기story와 담론discourse을 내용과 표현의 관계로 이해하면서, 이 두 층위를 무엇(내용)과 어떻게(표현)의 관계로 간주한다.[2] 이렇게 본다면 이야기는 특정 매체를 통해 담론으로 바뀌며, 담론에는 특정 매체의 특성이 반영되어 있다고 할 수 있다. 이러한 의미에서 이야기가 담론으로 어떻게 가공되는가의 문제는 내러톨로지narratology의 주된 관심사가 된다.

동일한 이야기일지라도 그 이야기는 여러 서사매체를 통하여 다양하게 변용될 수 있다. 조선의 화가 장승업의 삶은 민병삼의 소설 ≪오원 장승업≫과 영화 ≪취화선≫으로 변용되며, 고전소설 ≪전우치전≫은 패러디의 가공을 거쳐 영화 ≪전우치≫와 드라마 ≪전우치≫로 변용된다. 이러한 경우 매체의 특성에 따라 시점과 서술이 달라지지만, 인물과 환경, 그리고 플롯은 비록 추가되는 에피소드에 따라 약간의 변형이 발생할지라도 기본적으로 이야기의 원형에서 크게 벗어나지 않는다. 이처럼 매체의 성격에 따라 이야기가 다양한 담론을 만들어내는 경우를 중국의 이야기에서는 이른바 '양축 이야기'에서 엿볼 수 있는데, '양산백과 축영대의 이루어지지 못한 사랑'이라는 이야기가 소설, 영화, 에니메이션, 연극, 강창, 협주곡 등의 다양한 매체의 담론으로 변용되고 있다.

중국의 4대 민간전설이라는 '백사白蛇 이야기'나 '양축 이야기', '맹강녀孟姜女 이야기', '견우와 직녀 이야기' 등처럼 수백 년에 걸쳐 전승되어온 이야기는 매체의 다양화는 물론 모티프의 추가와 에피소드의 삽입에 의해 다양하게 변용된다. 이에 따라 연구자들은 이야기의 원형이 무엇인지를 추적하기도 하고, 이야기의 변용양상을 분석하기도 한다. 특히 이야기의 변용양상을 연구할 때, 동일한 이야기를 다룬 텍스트일지라도 책을 펴내거나 창작한 시기에 따라(당대인가 아니면 송대인가?), 혹은 전승되거나 기록된 지역에 따라(남방인가 아니면 북방인가?), 때로는 서사물 기록자의 신분에 따라(문인인가 아니면 민간예인인가?), 그리고 문자화된 서사물의 성격에 따라(전문傳聞인가 아니면 창작인가?) 등등 여러 가지로 분류할 수 있다.

이들 각각의 분류방법은 나름대로의 의미와 장점을 지니고 있다. 시기에 따른 분류는 이야기의 발전 혹은 변모양상을 쉽게 그려볼 수 있다는 장점을 지니며, 전승지나 기록된 지역에 따른 분류는 이야기가 전승되고 기록된 지역 나름의 서사적 특징을 한 눈에 알 수 있게 해준다. 또한 기록자의 신분에 따른 분류는 생산자의 신분과 소비계층의 관계를 파악할 수 있을 뿐만 아니라 모티프와 에피소드의 다양성이 얼마나 다른지를 판별할 수 있다는 장점이 있으며, 서사물의 성격에 따른 분류는 이야기를 다루는 서사구조와 서사전략의 차이를 분별하는 데 도움을 줄 수 있다.

그렇지만 이들 각각의 분류방법은 장점을 지님과 동시에 단점이나 난점을 지니고 있다. 즉 시기에 따른 분류는 이야기의 발전이나 변모가 시간의 흐름과 반드시 일치하지 않을 수도 있다는 점이다. 예컨대 명청대의 지방지의 기록은 시대의 흐름과 관계없이 대체로 크게 다르지 않다. 아울러 지역에 따른 분류는 이야기의 발전이나 변모 양상이 분명하게 드러나지 않는 단점을 지니고 있다. 다시 말해 특정 지역의 이야기는 중심인물과 에피소드가 거의 동일하여 이야기의 변형이 두드러지지 않을 수도 있다는 것이다. 기록자의 신분과 서사물의 성격에 따른 분류는 이야기를 기록한 시기와 지역에 따른 특징이 간과되기 쉬운 단점을 지닌다.

일반적으로 볼 때, 오랜 세월에 걸쳐 전해져온 이야기는 전승과정에서 시간의 흐름에 따라 지역적인 차이나 기록자의 신분, 서사물의 성격의 차이를 차츰 약화시키면서 서로 침투하는 상호교차의 경향을 보인다. 이러한 경우에는 위의 분류방식 외에 서사매체에 따른 분류가 적절한 방식이 될 수 있는데, 이는 서사매체의 특성이 이야기의 담론화에 영향을 크게 미치기 때문이다. 여기에서 말하는 서사매체란 대체로 서사의 장르 혹은 서브장르를 포괄하는 의미를 담고 있는데, 특정 이야기의 경우 위에서 언급한 다양한 분류방식을 통섭할 수 있는 유용한 분석수단이 될 수 있다.

주지하다시피, 중국의 양축 이야기는 청춘남녀의 이루어질 수 없는 사랑과 죽음을 다루고 있다. 현재까지 전해지고 있는 텍스트의 성격을 살펴보면, 양축 이야기는 다양한 서사매체를 통해 변용되고 있다. 이를테면 수필이나 잡기, 일기, 찰기札記 등을 포괄하는 문인의 필기류筆記類, 탄사彈詞와 고사鼓詞, 보권寶卷, 각종 희극과 지방의 곡예 등을 포괄하는 연희류演戲類, 의식적인 창작으로서의 문인 작가의 소설류小說類 등이 그것이다. 이밖에도 영화나 드라마, 에니메이션 등을 포함하는 영상류映像類를 들 수 있다.

필기류의 양축 이야기

이들 서사매체 가운데에서도 우선 문인의 필기류가 양축의 사랑이야기를 어떠한 방식으로 담론화하는지를 살펴보자. 필기류는 귀신선괴鬼神仙怪, 민정풍속民情風俗, 인물일사人物逸事, 산천경물山川景物 등과 관련된 글쓰기로서, 지방지나 잡기, 묘기廟記와 비기碑記 등의 매체와 깊은 관련을 맺는다. 필기류의 성격을 보다 온전하게 판단하기 위해 양축 이야기의 완정한 줄거리를 지니고 있는, 20세기 초까지의 문자텍스트만을 연구대상으로 삼기로 한다. 아울러 서술의 편의를 위해 문인의 필기류를 크게 세 가지의 하위 서사매체, 즉 잡기류雜記類, 지지류地志類, 비지류碑誌類로 나누어 살펴보고자 한다. 잡기류는 기록자 자신이 특정 사물이나 인물에 대해 보고 느끼거나 전해들은 내용을 기록한 것을 가리키고, 지지류는 지방의 연혁과 풍토, 고적古迹, 산물 등을 기록한 지방지 등을 가리킨다. 비지류는 사적事蹟이나 인물의 행적을 기록하여 후대에 전하는 비문이나 묘기 등을 가리킨다.

이들 하위 서사매체의 기록이 양축 이야기의 서사구조 및 에피소드, 혹은 모티프의 확장에 있어서 어떠한 변별적 특징을 지니고 있는지는 매우 중요한 분석대상이다. 이를 위해 잡기류로서 장독張讀의 ≪선실지宣室志≫와 풍몽룡馮夢龍의 ≪정사유략情史類略≫, 서수비徐樹丕의 ≪지소록識小錄≫ 등에 실린 양축 이야기와 소금표邵金彪의 〈축영대소전祝英臺小傳〉을, 지지류로서는 명대 초기 황윤옥黃潤玉의 ≪영파부간요지寧波府簡要志≫와 명대 중엽 장시철張時徹의 ≪가정영파부지嘉靖寧波府志≫ 및 청대 ≪청수현지淸水縣志≫에 실린 양축 이야기 관련 기록을, 비지류로서는 이무성李茂誠의 〈의충왕묘기義忠王廟記〉와 최문규崔文奎의 〈양산백축영대비기梁山伯祝英臺墓碑記〉를 중심으로 각각 살펴보고자 한다. 다만 기록이 지방지에 실려 있더라도 특정 인물의 글을 인용한 경우에는 지지류에 넣지 않고 글의 성격에 따라 잡기류 혹은 비지류에 포함하였다.[3] 이 분석을 통해 지역, 기록자 및 서사물의 성격 등에 따라 하위 서사매체 사이에 변별적 특징이 드러나기를 기대한다.

■ 잡기류의 양축 이야기

양축 이야기와 관련된 초기 문헌자료는 몇 가지가 있지만,[4] 양축 이야기의 온전한 줄거리를 보여주는 문헌자료는 만당기에 장독이 펴낸 ≪선실지≫이다. ≪선실지≫의 양축 이야기 관련 기록은 청대 적호翟灝가 펴낸 ≪통속편通俗編≫의 권37 〈양산백방우梁山伯訪友〉조條에 인용되어 있다. 비록 일부 연구자들이 적호의 인용의 신빙성에 대해 의구심을 표명하고 있지만,[5] 현재의 ≪선실지≫가 완정한 텍스트가 아니라 여전히 보완되고 있는 과정에 있다는 점[6]에서 ≪선실지≫의 양축 이야기 관련 기록의 유효성을 무시할 필요는 없다고 본다. 이제 ≪선실지≫에 실려 있는 양축 이야기를 살펴보기로 하자.

A : 축영대는 상우上虞 출신인 축씨의 딸인데, 거짓으로 남장을 하고서 공부하러 떠나 회계會稽 출신인 양산백이란 사람과 함께 공부를 하였다. 양산백의 자는 처인處仁이었다. 축영대가 먼저 고향으로 돌아간 지 2년 뒤에 양산백은 축영대를 찾아갔다가 비로소 여자인 줄 알게 되었다. 양산백은 무엇인가 잃어버린 듯 슬퍼하다가 부모에게 고하여 정혼하고자 하였다. 그러나 축영대는 이미 마씨의 아들과 혼인을 허락한 터였다. 양산백은 후에 은현鄞縣의 현령이 되었다가 병들어 죽어 무성鄮城 서쪽에 묻혔다. 축영대가 마씨에게 시집가던 중 배가 묘소 앞에 이르자 바람과 파도로 인해 나아갈 수가 없었다. 축영대는 양산백의 무덤이 있음을 물어 알고서 무덤에 올라가 슬피 울었다. 이때 갑자기 땅이 저절로 갈라지고 무너져 축영대가 마침내 함께 묻히고 말았다. 진나라 승상 사안謝安이 표를 올려 그 묘를 의부총義婦冢이라 부르게 되었다.

이 이야기에는 '축영대의 남장구학男裝求學' — '양산백과 축영대의 동문수학同門修學' — '양산백과 축영대의 사랑의 좌절' — '양산백의 죽음과 축영대의 순사殉死'라는 기본 줄거리가 나타나 있을 뿐만 아니라, 양축 이야기의 주요한 모티프인 '남장'과 '순사'가 등장하고 있다. 축영대 중심의 이 이야기는 축영대의 남장을 '거짓으로 남장을 함(僞爲男裝)'으로 구체적으로 명시하고 있고, 신행길의 이적異蹟으로 '바람과 파도風濤'를 언급하고 있으며, 양산백이 은령이 된 후에 병사하였으며 양축의 동총同冢이 사안謝安의 주청에 의해 의부총이라 명명되었음을 밝히고 있다. 여기에서 축영대이 남장과 신행길의 이직, 순사와 동총同冢이 이야기의 신이성을 드러내기 위한 장치라면, 사안의 주청에 의한 의부義婦의 명명은 역사적 인물을 빌어 이야기의 진실성을 강조하기 위한 장치이다.

A의 내용은 명말 전예형田藝衡의 ≪유청일찰留青日札≫의 〈축영대〉 조에서도 거의 동일하게 반복된다. 다만 A에서의 '거짓으로 남장을 함(僞爲男裝)'과 '축씨가 마침내 함께 묻힘(祝氏遂幷埋焉)', '사안이 표를 올려 그 묘를 의부총이라 부름(謝安, 奏表其墓曰義婦冢)'이 〈축영대〉조에서는 각각 '남자의 옷으로 바꿔 입음(易爲男子裳)'과 '축씨가 빠져 마침내 한 쌍의 아름다운 이가 묻히니 사람들 모두가 기이하게 여김(祝氏陷焉, 遂埋雙璧, 人皆異之)', '사안이 이를 아뢰어 그 무덤 앞에 비를 세워 표창함(謝安奏之, 因表其墓)' 등으로 자구의 변동이 약간 일어나고, 특히 '특히 한 쌍의 아름다운 이가 묻힘(埋雙璧)'이 추가로 삽입되어 있을 뿐이다.[7)]

반면 A의 기록과 내용면에서는 거의 같으나 서사구조면에서 변화를 보여주는 이야기는 명말 풍몽룡의 ≪정사유략≫ 권10 〈정령류情靈類〉에 실린 양축 이야기와 명말 청초에 서수비가 펴낸 ≪지소록≫ 권3 '양산백'조條이다. 두 이야기의 내용은 각각 다음과 같다.

> B : 양산백과 축영대는 모두 동진東晋때의 사람인데, 양산백의 집은 회계會稽이고 축영대의 집은 상우上虞이다. 양산백과 축영대는 일찍이 함께 공부하다가 영대가 먼저 고향으로 돌아갔다. 양산백은 후에 상우를 지나다가 축영대를 찾아가서야 비로소 영대가 여자인 줄을 알게 되고, 돌아가 부모에게 고하여 그녀를 아내로 맞고자 하였다. 그러나 영대는 이미 마馬씨의 아들과 정혼한 터이었다. 양산백은 무언인가를 잃어버린 듯 몹시 슬퍼하였다. 3년이 흘러 그는 은령鄞令이 되었으나 병들어 죽었는데, 청도산淸道山 아래에 묻어달라고 유언하였다. 이듬해 축영대가 마씨에게 시집을 가다가 이곳을 지나게 되었는데, 바람과 파도가

크게 일어 배가 나아가지 못했다. 이에 축영대가 양산백의 무덤에 이르러 목놓아 슬피 울자 갑자기 땅이 갈라졌으며, 축영대가 몸을 던져 죽었다. 마씨가 그 일을 조정에 알리니, 승상 사안謝安이 의부義婦로 봉해줄 것을 주청하였다. 화제和帝때에 양산백이 영이로운 효험을 드러내니, 의충義忠이라 봉하고 관리에게 명하여 은현에 묘당을 세우게 하였다고 한다.

C : 양산백과 축영대는 모두 동진 사람이다. 양산백의 집은 회계이고, 축영대의 집은 상우인데, 항주杭州에서 3년간 함께 공부하여 정이 매우 깊었다. 축영대가 먼저 돌아가고, 양산백이 후에 상우를 지나다가 방문하고서야 여자임을 알았다. 돌아가 부모에게 알려 아내로 맞으려 하였으나, 축영대는 이미 마씨의 아들에게 허혼한 터였다. 양산백은 실망하고 낙담하여 다시는 아내를 맞지 않겠노라 맹세했다. 3년이 지난 후 양산백은 은령이 되었다가 병들어 죽었는데, 청도산 아래에 묻어 달라고 유언하였다. 다시 이듬해 축영대는 아버지의 강요에 못 이겨 마씨에게 시집을 가는데, 여러 번 죽어버리려 하였다. 마침 양산백이 묻힌 곳을 지나자, 풍파가 크게 일어나 배가 나아가지 못하였다. 축영대는 이에 양산백의 무덤에 나아가 목이 메도록 흐느껴 울었다. 무덤이 홀연 갈라지고 축영대는 몸을 던져 죽었는데, 무덤이 다시 저절로 합쳐졌다. 마씨가 이 일을 조정에 알리자, 태부太傅 사안이 의부義婦로 추증할 것을 주청하였다. 화제和帝 때에 양산백은 다시 영험을 드러내어 전쟁을 도왔다. 관원이 은현鄞縣에 묘당을 세웠다.

위의 B와 C의 내용은 A와 거의 동일하다고 할 수 있다. 다만 이야기의 발생시기를 구체적으로 동진東晉이라 밝히고 있다는 점, 축영대의 '남장' 대신에 양산백이 축씨 집을 방문한 후에야 '여자임을 알았다始知

爲女'고 밝히고 있다는 점, 그리고 청도산 아래에 묻어달라고 유언하였다는 점이 추가되었을 뿐이다. 이러한 차이는 주로 이 이야기의 중심이 축영대에서 양산백 위주로 바뀌었다는 점에서 기인한다. 특이한 점은 이야기의 끝부분에 간략하게 제齊나라 화제和帝 때의 영험을 들어 '의충義忠'을 언급하는 한편 묘당을 세우게 하였다고 기술한 점이다. 이는 A의 일반적인 양축 이야기에 양산백의 영험과 관련된 에피소드를 덧붙인 새로운 서사구조인데, 축영대의 '의부義婦' 명명과 더불어 이야기의 신이성을 봉건이데올로기와 결합하려는 시도라고 할 수 있다.

한편 B와 C의 내용에도 차이가 나타나고 있는 바, C에는 B에 없는 내용이 기술되어 있다. 이를테면 B의 '일찍이 함께 공부함(嘗同學)'과 '무언인가를 잃어버린 듯 몹시 슬퍼함(悵然若有所失)'이 C에서는 '항주에서 3년간 함께 공부하여 정이 매우 깊었음(同學于杭者三年, 情好甚密)'과 '실망하고 낙담하여 다시는 아내를 맞지 않겠노라 맹세함(梁悵然不樂, 誓不復娶)'으로 부연되어 있다. 이로써 양축의 동문수학만으로는 훗날 축영대의 순사를 설명하기에 충분치 않았는데, 남녀간의 애정을 언급함으로써 이러한 약점을 보강할 수 있게 되었으며, 사랑의 좌절로 인해 양산백이 맹세를 하는 것이 줄거리의 전개에 있어서 훨씬 설득력을 얻게 된다고 할 수 있다. 뿐만 아니라 C에서는 '아버지의 강요(祝爲父所逼)'와 '여러 번 죽어버리려 함(累欲求死)'을 추가하여 두 사람의 사랑이 이루어지지 못한 까닭과 축영대의 적극적인 반항을 부연하고 있다.

이처럼 에피소드로 발전할 가능성이 있는 요소들이 덧붙여짐으로써 밋밋했던 양축 이야기는 갈등대립구조를 갖추게 되고, 이에 따라 극적 긴장을 띠게 된다. 이러한 점에서 본다면, 글의 산생시기와 서사구조의 완성도에 비추어 볼 때 ≪지소록≫의 '양산백'조는 ≪정사유략≫의 양축 이야기를 토대로 발전된 것이라 할 수 있다.

이야기의 내용은 물론 서사구조에 있어서 B 및 C와 유사한 양축 이야기는 청대 도광道光·광서光緒 연간의 인물인 소금표邵金彪가 지은 〈축영대소전〉을 들 수 있다. 이 이야기는 청대 오경장吳景牆이 펴낸 ≪광서의흥형계현신지光緒宜興荊溪縣新志≫의 권9 〈고적古蹟 유지遺址〉에 실려 있는데, 그 내용은 다음과 같다.

> D : 축영대는 어릴 적의 이름이 구낭九娘이며, 상우의 부잣집 딸이다. 태어나매 형제가 없고, 재주와 용모가 모두 뛰어났다. 부모가 짝을 지워주려 하자, 영대가 말하길, "저는 마땅히 밖으로 나가 학문을 익히고 어진 선비를 얻어 그를 섬길 따름입니다." 그리하여 남장으로 바꾸고 '九官'이라 개칭하였다. 회계의 양산백을 만났는데 역시 공부하러 떠나는지라, 마침내 함께 의흥宜興 선권산善權山의 벽선암碧鮮岩에 이르러 암자를 짓고 글을 읽으면서 함께 지내고 묵었는데, 3년이 되도록 양산백은 여자임을 알지 못하였다. 양산백과 헤어질 즈음에 "모월 모일에 방문한다면, 어머니에게 말씀드려 누이동생을 그대에게 아내로 주겠노라"고 약속하였다. 사실인즉 자신을 그에게 허락한 것이었다. 양산백은 스스로 집안이 빈한하다 여겨 부끄러워하고 가기를 꺼리더니 마침내 기한을 넘기고 말았다. 부모는 축영대를 마씨의 아들에게 시집보내기로 하였다. 후에 양산백은 은현의 현령이 되어 축씨 집을 지나다가 구관九官을 찾자, 집의 하인이 "우리 집에는 구낭九娘만 있을 뿐, 구관은 없소"라고 말했다. 깜짝 놀라 깨달은 양산백은 함께 공부한 우의로써 한 번 만나기를 청하자, 영대는 비단 부채로 얼굴을 가리고 나와 몸을 비스듬히 한 채 손 보아 인사를 할 따름이었다. 양산백은 후회스러운

> 마음이 병이 되어 죽었는데, 청도산 아래에 묻어 달라고 유언하였다. 이듬해 축영대가 장차 마씨에게 시집을 가는데, 뱃사공에게 길을 에돌아 그곳을 지나도록 명하였다. 그곳에 이르자 바람과 물결이 크게 일어 배가 마침내 멈추고 말았다. 영대가 이에 양산백의 무덤 앞에 나아가 목이 메도록 슬피 울자, 땅이 홀연 갈라져 무덤 안으로 떨어졌다. 수놓은 치마와 비단 속옷은 나비로 변하여 날아갔다. 승상 사안이 이 일을 조정에 알려 '의부'로 봉해주길 주청하였다. 이 일은 동진 영화永和 연간의 일이다. 제나라 화제和帝 때에, 양산백이 다시 영험을 드러내어 전쟁을 도와 공을 세우니, 관리가 은현에 묘당을 세워 양산백과 축영대를 함께 제사지냈다.

위의 이야기는 축영대가 서사의 중심인물이라는 점, 그리고 양산백이 은령이 된 후에 축영대를 다시 만난다는 점에서 B 및 C와 다르지만, 대략의 줄거리와 서사구조는 B 및 C와 거의 동일하다. 다만 위의 이야기에서 두드러지는 점은 우선 '부잣집 딸로서 태어나 형제가 없고, 재주와 용모가 모두 뛰어났다(富家女. 生無兄弟, 才貌雙絶)'거나 '마땅히 밖으로 나가 학문을 익히고 어진 선비를 얻어 그를 섬길 따름이다(兒當出外求學, 得賢士事之耳)'와 같이 축영대의 인물형상화, 특히 성격화characterization를 시도함으로써, 축영대의 외모 묘사는 물론 축영대의 적극성과 주체성을 강조하고 있다는 점이다. 아울러 이별할 때의 축영대의 약속이나 축씨 집을 방문할 때의 가동家童의 개입 등을 서사하고 있는데, 이는 이후 양축의 이별과 재회를 둘러싼 특정한 에피소드로 발전할 가능성을 초보적이나마 보여주고 있다고 할 수 있다.

이러한 서사상의 특징 외에, D의 이야기는 기존의 양축 이야기와 달리 양축의 사랑이 좌절된 까닭을 '양산백은 집안이 빈한하다 여겨 부끄러워하고 가기를 꺼리더니 마침내 기한을 넘기고 말았다(梁家貧, 羞澀畏行, 遂至衍期)'고 서술하고 있으며, 양산백의 죽음 역시 단순한 병사가 아니라 '그리움에서 비롯된 죽음(悔念成疾卒)'임을 밝히고 있다. 이러한 변화는 C에 비해 갈등대립구조를 약화시키고 극적 긴장도를 떨어뜨리는 요인이 될 수도 있지만, 한편으로는 당시의 강고한 문벌세족관념을 돋보이게 하는 장치로 기능할 수도 있다는 점에서 매우 중요하다고 볼 수 있다. 그러나 무엇보다도 D의 이야기가 갖는 특징은 '수놓은 치마와 비단 속옷은 나비로 변하여 날아갔다(繡裙綺襦, 化蝶飛去)'에서 엿보이듯 화접化蝶이라는 새로운 모티프를 등장시키고 있다는 점이다. D의 이야기는 이러한 의화접衣化蝶 뿐만 아니라, "산속에 진달래꽃이 피어날 적마다 커다란 나비가 쌍쌍이 흩어지지 않은 채 날아다니는데, 세상에 전해지기로는 두 사람의 정혼精魂이라고 한다"[8]고 하여 혼화접魂化蝶도 함께 언급하고 있다.

잡기류는 전문傳聞의 성격을 띠고 있는데다가 인물의 행장行狀을 기록하는 전장류傳狀類의 성격을 일부 지니고 있기에, 서술자가 이야기의 원형에 문학적 상상력을 풍부하게 발휘할 여지가 비교적 크다고 할 수 있다. 그렇기에 잡기류에 속하는 양축 이야기는 다른 매체 비해 현대로 가까워짐에 따라 완정한 줄거리와 다양한 에피소드의 단초를 보여주는 등, 인물과 사건, 환경 등의 이야기의 구성요소를 차츰 갖춰나간다. 지금까지 당대로부터 만청에 이르기까지 잡기류의 텍스트를 살펴보았거니와, 이 가운데에서는 〈축영대소전〉이 서사구조나 모티프의 운용에 있어서 가장 완정한 면모를 보여주고 있다. 이는 이야기 자체의 흥미와 함께 사실성을 강화하기 위한 서술자의 서사전략과 깊은 관련을 맺고 있는 한편, 연희류 및 필기류의 다른 서사매체의 영향에 의한 상호교차에서 비롯되었으리라 본다.

■ 지지류의 양축 이야기

지지류에 속하는 양축 이야기의 기록은 여러 지역의 지방지에 소개되어 있다. 이를테면 영파寧波 지역의 지방지로는 송대 건도乾道 5년(1169년)에 장진張津이 펴낸 ≪건도사명도경乾道四明圖經≫, 청대 서시동徐時棟이 펴낸 ≪광서은현지光緒鄞縣志≫ 등이 있다. 또한 의흥宜興 지역의 지방지로는 남송대에 상주常州 지주知州를 지낸 사능지史能之가 펴낸 ≪함순비릉지咸淳毗陵志≫, 명대 중엽 곡란종谷蘭宗이 펴낸 ≪의흥현지宜興縣志≫, 명대 만력萬曆 연간에 펴낸 ≪의흥현지宜興縣志≫ 및 청대 강희康熙 연간에 펴낸 ≪상주부지常州府志≫ 등이 있다. 그러나 이들 기록은 양축 이야기에 대해 매우 간략한 소개만을 싣고 있을 따름이다.[9] 이 글에서는 양축 이야기의 온전한 줄거리를 갖추고 있는 기록으로서, 명초 황윤옥黃潤玉이 펴낸 ≪영파부간요지寧波府簡要志≫와 명대 중엽 장시철張時徹이 펴낸 ≪가정영파부지嘉靖寧波府志≫, 감숙성甘肅省 청수현淸水縣의 청대 지방지인 ≪청수현지淸水縣志≫를 각각 살펴보고자 한다.

E : 양산백과 축영대 두 사람은 젊어서 함께 공부하였는데, 3년에 이르도록 산백은 영대가 여자인지 몰랐다. 후에 산백이 은현의 현령이 되었다가 죽어 이곳에 묻혔는데, 영대가 가는 길에 묘 아래를 지나다가 슬피 울며 절하자, 묘가 갈라지며 떨어져 마침내 함께 묻혔다. 동진의 승상 사안이 아뢰어 '의부총'으로 봉하였다.

F : 진晉나라 양산백은 자가 처인處仁이며 집은 회계이다. 젊어서 배우러 가는 도중에 축씨 아들을 만나 함께 가서 학업을 익혔다. 3년이 흘

러 축祝은 먼저 돌아갔다. 2년 후 산백이 귀향하다가 상우를 방문하고 서야 축이 여자이고 이름이 영대임을 알았다. 산백은 낙담하여 돌아가 부모에게 알려 혼인하고자 하였으나, 그때 축은 이미 무성鄮城의 마씨에게 허혼한지라 뜻을 이루지 못하였다. 산백은 훗날 은령鄞令이 되었으나 병을 얻어 일어나지 못하자, 무성 서쪽의 청도원에 묻어달라고 유언하였다. 이듬해 축이 마씨에게 시집을 가는데, 배가 묘소를 지나자 바람과 파도로 나아갈 수가 없었다. 영대가 산백의 무덤이 있다는 말을 듣고 무덤에 가서 슬피 울자, 땅이 갈라져 파묻혔다. 마씨가 이 일을 관청에 말하여 일이 조정에 알려지게 되었으며, 승상 사안이 상주하여 '의부총'이라 봉하였다.

G : 양梁나라 축씨祝氏는 이름이 영대이고 오대五代 양나라 때의 사람이다. 젊어서 큰 뜻이 있어 유가의 학문을 배우고자 남자로 분장하고서 마을 사람인 양산백과 함께 떠났는데, 함께 공부하는 3년 동안 양산백은 여자인 줄 몰랐다. 축영대는 마음속으로 양산백에게 허혼하였으며, 양산백 역시 아내로 맞이할 다른 사람이 없었다. 축영대가 집에 돌아오자 그녀의 부모는 이미 마씨 집안의 청혼을 받아들였다. 축영대의 뜻은 오직 양산백에게만 있었다. 양산백이 이 소식을 듣고 방문하였지만 뜻을 이루지 못한지라 몹시 분하여 죽자 규산邽山의 산기슭에 장사지냈다. 축영대가 시집을 가던 길에 양산백의 무덤 옆을 지나는데, 이에 작별을 고한다는 명분으로 정성껏 소리죽여 기도하자 무덤 문이 갑자기 열리니, 축영대가 곧장 뛰어들고 무덤은 다시 닫혔다.

위의 세 이야기의 줄거리는 기본적으로 ≪선실지≫의 기록과 동일하다고 볼 수 있다. 다만 E에서는 양산백의 '병들어 죽음'이 '죽음(卒)'으로 바뀌고 신행길에서의 '바람과 파도(風濤)'의 이적이 나타나지 않는다. 또한 G에서는 양산백의 죽음이 '분하여 죽음(恚卒)'으로 바뀌고, 시공간이 양나라와 감숙성으로 바뀜에 따라 동진의 인물인 사안의 주청과 '바람과 파도'의 이적이 나타나지 않는 점이 다를 뿐이다. 아울러 세 이야기 가운데에서 영파의 지방지인 E와 F가 양산백 중심의 이야기라면, G는 축영대 중심의 이야기임에 주목할 필요가 있다. 서사 중심이 양산백으로 이동함에 따라 축영대의 적극성을 의미하는 '남장'이 사라지는 반면,[10] 축영대 중심의 이야기인 G에서는 '남자로 분장하였다(爲男子飾)'라고 기술하여 남장을 명시하고 있다.

전반적으로 지지류의 양축 이야기의 줄거리는 잡기류, 특히 ≪선실지≫의 양축 이야기와 크게 다르지 않다. 이는 지지류의 경우 대부분 서술자가 자신의 독서 기억을 재구성하여 전사轉寫하였을 가능성이 매우 높으며, 전사되는 과정에서 E처럼 일부 에피소드가 탈락되거나 자구의 변동(예컨대 양산백의 죽음이 '病死'에서 '卒' 혹은 '恚卒'로 바뀌는 경우)이 일어났으리라 추정할 수 있다. 아울러 어느 지역의 지방지인가에 따라 서사의 중심인물이 바뀌고, 양산백의 장지는 물론 신행길의 이적(바람과 파도에 의한 장애)의 여부도 달라진다.[11]

■ 비지류의 양축 이야기

잡기류 및 지지류에 비해, 비지류에 속하는 양축 이야기는 사뭇 다른 내용과 서사태도를 보여주고 있다. 우선 청대 문성도聞性道의 ≪강희은현지康熙鄞縣志≫에 인용되어 있는 이무성李茂誠의 〈의충왕묘기義忠王廟記〉를 살펴보자. 〈의충왕묘기〉는 첫머리에 "신께서는 어머니가 해가 품으로 뛰어드는 꿈을 꾸고서 12달간 임신하였다가, 동진 목제穆帝 영화永和 연간 임자년壬子年 3월 1일에 상서로운 기운을 나누어 갖고 태어났다”[12]고 서술함으로써 양산백 출생의 비범한 신성성을 강조하고 있다. 아울러 후반부에서는 양산백의 혼령이 진晉 안제安帝때에 일어난 손은孫恩의 반란을 토벌하는 유유劉裕의 꿈에 나타나 승리할 수 있도록 도와주고 그의 사당에 빌면 온갖 재난과 역병을 물리쳐주는 수호신으로서의 신령성神靈性을 부각시키고 있다. 〈의충왕묘기〉 가운데의 양축 이야기는 아래와 같다.

> H : (신은) 어릴 때 총명하고 지혜로워 기이함이 있었고, 자라서 학문에 나아가 옛 전적을 몹시 좋아했다. 일찍이 이름난 스승을 좇아 전당錢塘을 지나는 길에 한 사내를 만났는데, …(중략)… 차분하게 그와 더불어 오묘한 뜻을 토론하니, 즐거워 서로 뜻이 맞았다. …(중략)… 이리하여 즐거이 함께 갔다. 3년간 학업을 닦은 후, 축祝은 부모를 그리워하여 먼저 돌아갔다. 2년 후에 산백도 귀향길에 올랐다. 상우로 가서 신재信齋를 찾아갔는데, 아무도 아는 이가 없었다. 한 노인이 웃으면서 “나는 그 사람을 안다. 글을 잘 짓는데, 축씨네 아홉째 딸 영대일 거야” 라고 말했다. 그를 뒤따라 문에 이르러 만나서 시를 짓고 술을 마시고서 헤어졌다. 양산백은 낙담하였는데, 그녀가 여자란 사실을 비로소 알게 되었던 것이다. 그는 돌아가 그녀의 맑고 고움을 그리워하다가, 부모께 아뢰어 혼인하고자 하였다. 그러나 어찌할거나, 축영대는 이미 무성鄮城의 낭두廊頭인 마씨와 혼약했기 때문에 뜻을 이루지 못했다. 신은 한숨을 내쉬면서 “살아서는 마땅히 제후에 봉해져야 하고, 죽어서는 마땅히 국가유공자로 묘당에 모셔져야 할 터, 구구한 일을 어찌 논할 수 있으랴!”라고 말했다. 나중에 간문제簡文帝가 현인을 천거하도록 하여 고을에서 신을 천거하자, 조서를 내려 무성의 현령으로 삼았다. 병을 얻었는데 낫지 않자, 시중 드는 이에게 “무성 서쪽의 청도원 구룡허가 묻힐 곳이다”라고 부탁하고서 눈을 감았다. …(중략)… 이듬해인

> 을해년乙亥年 늦봄 병자일丙子日에 축이 마씨에게 시집가느라 물길을 타고서 서쪽에서 오는데, 파도가 거칠게 일어 배가 빙빙 돌면서 앞으로 나아가지 못했다. 감짝 놀라 뱃사공에게 물으니, 뱃사공이 가리키면서 "다름 아니라 저기가 바로 양산백 현령의 새로운 무덤인데, 괴이한 일이 아닐 수 있겠소?"라고 말했다. 영대가 마침내 무덤에 이르러 제사를 지내고 몹시 슬퍼하자, 땅이 갈라지더니 파묻히고 말았다. 하인이 놀라서 치마를 끌어 집어 당기니, 거센 바람에 구름인양 날아가 동계董溪 서쪽 섬에 이르러 떨어졌다. 마씨는 관에 알리고 관곽을 열게 하였는데, 큰 뱀이 무덤을 지키고 있는지라 열 수가 없었다. 고을에서 이 일을 괴이히 여겨 조정에 알리자, 승상 사안이 '의부총'으로 봉해 달라 아뢰고 강의 동쪽에 비석을 새겼다.

양산백이 서사의 중심인물을 이루고 있는 H의 이야기는 ≪선실지≫의 기록과 크게 다르지 않지만, 세 가지 점에서 특징을 보여주고 있다. 첫째, 양산백을 역사적으로 실존했던 인물로 기술함으로써 양축의 이야기를 실제로 일어났던 일로 간주하고 있다는 점이다. 양산백이 동진 목제 영화 연간 임자년壬子年, 즉 352년 3월 1일에 태어나고, 영강寧康 연간 계유년癸酉年, 즉 373년 8월 16일 진시辰時에 세상을 떠났다고 기술하고 있을 뿐만 아니라, 양산백과 관련된 이야기를 "송나라 대관大觀 원년(1107년-필자) 늦은 봄에 조서를 내려 ≪구역도지九域圖志≫와 ≪십도사번지十道四蕃志≫를 모으게 하였으니, 이 사실을 고증할 수 있다"[13]고 밝히고 있다. 둘째, 양산백의 성격이 기존의 다른 기록과는 사뭇 다르다는 점이다. 즉 축영대와의 이루어지지 못한 사랑에 대해 "살아서는 마땅히 제후에 봉해져야 하고, 죽어서는 마땅히 유공자로 묘당에 모셔져야 할 터, 구구한 일을 어찌 논할 수 있으랴!"라고 초연한 태도를 보인다. 셋째, 기존의 다른 기록에는 보이지 않는 에피소드가 추가되어 있다는 점이다. 즉 양산백이 축가를 방문하였을 때 노인이 개입하는 에피소드와 병사에 이르러 유언을 남기는 에피소드, 무덤에 파묻히는 영대의 치맛자락이 찢겨 바람에 날아갔다는 에피소드가 그것이다. 특히 후자의 에피소드는 이후 화접化蝶의 모티프로 발전할 가능성을 보여주는 단초라 할 수 있다.

하지만 무엇보다도 H의 이야기가 다른 이야기와 변별되는 특성은 서술자인 이무성의 서사 태도이다. 그는 〈의충왕묘기〉의 끝부분에서 "살아서는 스승의 도를 함께 하니 사람들이 그들의 인륜을 바르다 여기고, 죽어서는 무덤을 함께 하니 하늘이 그들의 인연을 맺어주네. 나라에 신묘한 공을 세우고 백성에게 후한 은덕을 베풀었으니, 의義와 충忠을 시호로 내리고 받들어 제사지내노라. 이름이 영원히 빛나고 날로 새로우리라"[14]고 양산백에게 찬사를 바치고 있다. 이렇게 하여 양산백은 의와 충의 봉건이데올로기의 실천자로서 신격화되었던 것이다.

비지류로서 들 수 있는 또 다른 기록은 최문규崔文奎가 지은 〈양산백축영대묘비기梁山伯祝英臺墓碑記〉이다. 이 묘비는 명대 정덕政德 11년(1516년)에 최문규가 양축사梁祝祠와 양축대梁祝墓를 중수重修할 때 세운 것이다. 이 묘비는 산동성山東省 제녕시濟寧市로부터 남동쪽 15킬로에 위치한 미산현微山縣 마파향馬坡鄉에서 1952년에 백마하白馬河를 준설할 때 발견되었다가 1976년에 물길을 정비하는 과정에서 다시 땅속에 파묻히고 1995년 봄에 재발굴되었는데, 양축 이야기의 발원지가 제녕濟寧이라는 주장의 유력한 근거로 제시되고 있다. 이 비기의 내용 가운데 양축의 이야기는 아래와 같다.

Ⅰ: 옛날에 제녕濟寧 구곡촌九曲村에 축씨祝氏가 있었는데, 그의 집은 엄청난 부자이고 마을 사람들은 그를 원외라 일컬었다. 세상에 공부하는 아들을 둔 이들이 왕왕 지극히 귀해지고 가문을 빛내는 것을 보건만 자기만은 아들이 없는지라, 자신의 부귀를 귀히 여기지 않고 마을 아전의 번다한 세금징수를 귀히 여겼으나 부유한들 무엇하랴? 슬하에 이름이 영대라는 딸 하나가 있는데, 총명하고 지혜롭기가 비범하였다. 아버지가 탄식하여 마지않는 것을 듣고서 마침내 복장을 바꾸어 입고서 자제로 가장한 뒤 나가 가족을 시험하였으나 알아보지 못하고, 나가 마을 사람을 시험하였으나 알아보지 못하였다. 부모에게 말씀드리고, 마침내 글을 읽어 가세를 떨쳐 어버이의 근심을 덜어드리기로 하였다. 때는 마침 늦봄, 경물은 산뜻하였다. 하인이 책상자를 지고서 오교吳橋 수십 리의 버들숲을 지나다가 잠시 멈추었는데, 우연찮게 추읍鄒邑 서쪽에 사는 양대공梁大公의 아들인 산백을 만났다. 문득 물어 뜻이 서로 맞는지라 함께 역산嶧山의 선생에게 가서 수업을 받으니, 낮에는 함께 공부하고 밤에는 함께 잠을 잤다. 3년간 옷을 벗지 않았으니, 도탑게 믿고 배우기를 즐겨하였다고 할 수 있다. 어느 날 영대는 부모의 안부가 궁금하여 알리고서 제녕으로 돌아갔다. 어느덧 반년이 지나 산백 역시 영대의 요청에 따라 그의 집에 찾아갔다. 영대는 속히 여자 차림을 갖추고서 나타나니, 목란장군과 비슷한 면이 있었다. 산백은 헤어져 돌아와 일 년이 채 안되어 병들어 집에서 죽어 오교 동쪽에 장사지냈다. 서쪽 마을의 부자 마도령의 친영이 다가오자 영대는 고심하였다. 산백은 군자요, 나는 일찍이 마음으로 혼인을 허락하였는데, 부모의 명과 매파의 말도 없이 집안의 좋은 일을 이루었다. 다른 성에게 다시 시집가는 것은 처음 먹은 마음을 거스르는 일이다. 처음 만난 이를 잊고 낯선 이를 사랑하느니 차라리 목숨을 버려 의를 취하는 게 나으리. 슬픔에 겨워 죽으매, 잠시 고요하더니 서글픈 안개가 방 가득 자욱하고

나는 새 슬피 울거늘, 듣는 이들은 깜짝 놀랐다. 마도령은 수레를 돌려 빈손으로 돌아갔다. 마을의 선비와 아낙들은 그녀의 절개가 아름답다고 여겨 산백의 묘에 함께 장사지내 생전의 바람을 이루어주었다.

이 이야기의 중심인물은 〈의충왕묘기〉와 달리 축영대이며, 대체적인 줄거리는 다른 서사물과 비슷하다. 다만 다른 서사물과 달리, 이 이야기는 축영대가 남장하여 가족과 마을 사람을 시험하는 에피소드가 추가되고, 구학求學에 있어서 축영대의 적극성을 강조하고 있으며, 축영대의 죽음 역시 신행길에서의 투신이 아니라 '슬픔에 겨운 죽음(悲傷而死)'으로 바뀌어져 있다. 더욱 주목할 만한 점은 축영대의 구학 동기가 '글을 읽어 가세를 떨쳐 어버이의 근심을 덜어드리기(振門風以謝親憂)' 위한 효孝의 발로이며, 그녀의 죽음은 '처음 만난 이를 잊고 낯선 이를 사랑하느니 차라리 목숨을 버려 의를 취하는 게 나으리라(與其忘初而愛生, 孰若舍生而取義)'는 의義의 구현이라는 것이다.

이처럼 I의 서술자는 축영대의 행위를 유가이데올로기의 실천이라는 차원에서 접근하고 있는데, 서술자의 이러한 면모는 그의 서사의도와 서사태도에서 보다 명확히 드러난다. 즉 서술자는 "한때의 절의를 오랜 세월에 인멸되게 함은 어진 군자로서 견딜 수 없는 일이다. 하물며 우리 명나라는 조상 대대로 근원을 곧게 하여 인심을 바르게 하고, 절의를 숭상하여 천하에 권면하였음에랴"[15]라고 자신의 서사의도를 밝히고 있다. 또한 "오직 영대만이 천지의 바른 기운을 받아 곱고 정숙함을 간직하였으니, …… 그의 마음은 해와 별처럼 밝고, 그 절개는 가을 서리만큼 꿋꿋하다. 이를 미루어 충이라 할 수 있고 효라 할 수 있으며, …… 천년토록 절의를 드러내고 천년토록 절의를 애도하리라"[16]고 축영대를 충효와 절의의 구현자로서 높이 선양하는 태도를 보여주고 있다.

비지류의 기록은 기본적으로 일정한 형식[17)]을 취하여 특정 인물의 생전의 공훈이나 업적을 기리는 글이다. 따라서 〈의충왕묘기〉와 〈양산백축영대묘비기〉가 각각 양산백과 축영대의 행위에 대해 찬양의 태도를 취하는 것은 불가피한 일이겠지만, 중요한 점은 이들의 행위를 충의와 충효의 봉건이데올로기로써 해석해냈다는 것이다. 이러한 서사태도는 아마 서술자의 신분, 즉 이무성은 송대 휘종徽宗 대관大觀 연간(1107-1110)에 명주明州(지금의 영파)의 지사知事를 지냈고, 최문규는 명대 정덕政德 연간(1505-1521)에 남경 공부우시랑工部右侍郎과 독찰원우부어사督察院右副御史를 역임한 고위관료라는 점에서 기인할 것이다.

■ 작은 맺음말

지금까지 문인의 필기류를 중심으로 양축 이야기의 변모를 살펴보았거니와, 필기류의 양축 이야기는 여타의 서사매체와 다른 몇 가지 특징을 보여준다. 첫째, 필기류의 서술자는 양축 이야기를 실존 인물의 실재 사건, 즉 진인진사眞人眞事로 간주하는 서사태도를 보여주고 있다는 점이다. 둘째, 이러한 서사태도로 말미암아 이야기의 진실성을 강조하기 위해 역사적 인물과 역사적 사건을 이야기 속에 개입시키는데, 이들은 점차 봉건이데올로기를 선양하기 위한 장치로 전환된다. 셋째, 에피소드는 구체적으로 서사되지 않은 채 간단한 기술로 그치고 있다는 점이다. 이러한 특징들은 기본적으로 서술자가 문인이자 관료라는 점, 다시 말해 통치이데올로기인 유가이념의 담지자라는 점, 그리고 인물 및 사적에 대한 단편적斷片的인 짧은 이야기로 이루어지는 필기류의 속성과 깊은 관련이 있을 것이다.

지금까지 살펴본 필기류의 양축 이야기를 글이 쓰인 순서에 따라 정리하면 아래의 표와 같다.

	雜記類 A	碑誌類 H	地志類 E	碑誌類 I	地志類 F	雜記類 B	雜記類 C	地志類 G	雜記類 D
관련 기록	宣室志	義忠王廟記	寧波府簡要志	梁山伯祝英臺墓碑記	嘉靖寧波府志	情史類略	識小錄	淸水縣志	祝英臺小傳
지은이	張讀	李茂誠	黃潤玉	崔文奎	張時徹	馮夢龍	徐樹丕		邵金彪
成書時期	唐 懿宗 咸通 연간 (860-873)	宋 徽宗 大觀 연간 (1107-1110)	明 초엽	明代 (1516)	明 중엽	明末	明末 淸初	淸代	淸 道光・光緖 年間
중심 인물	祝英臺	梁山伯	梁山伯	祝英臺	梁山伯	梁山伯	梁山伯	祝英臺	祝英臺
시대 배경	東晉	東晉		昔	晉	東晉	東晉	梁	東晉
梁祝 고향	會稽,上虞	會稽,上虞		鄒邑,濟寧	會稽,上虞	會稽,上虞	會稽,上虞		會稽,上虞
男裝	僞爲男裝	(知其爲女子)	(不知英臺爲女子)	變笄易服	(知祝女子)	(知爲女)	(知爲女子)	爲男子飾	易男裝
梁의 신분	鄞令	鄮令	鄞令		鄞令	鄞令	鄞令		鄞令
梁의 死因	病死	嬰疾勿瘳	卒	疾終	嬰疾弗起	病且死	病死	恚卒	悔念成疾卒
梁의 유언		鄮西淸道源九龍墟爲葬之地			葬於鄮城西淸道源	葬淸道山下	葬淸道山下		葬淸道山下
신행길의 異蹟	風濤	波濤勃興			風濤	風濤大作	風波大作		風濤大作
역사 인물	謝女 義婦冢	謝安 義婦冢	謝安 義婦冢		謝安 義婦冢	謝安 義婦	謝安 義婦		謝安 義婦冢
化蝶 요소		引其裙, 風烈若雲飛					化蝴蝶, 枯蠹所化		衣化蝶과 魂化蝶

	雜記類 A	碑誌類 H	地志類 E	碑誌類 I	地志類 F	雜記類 B	雜記類 C	地志類 G	雜記類 D
영험과 기념물		晉 安帝때의 孫恩, 묘당, 梁王祠와 黃裙會稽廟				齊 和帝, 義忠, 立廟於鄞	齊 和帝, 立廟於鄞縣		齊 和帝, 立廟於鄞
에피소드의 추가				男裝 시험			- 마씨와의 정혼은 '爲父所逼' - 英臺의 적극적인 반항		- 英臺의 적극적인 求學. - 마씨와의 정혼은 '梁家貧, 羞澀行期' 때문
특이 사항				祝英臺는 悲傷而死					鄞令이 된 후에 재회

위의 표에서 알 수 있듯이, 필기류의 양축 이야기는 비지류의 I와 지지류의 E·G를 제외하고 모두 시공간적 배경을 동진의 회계와 상우로 설정하고 있으며, 이 경우 양산백의 신분을 은령으로, 그리고 축영대의 신행길을 가로막는 장애요인을 대부분 '바람과 파도'라 언급하고 있다. 아울러 서사의 중심인물이 축영대인 경우에는 남장을 명시하여 축영대의 적극성을 부각하고 있는 반면, 서사의 중심인물이 양산백인 경우에는 동문수학할 때에 '여자임을 몰랐다'거나 축씨 집을 방문하였을 때에야 '비로소 여자임을 알았다'고 우회적으로 서술하고 있다. 위의 표에서 주목할 만한 점은 양산백의 죽음이 단순한 병사에서 점차 '분하여 죽음(恚卒)' 혹은 '그리움에서 비롯된 죽음(悔念成疾卒)'으로 변모하고 있는 바, 이는 양축 두 사람의 애정이 깊음을 반증하려는 서술자의 서

사전략과 관련이 있다고 보여진다.

필기류의 양축 이야기를 전체적으로 살펴볼 때, 에피소드의 추가를 통해 양축 이야기의 발전 양태를 가장 명확히 보여주는 것은 잡기류이다. 이처럼 잡기류가 다른 하위 서사매체에 비해 풍부한 담론으로 발전할 수 있었던 것은 잡기류라는 매체의 특성, 즉 전문傳聞의 틀 속에서도 이야기를 가공할 수 있는 여지가 크다는 점, 다시 말해 서술자 자신의 문학적 상상력을 일부나마 발휘할 수 있다는 점에서 비롯된다. 잡기류에 비해, 지지류는 특정 지방의 연혁이나 인물, 고적 등을 사실 그대로 전달하는 매체라는 점에서, 그리고 비지류는 일정한 글쓰기의 틀 속에서 인물의 공훈과 업적을 기리는 매체라는 점에서, 서술자는 기록자에 머물 뿐 문학적 상상력을 발휘하기가 상대적으로 쉽지 않다고 볼 수 있다.

필기류의 양축 이야기를 다른 매체, 이를테면 연희류나 소설류, 영상류와 비교해보면, 마씨 아들의 성격화는 아직 구체화되지 않으며, 모티프 역시 남장과 순사, 화접까지만 나타날 뿐 연희류에 흔히 나타나는 탐색探索 및 환생還生의 모티프는 운용되지 않는다. 이와 반대로 필기류, 특히 잡기류에 흔히 보이는 바의 양산백의 영험과 관련된 에피소드는 연희류나 소설류 등의 서사매체에서는 보이지 않는다. 이 에피소드는 비지류 H(〈의충왕묘기〉)의 영향을 받았을 가능성이 높은데, 민간고사에서는 남송과 금나라의 항쟁이라는 역사적 사건을 배경으로 금나라와 맞서 싸우는 장수와 피난길에 오른 황제를 돕거나, 혹은 왜구를 격멸하는 수호신으로서의 에피소드로 자주 변용된다.[18]

연희류의 양축 이야기

여기에서는 양축 이야기를 다룬 여러 서사매체 가운데에서 연희류演戱類를 중점적으로 살펴보고자 한다. 연희란 배우가 각본에 따라 분장하고 음악이나 배경, 조명 등의 힘을 빌려 어떤 사건과 인물을 구체적으로 연출하는 예술을 통칭하는 바, 여기에서 연구대상으로 다루는 연희류는 이러한 연희의 대본을 가리킨다고 할 수 있다. 연희류는 배우 한 사람이 하나의 역할을 하는가 혹은 다수의 역할을 하는가에 따라 희곡[19]과 곡예로 나눌 수 있다. 즉 희곡에서는 배우들이 각각 상이한 배역을 담당하지만, 곡예에서는 한 사람의 배우가 여러 배역을 담당하는 일인다역一人多役의 형태를 보인다.

양축 이야기를 다룬 희곡류戱曲類로는 잡극을 포함하여 경극京劇, 월극越劇, 천극川劇, 예극豫劇, 진강秦腔, 황매희黃梅戱, 채조극彩調劇 등의 지방희가 있으며, 곡예류曲藝類로는 고사鼓詞, 탄사彈詞, 보권寶卷과 목어서木魚書, 죽판가竹板歌 등이 있다. 이들 연희류는 모두 배우의 대사講과 노래唱를 위주로 공연되고 있는데, 이러한 점에서 넓은 의미에서의 설창예술說唱藝術에 속한다고 할 수 있다. 양축 이야기를 다룬 연희류의 텍스트는 원대 이래로 상당수 전해져 왔지만, 이들 텍스트들 대부분은 희곡류로서 줄거리의 일부 혹은 극목만이 여러 전적에 실려 있을 따름이다. 원대로부터 청대에 이르기까지 양축 이야기를 연창하고 있는 연희류의 주요 텍스트는 아래의 표와 같다.[20]

시대	극목	저자	관련 전적	기타
원대	〈梁山伯〉	白樸	天一閣本 《錄鬼簿》	제목은 '馬好兒不遇呂洞賓'
	〈祝英臺〉		鈕少雅의 《滙纂元譜南曲九宮正始》 [仙呂]	원대 戲文 〈祝英臺〉 三支가 집록되어 있음
명대	〈牡丹記〉	朱春霖	《古人傳奇總目》 및 黃文暘의 《曲海目》	失傳
	〈兩蝶詩〉	王紫濤	王國維의 《曲錄》 卷四	失傳
	〈訪友記〉	無名氏	黃文暘 《曲海總目提要》 卷三十五	
	〈英臺記〉	朱少齋	祁彪佳 《遠山堂曲品》의 '雜調'	失傳
	〈同窓記〉	無名氏	《秋夜月鋟天下時尚南北徽池雅調》와 《纏頭百練》	
	〈山伯訪英臺〉	無名氏	《新刻增補戲隊錦曲大全滿天春·戲隊十八出》의 第十二	
	〈祝英臺記〉	無名氏	《風月(全家)錦囊》	
청대	〈山伯訪友〉			浙江 紹興 沈位三刻本
	〈梁山伯祝英臺送友回文〉			浙江 寧波 鳳英齋刻本
	〈梁山孟全本〉			山西 洪洞 同義堂刻本

여기에서는 연희류의 하위 서사매체인 희곡류와 곡예류의 작품이 양축 이야기의 서사구조 및 사건 혹은 모티프의 확장에 있어서 어떠한 변별적 특징을 지니고 있는지 분석하고자 한다. 이를 위해 수많은 연희류의 작품 가운데에서 양축 이야기의 온전한 줄거리를 보여주는 텍스트를 선별하였다.[21] 다만 희곡류의 경우 20세기 후반에 출판되거나 공연된 텍스트만이 온전한 줄거리를 갖추고 있는지라, 이 글에서는 불가피하게 20세기 후반 이후의 텍스트를 연구대상으로 삼을 수밖에 없다.

우선 곡예류의 텍스트로는 〈쌍선보권雙仙寶卷〉, 〈쌍호접보권雙蝴蝶寶

卷〉, 〈양산백과 축영대梁山伯與祝英臺〉(죽판가竹板歌), 〈모란기牡丹記〉(목어서木魚書), 〈유음기柳蔭記〉(고사鼓詞), 〈신편금호접전新編金蝴蝶傳〉(탄사彈詞), 〈신편동조대쌍호접新編東調大雙蝴蝶〉(탄사彈詞) 등을 들 수 있다. 이들 텍스트들은 1987년에 수집된 〈양산백과 축영대〉(죽판가)를 제외하면, 모두 이르면 18세기 후반부터 늦게는 19세기 후반에 이르기까지 청대에 발견·수집되었다. 아울러 이들 텍스트들은 중국 북방에서 공연되었던 〈유음기〉(고사)를 제외하면 모두 장강 이남의 남방에서 성행하였다.[22]

한편 희곡류의 텍스트로는 〈양산백과 축영대〉(월극越劇), 〈유음기(柳蔭記〉(천극川劇), 〈양축정梁祝情〉(예극豫劇), 〈양산백과 축영대〉(진강秦腔), 〈유음기柳蔭記〉(경극京劇), 〈양산백과 축영대〉(황매희黃梅戲), 〈양산백과 축영대〉(채조극彩調劇), 〈양축원梁祝怨〉(잡극雜劇) 등을 들 수 있다.[23] 이들 텍스트들은 대부분 중화인민공화국의 수립 이후인 20세기 후반에 출판·공연되었으며, 중국 각지의 희곡을 망라하고 있다. 이 글을 통해 연희류가 서사의 면에서 필기류와 어떻게 다른지, 그리고 희곡류와 곡예류 사이에 어떤 변별적 특징이 있는지가 드러나기를 기대한다.

■ 연희류의 양축 이야기

양축 이야기를 담고 있는 필기류의 줄거리는 대부분 '축영대의 남장구학', '양축의 동문수학', '양축의 사랑의 좌절', '양산백의 죽음과 축영대의 순사'이며, 이들 줄거리의 주요 사건은 서술자의 간단한 서술로 그치고 있다. 이를테면 '축영대의 남장구학'과 '양축의 동문수학'은 '거짓으로 남장을 하고 양산백과 함께 공부했다(장독의 ≪선실지≫)'고 서술하거나 '양산백과 축영대는 일찍이 함께 공부하다가 영대가 먼저 고향으로 돌아갔는데, 양산백은 후에 축영대를 찾아가서야 영대가 여자인 줄을 알게 되었다(풍몽룡의 ≪정사유략≫)'고 서술하고 있을 뿐이다. 다시 말해 축영대의 구학을 둘러싼 부모와의 갈등이나 동문수학 중에 여자임이 탄로날 뻔한 위기와 이를 무마하는 축영대의 기지를 보여주는 사건은 거의 등장하지 않는다.[24] 이에 반해 연희류의 양축 이야기는 다채로운 사건을 통해 이들 줄거리의 이야기성(故事性)을 풍부하게 드러내고 있다는 특징을 지니고 있다. 연희류의 텍스트가 공통적으로 지니고 있는 양축 이야기의 기본적인 줄거리 및 이와 관련된 사건은 아래의 〈표 1〉과 같다.

표 1

A. 축영대의 남장구학	a. 부모의 반대와 남장에 의한 설득
B. 양축의 동문수학	a. 수학중의 탄로 위기와 모면 b. 양축의 이별과 배웅
C. 양축의 사랑의 좌절	a. 마씨댁과의 정혼 b. 양축의 재회 c. 양산백의 득병과 처방전
D. 축영대의 순사와 화접	a. 양산백의 죽음 b. 축영대의 제전(祭奠)과 순사 c. 화접

연희류의 텍스트에서 각별하게 중요한 의미를 지니고 있는 사건으로는 '축영대가 구학을 위해 가족의 반대를 극복하는 과정', '수학중에 여자임이 탄로날 위기에서 기지로 이를 모면하는 장면', '축영대가 양산백과 헤어져 귀향하는 길에 자신이 여자임을 암시하는 장면', '양산백과 축영대의 재회와 이룰 수 없는 사랑의 고통', '마씨대가의 정혼 이후 축영대와 부친의 대립' 등을 들 수 있다. 이들 사건들은 양산백과 축영

대의 사랑의 좌절, 양산백의 죽음과 축영대의 순사 등의 행위에 현실성을 부여하고 행위의 계기적 필연성을 강화함과 동시에, 독자에게 긴장의 고조와 이완을 되풀이함으로써 오락성을 극대화할 수 있다. 이제 줄거리와 관련된 주요 사건을 차례차례 살펴보기로 하자.

'축영대가 구학을 위해 가족의 반대를 극복하는 과정'과 관련된 사건은 부모의 반대에 부딪힌 축영대가 남장을 하여 부모를 설득함으로써 허락을 받는 일이다. 부모, 특히 부친은 '여자의 본분은 바느질'이고 '공부하는 건 남자의 일'이며, '여자는 재주 없음이 덕(女子無才便是德)'이고 '여자가 얼굴을 드러냄은 가풍을 해치는 일'이라 주장한다. 부친의 주장은 철저히 삼종사덕과 남녀유별, 남존여비의 봉건적 유교사상에 기초하고 있다.

부친의 반대에 대해 축영대는 단식하거나 칭병稱病하여 저항하고, 나아가 창세의 여신인 여왜女媧나 역사상 존재했던 뛰어난 여성들, 이를테면 반소班昭, 제영緹縈, 왕소군王昭君, 채문희蔡文姬, 측천무후則天武后 등을 들어 여자도 남자 못지않게 큰일을 할 수 있다고 반박하며, 점쟁이로 남장하여 부친을 멋지게 속이기도 한다. 결국 부친은 '남장이 들통나서는 안 된다' 혹은 '근신하여 가풍에 어긋나는 짓을 해서는 안 된다', '3년이 지나면 곧바로 돌아온다' 혹은 '집에 일이 있으면 편지를 받자마자 돌아온다' 등의 세 가지 조건을 들어 딸이 집을 떠나 공부하도록 허락한다.

'수학 중에 여자임이 탄로날 위기에서 기지로 이를 모면하는 장면'과 관련된 사건은 양축 이야기의 리얼리티와 매우 깊은 관련을 맺고 있다. 양산백이 축영대와 3년 동안이나 함께 공부하면서도 여자임을 몰랐다는 것이 일반 독자나 관객의 입장에서는 대단히 납득하기 어렵기 때문이다. 따라서 축영대를 여자라고 의심하는 탐색 모티프는 이야기 전체의 줄거리 전개에서 없어서는 안 될 뿐만 아니라, 독자 및 관객의 흥미를 자아내는 중요한 결절점이라 할 수 있다. 축영대의 신분을 둘러싼 탐색은 결의형제한 첫날, 그리고 동문수학중에 일어난다. 탐색을 낳는 의혹은 주로 축영대의 귓불에 남은 귀걸이 흔적, 그리고 축영대의 일상사와 관련된 행위들, 즉 '강을 건너면서 왜 옷을 벗지 않는가?', '잠을 잘 때나 무더위에 왜 옷을 벗지 않는가?', '왜 젖가슴이 불룩 솟아 있는가?', '소변을 왜 쪼그려 앉아 누는가?' 등이다.

축영대는 귀걸이자국에 대해 '마을에 매년 묘회廟會가 열리는데, 마을 사람들의 권유로 관음觀音을 분장한 까닭에 귀걸이 흔적이 남아 있다'[25]고 둘러대고, 강을 건널 때 옷을 벗지 않는 까닭으로는 '위에는 푸른 하늘, 아래에는 땅이 있으니, 적삼과 바지를 벗는 것은 평소처럼 해서는 안 되네. 벌거벗은 몸은 강을 범한다네'[26]라고 핑계를 댄다. 잠을 잘 때나 무더위에 옷을 벗지 않는 까닭으로는 '어려서부터 병이 많아 옷을 벗지 못한다'[27]거나 혹은 '부모님이 만들어주신 비단옷에 단추가 많아 풀려면 날이 밝아야 한다'[28]고 둘러대고, 젖가슴이 불룩 솟아 있다는 지적에 대해서는 '젖가슴이 커야 재상감'[29]이라고 항변한다. 쪼그려 앉아 소변을 누는 것에 대해서는 '소변을 서서 누면 해와 달과 별의 빛을 범하여 장수하지 못한다'[30] 등으로 둘러댄다. 탐색 모티프와 관련된 이로한 에피소드들은 축영대의 임기응변의 재치를 보여주는 한편, 양산백의 충직하고 순박한 성품을 보여주는 장치로 기능하고 있다.

다음으로 들 수 있는 사건은 축영대가 여자임이 들통이 날까 염려하여, 혹은 집에서 온 편지를 받고서 양산백과 헤어져 집으로 돌아가는 대목이다. 이 이별 장면은 양축 이야기에 가장 정채로운 대목으로서,

흔히 '십팔상송十八相送'이라 일컬어진다. 이 대목은 독립적인 한 편으로서 적창摘唱되기도 하는데, 여기에서 양산백을 마음에 둔 축영대는 이별하는 길에 눈에 뜨이는 갖가지 사물이나 동식물을 빌려 자신이 여자임을 은근히 암시한다. 즉 갖가지 풀벌레, 짝지은 나비와 청개구리, 한 쌍의 원앙이나 거위 혹은 꾀꼬리, 석류, 금붕어, 우물에 비친 두 사람의 모습, 사당의 금동옥녀金童玉女, 관음당의 관음대사觀音大士 등을 빌려 축영대는 양산백에 게 자신의 신분을 내비친다. 그러나 양산백이 끝내 눈치 채지 못하자, 축영대는 하는 수 없이 쌍둥이 여동생과 짝 지워줄 테니 기일에 늦지 말고 꼭 와달라고 부탁하고서 헤어진다. 이 대목은 양산백의 어리숙할 정도로 순박한 사람됨을 드러내는 한편 양산백에 대한 축영대의 절절한 사랑을 보여줌으로써, 이후 축영대가 양산백을 좇아 순사할 수밖에 없는 논리적 필연성을 확보하게 된다.

이처럼 축영대가 양산백에게 애정을 품었다면, 부모가 강요하는 마씨댁과의 혼인을 흔쾌히 받아들였을 리 만무하다. 축영대는 자신도 모르는 사이에 부모가 마가와의 정혼을 결정하였다는 사실을 알고서 부친과 대립하게 되고, 축영대가 떠난 뒤 사모로부터, 혹은 그녀의 집을 방문하고서야 그녀가 여자임을 알게 된 양산백은 그녀가 마가와 정혼하였다는 사실에 망연자실한 채 상사병을 얻게 된다. 축영대는 앓아누운 양산백에게 처방전을 보내고 사랑의 정표를 보낸다.[31] 여기에서 도저히 구할 수 없는 처방전이 양산백과의 혼인이 불가능함을 상징한다면, 정표는 자신의 사랑의 영원성을 상징한다. 이 과정에서 축영대는 '현세에 부부되지 못하나 죽어서라도 함께 하겠다'고 순사의 의지를 내비친다.[32] 아울러 축영대는 양산백이 죽은 후 조문에 반대하는 부친에게 '칼로 자기 몸을 그으려 하고' '조문을 가지 못한다면 차라리 죽을 지언정 마씨 도령에 시집가지 않겠다'고 단호한 태도를 보이며,[33] 특히 양산백의 무덤에서 제사를 지내겠다고 요구하면서 '요구를 들어주지 않으면 강물에 뛰어들겠다', '부모가 허락하지 않으면 규방에서 자진하겠다'거나 혹은 '평생 수절하겠다'고 으름장을 놓는다.[34] 이렇게 하여 마가와의 정혼 이후 축영대와 부친의 대립은 심화된다.

■ 희곡류와 곡예류의 상이점

이처럼 연희류의 양축 이야기는 필기류에 비해 풍부하고 다채로운 사건들을 삽입함으로써 양축의 사랑과 죽음에 현실성과 필연성을 부여해주었다. 그러나 연희류의 양축 이야기를 살펴보면, 앞에서 살펴본 바대로 공통된 줄거리가 있는 한편으로 희곡류와 곡예류 사이에 몇 가지 상이한 점도 나타나기에 세심하게 살펴보지 않으면 안 된다. 이러한 차이는 두 하위 서사매체 자체의 특성, 이를테면 한 사람이 여러 배역을 연창演唱하는가 혹은 사람마다 각기 다른 배역을 연창하는가의 다름에서 기인하기도 하고, 텍스트가 확정되는 시점, 이를테면 발견·수집된 텍스트가 청대의 것인가 아니면 20세기의 것인가의 차이에서 비롯되기도 할 것이다. 이제 희곡류와 곡예류의 상이한 점을 인물향상, 갈등대립구조와 서사구조에서 차례로 살펴보자.

① 인물형상

희곡류와 곡예류 사이의 차이는 우선 등장인물의 성격이나 역할에서 엿볼 수 있는데, 이러한 인물로는 축영대의 모친과 올케, 스승과 사모 등을 들 수 있다. 연희류 전체를 살펴보면, 축영대의 모친과 올케가 함께 등장하는 경우는 전혀 없다. 곡예류에서는 축영대의 모친이 거의 등장하지 않으며, 등장하더라도 특별한 역할을 수행하지는 않는다. 모친이 축영대를 도와 부친을 설득하는 역할을 담당하는 경우는 〈양산백과 축영대〉(죽판가)뿐이다. 이처럼 등장하지 않는 모친을 대신하여 축영대의 올케가 등장한다. 즉 부친이 축영대의 구학을 승낙하자, 올케는 시누이의 구학에 반대하는 입장을 취한다. 즉 '여자가 나이 들면 혼인해야 마땅'하고 '아가씨가 공부하러 가는 것은 신랑감을 찾기 위함'이라고 반대한다.[35] 그리하여 축영대는 모란꽃(혹은 버들가지)을 꺾어 '몸이 바르지 않으면 모란꽃이 꽃병에서 말라죽을 것이고, 정절을 지킨다면 돌아올 때까지 싱싱할 것'이라고 맹세함[36]으로써 올케의 반대를 극복한다. 양축 이야기에서 올케의 반대에 대한 축영대의 맹세는 사건으로 그려지기보다는 부친의 반대에 곁들여진 에피소드로서만 삽입될 뿐이다.

반면 희곡류에서는 대체로 모친이 등장하여 축영대의 의견에 호의적인 태도를 취한다. 그리하여 남장구학의 과정에서 축영대를 도와 아버지를 설득할 뿐만 아니라, 마가와 정혼할 때 딸과 양산백의 관계를 남편에게 알리거나, 양산백의 무덤에 제사를 지내는 문제로 남편과 딸이 대립하였을 때 두 사람을 중재하거나 딸과 더불어 남편에게 반항하기도 한다. 희곡류에서 모친이 부친과 함께 딸의 의견에 반대하는 경우는 〈양산백과 축영대〉(황매희) 뿐이다. 모친이 아예 등장하지 않거나 등장하더라도 구체적 역할을 수행하지 않는 경우에는 축영대의 시녀인 은심銀心이 등장하여 일정한 역할을 수행한다. 즉 은심은 주인 나리를 속여 축영대의 칭병과 남장을 도와줌은 물론 나아가 축영대의 구학을 주인 나리에게 설득하기도 하며[37], 마가의 아들과의 정혼 문제로 갈등이 생겼을 때에 축영대와 양산백의 관계를 알려주기도 한다. 이로써 희곡류에서는 모친과 은심의 역할이 단순한 에피소드에 그치는 것이 아니라 양축 이야기의 주요 사건에 깊숙이 개입하고 있음을 알 수 있다.

등장인물의 성격과 역할을 살펴볼 때 연희류에서 눈여겨볼 만한 인물은 스승과 사모이다. 특이하게도 연희류 가운데에서 곡예류에는 스승만 등장하는 반면, 희곡류에서는 스승과 사모, 특히 사모가 일정한 역할을 수행한다. 즉 대부분의 곡예류 텍스트에서 스승은 서당에 들어온 첫날 한눈에 축영대가 여자임을 눈치챈다. 그리하여 스승은 뭇사내들과 함께 대소변 보기를 꺼려하는 축영대의 제안을 받아들여, 팻말을 걸고서 번갈아 대소변을 보도록 규칙을 정하거나[38], 혹은 소변 자국이 남지 않아 신분이 발각될까봐 염려하는 축영대의 제안을 받아들여 소변을 벽에 높이 쏘아 더럽히지 않도록 규칙을 정한다.[39] 곡예류에서 스승의 등장은 축영대가 남장수학 중에 여자임이 탄로날 뻔한 탐색 모티프와 관련된 에피소드로서 존재하고 있을 뿐이다.

이에 반해 희곡류에서의 스승과 사모의 등장과 역할은 곡예류와 사뭇 다르다. 사모는 축영대가 여자임을 눈치채고 있으며, 축영대가 집으로 돌아갈 때 건네준 신물信物, 이를테면 옥선추玉扇墜나 수놓은 신발을 양산백에 전해주고[40] 양산백에게 축영대가 여자임을 알려주면서 매파의 역할을 자임하기도 한다. 스승 역시 〈양산백과 축영대〉(진강)에서처럼 축영대에게 중매쟁이의 역할을 자임하며 양산백에게 축영대가 여자임을 알려주기도 한다. 중요한 점은 스승과 사모의 중매쟁이 역할과 신물이 훗날 부친이 마가의 아들과의 정혼을 강요할 때에 축영대가 양산백과의 정혼의 정당성을 입증하는 근거로 제시된다는 것이다. 이리하여 희곡류에서의 스승과 사모의 등장과 역할은 단순히 에피소드로 그치지 않고 마가의 아들과의 정혼을 둘러싼 부친과의 갈등이라는 사건에 깊이 개입하게 된다.

이러한 스승과 사모의 역할의 차이는 마가의 아들과의 정혼을 둘러싼 축영대의 태도에서 사뭇 다른 차이를 초래한다. 즉 스승의 역할이 제한적인 곡예류에서, 마가의 아들과의 정혼 사실을 알게 된 축영대는 자신을 찾아온 양산백에게 '어떻게 두 집안의 납폐를 받을 수 있겠는가?', '현세에서 이루어질 수 없으니 내세를 기약하자'면서 마가의 아들과의 정혼을 기정사실화하고 받아들일 수밖에 없다는 소극적인 태도를 보이며, 심지어 '부모에게 누를 끼쳐 마씨 집안에서 알게 되면 어찌할 것인가?'라거나 '어찌 부친이 소송을 당하여 형법에 처해지게 만들 수 있겠소?'라고 되묻는다[41]. 나아가 시녀에게 "부모의 명과 매파의 약속이 없이 사사로이 정혼하는 건 풍속을 해치고 규방의 예를 잃어 훗날 사람들의 이야깃거리가 될 터이니, 올바른 여인의 행할 바가 아니다"[42]라고까지 말하기도 한다.

곡예류에 보이는 축영대의 소극적인 태도와 달리, 희곡류에서는 마가와의 정혼이 거론되자 축영대가 부친에 대해 적극적으로 반항한다. 즉 부친은 마가와의 정혼에 대해 '반고盤古가 하늘과 땅을 나눈 이래 딸이 자신의 혼사를 결정한 일이 없다'면서 '마씨댁과는 중매쟁이도 있고 예물도 있고 부모의 명령도 있다'고 주장한다.[43] 이에 대해 축영대는 '사모가 중매쟁이이고 옥선추가 예물'이라고 반박함[44]으로써 양산백과의 정혼의 정당성을 주장한다. 다시 말해 자식의 혼사에 있어서 부친이 근거하고 있는 봉건예교적 규범에 맞서서, 축영대 역시 스승 혹은 사모의 역할을 들어 봉건예교적 규범에 어긋나지 않았음을 강조하고 있다. 이처럼 스승 혹은 사모의 역할이 커짐에 따라, 축영대가 이들의 역할을 적극적 반항의 논거로 삼고 있음을 알 수 있다.

② 갈등대립구조

그렇다면 연희류의 양축 이야기에서 갈등대립구조는 어떤 차이를 드러내는가? 이 이야기의 주요 사건에서 갈등대립구조는 비록 모친이나 올케, 스승이나 사모가 일정 정도 에피소드 혹은 사건의 보조인물로 등장하기는 하지만, 기본적으로 축영대와 부친을 중심축으로 이루어져 있다. 먼저 부친의 반대를 극복하여 축영대가 남장구학의 요구를 관철하는 사건을 살펴보자. 축영대의 부친은 남녀유별과 남존여비의 봉건 이데올로기에 기초하여 딸의 요구에 반대한다. 이에 대해 곡예류의 경우 축영대는 주로 점쟁이로 남장하여 부친을 멋지게 속임으로써 부친의 허락을 얻어낸다. 이 과정에서 축영대의 태도는 그다지 강경하지 않고[45] 부친의 반대 또한 결코 완강하지 않으며, 이로써 두 사람의 갈등대립은 표면화되지 않는다.

반면 희곡류의 경우 축영대는 점쟁이로 남장하여 부친을 설득함은 물론, 단식 혹은 칭병으로써 자신의 강경한 의지를 드러내고, 심지어 황실의 궁녀로 선발되어 끌려갈 수 있다고 을러대기도 한다.[46] 축영대의 이러한 적극적인 태도는 부친과의 갈등대립을 심화시킨다. 그리하여 대부분 모친의 설득을 통해 부친은 봉건예교의 규범을 어겨서는 안 된다는 세 가지 조건을 내걸어 딸의 요구를 허락한다. 축영대와 부친의 갈등대립이 심화된 양상은 마가와의 정혼을 둘러싸고서도 되풀이된다. 즉 앞에서 살펴본 바대로, 곡예류에서는 축영대의 소극적인 태도로 말미암아 축영대와 부친의 갈등대립이 표면화되지 않는 반면, 희곡류에서는 축영대가 자신의 양산백에의 허혼이 봉건예교적 규범에 합치된다고 주장함으로써 축영대와 부친의 갈등대립이 분명하게 드러난다.

갈등대립구조에 있어서 곡예류와 희곡류의 차이를 확연히 드러내는 사건은 양산백의 무덤 앞에서의 제사를 요구하면서 벌어진다. 곡예류의 경우 '동문수학중에 많은 은혜를 입었으니 분향하겠다'는 축영대의 요구에 대해, 부친은 '네 뜻대로 제사를 지내는 게 이치에 합당하다'고 순순히 받아들이며[47], 심지어 '어찌 신부가 상복을 입을 수 있겠느냐'고 반대하는 마씨댁 아들을 달래 딸의 요구를 들어주기도 한다.[48] 따라서 축영대의 반항은 격렬해지지만, 그럼에도 불구하고 부친과 축영대의 갈등대립은 더 이상 격화되지 않는다.

반면 희곡류에서 마가의 영친을 맞아 몸단장과 꽃가마 오르기를 거부하던 축영대는 소복 차림으로 양산백의 무덤에서 제사를 지내게 해 달라고 요구한다. 이에 대해 부친은 '자고로 신부는 붉은 옷을 입는 법인데, 어찌 소복을 입는단 말이냐'고 반대한다.[49] 이로써 축영대와 부친의 갈등대립은 최고조에 이르며, 이들의 갈등대립은 모친 혹은 매파의 중재를 통해 부친이 '소복 안에 혼례복을 입고 제사를 지낸 후 소복을 벗는다'는 조건을 붙임으로써 해소된다.[50]

이렇게 줄거리의 전개에 따른 축영대의 반항의 정도와 갈등대립의 양상을 살펴본다면, 곡예류의 경우 축영대의 반항이 소극적인 태도에서 차츰 적극적인 태도로 바뀜에도 불구하고, 축영대와 부친의 갈등대립은 처음부터 끝까지 첨예하게 표면화되지 않는다. 반면 희곡류에서는 축영대의 반항이 시종일관 적극성을 띠고 있고, 동시에 축영대와 부친의 갈등대립 또한 갈수록 첨예해지고 있다.

연희류에서 주목할 만한 점은 축영대와 부친의 갈등대립을 심화하는 요인으로서 마씨 집안과 양씨 집안의 가세의 격차이다. 곡예류에서는 양산백의 집안이 대부분 양친이 구존하고 풍족한 집안으로 그려짐으로써 마가의 가세와 차이를 보이지 않는다. 따라서 두 집안의 지위 및 재부의 정도가 축영대와 부친의 갈등대립을 낳는 요인으로 작동되지 않는다. 그러나 희곡류에서는 문벌세족으로서 권세 있고 풍족한 마씨댁과 홀어머니의 빈한한 양씨댁이 강렬하게 대비되고 있다. 이리하여 축영대는 '혼인대사는 부모가 주관한다'는 부친의 주장에 맞서 자신이 주체가 된 혼인의 정당성을 강조하는 한편, '마씨댁은 문벌세족'이라는 부친의 주장에 맞서 '양씨댁은 빈한하나 청백리'라고 반박하면서[51] 정략결혼을 꾀하는 부친의 재물욕을 공격함으로써 부친과의 갈등대립을 격화시키고 있다.

③ 서사구조

필기류나 소설류 등의 서사매체와 달리, 연희류 가운데에서도 특히 곡예류의 텍스트만이 지니고 있는 서사적 특징은 '환생'과 관련된 사건이 전개된다는 점이다.[52] 이 '환생' 모티프는 곡예류에서 '남장'과 '탐색', '순사', '화접' 등의 모티프와 함께 양축 이야기를 구성하는 주요한 요소이다. '환생'이라는 사건은 기본적으로 불교의 윤회사상과 맞닿아 있다는 점에서, 이 사건이 양축 이야기에 추가된 데에는 불교 및 이와 관련된 민간신앙의 영향을 적잖이 받았으리라고 추측할 수 있다. 실제로 양축 이야기의 여러 텍스트 가운데에서도, 초기에 불교나 도교, 민간신앙의 포교를 위해 씌어졌던 보권寶卷, 그리고 이 보권이 광동廣東 지역의 민가와 결합하여 이루어진 목어서木魚書에는 '환생'이라는 사건이 빠짐없이 나타나고 있다. 탄사나 고사에도 '환생'이라는 사건이 추가되어 있는데, 이는 이치상으로 볼 때 보권이나 목어서 등의 종교적 성격을 띠고 있는 서사매체의 영향을 받은 이후라고 추론할 수 있다.

지금까지 살펴본 바대로 양축 이야기는 대부분 양산백의 무덤 앞에서 제사를 지내던 축영대가 무덤 속으로 뛰어들어 순사하고 두 사람의 넋이나 옷이 나비로 화하여 날아오르는 것으로 끝맺고 있다. 그러나 곡예류의 텍스트에서는 두 사람이 죽은 후 마가의 아들이 따라죽고, 이들 세 사람이 저승에서 염라대왕의 판결을 받아 환생한 이후 양산백과 축영대는 혼인하여 가정을 이루게 된다. 〈신편금호접전〉(탄사)은 화목한 생활을 하다가 양산백이 장원급제하고 축영대는 '부인婦人'이 되었다고 기술한다. 또한 〈모란기〉(목어서)에서는 장원급제한 양산백이 사윗감을 고르던 승상 이유방李惟方의 요구를 거절하는 바람에 중상모략을 당하여 변방에서 모진 고생을 겪은 후에야 축영대를 만나고 황제의 사면을 받아 부귀영화를 누린다. 〈양산백과 축영대〉(죽판가)에는 〈모란기〉(목어서)의 이야기에 축영대가 돌아오지 않는 남편을 찾아 헤매다가 동창의 도움으로 남편을 만나는 에피소드가 추가되어 있다. 한편 〈쌍선보권〉에서는 양산백이 장원급제한 후 관직을 포기하고 불교의 귀의하여 90세까지 장수하다가 백학을 타고 하늘로 날아올랐으며, 양산백과 축영대는 원래 선동仙童과 선녀仙女로서, 인간세상을 그리워하여 세속에 잠시 내려온 것이라고 기술한다. 이리하여 곡예류의 기본적인 줄거리 및 이와 관련된 사건은 아래의 〈표 2〉처럼 'E. 환생'이 덧붙여지게 된다.

| 표 2 |

E. 환생	a. 염라대왕의 판결 b. 양축의 환생과 결혼 c. 양산백의 장원급제 (a) 고난 끝의 부귀영화 (b) 불교로의 귀의와 선화仙化

이로써 알 수 있듯이, 곡예류의 텍스트들은 양축의 사랑이야기의 기본적인 서사구조 외에 '환생'이라는 사건과 관련된 다양한 에피소드가 삽입됨으로써 더욱 복잡한 줄거리로 바뀐다. 즉 〈신편금호접전〉(탄사)이 '환생'의 모티프를 이용한 기본적인 줄거리를 보여준다면, 〈모란기〉(목어서)는 여기에 승상 이유방의 중상모략에 의한 양산백의 고난을 추가하고 있고, 〈양산백과 축영대〉(죽판가)는 축영대의 눈물겨운 '지아비 찾기尋夫'를 추가하고 있다. 또한 〈쌍선보권〉은 윤회의 고통에서 벗어나기 위해 수행한 끝에 아흔의 나이에 팔선八仙의 축하를 받고 관세음보살의 제도로 천궁으로 올라간다. 〈쌍선보권〉은 특히 양산백과 축영대가 선동선녀였다가 속세로 내려왔다는 적강謫降의 모티프, 그리고 다시 천궁으로 올라는 선화仙化의 모티프를 통해, 불교와 도교에서 비롯된 민간신앙을 에피소드로 삽입하고 있다.

곡예류의 텍스트 가운데 〈표 2〉의 사건과 에피소드를 거의 모두 지니고 있으면서도 색다른 이야기로 변주되고 있는 것은 〈신편동조대쌍호접〉(탄사)이다. 즉 구학길에 오른 양산백과 축영대를 유혹하는 여자가 등장하고, 마씨댁 아들은 아내와 장모를 타살하는 방탕한 악인으로 나타난다. 뿐만 아니라 귀향길에 오른 축영대가 계모의 핍박으로 자살을 기도한 경운慶雲을 구하고, 그녀의 계모는 전남편의 혼령 및 경운의 죽은 생모의 혼령에게 죽임을 당한다. 또한 마씨댁 아들은 축영대와의 혼인날 집안에서 일어난 화재로 목숨을 잃고, 축영대 역시 사망한 양산백을 부여잡고 통곡하다가 죽음에 이른다. 두 사람의 혼은 염라대왕을 만나 환생한 후 혼인하여 부귀영화를 누리며, 죽은 후 나비로 화하여 날아오른다. 요컨대 1769년에 씌어졌다가 1822년에 문외당보간본文外堂補刊本에 편입된 이 탄사에는 이전의 어느 텍스트에도 나타나지 않았던 새로운 사건들과 에피소드들이 많이 담겨져 있다.

대부분의 서사매체에 담겨 있는 양축 이야기는 '화접'의 모티프를 통해 '하강-상승(↘↗)'의 서사구조를 상징적으로 취하고 있다. 즉 '화접'의 모티프는 '쌍쌍이 날아오르는 나비'로써 '청춘남녀의 사랑의 좌절과 순사'라는 비극을 '사랑의 완성'으로 상징화한다. 이에 반해 곡예류의 텍스트들은 '환생'이라는 모티프를 덧붙임으로써, 다시 말해 죽은 남녀를 되살려내어 결혼시킴으로써 '하강-상승'을 통한 대단원의 서사구조를 보다 구체적으로 완성하고 있다. 정상으로의 회복을 특징으로 하는 이러한 서사구조는 이들 이야기가 모두 '성인 공자를 스승으로 모신 주周나라 시대'를 전범적인 시공간으로 설정하고 있는 것과 관련이 깊은데,[53] 이 시공간에서 세상은 성인의 가르침을 통해 어지러움을 극복하여 정도正道를 회복한다. 게다가 〈모란기〉(목어서)와 〈양산백과 축영대〉(죽판가)의 경우에는 상승의 서사 속에 양산백의 고난과 위기를 서술하여 '하강-상승'의 서사구조를 재삽입함으로써, 전체적으로 '하강-상승-하강-상승(↘↗↘↗)'의 서사구조를 취하고 있다.

이러한 대단원의 서사구조는 긴장의 고조와 이완을 통해, 혹은 그것을 되풀이함으로써 이야기의 오락성을 강화하는 한편, 갈등과 대립의 최종적인 해결을 통해 현세 및 현질서에서의 충족감과 희열감을 확인하도록 만든다. 즉 비극적 죽음이 보다 커다란 희극적 재생을 위한 준비단계이자 통과제의였음이 밝혀질 때, 독자들은 카타르시스를 느끼고, 지금까지 내면화해온 이데올로기, 이를테면 여(남)성관, 세계관 등을 확인함으로써 심리적 안정을 유지할 수 있다는 것이다. 이처럼 곡예류의 텍스트들이 다양한 사건과 에피소드를 통해 대단원의 서사구조를 완성할 수 있었던 것은 곡예류의 설창예술이 대중성이 짙은 연희예술의 일종으로서 대중의 심미적 취향과 세속적 염원에 늘 노출되어 있다는 점, 다시 말해 대중의 문학적 혹은 종교적 상상력이 쉽게 이야기 속에 포섭될 가능성이 높다는 점과 연관이 있을 것이다.

■ 작은 맺음말

연희예술은 공연을 통해 관객에게 이야기세계를 보여줌과 동시에 관객의 반응을 능동적으로 수용할 수 있는 바, 다시 말해 관객과의 상호작용을 통해 관객의 세계관과 심미취향을 다른 장르에 비해 훨씬 수월하게 반영할 수 있다. 이러한 예술적 특성으로 인해 연희류의 텍스트는 다른 서사매체에 비해 사건이나 모티프의 확장이 자주 일어나며, 따라서 서사구조의 변화 또한 용이하다고 할 수 있다. 필기류의 양축 이야기가 대체로 서술자의 간략한 기술로 이루어져 단조로운 느낌을 주는 반면, 연희류의 양축 이야기는 주요한 줄거리와 관련된 사건을 풍부하게 서술하여 이야기성을 극대화하고 있는 것은 바로 이러한 연희류의 예술적 특성과 관련이 있다고 할 수 있다.

필기류의 양축 이야기에 비해, 연희류의 텍스트들은 양축 이야기를 이루는 주요 사건들 속에 현실 속에서 일어날 수 있는 에피소드들을 다채롭게 삽입함으로써 양축 이야기의 진실성을 강화하고 오락성을 제고시킴과 동시에, 이야기세계의 계기적 필연성을 제고시키고 있다. 아울러, 연희류의 텍스트가 필기류와 크게 다른 점은 양산백과 축영대의 사랑이야기에 대한 서술자의 서사태도이다. 즉 연희류의 텍스트는 필기류와 달리 양축이야기를 실존 인물의 실재 사건으로 간주하지 않으며, 두 사람을 의와 충의 봉건이데올로기의 구현자로 신격화하지도 않는다. 이는 양축 이야기가 연희의 설창예술을 통해 역사적 혹은 이데올

로기적인 성격을 탈피하여 완전히 통속적인 담론으로 진입하였음을 의미한다고 볼 수 있다.[54)]

양축 이야기의 담론화라는 넓은 서사학적 각도에서 볼 때, 연희류의 텍스트에서 주목할 만한 점은 마씨 집안 및 마씨 아들에 대한 성격화 및 형상화가 일부나마 이루어지고 있다는 점이다. 즉 〈양축정〉(예극)에서는 동학으로 등장한 마씨 아들이 기혼자임에도 가세를 믿고 축영대에게 치근대는 인물로 등장하고 있으며, 〈신편동조대쌍호접〉(탄사)에서는 마씨 아들이 아내와 장모를 학대하여 죽음에 이르게 만드는 인물로 등장하고 있다. 이들 텍스트가 마씨 아들의 음흉함과 포악함을 드러내고 있다면, 〈양산백과 축영대〉(황매희)와 〈양산백과 축영대〉(진강)는 문벌세족인 마씨 집안의 폭력성을 암시하고 있다. 즉 위의 두 텍스트에서 마씨댁과의 퇴혼을 요구하는 축영대에게 부친은 '필시 마씨 집안의 분노를 사서 축씨 집안이 화를 당함은 물론 양산백도 화를 면하기 어려울 것'이라고 경고한다.[55)] 마씨 집안과 마씨 아들의 폭력성은 소설과 영화, 드라마 등의 서사매체에서 빈궁한 양씨 집안의 가세와의 대비를 통해 더욱 풍부한 사건으로 발전하게 된다.

한편 연희류의 양축 이야기는 하위 서사매체인 곡예류와 희곡류 사이에서도 약간의 차이를 보여주고 있다. 우선 등장인물에 있어서 곡예류에서는 축영대의 올케가 시누이의 구학에 반대하고 스승이 탐색 모티프와 관련되어 에피소드를 이루고 있을 뿐인 반면, 희곡류에서는 모친과 은심, 그리고 스승과 사모가 축영대와 부친의 갈등대립과 관련된 사건에 깊이 개입하고 있다. 이로 인해 곡예류에 비해 희곡류에서는 등장인물의 숫자도 많거니와 등장의 횟수도 많은 편이다. 또한 등장인물의 성격과 역할의 차이는 축영대의 반항의 정도와도 밀접한 관련을 맺고 있는 바, 곡예류에서는 축영대와 부친의 갈등대립이 표면화되거나 격화되지 않는 반면, 희곡류에서는 사건이 전개됨에 따라 두 사람의 갈등대립이 점차 고조된다. 아울러 곡예류가 희곡류와 크게 다른 점은 곡예류에 '환생'의 모티프가 추가됨으로써 '하강-상승(↘↗)' 혹은 '하강-상승-하강-상승(↘↗↘↗)'이라는 대단원의 서사구조를 취하고 있다는 점이다.

이처럼 곡예류와 희곡류가 인물, 갈등대립구조와 서사구조에서 차이를 보이는 것은 무슨 까닭일까? 우선 두 하위 서사매체가 각기 지니고 있는 설창 방식의 특성을 들 수 있다. 즉 곡예류는 한 사람이 여러 사람의 배역을 담당하여 주로 대언代言의 형식으로 설창하지만, 희곡류는 한 사람이 하나의 배역을 담당한다는 점이다. 이로 인해 곡예류에서는 가능한 한 제한된 등장인물을 통해 서사할 수밖에 없지만, 희곡류는 이러한 제약에 얽매일 필요가 없다는 것이다. 다음으로는 두 하위 서사매체의 텍스트가 수집되고 공연된 시기가 다르다는 점을 들 수 있다. 곡예류의 텍스트가 대부분 청대 중후반에 수집된 판본이라면, 희곡류의 텍스트는 중화인민공화국 수립 이후에 정리·공연되었다. 따라서 희곡류의 텍스트에는 사회주의체제의 이념적 지향 및 당대의 세계관이 틈입되어 있을 수밖에 없으며[56], 대다수의 희곡류 텍스트에서 축영대의 반항이 적극성을 지님과 동시에 갈등대립 또한 첨예한 것은 바로 이 때문이라 할 수 있다.[57]

소설류의 양축 이야기

이제 양축 이야기를 다루고 있는 의식적인 창작으로서의 소설들을 살펴보기로 하자. 여기에서 의식적인 창작이란 작가가 단순히 양축 이야기를 전달하는 데에 그치지 않고, 작가 자신이 양축 이야기를 소재로 문학적 상상력을 발휘하였음을 의미한다. 양축 이야기를 다룬 소설은 대체로 다른 서사매체, 이를테면 필기류나 연희류보다는 뒤늦게 출현했다고 볼 수 있다. 여기에서는 풍몽룡馮夢龍의 ≪고금소설古今小說≫에 실려 있는 〈이수경이 정숙한 황선총黃善聰과 의형제를 맺다(李秀卿義結黃貞女)〉의 일부, 장헌수이張恨水의 ≪양산백과 축영대≫, 자오칭거趙清閣의 ≪양산백과 축영대≫, 꾸즈쿤顧志坤의 ≪양산백과 축영대≫, 린장윈林江雲의 ≪혼이 깃든 나비의 정≫을 차례로 살펴보기로 한다.

■ 양축 이야기의 소설화

① 풍몽룡의 ≪고금소설≫에 실린 양축 이야기

풍몽룡馮夢龍(1574-1646)은 명대의 문인으로 자가 유룡猶龍 혹은 공어公魚, 자유子猶이고, 호는 용자유龍子猶 또는 묵감재주인墨憨齋主人이다. 그는 명말의 통속문학 작가이자 민간문학의 수집가, 연구자로서 크게 활약하였다. 그가 남긴 이른바 '삼언三言', 즉 ≪유세명언喻世明言≫, ≪경세통언警世通言≫, ≪성세항언醒世恒言≫은 송대와 원대, 명대의 백화 화본소설話本小說을 모은 것인데, '삼언' 가운데의 하나인 ≪유세명언≫의 초각본初刻本이 바로 ≪고금소설≫이다. ≪경세통언≫은 천계天啓 4년(1624년)에 출간되고 ≪성세항언≫은 천계 7년(1627년)에 출간되었으며, ≪고금소설≫은 두 작품집보다 일찍 출간되었다.

이 ≪고금소설≫의 스물여덟 번째 이야기로 〈이수경이 정숙한 황선총黃善聰과 의형제를 맺다〉가 실려 있는데, 대략적인 줄거리는 다음과 같다. 어머니를 여읜 황선총은 남장을 하고서 아버지를 따라 외지에서 장사를 돕는다. 그러나 뜻밖에 아버지가 병으로 세상을 떠난 뒤 홀몸이 된 황선총은 비슷한 처지의 이수경을 만나 의형제를 맺고서 수년간 동고동락하면서 장사를 함께 한다. 어느 정도 돈을 모은 황선총이 아버지의 관을 고향에 모시기 위해 귀향했을 때 황선총이 여자임을 알게 된 이수경이 청혼하지만, 황선총은 자신의 정절을 증명하기 위해 그의 구혼을 받아들이지 않는다. 결국 황선총의 진기한 이야기를 전해들은 한 관리의 기지로 두 사람은 마침내 혼인하게 된다.

이러한 남장여인의 진기한 삶이 이 작품의 '본이야기(正文)'에 해당한다. 화본소설에서는 본이야기에 앞서 본이야기와 관련된 짤막한 이야기를 '들어가는 이야기', 즉 입화入話로 들려준다. 이 작품에는 남장여인과 관련된 '들어가는 이야기'로 목란木蘭 이야기와 양축 이야기, 그리고 황숭하黃崇嘏 이야기가 제시되어 있다. 이 작품에 제시된 양축 이야기(이하 〈풍몽룡의 양축〉이라 약칭)는 전편이 길지 않으므로 원문 전체를 아래에 싣기로 한다.

> 축영대라는 아가씨가 있었다. 그녀는 상주常州 의흥義興 사람으로 어려서부터 학문에 능통하였는데, 여항餘杭의 문풍文風이 번성함을 듣고 유학을 가고자 하였다. 그러나 오라버니 부부가 그녀를 만류하여 말하였다.
>
> "예로부터 남녀가 일곱 살이 되면 자리를 함께 하지 아니하고 밥도 함께 먹지 아니하였다. 네 나이 이제 열여섯인데, 남녀 구분도 없이 외지로 나가 공부하겠다고 하니, 이 어찌 우스운 일이 아니겠느냐!"

영대는 "저에게는 나름대로 좋은 방법이 있습니다"라고 말하더니, 두건을 쓰고 허리띠를 매고서 남자로 변장하여 오라버니 부부 앞에 섰는데, 그들도 그녀를 알아보지 못하였다. 축영대가 길을 떠날 때가 초여름이라 석류꽃이 만발하였다. 그녀는 손으로 가지를 꺾어 화단에 꽂고서 하늘에 축원했다.

"저 축영대가 외지로 나가 공부하오니, 만약 이름을 높이고 절개를 지키면 이 가지에 뿌리가 나고 잎이 무성하여 해마다 꽃이 필 것이요, 만약 떳떳치 못한 일이 생겨 가문을 더럽히면 이 가지가 말라 죽을 것입니다."

축원을 마치고 길을 떠나면서 축영대는 스스로 축씨 집안의 아홉째라 일컬었다.

길을 가는 중에 소주蘇州 출신의 양산백梁山伯이라는 사람을 만나 친구가 되었다. 그와 더불어 같은 학관에서 공부를 함께 하면서 서로 지극히 아끼어 의형제를 맺었다. 낮에는 함께 먹고 밤에는 함께 자면서 삼년의 세월이 흘렀지만, 축영대는 옷을 벗은 적이 없었다. 양산백이 궁금하여 여러 번 물어보았으나, 축영대는 그럴듯한 말로 얼버무렸다.

삼년동안 공부하여 학문이 이루어지자 서로 헤어지게 되었다. 축영대는 양산백에게 두 달 안에 찾아오라 약속하였다. 축영대가 집에 돌아왔을 때도 초여름이었는데, 화단에 꽂은 석류 가지마다 꽃과 잎이 무성한지라 오라버니 부부는 축영대의 절개를 믿었다.

같은 고을 삼십 리 너머에 안락촌安樂村이 있고, 이 마을에 마馬씨라는 부자가 있었다. 그는 축씨네 아홉째 딸이 어질고 지혜롭다는 말을 듣고 매파를 보내어 오라버니와 혼사를 논의하였다. 축영대의 오라버니는 두 말 없이 혼인을 허락하여 납채와 사주단자까지 받고, 이듬해 2월에 혼인을 시키기로 정하였다.

원래 양산백에게 마음을 두고 있던 축영대는 그가 찾아오면 마음을 드러내고자 하였다. 그러나 뉘 알았으랴만, 양산백은 일이 생겨 지체한 채 집에 머물러 있었다. 축영대는 오라버니 부부가 의심할까봐 혼사를 막을 수가 없었다.

양산백은 시월이 되어서야 출발했는데, 여섯 달이나 지난 뒤였다. 그가 축씨 집안의 마을에 이르러 축씨네 아홉째 도령을 찾자, 하인이 "이 마을에는 아홉째 따님은 있어도 아홉째 도령은 없소"라고 말했다. 양산백은 의아한 마음이 들어 자신의 명함을 전하여 안으로 들여보냈다. 그러자 한 계집종이 나와 중당中堂으로 들라 청하였다. 양산백이 중당에 들어가자, 평소와는 전혀 달리 화사한 옷차림을 한 축영대가 있었다. 깜짝 놀란 양산백은 그제야 축영대가 남장한 여인임을 알고서 알아차리지 못한 자신의 어리석음을 부끄러워하였다. 문안 인사를 마치고 혼사 이야기를 꺼내자, 축영대는 오라버니 부부가 혼주가 되어 이미 마씨 집안에 허혼하였다면서 마다하였다. 양산백은 늦게 온 것을 후회했지만, 이미 엎질러진 물이었다. 헤어져 집에 돌아온 후 양산백은 끝내 상사병이 들어 시름시름 앓다가 그 해 말에 죽고 말았다. 안락촌 어귀에 묻어달라는 부탁에 따라, 부모는 그를 그곳에 묻었다.

이듬해 축영대가 마씨에게 시집을 가다가 행렬이 안락촌 어귀에 이르자, 홀연 광풍이 불고 천지가 캄캄해 가마와 사람이 나아갈 수가 없었다. 축영대가 눈을 들어 보니 양산백이 표연히 날아와 말을 하였다. "나 어진 누이를 그리워하다 병들어 죽어 지금 이곳에 묻혔다오. 누이가 옛 정을 잊지 않는다면 가마에서 나와 나를 돌아봐주오."

영대가 과연 가마에서 내리자 홀연 우렁찬 소리가 들리더니 땅이 한 장 넘게 갈라지고, 영대는 갈라진 속으로 뛰어내렸다. 뭇사람들이 옷을 잡아 당겼지만, 옷은 매미 허물처럼 조각조각 흩어져 날렸다. 눈 깜짝할 사이에 천지가 밝아지고 갈라진 땅은 감쪽같이 닫혔다. 가마가 멈추었던 곳은 바로 산백의 무덤이었다. 살아서는 형제였고, 죽어서는 부부가 되었던 것이다. 찢겨져 날아간 옷은 두 마리의 꽃나비가 되었다. 전하는 말로는 두 사람의 영혼이 변한 것인데, 붉은 것은 양산백이고 검은 것은 축영대라고 한다. 이런 나비는 도처에 있는데, 지금까지도 그 나비를 양산백, 축영대라 부른다. 후세 사람이 시를 지어 이렇게 노래했다.

삼년동안 함께 공부하고 함께 잠들더니
살아서의 인연이 죽어서의 인연 되었네.
산백이 알게 되었든 몰랐든
영대의 뜻과 절개 꿋꿋했다네.

이 양축 이야기는 '축영대의 남장구학' - '양축의 동문수학' - '양축의 사랑의 좌절' - '양산백의 죽음과 축영대의 순사殉死'라는 기본 줄거리와 더불어, 남장, 순사와 화접 등의 주요 모티프들을 두루 갖추고 있다. 이러한 점에서 일반적인 양축 이야기와 별로 다를 게 없어 보이지만, 필기류나 연희류 등의 양축 이야기와 견주어보면 몇 가지 차이점을 지적할 수 있다.

우선 들 수 있는 것은 이야기의 전개에 있어서 축영대의 오라버니 부부가 최초로 등장하여 중요한 역할을 담당한다는 점이다. 즉 그녀의 오라버니 부부는 축영대의 구학에 반대할 뿐만 아니라 축영대의 의사와 관계없이 혼사를 주관한다. 〈풍몽룡의 양축〉이 출간되었던 명말 이전의, 양축 이야기를 언급한 필기류의 기술에는 축영대의 부모가 등장하기는 하지만, 축영대와 갈등·대립하는 구체적인 인물로 형상화되지는 않다. 축영대의 부모가 양축 이야기에 전면적으로 등장하는 것은 〈풍몽룡의 양축〉 이후에 수집된 연희류의 텍스트를 통해서였다.

이와 함께 새로운 에피소드가 처음으로 삽입되었다는 점 또한 지적할 만하다. 즉 축영대의 구학에 반대하는 인물을 남장에 의해 설득하는 에피소드, 그리고 석류꽃을 꺾어 순결을 맹세하는 에피소드가 그것이다. 최문규의 〈양산백축영대묘비기〉에도 남자로 가장한 뒤 가족과 마을 사람을 시험하는 에피소드가 나오지만, 이는 아버지의 반대를 설득하기 위한 것이 아니다. 남장에 의한 설득은 훗날 연희류에서 점쟁이로 남장하여 부모를 설득하는 에피소드로 발전하고[58], 순결을 맹세하는 에피소드 역시 연희류에서 모란꽃이나 버들가지를 꺾어 순결을 맹세하는 에피소드로 발전한다.[59]

이밖에 〈풍몽룡의 양축〉에 탐색 모티프의 추형이 처음으로 나타난다는 점을 들 수 있다. 즉 이 텍스트에서 축영대는 삼년동안 양산백과 함께 지냈으나 옷을 벗은 적이 없었으며, 양산백이 궁금하여 여러 번 물어보았으나 그럴듯한 말로 얼버무렸다는 것이다. 축영대의 신분을 의심하고 캐묻는 에피소드는 필기류에는 전혀 등장하지 않으며, 훗날 연희류에서야 축영대의 귓불에 남아있는 귀걸이 흔적, 그리고 축영대의 일상사와 관련된 행위들, 즉 '강을 건너면서 왜 옷을 벗지 않는가?', '잠을 잘 때나 무더위에 왜 옷을 벗지 않는가?', '왜 젖가슴이 불룩 솟아 있는가?', '소변을 왜 쪼그려 앉아 누는가?' 등에서 의혹을 불러일으킨다.

이렇듯 〈풍몽룡의 양축〉에는 이전의 필기류에서는 볼 수 없었던 인물이나 에피소드, 모티프가 추가되어 있다. 추가된 서사는 양축 이야기의 계기성과 필연성을 강화함으로써 리얼리티를 제고하는 한편, 긴장의 고조와 이완을 통해 오락성을 강화함으로써 독자의 흥미를 자아내는 데에 일정 정도 기여하였다. 이러한 점에서 〈풍몽룡의 양축〉은 실제로 일어났다고 믿었던 일을 전달하는 간략한 기록에서 허구적 상상력이 가미된 문학 텍스트로 넘어가는 과도기의 작품이라 할 수 있다.

② 장헌수이의 ≪양산백과 축영대≫

장헌수이張恨水(1895-1967)는 안휘 잠산潛山 출신의 유명한 소설가로서, 특히 원앙호접파의 대표 작가이다. 이 장편소설은 장헌수이가 1949년에 큰 병을 앓고 난 이후의 첫 작품으로서, 1953년 8월에 집필을 시작하여 1954년 1월 1일부터 5월 3일까지 홍콩의 ≪대공보大公報≫의 부간인 ≪소설천지小說天地≫에 연재되었다. 연재되는 동안 화교의 여러 일간지에서도 이 소설을 옮겨 싣기도 하였다. 총 20장으로 이루어진 이 소설(이하 ≪장헌수이의 양축≫이라 약칭)은 1954년 6월 홍콩의 문종출판사文宗出版社에서 단행본으로 출간되고, 같은 해 11월에는 북경의 보문당서점寶文堂書店에서 단행본으로 출간되었다.

이 소설의 창작을 위해, 장헌수이는 삼십여 종의 관련 사곡詞曲과 필기를 수집하여 비교·분석하고 취사선택하는 한편, 이야기의 발생시대를 진대晉代로 확정지은 후 진대의 민속, 복식, 용구 등을 고증하는 데에 많은 공력을 기울였다.[60] 실제로 이 소설에는 이러한 서사태도와 노력을 보여주는 예가 많이 실려 있다. 이를테면 항주杭州라는 지명을 사용하는 것, 희곡작품에서 축영대가 뛰어난 재녀의 예로서 화목란木蘭을 드는 것, 축영대의 아버지를 원외員外라고 일컫는 것에 대해 각각 다음과 같이 주석을 붙여 밝히고 있다.

> 항주라는 지명은 수대隋代에야 나타났다. 수대 이전인 한대漢代에는 전당현錢唐縣이라 일컬었다. 전당의 당唐에 흙 토土변이 더해진 것은 당

> 대唐代에 덧붙여진 것이다. 그러므로 이 책은 진대의 일이므로 전당현錢唐縣이라 해야 옳다. 그러나 희극과 고사서故事書에서 모두 항주라고 하였으니 이를 따르는 수밖에 없다.[61]

> 무대에서는 축영대가 항주로 가겠노라 요구할 때 화목란을 자주 예로 든다. 그러나 화목란은 북위北魏 사람이라 말하는 이도 있고 수당대 사람이라 말하는 이도 있다. 어떻든 그녀가 세상에 나온 날은 축영대보다 늦었을 터이니 비교할 수 없을 듯하다.[62]

> 원외라는 칭호는 《구당서舊唐書》에 보인다. 진대에는 아직 사용되지 않은 듯하다. 하지만 잠시 똑같은 칭호를 찾을 수 없는지라 희극 창본에 근거하여 그대로 사용하는 수밖에 없다.[63]

이처럼 양축 이야기를 다룬 희극이나 고사를 직접 언급하고 있는 이러한 예시 외에도, 소설에 등장하는 역사적 인물에 주석을 붙이기도 하였다. 이를테면 "조자건曹子建의 이름은 식植으로, 조조曹操의 셋째 아들이며 당시의 재자才子이다. 형인 조비曹丕는 늘 그를 죽이려 했다"[64]거나 "반소班昭는 자가 혜희惠姬이며 반고班固의 누이동생이다. 반고가 《한서漢書》를 지으면서 〈팔표八表〉와 〈천문지天文志〉를 완성하지 못하고 죽자, 반소가 그를 뒤이어 완성하였다"[65]고 밝히고 있다. 이밖에도 "청대淸代 강희 연간의 《은현지鄞縣志》에 따르면, 양산백이 임종시에 식구들에게 청도원淸道源 구룡허九龍墟에 묻어달라고 부탁했는데, 현재 구룡허에는 무덤과 사당이 있다"[66]고 현지縣志의 기록을 인용하기도 한다.

이로써 알 수 있듯이, 《장헌수이의 양축》은 창작 당시까지 수집·정리된 각종 필기류와 연희류의 양축 이야기가 창작의 바탕이 되고 있다. 따라서 이 소설에는 필기류와 연희류에 나타났던 각종 사건과 에피소드, 모티프가 총망라되어 있다고 해도 과언이 아니며, 양축 이야기의 일반적인 줄거리가 그대로 전개되고 모티프 역시 두루 보이고 있다. 다만 연희류 일부에서 나타나는 환생의 모티프와 환생 이후의 사건이 나타나지 않을 따름이다. 그럼에도 불구하고 이 소설은 다른 서사매체의 텍스트와는 달리 나름대로의 독창적인 에피소드와 사건을 삽입함으로써 참신한 면모를 보여주고 있다.

우선 특징적이라 할 수 있는 것은 이 소설이 영대가 그네를 타는 장면으로 시작된다는 점이다. 필기류에서는 대체로 축영대가 남장하여 유학하였다는 사실을 서술할 뿐이고, 연희류에서는 공부하러 유학가겠노라 떼를 쓰는 딸에 대한 아버지의 하소연, 혹은 공부하러 떠나고 싶은데 아버지의 반대에 부딪친 딸의 불만으로 시작하는 것이 보통이다. 그러나 이 소설에서는 우울한 심사를 달래기 위해 그네를 타는 축영대를 먼저 서술하는데, 이것이 그녀를 달래기 위해 항주에 학식이 뛰어난 선생님이 계시다는 소식을 전해주는 자연스러운 계기로 작동된다. 나중에 살펴보겠지만, 축영대가 그네를 뛰는 장면은 이후 영화에서 종종 차용되기도 한다.

둘째, 이전의 텍스트에는 등장하지 않았던 에피소드를 추가하고 있다는 점이다. 축영대와 양산백이 구학길에 처음 만나는 장면은 연희류 텍스트에서 가던 길을 쉬어가기 위해 정자에 머묾으로써 평이하게 이루어진다.[67] 반면 이 소설에서는 소낙비를 피하기 위해 축영대 일행이 정자에 들어선 뒤에 양산백 일행이 당도하는데, 두 사람의 말이 뒤엉켜 날뛰는 바람에 두 사람의 하인이 입씨름을 벌이는 에피소드를 통해 자연스럽게 인사를 나누게 된다. 또한 양산백이 집안의 빈궁함으로 인해 학업을 중단하게 될 위기에 축영대가 도와준다거나, 축영대가 갑자기 신열이 올라 앓아누웠을 때 양산백이 정성껏 간호하는 등의 에피소드가 새로이 추가되기도 한다.

셋째, 소설적 장치로서 꿈이 자주 등장한다는 점이다.[68] 첫 번째의 꿈에서 상사병으로 앓아누운 양산백은 첫 만남이 이루어졌던 정자에서 축영대를 만난다. 하지만 꿈속에서 어디라도 함께 갈 수 있다는 축영대는 돌계단을 오르다가 발을 헛디뎌 굴러 떨어지고 만다. 두 번째의 꿈에서 선잠을 든 양산백은 태호식太湖石 보양의 오색구름 속에 궁복을 입은 여인이 함께 하늘로 올라가자고 손짓하는 꿈을 꾼다. 세 번째의 꿈에서 양산백을 조문하고 돌아온 축영대는 살아있는 모습의 양산백이 마을 밖 누대에서 기다리고 있노라면서 자기를 따라가자는 꿈을 꾼다.[69] 이들 꿈은 양산백과 축영대의 애절한 사랑을 보여줌과 동시에 그들의 비극적 운명을 암시하는 복선으로서 기능하고 있다.

전체적으로 볼 때, ≪장헌수이의 양축≫은 일반적인 양축 이야기의 줄거리나 모티프 등을 충실히 따르고 있으며, 이러한 점에서 오랜 세월에 굳어진 관습적 서사에서 크게 벗어나지 않는다고 볼 수 있다. 다만 축영대가 "차라리 죽을지언정 마씨집 사람이 되지 않겠다"[70]고 부모의 강제혼인에 저항하는 것은 여러 텍스트에서 흔히 볼 수 있는 것이지만, "남녀의 혼인은 절대로 부모의 명, 매파의 말을 중심으로 삼아서는 안 되며 자식의 원에 따라야 한다"면서 "아들의 이 죽음을 부모 되는 사람에게 보여주겠어요, 남녀이 혼인을 위해 죽음으로써 싸우는 사람이 있다는 걸"[71]이라는 양산백의 반봉건적 성격이 짙은 유언은 아무래도 다소 과장된, 그리하여 조금은 어색한 느낌을 안겨준다. 이는 이 소설이 신중국 수립 직후, 특히 1950년 4월에 연애의 자유와 혼인의 자주를 법제화한 〈중화인민공화국혼인법〉의 공포 이후에 창작되었다는 점을 감안하여야 할 것이다.

③ 자오칭거의 ≪양산백과 축영대≫

자오칭거趙清閣(1914-1999)는 하남 신양信陽 출신의 극작가이자 소설가, 화가이며, 라오서老舍, 궈모뤄郭沫若, 마오둔茅盾 등과 친밀한 교분을 지녔다. 이 중편소설(이하 ≪자오칭거의 양축≫ 이라 약칭)은 1954년 상해의 사련서점四聯書店에서 처음 출간된 이래 이듬해 5월에 수정본이 출간되었으며, 1956년 9월에 상해문화출판사에서 수정본이 다시 출간되었다. 총 8장으로 이루어진 이 소설 역시 ≪장헌수이의 양축≫과 마찬가지로 일반적인 양축 이야기의 주요 줄거리와 모티프를 모두 지니고 있다. 여기에서는 필기류 및 연희류의 텍스트와 비교하여 줄거리와 인물형상의 차이를 중심으로 살펴보기로 한다.

우선, 줄거리의 전개에 있어서 축영대의 여자 신분이 밝혀지는 시점이 다르다. 대개의 경우, 특히 연희류에서 축영대는 집으로부터의 편지를 받고 귀향하기 전에 사모를 만나 자신의 신분을 밝히면서 양산백과의 혼인에 매파 노릇을 해달라고 부탁한다. 그러나 이 소설에서 축영대는 사모를 찾아가지만 끝내 자신의 신분을 밝히지 않는다. 그것은 신분이 드러나게 해서는 안된다는 부친의 엄명을 어길 수 없었고, 다른 한편으로는 사모가 여자가 부끄러움도 모른다고 비웃을까봐 염려했기 때문이었다. 그래서 사모에게 중매를 서달라고 부탁하기보다는 자신이 직접 양산백에게 말하는 편이 낫겠다고 판단한다.[72] 이에 따라 양산백은 축영대의 집으로 찾아가 재회하고서야 그녀가 여자임을 알게 된다.

둘째, 줄거리의 전개에 있어서 연희류의 일부 텍스트[73] 및 ≪장헌수이의 양축≫에서는 양산백의 죽음 이후에 축영대가 조문을 간다. 그러나 이 소설에서는 이처럼 축영대가 조문을 가는 사건이 일어나지 않는다. 따라서 이 소설에는 축영대와 부모 사이에 조문을 둘러싼 갈등이 일어나지 않으며, 축영대가 죽어서도 감지 못한 양산백의 눈을 감겨주거나 순사를 맹세하는 일 또한 일어나지 않는다.

아울러 이 소설은 축영대와 그녀의 부친 사이의 갈등과 대립이 갈수록 격화됨에 따라, 축영대의 태도는 물론 그녀의 모친의 중개자적 입장이 명확히 드러난다는 것이 특징적이다. 즉 마문재와의 정혼이 이루어진 후 축영대는 "양산백과 혼인하지 않으면 평생 시집가지 않겠다"[74]고 부친에게 항변하고, 양산백이 중병이 들었음을 알고 난 후에는 가위로 머리카락을 자르면서 "마씨집과 퇴혼하지 않으면 삭발하여 비구니가 되어 평생을 마치겠다"[75]고 반항하더니, 시집가는 날 묶어서라도 가마에 태우겠다는 부친의 태도에 맞서 "멀쩡한 양산백을 죽음으로 몰아넣더니 이제는 나까지 죽게 만들려구요. 좋아요, 제가 죽는 꼴을 보여드리지요"[76]라고 반항의 강도를 높여간다.

축영대의 반항이 격해짐에 따라, 그녀의 부친 역시 한 치도 물러서지 않은 채 봉건예법을 들먹이면서 딸의 혼인을 강행하는 가운데 축영대 모친의 중개자적 면모가 여실히 드러난다. 모친은 애초에 마문재와의 정혼을 주저하면서 "매파의 일방적인 말을 쉽게 믿지 말고 확실한 상황을 알아보아야 하고, 또 영대가 돌아온 후에 그 아이의 의사를 물어보아야 한다"[77]고 남편을 설득한다. 이후 양산백과의 관계를 딸에게서 듣고서 혼사를 제멋대로 정했다면서 딸을 나무라지만, "일이 이렇게 된 마당이니 그들의 맺어주는 게 좋을 성 싶소. 딸이 좋다면야 그게 우리 부모된 도리가 아니겠소"[78]라고 남편을 설득한다. 그러나 남편의 강경한 태도를 확인한 후에는 "네 멋대로 굴지 말아라. 네 아버지가 너를 마씨에게 시집보내려는 것도 다 널 위해서란다"[79]라고 딸을 설득한다. 이러한 중개자적 언설을 통해 대립하는 딸과 남편 사이에 끼어 있는 축영대 모친의 난감한 처지가 현실성을 획득하고 있다.

④ 꾸즈쿤의 ≪양산백과 축영대≫

꾸즈쿤顧志坤(1952-)은 절강 상우上虞 출신의 문인이자 소설가이다. 그의 ≪양산백과 축영대≫(이하 ≪꾸즈쿤의 양축≫이라 약칭)는 ≪동산재기東山再起≫, ≪혜강전嵇康傳≫과 더불어 위진시기를 다룬 대표적인 장편소설로 손꼽힌다. 총 7장으로 이루어진 이 장편소설은 1989년 10월에 집필되어 1990년 10월에 마쳤으며, 이어 두 차례의 수정을 거쳐 1995년 9월에 남경출판사에서 출간되었다. 꾸즈쿤은 이 작품의 창작의도를 이 소설의 후기를 대신한 〈피눈물을 머금은 외침(帶着血淚的吶喊)〉에서 다음과 같이 밝히고 있다.

> 양축 이야기는 기본적인 틀이 정해져 있는 이야기이다. 이제 나는 소설의 형식으로써 이 이야기의 전경을 재현함과 아울러, 장면의 재현과 인물의 형상화, 세부 묘사, 특히 사상적 깊이의 발굴 등의 면에서 창신과 돌파를 시도하였으며, 특히 양산백과 축영대 두 사람이 아름다운 사랑과 혼인을 추구하는 과정에서 피할 수 없었던 역사적 한계를 써냄으로써 이 비극의 필연성과 그것의 현실적 의미를 드러내고자 하였다.[80]

작가가 위에서 밝힌 대로, 이 소설에서는 양축 이야기의 여러 사건들의 계기적 인과성과 필연성을 강화하기 위해 다양한 사건과 에피소드를 개입시키고 있다. 이 소설에서 우선 주목할 만한 것으로는 우선 새로운 인물형상이 추가되었다는 점이다. 즉 양산백과 축영대를 가르치는 스승 공호고孔好古의 외동딸인 공문령孔文苓이 그러한 예이다. 그녀는 부친의 학생인 축영대를 짝사랑하지만, 축영대는 자신으로 인해 가슴앓이를 하는 그녀를 그저 바라볼 수밖에 없다. 결국 그녀는 축영대가 집안의 편지를 받고 귀향한 이후 모친과 양산백이 주고받는 이야기를 엿듣고서야 축영대가 여자임을 알게 된다. 축영대가 양산백의 무덤에 몸을 던진 이후, 그녀는 비구니의 모습으로 두 사람의 무덤 앞에 나타난다. 이후에 양축 이야기를 다룬 텔레비전 드라마에서 스승의 딸이 양산백 혹은 축영대를 사모하는 여인으로 등장하는 것은 아마 이 소설의 영향을 받았으리라 추정된다.

둘째, 이 소설에서는 축영대 외에 축씨 집안의 식구가 자주 등장한다는 점도 특기할 만하다. 즉 집안일 도맡아 처리하는 둘째 축흔祝昕, 아내와 불화하여 외지에 딴 살림을 차린 넷째 축삼祝參, 집안의 사업을 도맡았지만 관청과의 송사에 휘말린 여섯째 축양祝揚, 중병에 걸려 앓다가 끝내 죽음을 맞는 여덟째 축표祝豹, 남편의 외도를 알고 있음에도 이혼은 꿈도 꾸지 않는 넷째 며느리 호胡씨 등이 이들이다. 이들의 등장과 개입은 축씨의 집안사정의 우여곡절을 보여줌으로써 줄거리의 전개에 계기적 기능을 하고 있다.

셋째, 복선으로서 축영대와 양산백의 사랑의 비극을 암시하는 에피소드가 제시되어 있다는 점이다. 즉 축영대와 양산백 일행은 가을에 서호에서 국화를 구경하다가 소경 노인을 만나는데, 노인은 "몸은 건강하나 마음에 걱정거리가 있다"면서 "천일 동안 평안한 사람 없고, 백날

동안 피는 꽃 없다"[81]고 읊조린다. 또한 축영대는 정월 초사흗날 영은사에 갔다가 고승에게 점을 치는데, 고승은 "가슴 아픈 사람 가슴 아픈 이를 만나니 다정한 때 있어도 무정한 때 있으리. 세상사 자고로 슬픈 일 많나니 삼년의 그리움이 실속 없으리"[82]라고 읊조린다.

넷째, 축영대와 양산백의 사랑 외에, 이들의 하인인 사구四九와 은심銀心의 사랑을 서술하고 있다. 양축 이야기를 다룬 텍스트에서 사구와 은심을 사랑을 구체적으로 서사하는 경우는 없다. 기껏해야 ≪장헌수이의 양축≫에서처럼 앓아누운 양산백의 편지를 전하러 온 사구가 은심에게 장래 두 사람의 일을 걱정하고, 축영대가 순사한 뒤 축씨 집안에서 도망친 은심이 사구와 함께 무덤 앞에 나타날 뿐이다. 그러나 이 소설에서는 양산백이 죽기 전에 축영대의 배려로 은심은 사구와 결혼하여 임신을 하게 된다. 그리고 양산백의 죽음 이후 사구와 함께 축씨 집안에 갇히게 된 은심은 축씨 집안의 집사에게 겁탈을 당하여 아이를 사산한 끝에 목을 매어 자살하고, 사구는 미치고 만다. 이처럼 결말이 다소 황당하기는 하지만, 사구와 은심의 애정과 그 결말이 상세히 그려지고 있다.

이처럼 ≪꾸즈쿤의 양축≫은 다른 새로운 사건과 에피소드를 통해 전체 줄거리의 계기성을 강화함으로써 우연적 요소를 상당 부분 극복하고 있다. 아울러 이 소설은 황주黃酒의 유래를 밝히거나 술을 마실 때의 놀이인 주령酒令을 보여주고, 선녀와 흑룡의 사랑을 다룬 전설을 소개하는 등, 소설의 공간적 배경이 되는 특정 지역의 다양한 문화를 소설 안으로 끌어들이고 있다. 그러나 한편 축영대를 양딸로 삼는 전원외錢員外와 이원외李員外는 물론 전원외의 외동딸인 전홍錢紅의 등장은 줄거리의 전개에 전혀 기여하지 못하며, 축영대를 전송하다가 관음당에서 들었던, 새엄마에게 죽음을 당할 뻔한 소녀의 이야기 역시 전체 줄거리와 전혀 유기적 관계를 맺지 못하는 등의 한계를 보여주기도 한다.

⑤ 린장윈의 ≪혼이 깃든 나비의 정≫

린장윈林江雲(1947-)은 절강 영파寧波 출신의 아마추어 작가이다. 어렸을 적부터 양축의 애정 이야기를 듣고 자라온 그는 스스로를 '철두철미한 양축 마니아'로 자처한다. 그는 "수십 년간 자주 보고 들어온 이야기인데도 '양축'에 관한 견해가 너무 많고 복잡하며 줄거리도 상투적이고 폭도 좁으며" "재미있고 완정하게 늘어놓는 이야기가 없다고 느꼈"을 뿐만 아니라, "주제가 왜곡되기도 하고 제멋대로 날조될 위험도 있다"고 보았다. 그리하여 그는 "이야기의 발생지인 영파에서 양축에 관한 민간고사를 제대로 정리하여 전해줄" 책임이 있다고 여겼다.[83)]

이러한 역사적 소명감을 바탕으로 그는 1998년부터 자료를 수집하고 작품의 줄거리를 구상하기 시작하여 2002년 4월 초고를 완성하였으며, 이후 일 년여의 수정·보완을 거쳐 2003년 9월에 ≪혼이 깃든 나비의 정≫(원제는 ≪全本梁祝正傳 魂縈蝴蝶情≫, 이하 ≪린장윈의 양축≫이라 약칭)를 출판하였다. 이 작품은 도입부에 해당하는 인자引子 외에 상·중·하 세 편으로 이루어져 있다. 이 장편소설의 기본적인 작품구상에 대해 작가는 〈들어가는 말(故事引讀)〉에서 다음과 같이 밝히고 있다.

> ≪혼이 깃든 나비의 정≫은 영파 지방의 구세대에게 입으로 전해진 각종 '양축' 이야기 토막을 기본 소재로 삼았으며, 관련된 역사문헌의 기록을 참조하였다. 자잘하고 분산된 각각의 양축 이야기 소재를 최초로 유기적으로 한데 연결시켜 인물형상을 완정하게 형상화하였으며,

흔적을 남기지 않고 앞뒤로 호응케 하여 이야기 구조가 치밀하고 줄거리가 잘 짜인 민간고사의 특징을 체현하였다. 소설의 흥미성 및 가독성, 인지도와 신뢰도를 최대한 강화하였다.[84]

위에서 "관련된 역사문헌의 기록을 참조하였다"고 언급하였듯이, 이 장편소설은 영파 지역의 지방지, 즉 각종 ≪은현지鄞縣志≫와 ≪영파부지寧波府志≫, 특히 문성도聞性道가 펴낸 ≪강희은현지康熙鄞縣志≫에 실려 있는 이무성李茂誠의 〈의충왕묘기義忠王廟記〉의 기록에 근거하고 있다. 〈의충왕묘기〉에 따르면, 양산백은 동진東晉 목제穆帝 영화永和 연간 임자년壬子年, 즉 352년 3월 1일에 태어나 영강寧康 연간 계유년癸酉年, 즉 373년 8월 16일에 세상을 떠났다고 기록하고 있는데, 이 작품은 이 기록을 그대로 따르고 있다. 아울러 영파 지역의 지방지가 모두 양산백을 이야기의 중심인물로 삼고 있듯이, 이 작품 역시 양산백을 중심으로 이야기를 전개하고 있다.

이처럼 지역적 특수성을 강하게 반영하고 있는 이 장편소설은 몇 가지 점에서 다른 소설과 변별되는 특징을 보여주고 있다. 첫째, 양산백의 집안과 관련된 정보를 비교적 많이 제공하고 있다는 점을 들 수 있다. 즉 대부분의 소설에서는 양산백을 편모 슬하의 빈한한 집안의 서생이라고 간략히 언급하고 있음에 반해, 이 작품에서는 양산백의 부친이 강에서 새우를 잡다가 독사에게 물려 급사하였으며, 양산백은 이후 친정으로 돌아간 어머니를 따라가 외가의 도움을 받아 학업을 이어갈 수 있었음을 밝히고 있다.

둘째, 이 작품은 양산백이 관리에 임용된 이후 죽음에 이르기까지의 과정을 상세히 서사하고 있다는 점을 들 수 있다. 즉 양산백은 대부분의 필기류의 경우 '은령鄞令이 되었다가 병을 얻어 죽었다'고 간략히 서술되어 있고, 다른 소설의 경우 관직에 오르는 일이 아예 서술되지 않는다. 반면 이 작품에서 양산백은 스승의 추천에 의해 현령에 부임하며, 부임한 이후 횡포를 부리던 토호를 징치하고 가혹한 잡세를 폐지하는 등의 선정을 베푼다. 게다가 양산백은 대부분의 소설에서처럼 이루지 못한 사랑의 고통으로 인해 죽음을 맞이하는 것이 아니라, 홍수를 다스리다가 과로한 끝에 죽음을 맞이한다. 다시 말해 이 작품에서 양산백은 백성의 칭송을 받는 전범적 관리로 형상화되며, 이로써 사안謝安의 주청에 의해 의충왕義忠王으로 봉해질 수 있는 근거를 확보하게 된다.

셋째, 다른 소설에 비해 인물간의 갈등과 대립이 상대적으로 첨예하게 드러나지 않다는 점을 들 수 있다. 물론 이는 작품의 중심인물이 양산백으로 설정되어 있기에 대부분의 텍스트처럼 축영대와 그녀의 부친 사이의 갈등과 대립이 극렬하게 표면화될 기회가 많지 않았던 탓도 있지만, 보다 근본적으로는 앞에서의 언급한 바대로 양산백이 전범적 관리로 형상화됨으로써 축영대와 그녀 부친 사이의 갈등과 대립의 요인, 특히 가세의 빈한함이 극복되었다는 점과 깊이 관련되어 있다. 이 작품에서 딸과 마문재의 혼인을 강력하게 주장하였던 축영대 부친 역시 양산백과 마문재의 재능과 인품을 비교한 후 혼사를 주저하게 되는데, 이 작품에서 딸과 아버지의 갈등과 대립이 격렬한 형태로 나타나는 것은 양산백 사후의 일이다.

이밖에도 이 작품에는 다른 텍스트에 흔히 등장하는 인물이나 에피소드가 등장하지 않기도 한다. 이를테면 대부분의 텍스트에서 양산백의 구학에 동행하는 인물로 등장했던 사구四九가 이 작품에서는 동행하지 않으며, 따라서 작품 전체적으로 사구의 역할은 매우 제한적이다.

또한 양축 이야기에서 가장 정채로운 대목으로 손꼽히는 이른바 '십팔상송' 또한 단순한 전송으로 처리될 뿐 상세하게 서사되지 않는다. 아울러 양산백이 상사병이 아니라 과로로 순직함에 따라, 양산백이 임종 전에 축영대에게 처방전을 요구하거나 그의 사망 이후의 조문을 둘러싸고서 축영대와 그녀 부친 사이에 갈등이 벌어지지도 않는다.

이처럼 이 작품은 기본적으로 영파라는 지역성에 크게 의지하고 있으며 양산백을 중심인물로 줄거리가 전개된다는 점에서 다른 소설과는 크게 다르다. 이 작품에서 영파의 백성들이 재난을 물리쳐주는 서낭신으로 양산백을 받들거나, 혹은 양산백의 무덤의 흙을 부뚜막에 가져다 놓으면 온갖 해충을 물리칠 수 있다는 영파지역의 민간전설을 서술하고 있는 것 역시 이러한 점과 깊은 연관을 맺고 있다. 그러나 이러한 차이에도 불구하고, 이 작품은 전체적으로 볼 때 기존의 양축 이야기의 관습적 서사에서 크게 벗어나 있지는 않다고 볼 수 있다.

■ 소설 속의 양축 이야기

앞에서 이미 언급하였듯이, 〈풍몽룡의 양축〉을 싣고 있는 ≪고금소설≫은 1620년대 초에 출간되었을 가능성이 높으며, 따라서 〈풍몽룡의 양축〉은 시기적으로 필기류의 대부분의 텍스트보다는 늦지만 연희류의 텍스트보다는 이르다고 볼 수 있다. 게다가 〈풍몽룡의 양축〉은 양축 이야기의 여러 텍스트들 가운데에서 처음으로 집안 식구(오라버니 부부)의 반대를 제시하고 이를 남장으로 설득하는 에피소드를 삽입하였을 뿐만 아니라, 동문수학 중에 축영대의 신분이 탄로날 수 있는 위기와 관련된 탐색 모티프의 추형이 나타나 있다.

이렇게 본다면 〈풍몽룡의 양축〉은 '남장'과 '순사'라는 기본 모티프

외에 '탐색'과 '화접'의 모티프까지 두루 갖춤으로써 양축 이야기의 기본적인 줄거리를 모두 보여주고 있다. 훗날의 연희류에 비한다면, 귀향하는 축영대를 전송하는 이른바 '십팔상송'에 해당하는 장면이 없고 앓아누운 양산백에게 처방전을 보내는 장면이 없을 따름이다. 이러한 점에 비추어볼 때, 〈풍몽룡의 양축〉은 양축 이야기를 담은 여러 서사매체의 텍스트 속에서 과도기적 성격을 지니고 있다고 볼 수 있다.

그런데 〈풍몽룡의 양축〉에서 우리가 주목해야 할 것은 이 이야기의 '본이야기'에 실려 있는 탐색모티프이다. 즉 〈이수경이 정숙한 황선총과 의형제를 맺다〉는 남장한 여인 황선총의 기구한 삶과 대단원의 결말을 서사하고 있는데, 여기에 탐색모티프가 운용되고 있다는 것이다. 황선총은 아버지를 여읜 후 이수경과 함께 지내면서 장사를 하는데, 잠을 잘 때 옷은 물론 신발과 버선까지도 벗지 않는다. 이에 대해 이수경이 이상하게 여기자 "어려서 한질에 걸렸는지라 옷을 벗기만 해도 발작을 하니 이렇게 잠을 잔다"고 둘러댄다. 또한 이수경이 귓불의 귀걸이 자국을 이상하게 여기자 "어렸을 적에 부모님께서 점을 쳤는데 제게 액운이 끼었다고 하여 귀를 뚫은 것"이라 변명한다.

탐색모티프와 관련된 위의 두 가지 의혹은 이 작품 이후에 산생된 연희류의 텍스트에서 늘 등장하는 단골 에피소드이다. '들어가는 이야기'인 입화入話에서는 "낮에는 함께 먹고 밤에는 함께 자면서 삼년의 세월이 흘렀지만, 축영대는 옷을 벗은 적이 없었다. 양산백이 궁금하여 여러 번 물어보았으나, 축영대는 그럴듯한 말로 얼버무렸다"고 간단히 서술했던 것에 비한다면 훨씬 구체적임을 알 수 있다. 이로써 추정하건대, '본이야기'의 탐색모티프와 관련된 에피소드가 훗날의 연희류의 텍스트에 영향을 미치지 않았을까 생각한다.

이제 〈풍몽룡의 양축〉을 제외한 여타의 소설류 텍스트를 비교해보기로 하자. 먼저 공부하러 가겠노라는 축영대의 요구에 반대하는 부모를 설득하는 장면을 살펴보자. 이 장면에서 대부분의 연희류 텍스트는 주로 축영대가 점쟁이로 남장하여 멋지게 아버지를 속임으로써 유학을 허락받는다. 그런데 ≪장헌수이의 양축≫에서는 부모가 점을 쳐보기로 한다는 사실을 미리 알아차린 축영대가 점쟁이에게 미리 손을 써서 자신을 돕게 만듦으로써 유학을 허락받는다. 반면 ≪자오칭거의 양축≫에서는 축영대의 모친이 항주에 있는 서원의 스승이 남편의 친구임을 들어 잘 보살펴줄 것이라고 부친을 설득하여 허락받도록 도와준다. 이 두 편의 소설에서 축영대가 공부하러 떠나기 위해 남장을 하는 일은 일어나지 않는다.

그러나 ≪꾸즈쿤의 양축≫에서는 축영대가 점쟁이로 남장하여 부친을 설득하지만, 연희류와는 달리 부친 앞에서 자신의 정체를 드러내지 않는다. 부친이 딸의 남장구학을 허락할 수밖에 없었던 것은 점쟁이의 설득보다는 당시의 역사적 혹은 법률적 컨텍스트가 더욱 큰 힘을 발휘한다. 즉 목제穆帝 사망 이후 미모의 젊은 처녀를 후궁으로 선발한다는 조정의 칙령이 하달되었다는 사실,[85] 그리고 '여자 나이 17세에 부모가 결혼시키지 않으면 관리가 짝을 지어준다'는 〈혼가년률婚嫁年律〉이 바로 그것이다.[86] 이러한 외적 강제를 피하기 위해 축영대의 부친은 딸이 공부하러 떠나도록 허락하게 된다. 또한 ≪린장윈의 양축≫에서는 축영대가 은심의 사촌오빠로 남장하여 부친을 속인 후 자신의 정체를 드러내어 부친의 허락을 받아낸다. 즉 이 두 편의 소설에서는 축영대가 남장을 함으로써 구학을 허락받고 있다.

이렇듯 부친은 축영대의 유학을 허락하지만, 동시에 대부분의 연희류에서처럼 유학의 조건을 제시하는 것이 일반적이다. 즉 ≪장헌수이의 양축≫에서는 '남장에 각별히 주의할 것', '어머니 병환 소식을 들으면 곧바로 돌아올 것', '처녀의 몸으로 돌아올 것' 등의 조건을 제시한다. ≪자오칭거의 양축≫에서도 '남장이 들통나지 않도록 할 것', '부모의 병환 편지를 받으면 곧장 귀향할 것' 등의 조건을 제시한다. 반면 ≪꾸즈쿤의 양축≫에서는 부친의 조건이 제시되지 않으며, ≪린장윈의 양축≫에서도 '어디에서나 삼가고 늘 조심하라'는 당부에 그칠 뿐이다.

아울러 귀향하는 축영대를 전송하는 '십팔상송'과 관련된 장면은 거의 모두 연희류에서 빠짐없이 등장한다. ≪장헌수이의 양축≫과 ≪자오칭거의 양축≫에서도 이 장면은 상세히 서술되고 있으며, 수많은 암시에도 불구하고 축영대의 신분을 알아차리지 못한 양산백에게 축영대는 쌍둥이 여동생을 허혼하게 된다. 또한 ≪꾸즈쿤의 양축≫에서도 쌍둥이 여동생을 허혼하는 것은 귀향 전날 밤에 이루어지며, 귀향하는 길에 관음당을 들르고 이틀을 함께 묵으면서 축영대는 여러 방법으로 자신이 여자이며 양산백과 부부로 맺어지기를 바란다는 암시를 반복한다. 다만 ≪장헌수이의 양축≫과 ≪꾸즈쿤의 양축≫에서는 축영대를 방문할 기한과 관련된 수수께끼가 제시되는 반면, ≪자오칭거의 양축≫에서는 이것이 제시되지 않는 점이 다를 뿐이다.

이들 세 편의 소설에서는 양산백이 축영대의 신분을 전혀 눈치채지 못했기에 축영대는 갖가지 사물과 동물을 빌어 자신의 신분을 알리는 암시를 제시한다. 그러나 ≪린장윈의 양축≫에서 양산백은 이미 축영대와 함께 지낸 지 일 년여만에 그가 여자임을 알아차렸으며, 따라서 귀향하는 축영대를 전송하면서 이루어지는 대화 역시 세 편의 소설과는 그 성격을 달리 한다. 즉 축영대는 갖가지 사물과 동물을 빌어 자신의 신분을 은근히 암시하는 반면, 양산백은 축영대가 스스로 자신의 신분을 밝히고 그에 대한 애정을 분명히 나타내기를 기대한다. 그리하여 양산백이 자신의 암시를 알아차리지 못했다고 오해한 축영대가 쌍둥이 여동생을 그에게 허혼하자, 축영대를 흠모하던 양산백은 오히려 정말로 쌍둥이 여동생이 있을까봐 당혹스러워한다.

네 편의 소설에서 의미 있는 차이를 보여주는 것은 마문재의 인물형상이다. ≪장헌수이의 양축≫에서 마문재는 부자인 마태수의 아들로서 학식이 있고 인품 또한 훌륭한 자제로 그려진다. ≪자오칭거의 양축≫에서는 축영대 부친이 마태수의 잔치에 초대받은 자리에서 마문재를 처음 만나게 되는데, 잘 생기고 똑똑한 듯하나 약간은 경박하다는 느낌을 받는다. 이 두 편의 소설에서 마문재와 관련된 에피소드나 사건은 일어나지 않은 채, 작가의 서술이나 인물의 대사를 통해 성격화가 이루어진다. 반면 ≪꾸즈쿤의 양축≫에서는 마태수와 마문재의 폭력성을 드러내는 사건을 서술하고 있다. 즉 마문재의 부친인 마패馬覇는 아들의 유모를 강간하여 자진케 만들었으며, 마문재는 소주蘇州에서 항주로 놀러온 설씨 네 자매를 유혹하여 강간한 뒤 살해한다. ≪린장윈의 양축≫에서 마문재는 폭력적이지는 않지만, 방탕한 망나니의 형상으로 등장한다. 그는 공부에 열성적이지 않아 끝내 서원에서 쫓겨나며, 훗날 은심을 축영대로 오인하여 납치하기도 한다.

마문재의 형상화에 나타난 이러한 차이는 축영대가 마문재와의 혼인을 거부하는 논리적 근거의 타당성과 관련되어 있다. ≪장헌수이의 양축≫과 ≪자오칭거의 양축≫에서는 마문재의 인간됨됨이와 상관없이 양산백에 대한 사모의 정이 혼인 거부의 주요 근거이며, 따라서 양산백과 축영대의 사랑이 깊어지는 과정이 얼마나 설득력이 있는가가 매우 중요하다. 그러나 ≪꾸즈쿤의 양축≫에서는 축영대가 살인범이 마문재임을 알고 있기에, 그리고 ≪린장원의 양축≫에서는 서원의 동창인 마문재의 됨됨이와 능력을 알고 있기에 부모의 강압에도 불구하고 그와의 혼인을 거부할 수 있는 논리적 타당성을 갖게 된다.

▪ 작은 맺음말

민간전설은 누구나 알고 있는 이야기이기 때문에 이를 소설화하는 데에는 오히려 더욱 더 많은 어려움이 뒤따른다. 특히나 민간전설이 한 나라의 대표적인 옛이야기로서 다양한 장르 및 하위 장르에서 이미 정형화된 틀을 보이고 있을 경우, 작가의 문학적 상상력이 틈입될 여지는 더욱 줄어들 수밖에 없다. 게다가 이야기의 시공간이 먼 옛날의 특정 지역으로 제한되는 순간, 새로운 스토리텔링으로 나아가기는 더욱 어려워진다. 작자는 독자의 관습화된 심미취향을 의식할 수밖에 없으며, 따라서 작자의 글쓰기 역시 관습적 서사로 흐르기 십상이다. 소설류의 양축 이야기는 이러한 대표적인 경우이다.

위에서 살펴보았듯이, 소설류의 양축 이야기에서 〈풍몽룡의 양축〉이 양축 이야기의 서사적 틀을 확정지었다고 한다면, 나머지 네 편의 소설은 창작 당시까지 수집·정리된 양축 이야기의 사건과 에피소드 등을 망라하여 줄거리를 구성하였다고 볼 수 있다. 다만 각각의 텍스트에 따라 사건과 에피소드에 있어서 약간의 변화를 보이고 있지만, 기본적으로 줄거리와 인물형상은 대동소이하다고 할 것이다. 굳이 차이를 드러내자면 줄거리가 논리적인 비약 없이 매끄럽게 전개되고 있는가, 사건들의 인과적 계기성이나 필연성이 잘 갖추어져 있는가, 인물형상이 현실적인가의 여부가 주요한 변수가 될 것이다. 이러한 점을 감안한다면 소설류 가운데에서는 중편소설인 《자오칭거의 양축》이 가장 나은 편이라 할 수 있다.

그렇다면 양축 이야기의 기본적인 줄거리 속에서 장편소설화하는 것은 가능할까? 아마도 새로운 인물과 사건을 창조하고 제한된 서사적 틀을 깰 수만 있다면 가능할 수도 있을 것이다. 《꾸즈쿤의 양축》에서 스승의 딸을 형상화하고 축씨 집안의 아들들과 관련된 사건을 서술하는 것은 이러한 서사전략의 일환일 것이다. 뒤에서 살펴보겠지만 텔레비전의 장편 드라마에서 기존의 서사적 틀 외에 부모 세대의 원한관계를 새로이 추가하고 서원의 학생들 사이의 갈등과 대립을 삽입하는 것 역시 이러한 서사전략의 발로일 것이다. 문제는 사건들 사이의 계기적 인과성, 인물의 성격과 행위의 필연성 등의 뒷받침을 통해 얼마나 리얼리티를 확보하는가이다.

영상류의 양축 이야기(1)

여기에서는 영상류의 양축 이야기, 그 가운데에서도 영화 속의 양축 이야기를 살펴보고자 한다. 영화는 영상기술의 비약적 발전에 힘입어 탄생했다는 점에서 근대과학기술이 낳은 총아라 할 수 있다. 주지하다시피, 영화는 뤼미에르 형제Auguste et Louis Louis Lumière가 시네마토그라피Cinematographe라는 촬영기와 영사기를 이용하여 1895년 2월 움직이는 영상을 선보임으로써 시작되었다. 이후 20세기에 들어서서 영화는 과학기술의 발전에 힘입어 비약적 발전을 거듭하면서 대중들의 오락활동을 이끄는 대표적인 문화산업으로 발전하였다.

영화는 그 발전의 초창기부터 다양한 소재를 다룸으로써 문화산업을 선도하고 문화시장을 확장하였는데, 특히 문학작품 가운데 고전이라 일컬어지는 작품을 영상으로 재현하는 일이 많았다. 중국의 경우에는 과거의 역사적 사건과 영웅인물은 물론 대중들에게 널리 사랑받던 연희의 레퍼토리나 민간전설 등이 주로 영화와 텔레비전 드라마로 각색되었다. 이러한 점에서 1905년 중국에서 최초로 제작되어 상영된 국산영화 ≪정군산定軍山≫이 중국인이 즐겨 읽는 ≪삼국지≫ 가운데 70회와 71회에 등장하는 황충黃忠의 무공을 다루고 있다는 점은 전혀 이상한 일이 아니다.

중국에서는 경극이나 각종 지방희 등의 전통 희곡과 각종 곡예가 대중들에게 널리 사랑받아 왔는데, 이들 희곡과 곡예가 지닌 종합예술로서의 특성이 영화의 영상매체적 특성과 친연성이 매우 높아 영화나 텔레비전 드라마로의 전환이 상대적으로 쉬웠다. 위에서 언급한 ≪정군산≫ 역시 당시 경극京劇의 대가 탄신페이譚鑫培의 공연을 촬영한 것이었다. 민간전설 가운데에서도 양축 이야기는 영상을 통해 서사되는 주요 소재 가운데의 하나였다. 이는 양축의 사랑이야기가 대중들의 사랑을 받으면서 명청대 이래로 연희의 각종 방식으로 꾸준히 설창되어 왔다는 점과 깊은 관련을 맺고 있다. 양축 이야기를 담고 있는 영화는 20세기 이후로 적지 않게 제작·방영되었는데, 여기에서는 양축 이야기의 변용이라는 점에 주목하면서 주요 작품을 간략히 살펴보기로 한다.

▪ 양축 이야기의 영화화

① 1926년의 ≪양축통사≫

중국에서 최초로 양축 이야기를 다룬 영화는 1926년에 천일영편공사天一影片公司에서 출품한 ≪양축통사梁祝痛史≫(이하 '26양축'이라 약칭)이다. 무성 흑백영화인 이 영화는 뚱쉐쉐董血血가 극본을 쓰고 사오쭈이웡邵醉翁이 감독을 맡았으며, 당시의 유명 배우였던 진위루金玉如(즉 진환장金煥章)와 후디에胡蝶가 각각 양산백과 축영대의 역을 주연하였다.

≪양축통사≫(1926)의 한 장면

이 영화는 1920년대 초 중국에서 장편 극영화가 제작되기 시작하고, 특히 1923년말에 개봉한 〈할아버지를 구한 고아孤兒救祖記〉가 상업적으로나 예술적으로나 큰 성공을 거둔 흐름 속에서 제작되었다. 이와 같은 흐름 속에서 크고 작은 영화사들이 다투어 장편 극영화를 제작하기 시작하였는데, 천일영편공사는 중국의 민간고사나 고전소설을 각색한, 이른바 '시대극 영화(古裝片)'를 대량으로 제작하였다. 이 영화사에서 1926년에 제작한 '시대극 영화'로는 ≪양축통사≫ 외에 ≪의요백사전義妖白蛇傳≫, ≪진주탑珍珠塔≫, ≪맹강녀孟姜女≫, ≪손행자대전금전표孫行者大戰金錢豹≫, ≪당백호, 추향을 점찍다唐伯虎點秋香≫ 등을 들 수 있다. ≪양축통사≫는 중국영화사에서 '시대극 영화'붐을 이끌었던 첫 작품으로서 국내는 물론 해외 화교의 뜨거운 성원에 힘입어 상업영화로서도 상당한 성공을 거두었다.

이 영화는 양축 이야기의 일반적인 줄거리를 그대로 간직하면서도 몇 가지 점에서 특이한 면모를 보여주고 있다. 첫째, 축영대 어머니의 오빠로 등강절滕康節이 새로운 인물로서 등장한다는 점이다. 그는 딸이 공부하러 떠나는 것을 반대하는 축영대 아버지에게 "딸의 바람대로 해주어야 한다"고 설득하는 한편, 축영대가 스승으로 모시려고 하는 장우초張迂樵가 자신의 의형제이므로 편지를 써서 부탁하겠노라 축영대를 거들어준다. 이처럼 조카인 축영대의 구학을 도와주는 역할을 담당하는 한편, 마문재와의 혼담을 주선함으로써 훗날 양산백과 축영대의 사랑이 이루어지지 못하게 만드는 빌미를 제공하는 장본인이기도 하다.

둘째, 양축 이야기에서 가장 정채로운 대목으로 간주되어 연희류에서 자주 적창摘唱되었던 이른바 '십팔상송十八相送'이 생략되어 있다는 점이다. 이 대목은 양산백이 귀향하는 축영대를 전송하는 과정에서 축영대가 여러 가지 사물이나 상황을 빌려 자신이 여자임을 암시하지만 양산백이 끝내 눈치 채지 못하는 내용으로서, 주로 양산백의 순박하면서도 고지식한 성격을 잘 드러내주는 서사적 장치로서 기능하고 있다. 이 대목이 생략된 것은 이 영화가 무성영화이기에 줄거리를 자막으로 처리하였다는 점에서 기인하는데, 암시와 상징의 성격이 짙은 대사를 자막으로 처리하기에는 적당치 않았기 때문이라 추측할 수 있다.

셋째, 축영대와 양산백, 마문재의 첫 만남이 에피소드를 통해 줄거리 초반부에 이루어진다는 점이다. 즉 대부분의 양축 이야기에서 축영대와 양산백의 만남은 공부하러 가는 도중에 이루어지고, 축영대와 마문재와의 만남은 두 사람의 정혼 이후에 이루어진다. 이에 반해 이 영화에서는 마문재가 사냥을 마치고 돌아오는 길에 다리에서 축영대의 몸종과 부딪쳐 행패를 부리고, 양산백이 이를 제지하는 과정에서 세 사람의 만남이 이루어진다. 이 에피소드는 마문재의 폭력성과 양산백의 의기를 선명하게 대비시키는 효과를 낳음과 동시에, 축영대가 양산백에게 호감을 갖게 되고 이후 자연스럽게 동문수학하는 사이로 발전하도록 만들어준다.

넷째, 마문재의 폭력성을 통한 성격화가 성공적으로 이루어졌다는 점이다. 일부 연희류의 작품 가운데에서도 마문재 혹은 마씨 집안의 폭력성이 언급된 적은 있지만,[87] 이 영화만큼 단순한 에피소드에 그치지 않고 사건으로 그려지는 경우는 없었다. 위에서 언급한 바 마문재의 폭력성을 내비친 에피소드 외에도, 이 영화에서 마문재는 마을 과부의 딸인 진소아陳小娥를 농락한 후 빈천하다는 이유로 내치며, 측실이나 몸종으로라도 거두어달라고 애걸하는 진소아를 내쫓아 자살을 시도하게 만든다. 이 사실을 알게 된 마을 사람들은 그녀의 복수를 위해 축영대와의 혼인식이 열리는 날 그를 붙잡아 뭇매를 가한다.

이 영화를 비롯한 '시대극 영화'는 1920년대 민간문학의 자료수집 및 정리의 열기와 관계를 맺으면서 1926년 이후 영화계에서 크게 성황을 이루었지만, 대부분 상업적 실리를 꾀하고 시민 관객의 기호에 영합함으로써 사실史實의 고증보다는 야사의 자질구레한 부분에 치중하는 등의 결함을 보이고 있다.[88] 이 영화 역시 전반적인 면에서 이러한 지적에서 크게 벗어나지 못하며, 게다가 양산백과 축영대의 비극적 사랑을 빚어낸 봉건이데올로기에 대한 비판보다는 두 사람의 이루어지지 못한 사랑과 순사를 부각시킴으로써 반봉건성을 선명하게 드러내지는 못하였다. 그럼에도 불구하고 이 영화는 위에서 언급한 바대로 줄거리 및 마문재의 인물형상화에서 이전과 다른 변모를 시도하였다는 점에서 높이 평가해줄 만하다.

② 1940년의 ≪양산백과 축영대≫

양축 이야기를 다룬 두 번째 영화는 1940년에 중국연미영편공사中國聯美影片公司에서 출품한 ≪양산백과 축영대梁山白與祝英臺≫(이하 '40양축'이라 약칭)이다. 유성 흑백영화인 이 영화는 웨펑岳楓이 편극하고 감독하였으며, 1930년대 말부터 1940년대 초까지의 '고도孤島 영화'를 풍미했던 구예루顧也魯와 장추이홍張翠紅이 각각 양산백과 축영대의 주연을 맡았다. 1937년 7월에 발발한 중일전쟁에서 상하이가 11월 말 함락된 이후 1941년 12월 태평양전쟁이 일어나기까지, 상하이의 조계지역은 외로운 섬孤島의 형국으로 남아 있었다. 당시 전쟁을 치르고 있는 와중에서 일본제국주의의 정치적 압력에 따른 검열의 엄격함과 예상되는 흥행의 어려움에도 불구하고, 상해 조계지역에서는 뜻밖에 수많은 영화들이 제작되었다.

당시 '고도'의 영화계에서 주목되는 현상은 시대극 영화가 대량으로 제작되었다는 점인데, '고도' 시기에 80여 편의 시대극 영화가 제작되어 전체 출품작의 약 1/3을 차지하였다. 시대극 영화가 1920년대 후반기 이후 다시 성행했던 데에는 영화제작사가 그나마 제작여건이 자유로운 상하이 조계지역으로 몰려들었다는 점 외에도, 항일구국의 내용을 담을 수 없는 형편에서 상업영화의 겉모습을 띠고서 항일의지를 담아낼 수 있는 수단으로 시대극 영화를 선택했다는 점과 깊은 관련이 있다. 당시의 시대극 영화는 영업지상주의의 경향을 띠면서도 시대의 목소리를 담아내고자 하였는데, 1939년에 개봉된 부완창卜萬蒼 감독의 ≪목란종군木蘭從軍≫이 그 대표적인 일례라고 할 수 있다.[89)]

이 ≪양산백과 축영대≫는 바로 이러한 시대극 영화의 성행의 흐름 속에 제작된 영화이다. 그러나 이 영화는 위에서 언급한 ≪목란종군≫처럼 국난에 직면한 시기에 '진충보국盡忠報國'해야 한다는 메시지를 담아내지는 못한 채, 상업적 흥행을 위한 제재로서 민간고사를 빌려왔을 뿐이었다. 제작의도가 이러했는지라 영화의 줄거리 역시 양축 이야기의 일반적인 줄거리와 크게 다르지 않다. 다만 시집가는 날 양산백의 묘 앞에 이르러 묘비를 부여안고 울던 축영대가 갈라진 무덤 속으로 뛰어드는 것이 아니라 혼절하여 죽음에 이르렀다는 것만 다를 뿐이다. 이러한 점에서 본다면, 이 영화는 양축 이야기의 변용이라는 면에서 그다지 기여한 바가 없다고 보아도 무방하다.

③ 1953년의 ≪양산백과 축영대≫

중화인민공화국 수립 이후 제작된 양축 이야기의 영화는 1953년에 상하이영화제작소上海電影制片廠에서 출품한 ≪양산백과 축영대梁山白與祝英臺≫(이하 '53양축'이라 약칭)이다. 이 영화는 월극 〈양산백과 축영대〉를 근거로 쉬진徐進과 쌍후桑弧가 극본을 쓰고 쌍후와 황사黃沙가 감독을 맡았으며, 당시의 저명한 월극 배우인 판루이쥐안范瑞娟과 위안쉐펀袁雪芬이 각각 양산백과 축영대의 역을 주연하였다. 중국 최초의 컬러영화인 이 영화는 영화의 상당 부분이 가극의 형태로 이루어진 희곡영화이다. 따라서 양산백과 축영대는 물론 이들의 하인인 사구四九와 은심銀心 역시 모두 월극의 유명 여배우가 연기하는데다가 영화의 첫 장면 역시 연극무대로부터 시작되는 등, 무대화 경향이 매우 강하다고 볼 수 있다.

≪양산백과 축영대≫(1953)의 한 상면

이 영화는 1954년 스위스 제네바에서 개최된 국제회의에서도 방영되었는데, 이 회의에 참석했던 저우언라이周恩來 총리는 이 영화의 초청장에 '동방의 ≪로미오와 줄리엣≫'이라고 표기하여 화제를 모았다. 이 영화는 1954년에 체코슬로바키아의 제8회 칼로비 배리 국제영화제karlovy vary International Film Festival에서 음악상을 수상하고 1955년에 영국의 제9회 에딘버그 국제영화제Edinburgh International Film Festival에서 우수연기상을 수상하였다. 이 영화는 특히 국내의 전통희곡인 월극을 현대화한 영화예술과 결합하면서도 전통희곡예술의 특징을 잘 살려냄으로써, 국내외에서 월극의 영향력을 크게 드높였다는 평가를 받았다.

이 영화는 1940년 이후 전개되었던 월극개혁운동이나 희곡개혁운동과 밀접한 연관을 맺고 있다. 1940년 당시에 월극으로 공연되었던 대표적인 양축 이야기는 ≪양축애사梁祝哀史≫였다. 그런데 ≪양축애사≫는 양산백이 3년동안 동문수학하면서도 축영대가 여자임을 몰랐던 것을 축영대가 그의 혼백을 빨아들였기 때문이라고 하거나, 혹은 축영대를 전송하는 길에서 두 사람이 부르는 노래에 외설적 내용이 많은 등,

원래의 양축 이야기에서 변질된 모습을 보여주고 있었다. 당시 월극의 유명 배우였던 위안쉐펀은 월극개혁운동을 전개하여 이러한 미신과 외설의 내용을 삭제함으로써 건전한 내용의 양축 이야기로 개편하였는데, 이 작품은 ≪신新양축애사≫라 일컬어졌다.

이후 중화인민공화국 수립 직후인 1950년 11월 문화부는 전국희곡공작회의를 개최하여 각지의 희곡개혁공작 상황을 보고받고 앞으로의 방침을 제시하였다. 정무원은 문화부의 보고를 청취한 후 1951년 5월 〈희곡개혁공작에 관한 지시(關於戱曲改革工作的指示)〉를 공표하였다. 이 지시에서는 "인민의 새로운 애국주의 정신을 발양하고 혁명투쟁과 생산노동 속에서의 인민의 영웅주의를 고무함을 희곡의 가장 주요한 임무"라 규정하고, "침략과 억압에 반항하고 조국과 자유, 노동을 사랑함을 널리 선전하며 인민의 정의롭고 선량한 성격을 찬양하는 희곡을 널리 퍼뜨리고, 반대로 봉건노예도덕을 고취하고 야만과 공포, 외설과 음란을 고취하며 노동인민을 희화화하고 모욕하는 희곡을 반대해야 한다"고 밝혔다.

이러한 흐름 속에서 새로이 개편된 월극의 양축 이야기는 판루이쥐안과 푸취안샹傅全香에 의해 1950년 8월 중난하이中南海에서 국가지도자를 위해 공연되었으며, 마오쩌뚱毛澤東도 이때 이 공연을 관람하였다. 1952년에 개최된 제1회 희곡경연대회에서 월극의 양축 이야기는 대상을 수상함으로써 일약 국가급 경전으로 격상되었으며, 마오쩌뚱은 월극의 양축 이야기를 컬러영화로 제작하라고 지시하였다. 중화인민공화국 수립 직후였던 당시 컬러영화를 제작하는 데에는 자금조달 및 기술부족 등의 어려움이 많았지만, 결국 우여곡절 끝에 수많은 난관을 극복하여 1953년에 ≪양산백과 축영대≫를 제작해냈다.

이 영화는 다음의 두 가지 점에서 특징을 보여주고 있다. 첫째, 축영대 아버지의 봉건적 관념이 두드러지게 나타난다는 점이다. 그는 공부하겠다는 딸에게 "남자만이 공명을 구하지, 어찌 여자가 규방을 떠난단 말이냐"라고 일축하고, 양산백과 허혼했다는 딸의 고백에 "딸의 혼인은 부모가 주관하는 법"이며 "반고盤古가 천지를 창조한 이래 스스로 혼처를 정한 일은 없다"고 나무라면서 "매파의 중매와 예물, 부모의 명이 있어야 한다"고 주장한다. 그리하여 '삼종사덕三從四德은 천경지의天經地義'라고 여기는 아버지는 딸의 허혼을 "가문을 욕되게 하고 예법에도 받아들일 수 없는 일"이라 간주한다.

둘째, 아버지의 봉건성이 강화됨에 따라 축영대의 반항적 성격 또한 선명하게 드러난다는 점이다. 축영대는 아버지가 마씨 집안과의 혼인을 알리자마자 혼인하지 않겠다고 저항하며, "사모가 매파이고 옥선추玉扇墜가 예물"임을 들어 자신의 허혼의 정당성을 주장한다. 또한 "마씨 집안은 문벌세족"이라는 아버지의 주장에 "산백 집안은 빈한하나 청백한 집안"이라고 맞받아치며, 축영대의 정혼 소식에 낙담한 양산백이 "명 짧아 죽으면 호교진胡橋鎭 위에 비문을 세우겠다"고 하자 "비문에 붉은 색으로 축영대를 쓰고 검은 색으로 양산백이라 쓰라"고 하면서 "죽어서라도 짝이 되겠다"고 결연한 의지를 밝힌다.

이리하여 축영대와 부모의 갈등은 영화의 후반부로 갈수록 더욱 격렬해진다. 이러한 갈등구조 속에서 축영대가 추구하는 자유연애와 자유혼인의 정신은 반反봉건의 이념적 표지로서 부각된다. 이러한 점에서 이 영화는 1950년 4월에 공포된 〈중화인민공화국혼인법〉의 취지를 구현해냈다고 할 수 있는데, 이 〈혼인법〉은 '부녀해방, 남녀평등'의 사상을 기조로 연애의 자유와 혼인의 자주를 법제화하였다. 〈혼인법〉의 공포와 함께 국가 최고지도자의 지시와 관심에 의해 이 영화가 제작되었다는 사실은 이 영화가 당시의 정치적 고려와 이념적 전략에 의한 문화적 선택이었으며, 결국 당시의 사회주의적 이상과 가치를 선택적으로 반영하고 재생산하는 메카니즘 속에 놓여 있었음을 보여준다고 할 수 있다.

④ 1963년의 ≪양산백과 축영대≫

이를 뒤이은 영화는 1963년에 홍콩의 리한샹李翰祥이 감독하여 쇼브라더스邵氏兄弟有限公司에서 제작된 ≪양산백과 축영대梁山白與祝英臺≫(이하 '63양축'이라 약칭)이다. 이 영화는 황매희黃梅戱 〈양산백과 축영대〉에 근거하고 있는데, 줄거리는 대체로 월극에 근거한 '53양축'과 크게 다르지 않다. 이 영화는 홍콩의 극단 여배우인 링보凌波와 영화배우로 명성을 날리던 웨디樂蒂가 각각 양산백과 축영대의 역을 주연하였으며, '53梁祝'과 마찬가지로 영화의 상당부분이 가극으로 꾸며져 있는 희곡영화이다.

황매희는 원래 후베이성湖北省 황메이黃梅에서 기원하여 안후이성安徽省에서 크게 유행했던 희곡 종류의 하나로서, 황매조黃梅調라고도 일컫는다. 황매희가 영화와 결합하여 발전하게 되었던 것은 1955년 상해전영제편창에서 제작된 ≪천선배天仙配≫의 공로가 크다. 이 영화가 홍콩에서 크게 호평을 받은 이후, 홍콩의 영화계에서 황매희 영화를 제작하는 붐이 일어났기 때문이다. 이 가운데 특히 리한샹과 쇼

≪양산백과 축영대≫(1963)의 한 장면

브라더스의 역할이 두드러졌는데, 쇼브라더스를 통해 리한샹 감독은 1958년에 ≪초선貂蟬≫을 제작하였으며, 이듬해인 1959년에는 ≪강산미인江山美人≫을 제작하였다. 이 두 영화는 당시 홍콩과 타이완에서 최고의 흥행성적을 거두었으며, 아시아태평양영화제Asian Pacific Film Festival에서 각각 최우수감독상(제5회) 및 최우수영화상(제6회)을 수상하였다.

이 영화는 바로 이러한 황매희 영화의 제작붐을 타고 만들어졌다. 이 영화의 제작은 당시 홍콩영화를 양분하고 있던 쇼브라더스와 전영무업공사電影懋業公司의 지열한 경쟁의 산물이었다. 1963년에 전영무업공사는 양축의 사랑 이야기를 영화화하기로 하여 옌쥔嚴俊 감독 아래 당시 홍콩영화계에서 성가를 날리고 있던 여배우 리리화李麗華와 유민尤敏을 양산백과 축영대의 역으로 캐스팅하여 영화를 제작하고 있었다. 이 사실을 알게 된 쇼브라더스는 리한샹 감독에게 영화 제작을 의뢰하여 2개월만에 이 영화를 제작하였다. 결국 전영무업공사는 뒤늦게 1964년 말에 ≪양산백과 축영대梁山白與祝英臺≫를 출시하였으나, 이 영화는 흥행에 실패한 채 영화사에서 잊혀지고 말았다.

쇼브라더스의 황매희 ≪양산백과 축영대≫는 홍콩은 물론 타이완에서 크게 성황을 이루었으며, 1963년에 제2회 타이완 금마장金馬獎영화제Golden Horse Award에서 최우수작품상, 감독상, 여우주연상, 편집상, 음악상 등을 수상하였다. 이 영화제에서 양산백 역을 주연한 링보는 영화배우가 아닌 연극배우인 탓에 최우수배우 특별상을 수상하였다. 또한 같은 해 제10회 아시아태평양영화제에서 촬영상, 음악상, 녹음상, 미술설계상 등을 수상하였다. '53양축'이 국내외적으로 월극의 지위를 크게 높였다면, 이 영화는 황매희를 중국 대륙의 지방희에서 벗어나 홍콩과 타이완, 싱가폴, 그리고 말레이시아 등지에서 대중적으로 환영받는 희곡으로 자리잡게 하였다고 할 수 있다.

이 영화는 줄거리면에서 이전의 영화와 크게 다르지 않지만, 이전의 영화와 다른 점으로는 축영대 어머니의 역할이 상대적으로 커졌다는 점을 들 수 있다. '53양축'의 경우 축영대 어머니는 아예 등장하지 않지만, 이 영화에서는 남편과 딸 사이의 갈등을 완화하는 중재자로 등장한다. 즉 항주로 공부하러 가겠다고 고집하는 딸에게 "명문규수가 바깥에 얼굴을 드러내는 것은 수치"라고 반대하는 남편을 설득하고, 마문재와의 정혼을 둘러싸고 갈등이 격화될 때 딸을 달래기도 하며, 마문재와의 혼인날 화장을 거부하는 딸을 타이르기도 한다. 여기에서 축영대 어머니는 딸의 주장에 찬동하지는 않지만, 남편처럼 딸을 억압하는 인물로 등장하지는 않는다. 축영대 어머니가 중재자로서 등장하는 경우는 연희류에도 간혹 있는데,[90] 영화에서 축영대 어머니가 비록 제한적이기는 하더라도 특정한 역할을 담당하게 된 것은 이 영화가 최초라 할 수 있다.

아울러 축영대의 페미니스트적 성격을 엿보여주는 에피소드가 제시된다는 점 또한 주목할 만하다. 이 영화에서 축영대는 서원에서 양산백과 공부하는 중에 ≪논어≫의 "여자와 소인은 기르기 어렵다(唯女子與小人爲難養也)"라는 구절을 둘러싸고 입씨름을 벌이는 중에 '여자로 인해 나라를 망친 왕'을 그 예로 들자, 여왜女媧와 제영緹縈, 맹모孟母 등의 현명한 여인을 예로 들면서 "못난 왕이 망국의 원인인데 여자탓을 한다"고 반박한다. 공부하러 가겠노라고 아버지를 조르면서 현명한 여인을 들어 아버지를 설득하는 장면은 연희류에도 간혹 나오지만,[91] 이 에피소드가 서원에서 벌어지는 경우는 이 영화가 최초라 할 수 있다.

실제로 이 장면은 2003년의 에니메이션 ≪양산백과 축영대≫에서도 똑같이 반복된다.

이 영화가 이전의 영화, 특히 '53양축'과 크게 다른 점은 희곡영화가 지닐 수밖에 없는 무대화의 경향에서 상당히 벗어났다는 점이다. 앞에서 언급하였듯이 '53양축'은 첫 장면이 연극무대로부터 차츰 클로즈업되어 축영대의 시선으로 옮겨간다. 게다가 '53양축'은 스튜디오 세트에서 촬영되었다는 것이 눈에 띄게 두드러진다. 이에 반해 이 영화는 여전히 가극 부분이 많기는 하지만, 첫 장면은 사람들이 오가는 저자거리로부터 축영대의 방안으로 옮겨진다. 뿐만 아니라 로케이션 세트에서 촬영함으로써 무대극의 분위기를 풍기지 않는다.

⑤ 1994년의 ≪양산백과 축영대 신전≫

홍콩에 뒤이어 타이완에서도 양축 이야기를 다룬 영화 ≪양산백과 축영대 신전梁山白與祝英臺新傳≫(이하 '양축신전'이라 약칭)이 1994년에 출품되었다. 남해영업공사南海影業公司에서 제작된 이 영화는 랑원야오郎文耀와 류귀취안劉國權이 극본을 쓰고 류궈취안劉國權이 감독을 맡았으며, 타이완의 유명 배우인 후후이중胡慧中과 대륙의 유명 배우인 푸춘신濮存昕과 청첸程前이 각각 축영대와 양산백, 마문재의 역을 주연하였다. 이 영화는 기본적으로 '53양축'이나 '63양축'과는 달리, 남자배우가 양산백의 역을 맡았을 뿐만 아니라 가극의 성격이 상대적으로 약화되어 극영화의 성격을 강화하였으며, 특히 무협영화의 요소를 일부 도입하고 있다.

이 영화는 아쉽게도 흥행에 성공을 거두지는 못했지만, 줄거리를 새로이 추가하거나 인물의 성격화를 꾀하는 등 대담한 시도를 행했다는

≪양산백과 축영대 신전≫ (1994)

점에서 양축 이야기의 변용양상을 연구함에 있어서 의미 있는 작품이라 할 수 있다. 이 영화의 특징으로 우선 들 수 있는 것은 기존의 영화나 연희류의 줄거리와는 다른 서사구조를 보여준다는 점이다. 이를테면 양축 이야기에 관습적으로 등장하던 사건, 이를테면 남장구학을 둘러싼 축영대와 그녀 아버지의 실랑이, 양산백과 축영대의 결의형제, 집으로 돌아가는 길에 전송하는 양산백에게 자신의 신분을 암시하는 이른바 '십팔상송', 시집가는 날 화장을 거부하는 딸과 아버지의 갈등 등은 나타나지 않는다.

반면 이 영화에서는 마문재의 성격화가 두드러지고 있다. 이 영화의 첫 장면은 집안에서 그네를 뛰는 축영대를 마문재가 담 너머로 몰래 훔쳐보는 것으로 시작된다. 이후 마문재는 서원에서 축영대 및 양산백과 함께 공부하는 인물로서 영화의 주요 인물로 등장한다. 서원에서 함께 공부하는 동안 마문재는 경박하면서도 방탕한 인물로 희화화되며, 관병을 동원하여 축씨 집을 포위하여 축영대를 찾아온 양산백을 포박한다. 이처럼 마문재의 경박성과 폭력성이 강조되면서 영화의 전반적인 갈등구조는 축영대와 아버지의 갈등이 약화되는 대신, 축영대와 마문재(혹은 마씨 집안)의 갈등이 격화된다.

아울러 이 영화에서 주목할 만한 점은 선녀가 등장하여 양산백과 축영대의 만남을 중개한다는 점이다. 선녀는 양산백의 앞에 현신하여 혹은 축영대의 꿈속에 나타나 장두시藏頭詩(말하려는 바를 시구에 감추는 시체詩體로서, 흔히 매구의 첫 자를 이어 읽으면 작자의 뜻이 드러난다)의 형식으로 '축영대의 나비祝英臺蝶'와 '양산백이 오리라梁山伯至'는 것을 암시한다. 나아가 축영대 아버지 앞에 현신하여 축영대를 서원에 보내라고 말하기도 하고, 양산백의 무덤에 현신하여 두 사람을 만나도록 도와주기도 한다. 선녀의 등장은 분명 이채롭기는 하지만, 줄거리 전개에 신비적 요소를 더해줌으로써 무협적인 요소와 함께 이 영화의 리얼리티를 떨어뜨리는 요인이기도 하다.

⑥ 1994년의 ≪양축≫

'양축신전'과 같은 해인 1994년에 홍콩에서 ≪양축梁祝≫(이하 '94양축'이라 약칭)이 골든하베스트Golden Harvest에 의해 출품되었다. 이 영화는 쉬사랑許莎朗과 쉬커徐克가 극본을 쓰고 쉬커徐克가 감독을 맡았으며, 타이완의 유명가수이자 배우인 우치룽吳奇隆과 양차이니楊采妮가 각각 양산백과 축영대의 역을 주연하였다. 이전의 영화에는 가극의 성격이 여전히 남아 있었던 것과는 달리, 이 영화는 가극 부분이 말끔히 사라지고 완전한 극영화로 바뀌었다.

이 영화는 양축 이야기의 줄거리에 근거하되 인물의 성격은 물론 주요 사건들까지도 대폭 바꾸었을 뿐만 아니라, 서원 생활의 낭만적 에피소드를 풍부하게 삽입하여 현대적 청춘물의 성격을 강화함으로써 기존의 영화와 다른 차원의 오락성을 더욱 강조하였다. 고전의 현대적 재해석이라는 점에서 성공한 이 영화는 제14회 홍콩영화금장상金像獎Hong Kong Film Awards에서 최우수영화음악상, 감독상 등을 수상하고, 제31회 타이완 금마장영화제에서 각색상을 수상하였다.

≪양축≫ (1994)의 한 장면

이 영화는 앞의 '양축신전'과 마찬가지로 이전의 양축 이야기에 관습적으로 등장하던 사건이 대폭 삭제되어 있다. 즉 축영대의 구학을 둘러싼 아버지와의 갈등, 양산백과 축영대의 결의형제, 축영대를 전송하는 이른바 '십팔상송', 누대에서의 재회의 기쁨과 이별의 슬픔 등은 나타나지 않는다. 이를 대신하고 있는 것은 주로 양산백과 축영대가 우정과 사랑을 쌓아가는 갖가지 로맨스적 사건이다. 축영대가 서원에 입학한 이후 벌어지는 에피소드들, 즉 서고書庫에서의 동침, 축영대의 시험 부정행위, 재시험준비를 돕는 양산백, 수업시간에 졸다가 벌을 받는 축영대, 그녀를 돕다가 역시 함께 벌을 받는 양산백, 축국蹴鞠 시합 등의 에피소드들이 그러한 예이다. 영화의 절반 이상을 차지하는 서원생활은 두 사람의 애정이 무르익는 과정을 코믹하고 발랄하게 그려냄으로써 현대적 학원물 영화의 성격을 짙게 띠고 있다.

이 영화에서 우선 가장 눈에 뜨이는 것은 축영대의 인물성격의 변화이다. 이전의 모든 서사매체에서는 축영대를 '재주와 용모가 모두 뛰어난才貌雙全' 인물로 그려내고 있지만, 이 영화에서는 가야금을 타지도, 글을 외우지도, 시를 읽지도, 글씨도 제대로 쓰지 못하는 말괄량이 아가씨로 등장한다. 이러한 그녀의 성격은 영화의 첫 장면, 즉 지붕위에 엎드려 바깥세상을 바라보고 있는 모습과 그녀 옆에 놓인 '나비를 가둔 병'을 통해 절묘한 대비를 이룬다. 즉 말괄량이 아가씨인 그녀의 내면에는 규방에 갇힌 자신의 신세에 대한 자각과 바깥세상에 대한 선망이 함께 자리잡고 있음을 보여준다.

둘째로 주목할 만한 점은 축영대 어머니의 역할과 성격이다. 이전의 영화에서 축영대의 어머니는 아예 등장하지 않거나 등장하더라도 중재자로서 제한적인 역할을 담당했다면, 이 영화에서는 아버지 못지않게 딸을 억압하는 인물로 등장한다. 그녀는 처녀시절 남장구학했던 자신의 경험을 바탕으로 "3년 동안 열심히 공부하여 배움에 성과가 있으면 조상을 빛낼 수 있으리라"고 하여 딸을 공부하러 보내며, 양산백을 찾아가 영대와의 애정이 일시적인 정분이었노라 편지를 쓰도록 강요하기도 한다. 실제로 그녀는 남장구학하던 중에 동학이던 대사大師와 사랑에 빠졌으나 사랑을 버리고 문벌을 좇아 축씨와 결혼했다. 이 영화에는 축영대 어머니와 대사의 사랑이 축영대와 양산백의 사랑과 겹쳐 있으며, 축영대와 그녀 어머니의 서로 다른 선택을 통해 진정한 사랑이 무엇인지를 묻고 있다.

셋째로 축영대 아버지의 형상화 역시 주목할 만하다. 영화 초반부에 그가 화장하는 장면이 등장하는데, 이는 한대漢代 이후 위진남북조시대에 남자들이 화장하고 향기를 쐬고 여장하기를 즐겼던 풍기와 관련이 있다.[92] 이 장면은 그가 위진시대의 기풍과 함께 당시의 봉건이데올로기에 깊이 매몰되어 있음을 보여주기 위한 영화적 장치라 할 수 있다. 문벌세족관념에 젖어 있는 그는 늘 적대하는 구양씨歐陽氏 족벌에 견주어 친척 중에 관리가 없음을 한탄하다가 구양씨가 진씨陳氏 대족과 결탁한다는 소식에 문벌세족인 마씨 집안에 기어이 딸을 시집보내려고 한다.

이렇듯 이 영화에서는 축영대와는 상이한 어머니의 애정관, 그리고 아버지의 문벌세족관념이 강력하게 작동하여 축영대의 혼인의 자유의지와 맞부딪친다. 반면 마문재와 마씨 집안은 전혀 형상화되지 못한 채, 축영대와 그녀 부모의 갈등대립이 비극적 애정의 주선을 이루게 된다. 이러한 점에서 본다면, 이 영화는 본래의 양축 이야기에서 많은 부분이 변형되었음에도 불구하고, 갈등구조는 여전히 혼인의 자주를 추구하는 딸과 정략결혼을 꾀하려는 부모의 대립에 머물러 있다고 할 수 있다.

⑦ 2003년의 ≪양산백과 축영대≫

1994년의 '양축신전'에 이어 타이완에서 양축 이야기를 담은 영화 ≪양산백과 축영대梁山白與祝英臺≫(이하 '03梁祝'이라 약칭)가 2003년에 타이완중앙영화사업주식유한공사臺灣中央電影事業股份有限公司와 상하이미술영화제작소上海美術電影制片廠에 의해 제작·출품되었다. 에니메이션인 이 영화는 타이완의 저명한 에니메이션 감독인 차이밍친蔡明欽이 감독을 맡았으며, 타이완의 여가수인 샤오야쉬안蕭亞軒과 류뤄잉劉若英이 각각 양산백과 축영대의 대사와 노래를 대신하였다. 이 영화는 양축 이야기의 기본 틀을 그대로 유지하면서도 풍부한 상상력을 구현해낼 수 있는 에니메이션의 특성을 잘 살려 해학을 통한 오락성과 더불어 좌절된 애정의 비극성을 극대화하였다. 이 영화는 2004년 제10회 중국전영화표장中國電影華表奬에서 우수미술영화상을 수상하였으며, 2005년 제25회 중국전영금계장中國電影金鷄奬에서 최우수미술영화에 선정되었다.

≪양산백과 축영대≫ (2003)의 한 장면

이 영화의 가장 두드러지는 특징은 마문재와 그의 아버지 마태수의 성격화이다. 마문재의 성격화는 이미 '26양축'에서 그의 폭력성을 통해, 그리고 '양축신전'에서는 그의 폭력성과 경박성을 통해 이루어진 바 있다. 이 영화에서 마문재는 축영대 및 양산백와 함께 공부하는 동안 경박하고 욕심 많은 말썽꾸러기로 희화화되어 있다. 이 영화에서 주목할 만한 인물은 오히려 그의 아버지인 마태수이다. 마태수는 축영대 아버지에게 마문재와의 혼인을 강요하면서, 혼인하지 않으면 원수가 될 것이며 양산백에게도 좋을 일이 없다고 협박한다. 마태수는 관병을 보내 축영대를 집에 가두고, 마문재는 축영대를 만나고 돌아가는 양산백을 무자비하게 구타한다.

이 영화에서 마씨 부자의 폭력성이 크게 강조되는 반면, 이전의 양축 이야기와는 달리 축영대 부모의 봉건성은 드러나지 않는다. 축영대의 아버지는 오히려 아들과의 혼인을 강요하는 마태수에게 딸이 이사를 물어보아야 한다고 주장한다. 양산백을 죽음에 이르게 한 것 또한 축영대 부모의 반대로 인한 혼인의 좌절이 아니라 마씨 집안의 결혼 강요와 마문재 일당에 의한 구타이다. 따라서 이 영화의 갈등구조는 기본적으로 축영대(및 축씨 집안)와 마문재(및 마씨 집안)의 대립으로 구체화되며, 그 대립의 구체적 행위는 세도가의 횡포로 나타난다.

이 영화에는 흥미롭게도 축영대의 페미니스트의 성격을 엿보여주는 에피소드가 '63양축'에서와 거의 똑같이 제시된다. 서원에서 개최하는 '하백이 아내를 얻다(河伯娶親)'라는 연극에서 제물의 역할을 맡은 축영대가 ≪논어≫의 "여자와 소인은 기르기 어렵다(唯女子與小人爲難養也)"라는 구절을 둘러싸고 무녀와 입씨름을 벌이는 에피소드가 그것이다. 무녀가 대본에 따라 '나라를 망친 미색'의 예로 달기妲己와 포사褒姒를 들자, 축영대는 대본과는 달리 여왜女媧와 누조嫘祖, 맹모孟母 등의 현명한 여인을 예로 들면서 "나라가 망한 죄를 어찌 여자에게 묻는가?"라고 반박하여 관중들의 박수를 받는다.

이밖에 이 영화는 첫 장면의 자막에서 동진 말년에 남존여비와 삼종사덕을 강요하는 봉건관념과 '상품에는 한미한 가문이 없고, 하품에는 명문세가가 없다(上品無寒門, 下品無世族)'라는 문벌관념이 성행했다고 밝히고 있다. 이로써 이 영화는 축영대 부모의 봉건이데올로기와 문벌세족관념이 갈등대립의 주요인임을 암시한다. 그러나 실제로 영화에서는 축영대와의 혼인을 둘러싼 마씨 부자의 폭력성이 강조되고 있는 반면 축영대와 부모 사이에는 갈등대립이 일어나지 않음으로 말미암아, 봉건관념과 문벌관념 모두 영화의 주선으로 작동되지 못하고 말았다. 그리하여 이 영화에서는 처음의 자막이 암시하는 문제의식은 사라진 채, 폭력적 권력에 의한 억압과 강박이 전체 줄거리를 장악하게 된다.

■ 영화 속의 양축 이야기

양축 이야기는 필기류나 연희류, 소설류 등의 각종 서사매체에 따라 약간씩 다르기는 하지만, 기본적으로 '축영대의 남장구학', '양축의 동문수학', '양축의 사랑의 좌절', '양산백의 죽음과 축영대의 순사'라는 틀에서 벗어나지 않는다. 이러한 틀에 연희류의 텍스트 가운데에서도 곡예류(보권, 탄사, 목어서 등)의 경우에는 '환생'의 줄거리가 더해지기도 한다.[93] 이 글에서 살펴보는 영화의 경우 역시 대부분 필기류나 연희류의 양축 이야기와 크게 다르지 않지만, 그렇다고 반드시 동일하지는 않다. 이는 영화라는 서사매체가 가지고 있는 특징, 즉 말하기보다는 보여주기에 의한 재현적 특성에서 비롯되기도 하고, 양축 이야기의 서사에 있어서 가장 뒤늦게 출현한 매체라는 점, 다시 말해 영화가 출품된 당시의 역사적 및 사회문화적 맥락이 다른 서사매제와 다를 수밖에 없다는 점에서 기인하기도 한다. 영화의 텍스트가 일반적으로 지니고 있는 양축 이야기의 기본적인 줄거리 및 이와 관련된 사건은 아래의 〈표 1〉과 같다.

| 표 1 |

A. 축영대의 남장구학	a. 부모의 반대와 남장에 의한 설득
B. 양축의 동문수학	a. 수학중의 탄로 위기와 모면 b. 양축의 이별과 배웅
C. 양축의 사랑의 좌절	a. 馬씨와의 정혼 b. 양축의 재회 c. 양산백의 득병과 처방전
D. 축영대의 순사와 화접	a. 양산백의 죽음 b. 축영대의 제전祭奠과 순사 c. 화접

① 줄거리의 변화

대부분의 서사매체에서 양축 이야기의 첫 출발은 '축영대의 남장구학'을 둘러싼 축영대와 집안식구(부모 및 올케)의 갈등으로 시작한다. 그러나 영화에서는 양축 이야기의 첫 시작부터 다른 양태를 보여준다. 즉 '26양축', '40양축', '53양축'과 '63양축'에서는 축영대의 구학을 둘러싸고 축영대와 부모(및 올케)의 갈등이 일어나지만, 이후의 영화에서는 그렇지 않다. '양축신전'에서는 분향하러 한산사寒山寺를 찾아갔다가 양산백을 만난 축영대가 그에게서 서원으로 공부하러 간다는 말을 듣고 함께 가기로 하며, '03양축' 역시 축영대가 부친을 졸라 별다른 거부 없이 승낙을 받아 구학길에 오른다.

이처럼 1994년에 출품된 '양축신전'부터는 축영대의 구학을 둘러싼 집안식구들간의 갈등이 구체적으로 표면화되지 않는다. 심지어 '94양축'에서는 축영대의 모친이 남장구학했던 자신의 경험에 바탕하여 딸의 남장구학을 적극적으로 강요하기도 한다. 이에 따라 부모를 설득하기 위해 축영대가 점쟁이나 한의사로 남장하는 에피소드는 나타나지 않는다. 또한 축영대의 남장구학을 반대하는 올케에게 자신의 순결을 꽃의 피어남의 여부나 땅에 묻은 비단의 온전함의 여부로 맹세하는 에피소드도 나타나지 않는다.

줄거리의 변화는 양축 이야기에서 가장 정채로운 부분으로 적창摘唱되는 이른바 '십팔상송'에서도 나타난다. 양산백이 축영대와 헤어지면서 배웅하는 길에 축영대가 자신이 여자임을 암시하는 이 대목은 '26양축'에서 나타나지 않는다. 이는 앞에서도 언급하였듯이 무성영화가 갖는 기술적 제약, 다시 말해 '십팔상송'의 구체적 내용을 자막으로 처리하기에는 적당하지 않는 한계에서 비롯되었을 가능성이 높다. 이후의 영화인 '40양축'과 '53양축', '63양축'에서는 이 대목이 나타나거니와, 특히 월극과 황매희를 각색한 '53양축'과 '63양축'에서는 상세히 설창되고 있다. 그러나 이후의 '양축신전'과 '94양축', '03양축'에서는 '십팔상송'이 아예 나타나지 않는다. 특히 '94양축'의 경우에는 '십팔상송' 대신에 과거를 보러 떠났다가 되돌아온 양산백이 집으로 돌아가는 축영대를 전송하는 장면이 있기는 하지만, 양산백이 축영대의 성별을 이미 눈치채고 있기에 여성임을 암시하는 대목은 보이지 않은 채 두 사람의 뜨거운 사랑의 맹세를 보여주고 있을 따름이다.

줄거리의 변화에 있어서 주목할 만한 점은 탐색모티프와 관련된 내용의 변화이다. 영화에서 축영대가 여자임이 들통날 수 있는 위기는 다양하게 그려진다. 즉 양산백과 한 방에 기거할 수밖에 없거나('40양축') 앓아누운 축영대를 간호하기 위해 함께 밤을 새우는 경우('63양축'), 그리고 함께 목욕을 하게 되는 경우('63양축')가 있다. 또한 양산백의 옷을 기워주는 바느질 솜씨('63양축'), 혹은 축영대의 귓불에 남아 있는 귀걸이 흔적('53양축', '63양축', '양축신전')과 팔목에 두른 옥고리('양축신전') 등 역시 양산백의 의혹을 불러일으킨다. 뿐만 아니라 잠꼬대를 하거나 젖가리개를 실수로 흘리는 바람에 여자임을 노출시키고 마는 일도 있다.('94양축')

이러한 위기를 맞아 축영대는 임기응변의 재치로 둘러대며, 양산백은 축영대의 해명을 곧이곧대로 믿은 채 더 이상 의혹을 품지 않는다. 이처럼 대부분의 영화에서 탐색모티프와 관련된 에피소드는 양산백과 축영대 사이에 벌어지며, 이는 양산백의 순박하고 고지식한 면모를 형상화하는 영화적 장치로 기능한다. 그러나 마문재가 서원의 동학으로 등장함으로써, 다시 말해 영화의 주요 인물로 설정됨으로써 축영대의 신분을 의심하는 탐색의 주체는 양산백에게서 마문재로 차츰 이동한다. 즉 마문재는 축영대가 목욕하는 것을 훔쳐보고('양축신전') 축영대가 여자인지 아닌지를 확인하기 위해 일행을 시켜 축영대의 방문에 표시를 하기도 한다.('03양축') 이러한 탐색 주체의 이동은 마문재를 못난이로 희화화하거나 악패로 성격화하기 위한 영화적 장치로 기능한다고 볼 수 있다.

아울러 축영대의 순사 이후의 화접 모티프가 어떤 방식으로 처리되는가 역시 주목할 만한다. 화접 모티프는 좌절된 애정의 완성을 상징하는 대단원의 의미를 지니고 있으며, 다른 서사매체에서는 대부분 두 사람의 죽음과 나비의 구체적 연관성이 매우 강하게 나타나고 있다. 영화에서도 이와 마찬가지로 '26양축', '53양축'과 '63양축', '03양축'에서처럼, 축영대가 갈라진 무덤으로 뛰어든 후 무덤에서 나비가 날아오름으로써 두 사람의 죽음과 나비의 연관성이 매우 강하게 나타난다. 이에 반해 '양축신전'에서는 축영대가 양산백의 무덤에서 통곡하는 가운데 허공에 날아오르는 나비연으로, 그리고 '94양축'에서는 영대가 그린 나비그림을 도려내자 날아오르는 나비로 나타남으로써 두 사람의 죽음과 나비의 연관성이 약화되기도 한다. 이는 양축 이야기와 나비의 관계가 관습적인 서사에서 차츰 상징적 처리로 바뀌고 있음을 보여준다.

② 인물형상의 변화

이러한 줄거리 전개에 있어서의 변화 외에도, 영화 속의 양축 이야기는 인물형상의 성격면에서 다른 서사매체와 커다란 차이를 보여준다. 우선 마문재의 인물형상의 변모를 살펴보자. 주지하다시피 필기류와 연희류, 소설류에서 마문재는 축영대의 정혼 상대로만 등장하는 부차적인 역할을 부여받았으며, 따라서 인물의 성격화characterization가 성공적으로 이루어지기 어려웠다. 물론 일부 연희류의 텍스트 가운데에도 그의 음흉함과 포악함이 드러나는 경우가 없지는 않지만[94], 폭력성을 동반한 풍부한 사건으로 발전하지는 않았다.

영화의 경우 '40양축'과 '53양축', '63양축', '94양축'에서 마문재는 축영대의 정혼 상대로만 등장할 뿐, 마문재의 성격화는 이루어지지 않는다. 마문재의 폭력성 혹은 우둔함이 영화를 통해 성공적으로 그려진 것은 '26양축'이었다. 이 영화에서 마문재는 마을의 악패로서 축영대를 넘어뜨리고 양산백에게 행패를 부릴 뿐만 아니라, 마을의 처녀를 능욕하여 죽음으로 내몬다. 또한 '양축신전'에서 마문재는 서원에서 양산백 및 축영대와 동문수학하지만, 종일토록 놀고 즐기면서 여자들 꽁무니만 따라다니는 바람에 스승에게 늘 야단을 맞는 못난 인물로 희화화된다. 악패와 못난이의 두 가지 성격을 지닌 마문재 형상은 '03梁祝'에서 엿볼 수 있는데, 이 영화에서 마문재는 욕심 많고 우둔한 말썽꾸러기일 뿐만 아니라 축영대와의 혼인을 위해 양산백을 폭행하는 악패로서의 성격도 드러낸다.

기실 이러한 마문재의 성격화는 마문재가 영화 속에서 차지하는 역할 및 비중과 밀접한 연관이 있다. '26양축'은 악패로서의 형상화를 통해 양산백 및 축영대와 더불어 마문재에게도 일정 정도의 역할과 지위를 부여하였으며, '양축신전'과 '03양축'에서는 세 사람을 동문수학하는 역할로 설정함으로써 엇비슷한 역할과 지위를 부여하고 있다. 영화 속에서 마문재의 역할과 비중이 커질수록 문벌세족인 마씨 집안의 폭력성 또한 분명해진다. '양축신전'에서 마씨 집안은 관병을 보내 축영대의 집을 포위하여 양산백을 포박해가고, '03양축'에서는 축영대의 부친에게 마문재와의 혼인을 강박하고 양산백을 협박할 뿐만 아니라 호위대를 보내 축영대를 집안에 가두고 양산백을 쫓아내기도 한다. 이러한 점에서 마문재는 다른 매체와 비교해볼 때 영화를 통해 가장 성공적으로 묘사된 인물형상이라 할 수 있다.

마문재 외에 영화 속에서 가장 극적인 변화를 보여주는 인물은 축영대이다. 어떠한 서사매체를 막론하고, 축영대는 재주 있고 총명하며 음전한 한편, 남장구학을 고집할 만큼 나름의 페미니스트적 열정을 지니고 있다. 이러한 축영대의 성격은 양산백과의 동문수학 중에서 싹튼 애정이 부모의 반대에 부딪히는 과정에서 차츰 자신의 사랑을 위하여 목숨조차 버리겠다고 다짐하는 당차고 자기주장이 분명한 면모로 변화한다.

영화에서도 대부분의 경우 축영대의 인물성격은 크게 다르지 않지만, 마문재와의 정혼에 대한 태도는 약간 달리 나타난다. 즉 '26양축'이나 '63양축'에서는 각각 '부모의 명을 어찌 어길 수 있으리오' 혹은 '내가 무정무의無情無義한 것이 아니라 부모의 명을 어기기 어렵다네'라고 소극적인 태도를 보인다. 반면 '53양축'에서는 "사모가 중매쟁이이고 옥선추가 예물"이라 주장하고 '양축신전'에서는 아버지의 명에 "죽어도 따르지 않겠다"고 적극적으로 반항한다. 이러한 반항의 강도는 '94양축'에서 더욱 높아져 양산백에게 함께 도망가자고 제안하기까지 한다.

축영대의 인물성격의 변화라는 점에서 눈여겨보아야 할 영화는 '94양축'이다. 앞에서도 언급하였듯이, 이 영화에서 축영대는 가야금을 타지도, 글을 외우지도, 시를 읽지도, 글씨도 제대로 쓰지 못하는 말괄량이 아가씨로 등장한다. 이러한 점에서 이 영화에서의 축영대는 역설적이게도 봉건종법제도 하에서 여성에게 요구되었던 '여자는 재주 없음이 덕(女子無才便是德)'임을 전형적으로 보여주는 인물이다. 그럼에도 불구하고 영화의 첫 장면에서 바깥세상에 대한 호기심과 자신의 처지에 대한 자각을 암시하고 있듯이, 축영대는 봉건질서에 매몰되지 않은 채 깨어있는 정신의 소유자이다. 이러한 생기발랄한 정신이 바로 부모의 문벌세족 관념에 따른 정략결혼에 강력하게 맞설 수 있는 힘이라 할 수 있다.

마문재와 축영대에 비한다면, 양산백의 인물성격은 별다른 변화를 보이지 않는다. 대부분의 서사매체에서 양산백은 고지식하고 순박한 인물로 그려지며, 이러한 성격은 서원에서 함께 공부하는 동안이나 집으로 돌아가는 축영대를 전송하는 '십팔상송'의 장면에서 극단적으로 나타난다. 즉 축영대가 여자임이 탄로날 위기의 상황에서는 물론 축영대가 갖가지로 자신이 여자임을 암시하여도 양산백은 끝내 눈치 채지 못하며, 따라서 두 사람의 애정에 있어서는 축영대가 주도적 역할을 담당할 수밖에 없다.

영화에서는 양산백의 이러한 성격에 덧붙여, 여성교육에 관련된 에피소드를 통해 봉건관념에서 벗어난 양산백의 개방적 성격을 보여준다. 즉 축영대와 양산백이 처음 만나는 장면에서 은심이 축영대를 아가씨라 불러 신분이 발각될 위기를 맞았을 때 축영대는 글읽기를 좋아하는 누이동생을 꾸며내어 위기를 모면하는데, 이때 양산백은 '여자도 공부해야 마땅'('53양축')하며, '남녀는 평등하며, 여자라고 불평을 품게 해서는 안된다'('63양축')고 말함으로써 축영대의 호감을 사게 된다. 특히 영화에서는 동문수학중의 여러 에피소드를 통해 양산백의 다정다감한 성격을 보여주고 있을 뿐만 아니라, '94양축'처럼 축영대가 여자임을 알게 된 이후에도 이를 내색하지 않은 채 이전과 다름없이 축영대를 대하는 자상함을 보여준다.

양산백의 인물형상은 마문재가 주요 인물로 등장할 경우, 특히 서원의 동학으로 등장할 경우, 마문재의 무능하고 분별없으며 방탕한 성격과 대비되어, 유능하고 의로우며 절제력 있는 성격이 두드러진다. 이러함에도 불구하고 축영대와의 사랑이 이루어지지 못함으로써, 양산백은 축영대와 함께 축씨 집안의 봉건성과 마씨 집안의 폭력성에 의해 희생당하는 비극적 인물로 완성된다. 결국 이처럼 두 사람이 보여주는 성격화의 차이는 부유한 세력가인 마씨 집안과 빈한한 몰락사족인 양씨 집안의 대비와 더불어, '문당호대門當戶對'로 대표되는 문벌세족관념에 대한 비판과 자유연애 및 자주결혼의 정당성의 근거로 작동한다.

이밖에 영화 속에서 독특한 역할을 수행하는 인물로는 '94양축'의 축영대의 어머니와 대사를 들 수 있다. 축영대의 어머니는 대부분의 서사매체에서 축영대의 아버지와 더불어 봉건이데올로기의 담지자로 등장하거나 축영대 부녀사이의 갈등을 조정하는 중재자로서 등장한다. 그러나 이 영화에서 축영대의 어머니는 집안의 광영을 위해 딸의 남장구학을 강요하고 딸의 자주혼인을 가로막는 등, 봉건이데올로기의 구현에 있어서 축영대의 아버지를 능가하는 인물이다. 또한 대사는 본래 남장한 축영대 모친과 동문수학하면서 서로 사랑하던 사이였으나 끝내 사랑을 이루지 못한 채 불법에 귀의한 인물로서, 축영대와 양산백의 애정이 위기에 처하자 축영대의 모친을 찾아와 가진 자의 욕심을 비판하기도 한다. 이 인물의 등장으로 말미암아 '94양축'은 축영대 모친과 대사의 이루지 못한 사랑을 축영대와 양산백의 이루지 못한 사랑과 병치함으로써 축영대 모친의 비뚤어진 욕망을 돋보이게 한다.

③ 갈등대립구조의 변화

대부분의 서사매체에서 축영대에게 마문재와의 정혼을 강요하는 주된 근거는 첫째, 자식의 혼사의 주관자로서의 부모의 절대적 지위, 그리고 둘째로는 문벌관념이다. 이 두 가지는 모두 남성중심적 종법제도의 봉건이데올로기에 기반하고 있으며, 전자는 흔히 자식의 혼인은 '부모의 명, 매파의 중매, 혼인의 예물이 있어야 한다'는 것으로 구체화되고, 후자는 혼인하는 두 집안의 사회적 지위와 경제적 형편이 엇비슷해야 한다는 '문당호대門當戶對'로 나타난다. 이 가운데에서 후자의 문벌관념은 혼인 상대방이 지닌 재부 및 권력에 대한 욕망과 깊은 관련을 맺고 있다. 따라서 마문재와의 정혼을 거부하기 위해, 축영대는 각각의 근거에 대해 '사모가 매파이고 옥선추가 혼인 예물'이고, '양씨 집안은 빈한하나 청렴하다'는 논리로 맞설 수밖에 없다.

영화에서도 양축 이야기의 주요한 갈등대립의 요인은 이 두 가지 근거에서 벗어나지 않으며, 다만 어느 것이 보다 주요하고 결정적인 요인으로 제시되는가의 차이가 있을 뿐이다. 이를테면 '26양축'과 '40양축', '53양축', '63양축', '양축신전'에서는 봉건적 혼인에서의 부모의 절대적 지위와 문벌관념이 갈등대립의 주요인으로서 거의 대등하게 드러나는 반면, '94양축'에서는 문벌관념이 보다 결정적인 요인으로 제시된다. 즉 '94양축'에서 축영대의 부친은 늘 적대하는 구양씨歐陽氏 족벌에 견주어 친척 중에 관리가 없음을 한탄하다가 구양씨가 진씨陳氏 대족과 결탁한다는 소식에 문벌세족인 마씨 집안의 아들에게 기어이 딸을 시집보내려고 한다. 또한 '03양축'에서는 마문재와의 혼인 강제가 축영대 부모가 아니라 마씨 부자에 의해 폭력적으로 이루어짐에 따라, 마씨 부자의 폭력성이 갈등대립의 주요인으로 부각된다.

이처럼 갈등대립의 주요인이 달라짐에 따라 갈등대립의 축 역시 변하게 된다. 특히 이러한 변화에서는 마씨 부자의 폭력성의 개입이 주요한 변수가 된다. 즉 대부분의 영화에서는, 특히 마씨 부자의 폭력성이 형상화되지 않은 영화에서는 축영대와 부모의 갈등대립이 주요한 축을 이룬다. 이러한 점은 '94양축'에서 가장 강력하게 드러나고 있다. 반면 '양축신전'에서는 마씨 집안의 폭력성이 차츰 강조됨에 따라, 축영대와 부모의 갈등대립은 약화되는 대신 양축과 마씨 집안 사이의 갈등대립이 강화된다. 나아가 마씨 부자의 폭력성이 최고조에 달한 '03양축'에서는 축영대와 부모의 갈등대립이 전혀 나타나지 않는 대신 양축과 마씨 부자 사이의 갈등대립만 나타난다.

■ 작은 맺음말

지금까지 양축 이야기를 제재로 삼은 영화들을 통해 각각의 영화의 영화사적 맥락과 함께 양축 이야기의 변용 양상을 살펴보았다. 양축 이야기를 다룬 영화는 흑백 무성영화에서 흑백 유성영화로, 다시 컬러영화로, 에니메이션으로 단계적으로 발전해왔다. 이는 양축 이야기의 영화화가 영상제작기술의 발전과 불가분의 관계를 맺고 있음을 반증해주며, 리얼리티의 핍진성을 훼손하지 않으면서도 문학적 상상력을 최대한 발휘할 수 있게 되었음을 의미한다. 영화가 대부분 2시간이라는 정해진 시간에 일정한 이야기를 짜임새를 갖추어 보여주기 위해서는 영화적 장치나 기법을 동원하지 않을 수 없다는 점에서 더욱 그러하다.

영화 속의 양축 이야기는 기본적으로 필기류나 연희류의 줄거리에서 크게 벗어나지 않으며, 에피소드 역시 대부분 필기류나 연희류에 이미 언급되었던 내용이 대부분이다. 이러한 점에서 본다면, 영화 속의 양축 이야기는 영화 제작 당시까지의 문학적 상상력의 총합체라고 할 수 있다. 그럼에도 불구하고 양축 이야기를 다룬 영화들은 영화라는 매체적 특성과 영화 제작 당시의 역사적, 정치적 맥락으로 인해, 그리고 시시로 달라지는 관중의 심미취향으로 말미암아 상당한 변모를 거듭해왔다. 마문재와 축영대 등의 인물형상의 변화, 관습적인 서사에서의 탈피, 갈등대립구조의 중심축의 이동 등이 그 대표적인 예일 것이다.

양축 이야기를 다룬 영화들을 살펴보노라면, 1994년이 주요한 경계로 작동됨을 알 수 있다. 우선 1994년 이전까지의 영화가 희곡영화의 성격을 띠면서 무대화의 경향이 강함에 반해, 1994년 이후의 영화에서는 극영화로 전환됨에 따라 무대화의 경향이 약화되거나 사라졌다는 점을 들 수 있다. 또한 마문재가 양산백 및 축영대와 더불어 주요 인물로 등장함으로써 그의 성격화가 전면적으로 이루어지고 있을 뿐만 아니라, '남장구학'을 요구할 때의 부녀의 갈등이나 '십팔상송' 등의 관습적 서사에서 탈피하였다는 점을 들 수 있다. 이리하여 특히 '94양축'은 기존의 영화와는 사뭇 다르게 고전을 재해석하였다는 점에서 높이 평가받게 되었던 것이다.

양축 이야기를 다룬 영화 외에, 양축 이야기의 주요 모티프를 차용하고 있는 영화도 있다. 2008년 홍콩에서 제작된 ≪검접劍蝶≫(일명 ≪무협양축武俠梁祝≫)이 그것이다. 이 영화는 마추청馬楚成이 편극과 감독을 맡고, 우준吳尊과 차이줘옌蔡卓妍, 후거胡歌가 각각 양중산梁仲山과 축언지祝言之, 마승은馬承恩의 역을 맡았다. 이들 주요 등장인물은 각각 양산백과 축영대, 마문재를 대신하고 있으며, 세 사람의 관계 및 모티프의 운영 역시 일반적인 양축 이야기와 비슷하다. 이처럼 전체적인 서사구조와 모티프의 운용에 있어서 양축 이야기와 상당히 흡사한 모습을 띠고 있지만, 그럼에도 불구하고 이 영화는 기본적으로 양산백과 축영대의 한생이라는 점에서 순수한 양축 이야기라고 보기는 어렵다. 이러한 이유로 이 글에서는 이 영화를 분석대상에서 제외하였다.

영상류의 양축 이야기(2)

이제 영상류 가운데에서 텔레비전 드라마로 제작된 양축 이야기를 살펴보자. 1940년대에 본격적으로 시작된 텔레비전방송은, 그때까지 미디어매체를 대표하면서 정보 전달의 시공간적 제약을 돌파했던 라디오방송을 대신하여 영상과 음성을 동시에 제공하는 새로운 커뮤니케이션 매체로 등장하였다. 특히 1950년대부터 방영되기 시작했던 텔레비전 프로그램은 대중문화의 확산의 중요한 통로가 되었으며, 텔레비전 프로그램 가운데에서도 텔레비전 드라마는 서사문학과 영상예술을 결합함으로써 시청자를 확보하는 데 결정적인 역할을 했다.

텔레비전 드라마는 연출자의 문학적 상상력을 가장 극적으로 발휘할 수 있다는 점, 그리고 고정 시청자를 확보하기에 용이하여 수익성 확보의 안정성을 꾀할 수 있다는 점에서 텔레비전 프로그램 가운데 가장 각광을 받는 장르이다. 이러한 장점을 바탕으로 1960년대 초반 미국과 유럽에서는 텔레비전 드라마가 황금시간대 프로그램으로 정착되었다. 텔레비전 드라마는 본질적으로 평범한 사람들의 일상생활에 근거한 사소한 에피소드를 아기자기하게 엮어내되, 이러한 에피소드들이 극적인 갈등대립구조를 통해 시청자들에게 긴장감을 제공하고 결말에 이르러 이를 해소하는 서사구조를 취하고 있다.

중국에서 텔레비전 드라마가 방영되기 시작한 것은 1980년이었다. 이전에는 주로 외국의 텔레비전 드라마를 번역하여 제공하였는데, 이 해에 중국 최초의 텔레비전 드라마 ≪적진에서의 18년敵營十八年≫(총9집)를 제작하였던 것이다. 이를 이어 1982년에는 ≪무송武松≫(총8집)이 출품되었으며, 1983년에는 ≪덧없는 세월蹉跎歲月≫(총4집), ≪빨주노초

파남보赤橙黃綠靑藍紫≫(총3집)와 ≪루쉰魯迅≫(총4집)이 방영되어 호평을 받음으로써 텔레비전 드라마의 성황을 이끌었다. 이후 번영기를 맞이한 텔레비전 드라마는, 위에 언급된 드라마에서도 알 수 있듯이 주로 역사적 인물의 전기류와 고전문학을 각색한 드라마 및 창작드라마로 이루어져 있다.

고전문학을 각색한 드라마로는 대표적으로 ≪홍루몽≫(1986년, 총36집), ≪서유기≫(1986년, 총25집), ≪삼국연의≫(1994, 총84집) 등을 들 수 있다. 고전문학 가운데 양축 이야기 역시 텔레비전 드라마로 각색되어 제작되었는데, 중화권에서 제작된 텔레비전 드라마로는 우선 1977년 홍콩에서 제작한 ≪양산백과 축영대梁山伯與祝英臺≫를 들 수 있다. 이어 중국에서 1985년에 제작된 ≪양산백과 축영대≫가 제작되었으며, 이후 타이완과 홍콩, 중국에서 잇달아 동명의 드라마가 제작·방영되었다. 여기에서는 주요 텔레비전 드라마를 중심으로 양축 이야기의 변용 양상을 살펴보고자 한다.

▪ 양축 이야기의 드라마화

① 1977년과 1985년의 ≪양산백과 축영대≫

1977년에 홍콩에서 방영된 텔레비전 드라마 ≪양산백과 축영대≫(이하 '77드라마'라 약칭)는 '민간전기계열民間傳奇系列'의 하나로서 홍콩의 텔레비전방송유한공사電視廣播有限公司에서 제작되었다. 이 드라마는 린링둥林嶺東이 감독하고, 당시 홍콩에서 활약하던 배우 류쑹런劉松仁과 리린린李琳琳이 각각 양산백과 축영대의 역을 맡았다. 총 4집으로 제작된 이 작품은 현재까지 조사된 자료에 따르면 중화권에서 제작된 최초의 텔레비전 드라마로 추정된다. 이 드라마는 모든 대사가 광둥어粵語

로 진행되었으며, 많지는 않지만 곳곳에 가극의 성분이 섞여 있다.

1985년에 중국에서 방영된 텔레비전 드라마 ≪양산백과 축영대≫(이하 '85드라마'라 약칭)는 '텔레비전 월극연속극電視越劇連續劇'라는 이름아래 상하이텔레비전방송국上海電視臺과 상하이월극원上海越劇院에서 공동 제작되었다. 이 드라마는 총 5집으로 이루어져 있으며, 각각의 제목을 '남장하여 학문을 구하다喬裝求學', '18리의 배웅十八相送', '혼인 권유와 축씨 방문勸婚訪祝', '누대에서의 만남樓臺會', '혼인 강요와 나비로의 변함逼嫁化蝶' 등으로 붙였다. 이 드라마는 모든 대사가 상하이와 저장浙江 지역의 오吳방언으로 진행되었으며, 가극 성분이 '77드라마'에 비해 훨씬 많다.

'85드라마'는 쉬진徐進이 극본을 쓰고 쉬눠許諾가 감독을 맡았는데, 주연 배우에 따라 두 개의 판본이 존재한다. 하나는 판루이쥐안范瑞娟과 푸취안샹傅全香이 각각 양산백과 축영대의 역을 맡은 판본이고, 다른 하나는 장루이홍章瑞虹과 천잉陳穎이 각각 양산백가 축영대의 역을 맡은 판본이다. 두 가지 판본의 드라마 모두 월극단의 여배우가 양산백의 역을 맡고 있으며, 드라마의 줄거리, 사건과 에피소드 역시 똑같다. 하지만 전자의 드라마는 주연급 배우들이 드라마 제작 당시 이미 나이 예순을 넘었는지라, 이십대 초반의 여배우가 주연급인 후자의 드라마에 비해 다소 리얼리티가 떨어진다고 할 수 있다.

'77드라마'와 '85드라마'는 모두 월극 ≪양산백과 축영대≫를 토대로 제작되었기에 전개되는 줄거리나 사건은 대동소이하다. 즉 두 드라마 모두 항저우杭州로 공부하러 떠나는 젊은 서생들을 바라보던 축영대가 아버지에게 공부하러 떠나도록 허락해달라고 조르는 장면으로 시작하며, 이후 마씨와의 정혼이 이루어졌다는 소식을 들은 양산백이 마씨 집안을 관아에 고소하겠다는 것 또한 크게 다르지 않다. 줄거리 전개에서 약간 다른 점이 있다고 한다면, 양산백이 죽은 후에 '77드라마'에서는 축영대가 조문하는 에피소드가 있는 반면, '85드라마'에는 이 에피소드가 나타나지 않는다는 점이다.

이밖에 두 드라마는 에피소드에 있어서 약간의 차이를 드러내고 있다. 이를테면 구학을 위해 아버지를 설득하는 장면에서 '77드라마'는 의사로 남장하고 역사속의 재녀를 내세우고 있는 반면, '85드라마'에서는 점쟁이로 남장하며 역사속의 재녀를 언급하지 않는다. 또한 축영대의 신분이 탄로날 수 있는 에피소드 역시 '77드라마'에서는 결의형제 이후 객잔에 함께 묵는 상황, 그리고 축영대의 귓불에 남아 있는 귀걸이 자국 등임에 반해, '85드라마'에서는 귓불의 귀걸이 자국만 언급하고 있다. 아울러 축영대가 집으로 돌아가면서 사모에게 맡기는 신물이 '77드라마'에서는 옥노리개임에 반해, '85드라마'에서는 옥선추로 바뀌어 있다.

이러한 약간의 차이는 양축 이야기를 다루고 있는 여러 서사매체, 특히 연희류의 텍스트에서도 자주 일어났던 것이다. 이러한 점을 고려한다면 '77드라마'와 '85드라마'는 상호간에 의미 있는 차이가 존재하지 않음은 물론, 영화를 포함한 기존의 텍스트와도 서사구조나 사건 등에 있어서 특별한 차이를 보이지 않는다. 따라서 이 두 편의 드라마는 양축 이야기의 정형화되고 관습화된 줄거리를 시간을 약간 늘려, 즉 '77드라마'에서는 약 220분에 걸쳐, 그리고 '85드라마'에서는 약 150분에 걸쳐 서사하고 있을 따름이라고 보아도 좋을 것이다. 다만 '85드라마'와 비교해볼 때, '77드라마'는 줄거리의 전개가 보다 매끄럽다는 점 외에도, 남녀 배우가 양산백과 축영대를 각각 주연하고 있을 뿐만 아니라

가극의 분위기가 훨씬 약하다는 점에서 희곡의 성격을 탈피하였음을 보여준다.

② 1999년의 ≪양산백과 축영대≫

양축 이야기를 다룬 대형 드라마는 1999년에 타이완의 민시텔레비전주식유한회사民視電視股份有限公司에서 제작된 ≪양산백과 축영대≫(이하 '99드라마'라 약칭)였다. 이 드라마의 원제는 '칠세 부부의 양산백과 축영대七世夫妻之梁山伯與祝英臺'이며, 총 47집으로 이루어져 있다. 이 드라마는 펑카이馮凱가 감독하고 타이완의 유명 배우인 자오칭趙擎과 자징원賈靜雯, 장천광張晨光이 각각 양산백과 축영대, 마문재의 역을 주연하였다.

≪양산백과 축영대≫(1999)의 한 장면

이 드라마는 기존의 양축 이야기를 그대로 가져다 취하면서도 갖가지 사건과 에피소드를 추가하여 매우 복잡한 서사구조를 보여주고 있다. 우선 눈에 띄는 것은 서사구조의 중심축이 중층의 복합구조를 이루고 있다는 점이다. 즉 하나의 축은 양산백과 축영대, 마문재 등의 부모들 세대의 은원관계이다. 즉 양산백의 아버지인 양만전梁萬全, 축영대의 아버지인 축청산祝青山, 마문재의 아버지인 마수의馬守義는 20년 전에 함께 과거시험을 보러 가던 친구사이였다. 그러나 축청산과 마수의는 벼랑에 떨어질 위기에 놓인 양만전을 떨어뜨려 죽게 만든 뒤 그의 전 재산을 나누어 가진다. 그리하여 이 돈으로 마수의는 관직을 사서 관리가 되고 가난뱅이 서생이었던 축청산은 장사를 하여 부자가 된다. 이들 세 사람 외에, 이 드라마에는 이들과 같은 세대의 인물로서 숭도서원崇道書院의 사모, 과거를 보러 가던 길에 죽을 위기에 놓인 양산백을 구해준 월봉月鳳의 아버지인 양왕襄王이 등장한다. 이들 인물 가운데 사모와 마수의는 젊은 시절에 한때 사랑했으나 끝내 이루어지지 못한 사이이고, 양왕은 마수의가 관직을 살 때 후원자로서 도와주었던 인물이다.

또 하나의 축은 양산백과 축영대, 마문재, 사모의 딸 옥운玉雲, 월봉 등의 자식세대의 애증관계이다. 마문재는 어렸을 적부터 알고 지내던 축영대를 사랑하고, 축영대는 가난하지만 다정다감하고 재능 있는 양산백을 사랑하며, 옥운은 거칠고 분별없는 마문재에게 연민과 사랑을 느끼고, 월봉은 사려 깊고 능력 있는 양산백을 사랑한다. 그러나 이들은 누군가를 사랑하기에 다른 누군가를 미워할 수밖에 없다. 마문재는 축영대가 사랑하는 양산백에게 적의를 느끼며, 축영대는 양산백에게 친절을 베푸는 옥운을 질투하고, 옥운은 마문재가 일편단심으로 사랑하는 축영대를 미워하며, 월봉은 축영대를 잊지 못해 괴로워하는 양산백으로 인해 고통스러워한다.

이처럼 이 드라마는 부모세대의 은원관계와 자식세대의 애증관계를 중심축으로 얽히고설킨 사건이 연속된다. 여기에서 부모세대의 은원관계는 양만전의 죽음의 책임 및 자식의 혼사를 둘러싸고서 축청산과 마수의의 갈등과 대립으로 사건화되고, 자식세대의 애증관계는 축영대의 사랑을 얻기 위한 양산백과 마문재의 갈등과 대립, 그리고 이들 세 사람과 주변인물(옥운과 월봉) 사이의 질투와 연민으로 사건화된다. 게다가 이들 각각의 대립은 자신의 세대의 갈등과 대립에 그치지 않고 부모와 자식 간의 갈등과 대립으로 비화된다. 즉 양만전의 죽음의 비밀로 인해 양산백의 모친은 축영대와의 교제에 반대함으로써 아들과 갈등·대립하며, 마수의의 핍박으로 인해 경제적 몰락의 위기에 놓인 축청산의 아내는 마문재와의 혼인을 거부하는 딸과 갈등·대립하며, 양만전의 죽음의 책임을 축청산에게 뒤집어씌우려는 마수의는 한사코 축영대와 그녀의 집안을 비호하려는 아들과 갈등·대립한다.

이 드라마에서 이러한 우여곡절을 낳는 사건을 이끌어가는 힘은 꼬리를 물고 이어지는 의혹과 오해이다. 양산백은 축영대가 마문재를 함부로 대한다고 오해하여 그녀를 멀리하고, 축영대는 양산백에게 다정다감한 옥운의 태도를 오해하여 그녀를 질투한다. 옥운은 축영대가 마문재의 아이를 임신했다고 오해하여 낙태약을 몰래 먹이고, 축영대의 어머니는 양만전의 죽음에 죄책감을 느끼고서 남몰래 양산백의 어머니를 도와주려는 남편을 의심하여 그를 내쫓는다. 양산백의 어머니는 축청산이 딸을 시켜 아들을 해치려 하였다고 오해하여 축청산을 비난하고, 축영대의 어머니는 집안의 몰락을 양산백이 보복한 탓이라 오해하여 딸과 양산백의 교제를 반대하고, 양산백은 마수의의 말만 듣고 축청산이 아버지를 죽였다고 오해하여 축영대를 멀리한다.

갈등과 대립, 의혹과 오해로 점철되어 있는 이 드라마는 결국 모든 의혹과 오해가 풀리면서 갈등과 대립이 해소된다. 즉 양산백과 혼인하려 했던 월봉은 북경으로 올라가고, 마문재와 결혼했던 옥운은 마씨집을 떠나며, 양산백의 아이를 낙태한 후 양산백과의 결혼을 거부하던 축영대는 마음을 돌이켜 양산백과 혼인을 결심한다. 그러나 양산백이 병들어 세상을 떠남으로 말미암아 축영대와 양산백의 혼인은 끝내 이루어지지 못하고, 축영대는 마씨 집안이 축씨 집안을 더 이상 괴롭히지 않도록 마문재와의 혼인을 승낙한다. 마침내 마문재에게 시집가는 도중에 폭풍우 속에 양산백의 무덤이 갈라지고, 축영대는 무덤 속으로 뛰어들어 나란히 하늘로 올라간다.

③ 2000년의 ≪신新 양산백과 축영대≫

'99드라마'를 뒤이어 타이완중국텔레비전공사臺灣中國電視公司에서 제작된 ≪신 양산백과 축영대≫(이하 '00드라마'라 약칭)가 2000년에 방영되었다. 이 드라마는 흔히 ≪소년양축少年梁祝≫이라 일컬어지며, 총 42집으로 이루어져 있다. 이 드라마는 쉬진량徐進良이 감독을 맡고 타이완과 홍콩의 유명 배우인 뤄즈샹羅志祥과 량샤오빙梁小冰, 천자후이陳嘉輝가 각각 양산백과 축영대, 마문재의 역을 주연하였다.

≪신新 양산백과 축영대≫(2000)의 한 장면

이 드라마 역시 위의 '99드라마'와 흡사하게 양산백과 축영대, 마문재의 애증관계와 이들의 부모 세대 사이의 은원관계가 서사의 중심축을 이루고 있다. 즉 양산백의 아버지 조경평趙慶平은 축영대와 마문재의 아버지인 축공원祝公遠과 마준승馬俊升에게 살해당하였으며, 이후 조씨 모자는 양씨로 변성하여 숨어 지냈던 것이다. 이러한 은원관계로 말미암아 축영대의 부모는 물론 양산백의 어머니도 양산백과 축영대의 교제와 혼인에 반대하며, 축영대의 부모는 딸을 마준승의 아들과 혼인시키려 한다.

자식 세대의 애증관계는 양산백과 축영대, 마문재, 그리고 서원 스승의 딸인 정향丁香 사이에 이루어진다. 축영대는 서원에서 자신을 도와주는 양산백을 남몰래 사랑하고, 정향은 축영대에게 호감을 가지며, 축영대가 여자임을 알고 나중에 서원생활에 합류한 마문재는 축영대를 사모한다. 축영대는 자신을 희롱하는 마문재를 싫어하며, 마문재와 자신을 가깝게 해주려는 양산백에게 불만을 갖는다. 양산백은 축영대가 자신의 아버지를 죽인 원수의 딸임을 알고 사랑과 복수 사이에서 갈등하며, 마문재는 축영대가 양산백을 사랑한다는 것을 알고서 그를 죽이려 한다.

이처럼 이 드라마의 서사구조 역시 부모 세대의 은원관계와 자식 세대의 애증 관계가 중첩되어 있다. 그렇지만 '99드라마'처럼 부모들 사이의 갈등과 대립이 심화되거나 자식들 사이의 의혹과 오해가 꼬리를 물고 일어나지는 않으며, 이로 인해 전체적인 서사구조나 갈등대립구조는 상대적으로 단순하다고 할 수 있다. 이 드라마에서 중점적으로 그려지는 있는 사건과 에피소드는 오히려 축영대의 신분 탄로 및 마문재의 음모 및 흉계와 관련되어 있다.

즉 드라마 시작 부분에서 구학길에서 양산백이 축영대의 긴 머리카락을 보고 놀라자, 영대는 “공명을 이루기 전에는 절대로 머리카락을 자르지 않겠노라 맹세했다”고 둘러대어 위기를 모면한다. 또한 서원에서 목욕을 함께 할 때 축영대가 동학들에게 끌려가다가 도망치는 에피소드나 밤중에 목욕을 하다가 순라를 돌던 양산백에게 들켜 발각될 뻔한 에피소드, 벌을 받다가 쓰러져 사모의 안마를 받게 되는 에피소드, 그리고 그녀의 몸을 덥혀주겠다면서 양산백이 그녀의 이불 속으로 들어가는 에피소드, 서원을 청소하던 중에 개짐이 발견되어 모든 학생이 옷을 벗어야만 하는 에피소드 등이 그러하다. 신분이 탄로날 위기에서 축영대는 그럴듯한 핑계를 둘러대거나 남의 도움을 받아 위기를 모면하지만, 끝내 관음사觀音寺에서의 분장 사건으로 스승 부부에게 신분이 탄로나고 만다.

한편 마문재의 음모와 흉계는 모두 축영대를 차지하려는 욕망에서 비롯된다. 마문재는 처음에는 축영대의 마음을 얻기 위해 양산백과 축영대의 잘못을 대신하여 벌을 자청하는 등 위선적인 행동을 취한다. 그러나 축영대가 끝내 자신의 사랑을 받아들이지 않은 채 양산백을 사랑한다고 말하자, 그는 양산백을 죽일 음모를 꾸민다. 그는 양산백이 서원의 양식을 사러 외출하자 자객을 시켜 죽이려 하지만, 축영대가 도와주는 바람에 실패로 돌아간다. 이후에는 과거시험이 다가오자 양산백을 모함하기 위해 시험문제 유출사건을 꾸미지만, 결국 진상이 밝혀져 음모는 다시 실패로 돌아간다. 또한 현령으로 부임한 양산백이 아버지의 살해사건을 조사하여 마준승을 처단하려 하자, 마문재는 지방 향신들을 동원하여 양산백에게 탐관의 혐의를 뒤집어씌워 포박한다. 나아가 자객을 시켜 양산백을 죽이려 하지만, 양산백의 어머니가 아들을 대신하여 중상을 입는다.

양산백은 축영대가 원수의 딸임을 알고 한때 그녀를 멀리했지만, 훗날 아버지의 살해를 주도한 자가 마준승임을 밝혀냄으로써 축씨 집안과의 원한을 씻고 축영대를 신부로 맞아들이기로 한다. 하지만 마문재에게 쫓기던 그는 끝내 구타당하여 죽임을 당하고, 이를 말리던 축공원도 넘어져 죽음을 맞는다. 마문재에게 붙잡혀 혼인을 강요당한 축영대는 시집가는 날 양산백의 무덤에 제사를 지내던 중에 묘비에 혈서로 자신의 이름을 쓰자 무덤이 갈라진다. 갈라진 무덤에 축영대가 뛰어들자, 무덤은 다시 합쳐지고 무덤 위로 한 쌍의 나비가 날아오른다.

④ 2002년의 ≪신편 양축전기≫

'85드라마'에 이어 중국 대륙에서 제작·방영된 드라마는 2002년에 저장중련동부텔레비전유한공사浙江中聯東部影視有限公司와 중앙텔레비전中央電視臺이 공동제작한 월극 드라마 ≪신편 양축전기新梁祝傳奇≫(이하 '02드라마'라 약칭)이다. 총 8집으로 이루어진 이 드라마는 쉬위줘許玉琢가 감독을 맡고, 중국의 월극 배우이자 영화배우인 루예둥盧葉東과 왕이리王依麗, 장궁張弓이 각각 양산백과 축영대, 마문재의 역을 주연하였다. 이처럼 월극 배우가 주연을 맡은 까닭에 다른 드라마에 비해 가극의 요소가 대단히 많은 편이다.

이 드라마는 기존의 월극 영화나 월극 드라마와 마찬가지로 월극 양축 이야기에 기반한 정형화되고 관습화된 줄거리를 기본적으로 지니고 있다. 즉 공부하러 가겠노라고 아버지에게 떼를 쓰는 축영대가 점쟁이로 남장하여 반대하는 아버지를 설득하고, 서원에서 양산백과 함께 공부하는 동안 여자임이 탄로날 위기를 재치로 넘기며, 귀향하는 자신을

≪신편 양축전기≫(2002)의 한 장면

진송하는 양산백에게 여러 차례 자신의 신분을 암시하지만 끝내 양산백이 알아차리지 못하고, 마문재와의 정혼에 거세게 반항하지만 끝내 양산백과 맺어지지 못하며, 상심하여 세상을 떠난 양산백에게 제사를 지내다가 무덤 속으로 뛰어들어 순사하는 내용은 대동소이하다.

다만 이 드라마에는 이전의 영화나 드라마에 나타났던 사건이나 에피소드가 일부 차용됨으로써 월극의 양축 이야기와 다른 면모를 보이고 있다. 우선 그 일례로 들 수 있는 것은 마문재가 양산백 및 축영대와 더불어 주요 인물로 등장하며, 성격화가 이루어지고 있다는 점이다. 즉 세 사람은 항주杭州의 만송서원萬松書院으로 가는 나루터에서 처음 만나게 되며, 이후 서원에서 함께 생활하게 된다. 서원에서의 생활 중에 마문재는 끊임없이 축영대의 신분에 의혹을 품고서 여자임을 밝히려 하니, 시종 공부를 등한시하면서 축영대에게 추근거리는 경망스럽고 불량한 인물로 그려진다.

아울러 이 드라마 역시 다른 드라마에서처럼 스승의 딸이 등장하여 양산백과 축영대의 애정관계에 개입하게 된다. 즉 스승의 딸인 숙연淑娟은 양산백에게 호감을 느끼고서 그의 찢어진 옷을 기워주거나 새 옷을 지어다준다. 축영대는 양산백과 숙연의 다정한 모습에 마음이 상하고 자신의 사랑을 알아채지 못하는 양산백에게 야속함을 느낀다. 훗날 축영대가 여자임을 알게 된 숙연은 양산백에 대한 축영대의 절절한 사랑을 알고서 양산백에 대한 사모의 정을 접게 된다. '99드라마'와 '00드라마'에서도 스승 혹은 사모의 딸이 등장하지만, 이 드라마에서 그녀의 역할은 매우 제한적이어서 주요한 사건과 관련되지는 않는다고 할 수 있다.

⑤ 2007년의 ≪양산백과 축영대≫

월극 드라마 ≪신편 양축전기≫에 이어 중국 대륙에서는 2007년에 후난시대명성미디어유한공사湖南時代明星傳媒有限公司에서 제작된 ≪양산백과 축영대梁山伯與祝英臺≫(이하 '07드라마'라 약칭)가 방영되었다. 총 41집으로 이루어진 이 드라마는 천쥔량陳俊良이 총감독을 맡고, 타이완의 배우인 허룬둥何潤東과 천관린陳冠霖, 중국 배우인 둥제董潔가 각각 양산백과 마문재, 축영대의 역을 주연하였다.

이 드라마는 양산백과 축영대, 마문재를 중심으로 서원을 무대로 이루어지는 이야기가 전체의 2/3 이상을 차지하고 있다. 즉 이들이 구학길에 오른 이후 서원을 떠나기까지의 이야기가 전체의 70%를 넘으며, 축영대가 부모의 허락을 얻어 구학길에 오르기까지의 제1회를 제외한다면, 나머지는 모두 양산백이 무현鄮縣의 현령에, 그리고 마문재가 5품의 장수로 임명된 이후의 이야기이다. 이는 곧 이 드라마의 줄거리가

≪양산백과 축영대≫(2007)의 한 장면

크게 두 부분으로 나뉘어져 있음을 보여주는데, 물론 두 부분을 관통하는 것은 양산백과 축영대, 마문재의 애증관계이다.

이 드라마에는 다른 드라마에서 흔히 보이던 부모세대의 은원관계는 나타나지 않으며, 대신 양산백과 축영대, 마문재를 중심으로 하는 청춘세대의 애증관계가 복잡하게 얽혀 나타난다. 즉 여기에는 이들 세 사람과 함께 공부하는 왕람전王藍田, 진경생秦京生, 순거백荀巨伯 등외에도, 서원의 산장山長의 딸인 왕란王蘭과 왕혜王蕙, 사도온謝道韞, 그리고 황량옥黃良玉, 심련心蓮 등의 여성이 등장한다. 이들 청춘세대 외에, 특이하게도 이 드라마에는 도연명陶淵明, 사안謝安과 그의 질녀 사도온謝道韞, 왕희지王羲之의 둘째 아들 왕응지王凝之 등의 역사상의 실제 인물들이 등장하기도 한다.

이들 인물을 중심으로 이 드라마에서 가장 주요하게 그려지는 것은 청춘세대의 애증관계이다. 축영대는 늘 자신을 도와주고 보살피는 양산백을 사랑하고, 마문재는 축영대가 여자임을 눈치채고서 그녀에게 집착한다. 산장의 딸 왕란은 양산백을 남몰래 연모하고, 왕혜는 축영대를 사모하며, 순거백은 왕란의 사랑을 얻기 위해 몸부림친다. 또한 양산백의 도움을 받았다가 훗날 양산백의 생명을 구해주었던 심련은 양산백의 사랑을 갈구하고, 서원의 취사원인 소안蘇安은 심련에 대한 사랑으로 괴로워한다. 황량옥은 진경생을 사랑하여 정혼을 파기하였으나 그에게 버림받는다. 이러한 어긋난 사랑으로 인해 이들 모두는 서로를 질투하고 오해한다.

이들의 애증관계에서 줄거리 전개에 있아서 특이한 인물은 심련과 소안이다. 심련은 왕람전이 행패를 부릴 때 양산백의 도움으로 무사한 적이 있었으며, 훗날 축영대를 찾아 나섰다가 낭떠러지에서 떨어져 죽을 위기에 처한 양산백을 구한다. 이후 양산백을 연모하는 그녀는 서원에 들어와 궂은일을 마다하지 않고 양산백을 보살피지만, 양산백이 축영대를 사랑하자 축영대를 미워한다. 한편 심련을 짝사랑하는 소안은 자신의 이루어지지 못한 사랑으로 인해 양산백을 미워한 끝에 그를 도둑으로 모략하기도 한다. 서원을 도망쳐 나와 산적 수령이 된 소안은 축영대를 증오한 심련의 꼬드김을 받아 축영대의 집을 약탈하고, 심련은 축영대를 포대에 넣어 물속에 빠뜨려 죽이려 한다.

이 드라마에서도 축영대의 여자 신분과 관련된 탐색모티프가 주요한 에피소드로 자주 등장한다. 구학길에 나선 축영대는 왕람전의 행패로 물에 빠져 여자임이 밝혀질 뻔한 위기를 맞이하고, 서원에서 맞는 첫날 밤에는 동숙할 수밖에 없는 처지에 부닥친다. 하인을 보내 축씨 집안에 8남 1녀가 있음을 알아낸 마문재는 영대가 수놓는 모습에 의혹을 품으며, 축영대의 물건 가운데에 장미향수가 있음을 보고서 더욱 의심한다.

축영대가 방안에서 목욕을 하려 할 때 갑자기 찾아온 사도온은 장미향수와 젓가리개를 보고 의혹을 품으며, 축영대가 여자라는 소문을 들은 학감은 학생들을 욕실에 모아 옷을 벗도록 명한다. 이처럼 축영대의 신분을 둘러싼 탐색은 양산백을 제외한 거의 모든 이들에 의해 이루어지며, 축영대 자신의 해명이나 양산백의 도움으로 위기를 모면한다.

이와 함께 이 드라마에서 반복적으로 등장하는 것은 마문재의 음험함을 드러내기 위한 갖가지 사건이다. 이 드라마에서 마문재는 어렸을 적에 어머니가 아버지에게 구타당하고 화상을 입은 끝에 목을 매어 자살하고, 자신 역시 아버지에게 매질을 당했던 트라우마를 지니고 있다. 이로 인해 그는 축영대에게 지나치게 집착하는 한편, 그녀와 사이가 좋은 양산백에게는 적대감을 드러낸다. 그리하여 그는 양산백에게 앙심을 품은 소안을 부추겨 그를 도둑으로 중상모략하게 만들고, 심지어 양산백의 방에 불을 놓아 죽이려고까지 한다. 또한 양산백이 무현의 현령이 된 후에는 기아에 시달리는 백성을 구휼하기 위해 애쓰는 양산백에게 군량을 빼돌렸다는 죄목을 뒤집어씌우며, 산적을 시켜 축씨 집안을 약탈하게 한 뒤 자신이 나타나 이들을 물리치는 술수를 부린다.

결국 온갖 계교와 술수로도 두 사람의 사랑을 막지 못하자, 마문재는 혼사에 응하지 않으면 축씨 집안의 재산을 몰수하겠노라 축영대의 어머니를 협박한다. 축영대는 집안의 안녕을 위해 어쩔 수 없이 마문재의 요구에 응하지만, 그녀를 찾아왔다가 이 소식을 전해들은 양산백은 절망하여 집으로 돌아간다. 병상에 누운 양산백은 더 이상 살아갈 의미를 찾지 못해 유서를 남기고 집을 나와 죽음을 맞는다. 혼인날 마문재는 양산백의 무덤에 제사를 지내도록 하겠다는 약속을 어기고 육로 대신 수로를 택하지만, 배가 구룡허九龍墟에 이르렀을 때 광풍이 불고 우레가

치는 가운데 배가 나아가지 못한다. 그리하여 무덤 앞에 이른 축영대가 묘비에 혈서로 이름을 쓰고 양산백의 아내가 되겠노라 맹세하는 순간, 무덤이 열리고 그 속으로 축영대가 뛰어든다.

■ 텔레비전 드라마 속의 양축 이야기

텔레비전 드라마 속의 양축 이야기는 기본적으로 '축영대의 남장구학', '양산백과 축영대의 동문수학', '양산백과 축영대의 사랑의 좌절', '축영대의 순사와 화접'이라는 네 개의 사건이 줄거리의 뼈대를 이루고 있다. 여기에는 양축 이야기의 주요 모티프로서 '남장', '탐색', '순사'와 '화접' 등이 빠짐없이 갖추어져 있다. 뿐만 아니라 다른 서사매체의 양축 이야기에서 흔히 나타나는 '십팔상송' 역시 두루 서사되고 있으며, 다만 '십팔상송'에서 서사되는 내용이 많고 적은가의 차이, 그리고 이것이 가극의 형태로 설창되는가의 여부의 다름이 있을 뿐이다.

이러한 점에서 본다면, 연희류, 특히 곡예류에서 보이던 '환생'이 전혀 나타나지 않는다는 점을 제외하면, 드라마 역시 필기류나 희곡류, 소설류와 크게 다를 바 없어 보인다. 이러한 점은 '77드라마'와 '85드라마', '02드라마'처럼 월극을 토대로 하여 모두 4-8집으로 이루어진 중단편의 드라마에서 두드러진다. 이들 드라마에서는 다른 서사매체에서처럼 줄거리의 뼈대를 이루는 네 개의 사건이 거의 같은 비율로 서사되고 있다. 아울러 이들 드라마는 많고 적음의 차이는 있을지언정 모두 가극의 성분을 포함하고 있으며, '자식의 혼사는 부모가 주관한다'는 봉건이데올로기에 입각하여, 그리고 때로는 양산백 집안의 한미함으로 인해 '문당호대[門堂戶對]'의 문벌세족관념이 더해져 축영대와 그녀의 부친(혹은 부모) 사이에 갈등대립구조가 형성된다.

이들 드라마와 달리, '99드라마'나 '00드라마', '07드라마'는 모두 총 40집이 넘는 장편으로 이루어져 있다. 장편 드라마의 내용을 살펴보면, 양산백과 축영대, 마문재가 함께 하는 서원생활에서의 사건과 에피소드가 최소 1/3에서 2/3 이상까지 차지하고 있으며, 대체로 서원이라는 제한된 공간 속에서 생활하는 수많은 인물들 사이에 얼키설키한 애증관계를 다루고 있다. 이처럼 다른 서사매체 및 중단편의 드라마에서와는 달리, 장편 드라마에는 '양산백과 축영대의 동문수학'과 관련된 사건이 높은 점유율을 보여주고 있다. 이는 양축 이야기에서 시청자들에게 지속적으로 긴장과 흥미를 유발할 수 있는 극적 시공간이 바로 서원이라는 점과 깊은 관련이 있다. 이러한 점에서 위의 세 편의 장편 드라마는 서사구조나 갈등대립구조, 인물형상 등에 있어서 다른 서사매체와 전혀 다른 양상을 보여준다.

우선 서사구조면에서 장편 드라마는 중층적인 서사구조를 지니고 있다. 즉 '99드라마'와 '00드라마'는 모두 두 개의 서사 중심축이 존재하는데, 하나는 양산백과 축영대, 마문재를 중심으로 엮어지는 애증관계이고, 다른 하나는 이들 세 사람의 부모들 사이의 은원관계이다. 부모들 사이의 은원관계는 양산백의 아버지가 축영대와 마문재의 아버지에 의해 살해된 과거사에 의해 빚어진 것이며, 이는 자식들 사이의 애증관계에 직접적인 영향을 미쳐 갖가지 오해와 갈등을 낳는다. 훗날 살해의 주모자가 마문재의 아버지임이 밝혀짐으로써 결별의 위기에 놓였던 양산백과 축영대는 애정을 다시 회복한다. 이러한 점에 비추어본다면, 부모세대의 은원은 자식세대의 애증에 못지않게 결정적인 극적 요소라고 할 수 있다.

서사구조면에서 또 한 가지 흥미로운 점은 서사의 시공간이 명확하게 구분된다는 점이다. 즉 '99드라마'에서는 서원이 폐쇄되는 시점을 기준으로 '자식세대의 서원생활/양산백의 향시와 전시殿試에의 응시'에 의해 서사공간이 분할되며, '00드라마' 역시 서원을 떠나기까지의 '자식세대의 서원생활/양산백의 현령 부임'으로 서사공간이 분할되며, '07드라마' 역시 서원을 떠나기까지의 '자식들의 서원생활/양산백의 현령 부임'으로 서사공간이 분할된다. 이처럼 장편 드라마 모두 서사적 시공간의 분할이 명료하게 이루어지지만, 두 시공간을 관통하는 것은 여전히 부모세대의 은원과 자식세대의 애증이다.

서사구조의 변화는 필연적으로 갈등대립구조의 변화를 수반할 수밖에 없다. 즉 대부분의 서사매체나 중단편의 드라마에서는 갈등대립의 축이 주로 축영대와 그녀의 부모 사이에 형성되며, 이 경우에는 자식의 혼사의 주관자로서의 부모의 절대적 지위, 그리고 문벌관념이 갈등대립의 주요인으로 제시된다. 드물기는 하지만 '양축신전'과 '03양축'에서처럼 축씨 집안과 마씨 집안 사이에 갈등대립의 축이 형성되기도 하는데, 이 경우에는 마씨 부자의 폭력성이 갈등대립의 주요인이다. 어느 경우이든 위의 갈등대립구조는 단일하고 단순한 형태를 지니고 있다고 볼 수 있다.

이에 반해 장편 드라마에서 부모세대의 은원관계가 서사 중심축의 하나로 기능함에 따라, 갈등대립구조가 훨씬 복합적이고 중층적이다. 즉 '99드라마'와 '00드라마'에서는 부모와 자식, 집안과 집안, 양산백과 축영대, 마문재 세 사람 사이에 갈등대립의 축이 형성된다. 이 경우 갈등대립의 원인은 부모세대의 은원 및 자식세대의 애증이라 할 수 있다. 또한 '07드라마'에서는 축영대와 그녀의 부모 사이에, 그리고 청춘세대 사이에 갈등과 대립이 일어나며, 이 경우 청춘세대 내부의 애증뿐만 아니라 문벌세족인 마씨 집안과 비교되는 양산백의 한미한 가세가 갈등 대립의 주요한 원인으로 작동한다.

다음으로 장편 드라마에서 특징적인 점은 다수의 인물이 등장한다는 점이다. 대체로 필기류에서는 축영대와 양산백이, 연희류나 영화, 중단편 드라마에서는 축영대와 양산백과 마문재, 이들의 하인, 세 집안의 부모 등이 주요 인물로 등장한다. 물론 이들 외에도 축영대의 올케나 서원의 스승과 사모가 등장하기도 하지만, 이들의 역할은 제한적이라 할 수 있다. 그러나 장편 드라마에서는 이들 외에도 사모의 딸, 서원의 학생들, 그리고 우여곡절의 사연을 지닌 여러 아가씨들 등의 청춘세대가 등장한다. 사실 장편 드라마는 양산백과 축영대, 마문재를 포함한 이들 청춘세대의 애증관계에서 비롯된 의혹과 오해, 그리고 그것들의 해소로 점철되어 있다고도 할 수 있다.

■ 작은 맺음말

이러한 변화를 통해 장편 드라마는 기존의 서사매체에서 서사된 양축 이야기를 훨씬 풍부하고 다채로운 줄거리로 탈바꿈시킴으로써 시청자들을 확보하는 데에 성공을 거두었다. 그러나 장편 드라마가 흔히 지니고 있는 한계, 이를테면 우연성의 남발로 인한 리얼리티의 훼손, 인물 성격변화의 비약으로 인한 정합성의 결핍, 사건이나 에피소드의 계기적 인과성 결여, 줄거리와 무관한 사건의 무리한 개입 등으로 인해 드라마를 지루할 정도로 억지로 전개하고 있다는 인상을 짙게 풍기고 있다.

장편 드라마에 나타나는 이러한 한계는 흔히 정형화된 사건을 관습적으로 반복하는 데에서 잘 드러나는데, 특히 양산백을 모해하거나 살해하려는 시도에서 엿볼 수 있다. 즉 양산백은 사모의 돈을 훔친 혐의로 퇴학을 당함과 동시에 서원에 구금되거나('99드라마'), 과거시험문제를 유출했다는 누명을 쓰고 옥에 갇히게 되고('00드라마'), 축영대 오빠의 황금 상자를 훔쳤다는 모함을 받아 서원에서 쫓겨나고 매질을 당할 위기에 놓인다.('07드라마') 뿐만 아니라 한 걸음 더 나아가 그는 과거에 응시하러 가는 길에 살해를 피해 달아나다가 벼랑에서 떨어지고('99드라마'), 암살을 당하기도 하며('00드라마'), 방화에 의해 죽음의 위기에 처하기도 한다.

이밖에도 정형화된 인물을 관습적으로 반복하여 서사하는 경우도 있는데, 축영대의 오빠와 올케를 대표적인 인물로 들 수 있다. '99드라마'에 등장하는 축영대의 올케는 축영대가 권세 있고 부유한 마태수의 집안과 혼인해야 집안에 도움이 된다고 판단한다. 그리하여 그녀는 축영대에 관련된 일을 마씨 집안에 고주알미주알 알려줌으로써, 축영대와 마문재, 축씨 집안과 마씨 집안 사이에 불화와 갈등을 조장한다. 그녀는 축영대가 마문재의 아이를 임신하였다고 옥운에게 거짓말한다. 마문재와 결혼했으나 축영대를 일편단심 사랑하는 남편으로 인해 축영대에게 원망이 쌓여 있던 옥운은 이 소식을 듣고 축영대에게 낙태약이 든 닭탕을 먹이고, 끝내는 마씨 집안의 재산을 노리던 김선생에게 속아 닭탕에 비상을 넣게 된다. 이 사실을 모르는 올케는 축영대의 보신을 막기 위해 닭탕을 빼앗아먹고서 죽음에 이르고 만다.

'00드라마'에 등장하는 축영대의 오빠는 공부에는 뜻이 없어 서원에서 쫓겨난 모자란 인물이다. 그는 아버지를 모시고 마태수의 생일잔치에 참석했다가 마문재의 배필감으로는 자신의 여동생밖에 없다고 자랑하더니, 술에 취해 축영대가 남장하여 서원에 가 있다고 실토하고 만다.

그는 마문재가 자신의 출세를 도와줄 수 있으리라 여겨 여동생을 마씨 집안에 시집보내려 한다. 그는 마문재와 왕래하지 말라는 여동생의 권유를 뿌리친 채 아버지가 여동생을 양산백에게 시집보내려 한다는 사실을 몰래 문재에게 알려준다. 나아가 그는 마문재가 뒤쫓는 양산백이 자기 집에 숨어 있음을 알려주고, 축영대를 구출하기 위해 마문재를 칼로 위협하던 정향을 기습하여 두 사람의 탈출 시도를 무산시키기도 한다.

드라마 속의 이 두 인물의 행위는 비록 자신의 이익을 꾀하기 위한 탐욕에서 비롯된다고는 하지만, 축영대는 물론 부모(혹은 시부모)를 파멸의 위기로 몰아넣으면서까지 지속적이고 반복적으로 행해진다는 점에서 매우 비현실적이라 할 수 있다. 이처럼 비현실적인 인물형상화 외에도 장편 드라마에는 우연적인 사건이 지나치리만큼 자주 나타난다. 이를테면 자신이 여자라는 축영대의 고백에 놀라고 분개하여 달아나던 양산백과 그를 뒤쫓던 축영대가 도적을 만나 상처를 입고('99드라마'), 불량배들에게 고초를 당하던 모녀가 나중에 알고 보니 사모와 딸이었으며('00드라마'), 낭떠러지에서 굴러 떨어져 죽을 위기에 놓인 축영대와 양산백 모두가 이미 면식이 있거나 도움을 주었던 인물들의 도움으로 구출되기도 한다.('07드라마')

이러한 우연성의 남발과 더불어 사건이나 인물의 작위적 설정 또한 작품의 현실성을 떨어뜨리는 주된 요인으로 작용하고 있다. 즉 마문재가 축영대의 신분이 발각될까봐 불을 질러 위기를 모면케 한다는 것('99드라마')이나, 동진東晉 시기의 양대 문벌세족의 자제, 즉 왕희지의 둘째 아들 왕응지와 사안의 질녀 사도온이라는 역사속의 인물을 등장시켜 각각 자신의 정혼자의 자질을 시험하고자 양산백과 축영대에게 자신들을 대신하여 선보는 장소에 나가게 하는 것('07드라마) 등이 이러한 예이다.

실제로 장편 드라마의 줄거리는 상당 부분 사건이나 인물의 기이성에 의존하여 전개되고 있다. 이 가운데에서 기이한 운명을 가장 잘 보여주는 인물로는 '99드라마'의 옥운, '00드라마'의 정향, '07드라마'의 황옥량 등을 들 수 있다. 사모의 딸인 옥운은 마문재를 좋아하지만 그의 사랑을 얻지 못해 괴로워하다가, 서원이 폐쇄되고 어머니가 세상을 떠난 후 마태수의 집으로 들어가 마문재와 혼인한다. 그녀는 축영대가 마문재의 아이를 임신했다는 거짓말에 속아 질투에 눈이 먼 나머지 축영대에게 낙태약을 먹인다. 또한 스승의 딸로서 한때 축영대를 사모했던 정향은 아버지가 돌아가신 후 기루로 팔려갔다가 양산백과 축영대의 도움으로 풀려난다. 이후 마문재를 속여 양산백과 축영대를 돕지만 마문재에게 붙잡혀 갇히는 신세가 된다. 황옥량은 원래 축영대 오빠의 정혼자였으나 다른 사람을 사랑하고 있었으며, 이를 알고 있던 축영대는 두 사람의 결혼식날 황옥량을 탈출시킨다. 그러나 황옥량은 자신을 사랑하는 줄로만 알았던 남자에게 버림받은 후 기루로 흘러들었다가 훗날 마문재 아버지인 마태수의 측실이 된다.

이처럼 장편 드라마에는 정형화된 관습적 서사와 함께 사건과 인물의 비현실성, 우연성의 남발, 사건과 인물의 작위적 설정, 기이성에의 과도한 의존 등 작품의 리얼리티를 훼손하는 요인이 빈번하게 나타나고 있다. 이는 근본적으로 시청자를 확보하기 위해서는 기이하거나 비범한 사건이나 인물을 위주로 서사를 전개할 수밖에 없는 장편 드라마의 숙명적 속성에서 비롯된 것이기는 하다. 그렇지만 민간전설에 접근하는 작가의 문학적 상상력의 빈곤이 그 주된 원인이라 할 수 있는 바, 기껏해야 무협드라마[95]로 개작하는 문제의식에서도 이를 엿볼 수 있다.

지은이 주

1) 서사란 '일(사건, event)'을 풀어내는 것이며, 이 '일'은 특정한 시대의 삶의 모습을 담은 '이야기'이다. 이 글에서는 매체의 언어적, 비언어적 차이를 막론하고 '이야기'를 지니고 있는 것들을 서사물이라 통칭한다.

2) 나병철, 《소설의 이해》 (서울: 문예출판사, 1998) 35-38쪽 참조

3) 이를테면 李茂誠의 〈義忠王廟記〉와 邵金彪의 〈祝英臺小傳〉은 각각 《康熙鄞縣志》와 《光緖宜興荊溪縣新志》라는 지방지에 인용되어 있으나, 〈義忠王廟記〉는 인물의 功業을 찬양하는 글이기에 비지류에 포함시키고, 〈祝英臺小傳〉은 인물의 행장(行狀)을 전하는 글이기에 잡기류에 포함시켰다.

4) 양축 이야기와 관련된 초기 문헌자료로는 남송 함순(咸淳) 연간에 상주(常州) 지주(知州)를 지낸 사능지(史能之)가 펴낸 《咸淳毗陵志》의 권27 〈古迹〉에 소개된 〈善權寺記〉, 명대의 서수비(徐樹丕)가 펴낸 《識小錄》에서 언급된 《金樓子》, 당대 중종(中宗)때의 인물인 양재언(梁載言)이 펴낸 《十道四蕃志》 등을 들 수 있다. 그러나 이들 기록들은 모두 양축 이야기와 관련된 단편적인 사항이나 불명확한 사실만을 언급할 뿐, 구체적인 내용을 싣고 있지는 않다.

5) 현재의 《宣室志》에는 양축 이야기가 실려 있지 않다. 이로 인해 일부 연구자들은 翟灝의 인용의 신빙성에 대해 의구심을 표명하고 있다. 이를테면 중국의 劉錫誠은 〈梁祝的嬗變與文化的傳播〉에서 《宣室志》의 현재의 판본에 梁祝에 관한 기술이 없음을 지적하고 있으며, 우리나라의 정규복과 김우석은 각각 〈梁山伯傳攷〉와 〈梁祝 이야기에 대한 연구 1〉에서 翟灝의 인용에 대해 의구심을 표명하고 있다. 錢南揚 等著, 陶瑋選編, 《名家談梁山伯祝英臺》(北京: 文化藝術出版社, 2006), 31쪽 및 정규복, 〈梁山伯傳攷〉(《중국연구》, 한국외대중국연구소, 제4집, 1979)와 김우석, 〈梁祝 이야기에 대한 연구 1〉(《중국문학》 제52집, 한국중국어문학회, 2007)을 참조하시오.

6) 현재 전해지고 있는 《宣室志》에는 明抄本(10권)과 《稗海》本(10권), 《補遺》(1권)이 있다. 明抄本과 《稗海》本에 실린 이야기들은 모두 《太平廣記》에 인용되어 있으며, 《太平廣記》에 인용된 내용과 차이가 거의 없는 것으로 보아, 두 판본의 집록자는 《太平廣記》를 근거로 집록하였으리라 본다. 그러나 현재의 판본 가운데 일부 이야기는 《태평광기》의 誤記로 인해 誤輯되거나 반대로 빠져 있는 것도 있다. 이로써 보건대, 《宣室志》는 완정한 텍스트가 아니라 여전히 보완되고 있는 텍스트라 볼 수 있다. 石昌渝 主編, 《中國古代小說總目》(文言卷) (太原: 山西教育出版社, 2004) 556-557쪽 참조

7) 英臺, 上虞祝氏女子, 易爲男子裳, 出游學, 與會稽梁山伯同肄業. 山伯字處仁, 祝先歸, 二年山伯訪之, 方知其爲女子, 悵然如有所失, 告其父母求聘, 時祝已許馬氏矣. 山伯爲鄞令, 疾革, 葬城西. 明年, 祝適馬氏, 舟過墓所, 風濤不能進. 英臺聞有山伯墓, 因登塚號慟, 地忽裂開, 祝氏陷焉, 遂埋雙璧, 人皆異之. 晉丞相謝安奏之, 因表其墓云. 田藝衡著, 《留青日札》 (上海: 上海古籍出版社, 1982) 693-694쪽

8) 山中杜鵑花發時, 輒有大蝶雙飛不散, 俗傳是兩人之精魂. 앞과 같음

9) 이를테면 ≪乾道四明圖經≫와 ≪光緖鄞縣志≫는 모두 "舊記謂二人少嘗同學, 比及三年, 山伯初不知英臺之爲女子."라고 기술하고 있으며, ≪咸淳毗陵志≫와 ≪宜興縣志≫, ≪常州府志≫는 모두 "俗傳英臺本女子, 幼與梁山伯共學, 後化爲蝶."이라고 간략히 기술하고 있다.

10) 寧波의 지방지들은 모두 축영대의 '男裝' 대신에 양산백이 '(축영대가) 여자임을 몰랐다'거나 축영대의 집을 방문하고서야 '여자임을 알았다'고 기술하고 있다. 寧波의 지방지로서 가장 이른 기록인 宋代 乾道 5년(1169년) 張津의 ≪乾道四明圖經≫에서도 '산백은 애초에 영대가 여자인 줄을 알지 못했다(山伯初不知英臺之爲女)'라고 기술하고 있다.

11) 寧波의 지방지에 실린 기록들에서는 축영대의 신행길에 '파도' 혹은 '바람과 파도'로 인한 이적이 나타난다. 이러한 이적은 寧波가 해안에 위치한 고을이기에 가능하며, 寧波가 아닌 다른 고을의 지방지 혹은 다른 서사매체의 텍스트에서는 이적의 내용이 달라지거나 이적이 나타나지 않기도 한다.

12) 神母夢日貫懷, 孕十二月, 時東晋, 穆帝永和壬子三月一日, 分瑞而生. 周靜書 主編, 위의 책(故事歌謠卷), 289쪽

13) 宋大觀元年季春, 詔集≪九域圖志≫及≪十道四蕃志≫, 事實可考. 앞의 책, 290쪽

14) 生同師道, 人正其倫. 死同窀穸, 天合其姻. 神功於國, 膏澤於民. 謚義謚忠, 以祀以禋. 名輝不朽, 日新又新. 앞과 같음

15) 俾一時之節義, 爲萬世之湮沒, 仁人君子所不堪. 矧惟我朝祖宗以來, 端本源以正人心, 崇節義以勵天下. 앞과 같음

16) 獨英臺得天地之正氣, 萃扶盟之倩淑, …… 其心皎若日星, 其節凜若秋霜, 推之可以爲忠, 可以爲孝, …… 垂節義於千載之上, 挽節義於千載之下. 앞의 책, 178쪽에서 재인용

17) 碑誌類의 기술은 대체로 諱·字·姓氏·本貫·族出·行治·履歷·卒日·壽年·妻·子·葬日·墓地 등의 순서로 이루어진다. 〈義忠王廟記〉는 이러한 기술방식에 따라 이루어지고 있다.

18) 이러한 예로는 남송과 금나라의 항쟁을 배경으로 하는 민간고사로는 〈席草計〉와 〈千萬陰兵助康王〉을, 왜구를 격멸하는 민간전설로는 〈托夢助陣退倭寇〉, 〈梁聖君廟的傳說〉, 〈蝴蝶墓與蝴蝶碑〉 등이 있다. 周靜書 主編, 위의 책(故事歌謠卷), 209-214쪽 및 220-221쪽, 231-232쪽 참조

19) 희곡은 일반적으로 공연을 목적으로 하는 연극의 대본을 가리키는데, 여기에서는 중국의 전통극 양식을 의미한다.

20) 席雪松, 〈試論明淸'梁祝'題材劇的生成流變與題旨意象〉(내몽고민족대학 석사학위논문. 2010) 참조

21) 텍스트의 선별은 周靜書가 주편한 ≪梁祝文化大觀≫(全四冊)(北京: 中華書局, 1999)를

참고하였다.

22) 일반적으로 탄사가 蘇州를 비롯한 중국 남방에서 주로 琵琶나 三弦 등의 현악기를 반주하면서 이루어지는 설창예술이라면, 고사는 北京을 비롯한 중국 북방에서 주로 북이나 박판 등의 타악기를 반주하면서 이루어지는 설창예술이다. 또한 寶卷은 주로 불교와 각종 민간종교의 신앙활동에서 연행되었던 설창 텍스트이며, 木魚書는 보권이 광동 지역, 특히 珠江 유역에 전입된 후 현지의 민가와 결합하여 성행했던 민간 설창예술이다. 竹板歌는 廣東과 福建의 客家 지역에서 유행했던 민간 설창예술이다. 탄사와 보권에 대한 개념에 대해서는 다음의 자료를 참고하시오. 이정재, 〈'講唱', '說唱', '曲藝' 개념의 재검토와 口碑演行論의 가능성〉, ≪中國文學≫ 제54집, 2008.2; 이정재, 〈彈詞 認識의 問題點과 彈詞 概念의 再定立〉, ≪中國文學≫ 제57집, 2008.11; 김우석, 〈寶卷에 대한 연구-소극적 대안으로서의 이단과 미신, 도피적 위안과 마취적 오락의 문학〉, ≪중국문학≫ 제32집, 1999.11; 허윤정, 〈중국 寶卷 연구의 회고와 전망〉, ≪中國小說論叢≫ 제36집, 2012.4

23) 秦腔은 陝西, 甘肅, 寧夏, 青海, 新疆 등지에서 유행하는 희곡 곡종이며, 彩調劇은 廣西 壯族自治區에서 유행하는 지방희 극종이다. 또한 黃梅戲는 湖北省 黃梅 일대의 민간가곡으로 청대 道光 전후에 湖北, 安徽, 江西 등지에서 유행했다.

24) 축영대가 남장하여 부친과 마을 사람을 시험하는 사건은 1516년에 崔文奎가 지은 〈梁山伯祝英臺墓碑記〉에만 등장하는데, 이 역시 "卒然變笄易服, 冒爲子弟, 出試家人不認識, 出試鄉隣不認識"라고 서술자가 간략히 서술하고 있다.

25) 예를 들면 〈梁山伯與祝英臺〉(越劇)와 〈梁山伯與祝英臺〉(秦腔)의 "祝家莊年年有廟會, 村里人叫我扮觀音." 周靜書 主編, 앞의 책(戲劇影視卷) 101쪽 및 421쪽; 〈梁山伯與祝英臺〉(竹板歌)의 "鄉社年年有今景, 大家歡涯去相幇, 扮作南海觀音娘" 위의 책(曲藝小說卷) 147쪽

26) 예를 들면 〈梁山伯與祝英臺〉(竹板歌)의 "上有青天下有地, 脫衫脫褲唔照常, 赤身露體犯河江." 및 〈柳蔭記〉(鼓詞)의 "上有青天下有地, 水通四海有龍王; 此江原是東海口, 又有水神來巡江; 讀書之人敬天地, 豈肯脫了靴一雙." 위의 책(曲藝小說卷) 145쪽, 247쪽.

27) 예를 들면 〈雙仙寶卷〉의 "只因小弟身有病, 熱天不敢脫衣衿. 倘有一點風涼冒, 頓時就有病來侵." 및 〈新編金蝴蝶傳〉의 "小弟從小多病, 所以睡不解衣", "弟因小時多有病, 炎暑從來不解衣; 寧可汗透衣衫濕, 脫却之時病就生." 위의 책(曲藝小說卷) 302-303쪽, 333쪽 및 334쪽,

28) 예를 들면 〈柳蔭記〉(鼓詞)의 "爹娘置件好衣裳, 身上羅衣鈕扣廣, 解得完來天又光." 및 위의 책, 〈新編金蝴蝶傳〉(彈詞)의 "小弟從小多病, 所以睡不解衣." 위의 책(曲藝小說卷) 248쪽, 333쪽

29) 예를 들면 〈梁山伯與祝英臺〉(竹板歌)의 "男人乳人有官做, 女人乳大有孩郎"; 〈牡丹記〉(木魚書)의 "自古男兒奶大爲丞相, 女人奶大潑皮娘."; 〈雙仙寶卷〉의 "男子奶大爲丞相,

相術上面贅分明.”; 〈新編金蝴蝶傳〉(彈詞)의 “豈不曉男人乳大高官做, 相法分明說得通.” 위의 책(曲藝小說卷) 147쪽, 193쪽, 302쪽 및 334쪽

30) 예를 들면 〈雙仙寶卷〉의 “小解不可對了日月三光. 倘然立直, 恐防觸犯三光, 不能壽山高升.”; 〈新編金蝴蝶傳〉의 “弟看〈感應篇〉中說, 撒尿不可對三光; 直立撒尿犯天怒, 不能長壽定夭亡.” 위의 책(曲藝小說卷) 303쪽, 335쪽

31) 그녀의 처방전은 동해 용왕의 뿔, 만년 묵은 벽의 흙, 천년 묵은 기와 위의 서리, 말거머리의 내장, 신선이 사는 산의 영지, 서왕모의 몸에 나는 향기, 모기의 눈자위, 누에나방 머리의 피, 파리 머리의 털 등이며, 그녀가 보낸 정표는 속옷 혹은 젓가리개, 머리카락 등이다.

32) 예를 들면 曲藝類의 경우 〈牡丹記〉(木魚書)의 “今生不嫁梁兄你, 奴死歸一亦短尋!”; 〈雙仙寶卷〉의 “今生不嫁梁山伯, 死歸地府一同行”; 〈新編金蝴蝶傳〉의 “今生不與梁山伯, 願死陰司一處行.” 앞의 책(曲藝小說卷) 220쪽, 316쪽 및 349쪽. 戲曲類의 경우 〈梁山伯與祝英臺〉(越劇)의 “我和你生前不能夫妻配, 我就是死也要與你同墳臺!”; 〈柳蔭記〉(川劇)의 “生不同偕死同葬, 不枉結拜一爐香,”; 〈梁山伯與祝英臺〉(秦腔)의 “今生不能結鸞鳳, 願化蝴蝶永相從.” 같은 책(戲劇影視卷) 120쪽, 173쪽 및 447쪽

33) 예를 들면 〈梁山伯與祝英臺〉(竹板歌)의 “拿起剪刀身上刺, 幸好婢女在身旁”, “若不畀涯去吊表, 寧死唔嫁馬家郎.” 위의 책(曲藝小說卷), 162-163쪽.

34) 예를 들면 曲藝類의 경우 〈梁山伯與祝英臺〉(竹板歌)의 “但愛答應事一椿, 不然涯就跳河江.”; 〈雙仙寶卷〉의 “爺娘若是不應允, 女兒自盡在閨門.”; 〈新編金蝴蝶傳〉의 “若是爹媽不相許, 孩兒守節在家門.” 위의 책(曲藝小說卷), 165쪽, 319쪽 및 351쪽. 戲曲類의 경우 〈梁山伯與祝英臺〉(越劇)의 “我寧死不上馬家門”; 〈柳蔭記〉(川劇)의 “父不應允, 兒不上轎”; 〈柳蔭記〉(京劇)의 “兒寧死也不上轎”; 〈梁山伯與祝英臺〉(秦腔)의 “父不應允, 兒不上轎”; 〈梁山伯與祝英臺〉(彩調劇)의 “倘若不答應, 撞柱下黃泉,” 위의 책(戲劇影視卷) 124쪽, 180쪽, 234쪽, 454쪽 및 745쪽

35) 예를 들면, 〈牡丹記〉(木魚書)의 “男大須婚從古道, 女子年高要配人, 我的姑娘今十六, 堪爲媳婦開成親: 姑娘唔系求師教, 貪圖才子結朱陳.”; 〈雙仙寶卷〉의 “姑娘要到杭州去, 十分不妙在其身, 年輕閨女他方去, 必然尋覓丈夫身.”; 〈新編金蝴蝶傳〉(彈詞)의 “姑姑前往杭州去, 必然尋個丈夫身. 衆學男人她是女, 男和女雜不相應.” 위의 책(曲藝小說卷), 187쪽, 299-300쪽 및 331쪽

36) 〈雙仙寶卷〉의 “奴將此花來罰誓, 與奴身體一般能. 奴到杭州身不正, 此花枯死在花瓶. 身雖在外存貞烈, 此花鮮明一樣能.”; 〈新編金蝴蝶傳〉(彈詞)의 “奴把此花來罰咒. 與奴身體一般能; 女到杭州將身破, 此花枯死在花瓶; 奴到學中留眞意, 此花鮮活在花瓶.” 위의 책(曲藝小說卷), 300쪽, 331쪽. 〈牡丹記〉(木魚書)에서는 부친이 반대하자 축영대가 모란꽃을 꺾어 “若系不肖不才回轉日, 愁花君高枉瓶心, 花粉堅貞回故世, 牡丹依舊有青痕!”이라 맹세하고, 〈新編東調大雙蝴蝶〉에서는 부모와 오빠 부부가 반대하자 버들가지를 꺾어 “此行若把閨門壞, 柳枝墜倒在蓮臺; 奴若眞心無苟且, 青枝綠葉柳花開”라고 맹세

한다. 위의 책(曲藝小說卷), 186쪽, 365-366쪽

37) 예를 들면 〈梁山伯與祝英臺〉(越劇)의 "如今她假扮書生, 連員外都認不出自己親生女兒, 依婢子之見還是依允小姐去讀書的好."; 〈梁山伯與祝英臺〉(彩調戲)의 "老爺, 還是讓小姐外出爲好." 위의 책(戲劇影視卷), 96쪽, 717쪽

38) 예를 들면 〈雙仙寶卷〉의 "衆人是男奴是女, 被人看破怎爲人. 說與先生將牌掛, 輪流不許一同行. 若是有人不依法, 手心十記不饒人."; 〈新編金蝴蝶傳〉의 "英臺也是心中想, 出恭解手不相應; 衆人是男我是女, 被人識破好羞人. 禀過先生將牌掛, 輪流解手不同行." 위의 책(曲藝小說卷) 302쪽, 334쪽

39) 예를 들면 〈牡丹記〉(木魚書)의 "今該學規一條, 貼在講堂儆衆. 一凡小便者, 不許高射墻壁城, 恐汚穢墻壁." 위의 책(曲藝小說卷) 193쪽

40) 예를 들면 〈梁山伯與祝英臺〉(越劇)와 〈梁祝情〉(豫劇)에서는 玉扇墜를 信物로 남기고, 〈梁山伯與祝英臺〉(黃梅戲)에서는 붉게 수놓은 신발을 信物로 남긴다.

41) 이러한 태도는 曲藝類의 거의 모든 텍스트에서 엿볼 수 있는 바, 이를테면 〈牡丹記〉(木魚書)의 "奴奴已許馬家莊, 受過馬家行聘禮 …… 初杯酒, 奉哥哥, 爲兄來世結絲蘿."; 〈雙仙寶卷〉의 "一家女子, 怎好受得二家茶, 豈非連累雙親, 馬家聞知, 怎肯干休?! …… 今生不得成夫婦, 願求來世結同心."; 〈新編金蝴蝶傳〉의 "一家女兒受了二家財禮, 豈不累父打官司, 受刑法的麼? …… 今生不得爲夫婦, 只好求來世結同心." 위의 책(曲藝小說卷) 210-211쪽, 310쪽 및 344쪽

42) 〈新編東調大雙蝴蝶〉의 "若無父母之命, 媒約之言, 私訂終身, 此乃傷風敗俗, 有失閨門之禮, 日後被人談論, 非正人女子之所爲." 위의 책(曲藝小說卷) 431쪽

43) 예를 들면 〈梁山伯與祝英臺〉(越劇)의 "自從盤古分天地, 哪有閨女自定親? 馬家是有媒有聘有父命."; 〈梁山伯與祝英臺〉(秦腔)의 "有父母之命, 媒妁之言, 爲何不嫁?" 위의 책(戲劇影視卷) 111쪽, 436쪽

44) 예를 들면 〈梁山伯與祝英臺〉(越劇)의 "有師母爲媒, 玉扇墜爲聘, 于禮無虧." 위의 책(戲劇影視卷) 113쪽. 반면 〈梁山伯與祝英臺〉(秦腔)에서는 축영대의 모친이 '편지를 보내준 스승을 중매쟁이로 볼 수 있다'고 반박하기도 한다. "難道老師算不得個媒人嗎?" 같은 책, 434쪽

45) 축영대의 적극적인 求學 요구를 드러내는 텍스트는 〈梁山伯與祝英臺〉(竹板歌) 뿐이며, 여기에서 축영대는 斷食과 稱病을 통해 자신의 강경한 의지를 드러낸다.

46) 황실의 궁녀 선발을 근거로 부친의 반대를 극복하는 경우는 〈梁山伯與祝英臺〉(秦腔)과 〈梁山伯與祝英臺〉(彩調劇)에서 보인다.

47) 〈牡丹記〉(木魚書)의 "習學三年多得渠, 重有幾多蒙惠那個梁郎, 報到此人身已喪, 叙到渠墳前燒一炷香." "由女你, 拜墳盡敬理應當." 앞의 책(曲藝小說卷) 225쪽

48) 〈梁山伯與祝英臺〉(竹板歌)의 "找到馬俊來商量, 那有帶孝做新娘. 祝父相勸說好話: '遷

就小女性烈强, 正能同你結鴛鴦.” 위의 책(曲藝小說卷) 166쪽

49) 〈柳蔭記〉(川劇)의 “自古以來, 只有新娘渾身着紅, 哪有着白之理!”; 〈柳蔭記〉(京劇)의 “自古以來, 新娘只有穿紅, 哪有着白之理?”; 〈梁山伯與祝英臺〉(秦腔)의 “自古以來女子出閣, 哪有穿白帶孝之理!” 위의 책(戲劇影視卷), 180쪽, 234쪽, 454쪽

50) 〈梁山伯與祝英臺〉(越劇)의 “可有一件, 必須要外面穿紅, 內邊着白, 祭墳之後, 卽往馬家交拜天地.”; 〈柳蔭記〉(川劇)의 “小姐外面上白, 內面還是要穿紅啊! 祭墳之後, 脫去孝服, 好到馬家拜堂.”; 〈柳蔭記〉(京劇)의 “身里頭穿紅, 外邊套白, 祭奠之後, 脫去孝服, 也好到馬家拜堂.”; 〈梁山伯與祝英臺〉(秦腔)의 “總須里面穿紅, 祭墳以後, 脫去孝服, 好到馬家拜堂.” 위의 책(戲劇影視卷) 125쪽, 181쪽, 235쪽 및 454쪽

51) 예를 들면 〈梁祝怨〉(雜劇)의 “馬郎雖富, 其濁在骨; 梁家雖貧, 其淸在神”; 〈梁山伯與祝英臺〉(越劇)의 “馬家乃是簪纓世家, 閥閱門第./梁家雖屬貧寒, 也是淸白人家.”; 〈柳蔭記〉(川劇)의 “馬家是官宦, 有勢又有錢/家境雖貧寒, 才貌却雙全”; 〈柳蔭記〉(京劇)의 “馬家是官宦, 山伯一窮酸”; 〈梁山伯與祝英臺〉(黃梅戲)의 “那馬家不但官高財富/那個山溝里的放牛娃, 窮書生梁山伯”; 〈梁山伯與祝英臺〉(秦腔)의 “馬家乃是簪纓世家, 閥閱門第!/梁家雖然貧寒, 也是淸白人家!”; 〈梁山伯與祝英臺〉(彩調劇)의 “馬家有財有勢/梁相公爲人忠厚學問好, 人品也好.” 위의 책(戲劇影視卷), 23쪽, 113쪽, 159-160쪽, 221쪽, 355쪽, 440쪽 및 732쪽

52) 曲藝類의 텍스트 가운데 환생과 관련된 사건이 일어나지 않는 것은 〈柳蔭記〉(鼓詞) 뿐이다.

53) 曲藝類의 텍스트에서는 대부분 周나라 尼山 혹은 山東을 시공간으로 택하고 있으며, 공자가 스승으로 등장하고 있다. 尼山, 즉 尼丘山은 공자의 부모가 기도하여 공자를 얻은 곳으로서, 공자가 태어난 곳이다.

54) 필기류의 텍스트에 흔히 풍파로 인해 배가 나아가지 못하는 축영대 신행길의 이적이 나타나듯이, 演戲類의 텍스트에도 비바람 속에 무덤이 갈라지는 이적이 나타나고 있다. 이러한 이적의 신이성은 이야기의 진실성을 떨어뜨리기도 하지만, 다른 한편으로 자연현상을 의도적으로, 그리고 통속적으로 과장하거나 왜곡함으로써 고대소설에서 흔히 보이는 로만스적 자기회귀를 보여주기 위한 장치이기도 하다.

55) 〈梁山伯與祝英臺〉(黃梅戲)의 “馬太守要知道是因你與梁山伯私訂終身而退婚, 不但我祝家要遭災, 那梁山伯也難逃橫禍呀!”; 〈梁山伯與祝英臺〉(秦腔)의 “勢必觸怒馬家, 那時不但要將山伯送入牢獄, 折磨一死, 就是你的衰年父親也要遭受牽連.” 앞의 책(戲劇影視卷), 357-358쪽, 441쪽

56) 중화인민공화국 수립 직후인 1951년 중국 정무원이 공표한 〈희곡개혁공작에 관한 지시(關於戲曲改革工作的指示)〉, 1952년에 개최되었던 전국희곡경연대회 등은 양축 이야기의 개편 등에 지대한 영향을 미쳤으며, 특히 1950년 4월에 공포된 〈중화인민공화국혼인법〉은 ‘부녀해방, 남녀평등’의 사상을 기초로 연애의 자유와 혼인의 자주를 법률화함

으로써 양축 이야기의 성격 변모에 크게 영향을 미쳤다. 중화인민공화국 수립 이후 양축 이야기의 개편을 둘러싼 논의 및 논쟁은 다른 기회를 빌려 살피고자 한다.

57) 曲藝類의 텍스트 가운데 중화인민공화국 수립 이후에 채록된 것으로는 〈梁山伯與祝英臺〉(竹板歌)가 있는데, 이 텍스트는 축영대의 적극적인 반항 및 첨예한 갈등대립구조를 보이고 있다는 점에서 오히려 戱曲類의 서사에 가깝다고 볼 수 있다.

58) 이러한 예로는 〈雙仙寶卷〉, 〈牡丹記〉(木魚書), 〈梁山伯與祝英臺〉(越劇), 〈梁山伯與祝英臺〉(秦腔), 〈梁山伯與祝英臺〉(彩調劇) 등을 들 수 있다.

59) 이러한 예로 〈新編東調大雙蝴蝶〉에서는 버들가지를 꺾어, 〈新編金蝴蝶傳〉과 〈雙仙寶卷〉, 〈牡丹記〉(木魚書)에서는 모란꽃을 꺾어 순결을 맹세한다.

60) 袁進, ≪張恨水評傳≫(長沙: 湖南文藝出版社, 1988) 355쪽 참조

61) 周靜書 주편, ≪梁祝文化大觀≫(曲藝小說卷) 485쪽

62) 위의 책, 487쪽

63) 위의 책, 493쪽

64) 위의 책, 516쪽

65) 위의 책, 517쪽

66) 위의 책, 645쪽

67) 연희류 가운데 〈梁山伯與祝英臺〉(黃梅戱)에서도 양산백과 축영대의 일행이 정자에 거의 동시에 도착한 후 두 하인이 버드나무 아래의 걸상을 서로 차지하려고 벌이는 실랑이를 계기로 인사를 나누게 되는데, 이 텍스트는 이 소설보다 훨씬 뒤늦은 1994년에 수집·정리된 것이다.

68) 연희류 가운데 〈柳蔭記〉(鼓詞)와 〈柳蔭記〉(黃梅戱), 〈上天臺〉(黃梅戱)에서는 꿈 대신에 양산백의 혼령이 축영대에게 현신하기도 한다.

69) 周靜書 주편, 앞의 책, 626쪽, 630쪽 및 643-644쪽 참조

70) 위의 책, 598쪽

71) 위의 책, 631쪽

72) 위의 책, 699쪽

73) 〈梁山伯與祝英臺〉(越劇), 〈柳蔭記〉(黃梅戱), 〈梁山伯與祝英臺〉(竹板歌) 등이 이러한 예이다

74) 周靜書 주편, 앞의 책, 719쪽

75) 위의 책, 734쪽

76) 위의 책, 745쪽

77) 위의 책, 713쪽

78) 위의 책, 715쪽

79) 위의 책, 719쪽

80) 顧志坤, ≪梁山伯與祝英臺≫(남경: 남경출판사, 1995), 350쪽

81) 위의 책, 115쪽. 원문은 "人無千日好, 花無百日紅"이다.

82) 위의 책, 146쪽. 원문은 "斷腸人遇斷腸人, 雖有情時亦無情. 人間自古多傷悲, 三載相思成花餅."이다.

83) 林江雲, ≪全本梁祝正傳 魂縈蝴蝶情≫(北京: 光明日報出版社, 2003) 1-2쪽 참조

84) 위의 책, 4쪽

85) 황제가 궁녀를 선발한다는 칙령은 연희류의 〈梁山伯與祝英臺〉(彩調劇)에서도 에피소드로서 제시된다. 그러나 이 경우는 축영대가 황제의 칙령을 자신의 구학의 정당성을 강화하는 근거로 들고 있다는 점에서 이 소설과는 다르다.

86) 顧志坤, 앞의 책, 17쪽

87) 대표적인 예로는 〈新編東調大雙蝴蝶〉(彈詞), 〈梁山伯與祝英臺〉(黃梅戲), 〈梁山伯與祝英臺〉(秦腔) 등을 들 수 있다.

88) 루홍스 지음, 김정욱 옮김, ≪중국영화사≫(광주: 전남대학출판부, 2011), 48-49쪽 참조

89) 위의 책, 110-111쪽 참조

90) 대표적인 예로는 〈梁山伯與祝英臺〉(竹板歌), 〈柳蔭記〉(川劇), 〈梁山伯與祝英臺〉(秦腔), 〈柳蔭記〉(京劇), 〈柳蔭記〉(黃梅戲) 등을 들 수 있다.

91) 대표적인 예로는 〈梁山伯與祝英臺〉(越劇), 〈柳蔭記〉(川劇), 〈柳蔭記〉(京劇), 〈柳蔭記〉(鼓詞) 등을 들 수 있다.

92) ≪顔氏家訓·勉學≫에서는 "無不熏衣剃面, 傅粉施朱"라 하고, ≪魏志·朱建平傳≫에서는 "帝將乘馬, 馬惡衣香, 驚嚙文帝膝."이라 하였으며, ≪晉書·五行上≫에서는 "尙書何晏, 好服婦人之服."이라 하였다.

93) 대표적인 예로는 〈雙仙寶卷〉, 〈雙蝴蝶寶卷〉, 〈梁山伯與祝英臺〉(竹板歌), 〈牡丹記〉(木魚書), 〈新編金蝴蝶傳〉(彈詞), 〈新編東調大雙蝴蝶〉(彈詞) 등을 들 수 있다.

94) 이러한 예로는 〈梁祝情〉(豫劇), 〈新編東調大雙蝴蝶〉(彈詞), 〈梁山伯與祝英臺〉(黃梅戲)와 〈梁山伯與祝英臺〉(秦腔) 등에서 엿볼 수 있다.

95) 양축 이야기를 무협판으로 개작한 텔레비전 드라마로는 1995년에 상하이영화제작소(上海電影制片廠)에서 출품된 ≪신편 양산백과 축영대(新梁山伯與祝英臺≫)를 들 수 있다. 총 23집으로 제작된 이 드라마는 황하이(黃海)와 우톈거(吳天戈)가 감독을 맡았으며, 첸바이후이(千百惠)와 자훙성(賈宏聲)이 축영대와 양산백의 역을 주연하였다.

3

양축 이야기의 기원과 전파

- 양축 이야기의 발원지 논란
- 각지의 양축 관련 구비전설
- 소수민족의 양축 이야기

양축 이야기의 발원지 논란

양산백과 축영대의 비극적 사랑을 다룬 양축 이야기는 중국의 거의 모든 지역에서 다양한 장르를 통해 변주되고 있다. 양축 이야기를 언급하고 있는 전적 또한 역사 기록의 성격을 지닌 지방지로부터 신괴한 이야기의 기록의 성격을 띤 지괴서나 일화, 또는 묘비에 이르기까지 다양한 형식으로 존재하고 있다. 아울러 양축 이야기와 관련된 기념물 역시 양축독서처, 양축의 무덤 및 양산백의 사당 등의 형태로써 전국 곳곳에 산재되어 있다. 양축 이야기와 관련지어 지금까지 발견된 기념물은 양축독서처 6곳, 양축 무덤 10곳, 양산백 사당 1곳이다. 구체적으로 살펴보면 다음과 같다.[1)]

양축독서처 : ① 절강성 항주시杭州市 만송서원萬松書院
② 강소성 의흥현宜興縣 선권동善卷洞
③ 하남성 여남汝南
④ 산동성 곡부시曲阜市
⑤ 산동성 추현鄒縣 역산嶧山
⑥ 사천성 합천合川

양축의 무덤 : ① 절강성 영파시寧波市 은현鄞縣 고교진高橋鎭

② 감숙성 청수현淸水縣

③ 안휘성 서성현舒城縣 매심역梅心驛

④ 강소성 의흥현宜興縣 선권동善卷洞

⑤ 하북성 하간현河間縣 임진林鎭

⑥ 산동성 가상진嘉祥鎭

⑦ 강소성 강도현江都縣

⑧ 산동성 미산현微山縣 마파향馬坡鄕

⑨ 사천성 합천合川

⑩ 하남성 여남汝南

양산백 사당 : ① 절강성 영파시寧波市 은현鄞縣 고교진高橋鎭

양축 이야기와 관련된 기념물의 소재지를 살펴보면, 대체로 장강 유역을 중심으로 편재되어 있으며, 서쪽으로는 감숙성과 사천성, 북쪽으로는 하북성과 산동성에 미치고 있다. 이는 양축 이야기가 어디에서 발원하였는가와 깊이 관련되어 있다고 볼 수 있다. 어쨌든 이처럼 양축 이야기를 둘러싸고 나타나는 이러한 장르 및 전적, 기념물이 다양하고 복합적이라는 점은 양축 이야기가 오랜 세월 전해지는 동안에 민중으로부터 크게 사랑받았다는 사실과 함께, 민중의 문학적 상상력이 풍부하게 발현될 수 있는 줄거리를 지니고 있다는 점에서 비롯된다고 할 수 있다.

21세기에 들어서서 최근 중국문화계에서는 양축 이야기의 발원지를 둘러싸고 뜨거운 논쟁이 전개되고 있다. 이 논쟁은 민간전설계열의 우표를 발행하면서 최초의 발행 의식을 어느 곳에서 거행할 것인가에서

촉발되어, 세계문화유산에 등록할 때 신청지를 어느 곳으로 정할 것인가의 문제로 비화되었다. 즉 2000년 후반기에 중국우정국中國郵政局은 2001년부터 민간전설계열의 우표를 발행하기로 공론화하였으며, 당시 민간전설의 대상으로는 '천선배天仙配'·'양축 이야기'·'맹강녀 이야기'·'백사전白蛇傳' 등이 주요 내용으로 거론되었다. 그리하여 2001년에는 '민간전설 - 허선과 백낭자許仙與白娘子', 2002년에는 '민간전설 - 동영과 칠선녀董永和七仙女', 그리고 마침내 2003년에는 '민간전설 - 양산백과 축영대梁山伯與祝英臺' 등의 시리즈를 잇달아 발행하였다.[2]

이 과정에서 양축 이야기의 발원지가 어디인가를 둘러싸고 양축 이야기의 연고지역 사이에 격렬한 논쟁이 벌어졌으며, 당연하게도 발원지임을 주장하기 위해 각지에서 양축 이야기에 대한 연구가 활발하게 진행되고 연구모임과 토론회가 적극적으로 조직되었다. 이를테면 절강성浙江省 영파시寧波市는 2002년 5월 중국양축문화연구회中國梁祝文化研究會를 조직하였으며, 이를 뒤이어 강소성江蘇省 의흥宜興 역시 화하양축문화연구회華夏梁祝文化研究會를 설립하였다. 이들 연구조직을 중심으로 2002년 4월 의흥에서는 화하양축문화연토회華夏梁祝文化研討會를 개최하고, 5월 영파에서는 양축문화국제학술연토회梁祝文化國際學術研討會를 개최하였다. 이들 도시 뿐만 아니라, 제녕시濟寧市 역시 2003년 1월에 양축문화연토회梁祝文化研討會를 개최하였다.

이러한 학술조직 및 토론회 외에도, 양축 이야기의 발원지를 선점하기 위해 여러 가지 활동이 시도되었다. 일찍이 1995년부터 양축문화공원梁祝文化公園을 건설하기 시작하였던 영파시는 2000년부터 은현鄞縣에서 양축혼속절梁祝婚俗節을 개최해 오고 있으며, 항주시杭州市는 2002년에 '양축독서처'라 주장하는 만송서원萬松書院 일대를 정비하여 경구景區

로 조성하였다. 아울러 절강성 상우上虞는 축씨 마을을 중심으로 축가장관광휴양구祝家莊風景旅游度假區를 조성하였다. 한편 강소성 의흥은 2002년 초에 벽선암碧鮮庵을 '영대독서처英臺讀書處'라 주장하고 벽선암과 축릉祝陵 등을 중심으로 선권동풍경구善卷洞風景區를 조성하였다. 이와 함께 의흥의 민간에서는 전설속에 전해진 축영대의 생일인 음력 3월 초하루를 쌍접절雙蝶節로 기념해왔는데, 2006년 중국민간문예가협회가 의흥에 '중국양산백축영대의 고향中國梁山伯祝英臺之鄉'이라는 명칭을 수여한 이래 축영대가 순사했다고 알려진 음력 3월 28일을 관접절觀蝶節로 기념해오고 있다.

영파의 양축문화공원

민간전설계열의 우표 발행을 둘러싼 쟁론은 2002년 5월 영파에서 개최된 양축문화국제학술연토회를 계기로 세계문화유산의 등록 문제를 둘러싸고 한층 격렬해졌다. 즉 당시 토론회에서 정부관리는 유네스코 북경사무소 대표에게 양축 전설고사 문집을 증정하여 세계비물질문화유산에의 신청 의지를 공표하였다. 영파에 뒤이어 2002년 12월 강소성 의흥 역시 세계문화유산 등록을 위한 준비를 서두르기 시작하였으며, 양축 이야기의 연고지역 모두 비상한 관심을 기울여 등록 신청에 나서기 시작하였다.

양축 이야기의 발원지를 둘러싸고 여러 성과 도시의 신경전이 날로 치열해지면서 서로 조금도 물러설 기미가 보이지 않았다. 연고지역간의 갈등을 해소하기 위해 중국우정국은 2003년 10월 18일 절강성의 영파·항주·상우, 하남성河南省의 주마점駐馬店, 강소성의 의흥, 산동성山東省의 제녕 등 네 성의 여섯 도시에서 '민간전설 - 양산백과 축영대'의 우표 발행식을 동시에 거행하기로 결정하지 않을 수 없었다. 아울러 2004년 4월 유관 부처의 조정 아래, 여섯 도시는 세계문화유산의 등록을 공동으로 신청하기로 합의하였으며, 2006년 5월에 국무원은 공동신청단위의 순서를 '절강성 영파시와 항주시, 상우시' - '강소성 의흥시' - '산동성 제녕시' - '하남성 여남현'의 순으로 정하였다.

이렇게 하여 우표 발행식의 거행을 둘러싼 불협화음은 일단 봉합되었으며, 세계문화유산의 등록을 둘러싼 신경전 역시 일단 가라앉았다. 그러나 양축 이야기의 발원지를 둘러싼 학술적 탐구는 여전히 계속되고 있다. 이 글은 양축 이야기의 발원지를 둘러싸고 연고지역이 내세우는 주장을 각각의 이론적 근거를 중심으로 정리한 후, 이들 지역의 주장에 대한 상호간의 반론을 살펴보고자 한다. 이 글을 통해 양축 이야기를 바라보는 각 지역의 관점의 차이와 함께, 발원지를 둘러싼 논쟁의 문화적 의미망은 물론, 그 안에 잠재되어 있는 시장경제시대의 배타적 욕망을 읽어낼 수 있으리라 기대한다.

■ 발원지의 논거

양축 이야기를 언급하고 있는 전적과 양축 이야기와 관련된 기념물을 지니고 있는 지역이라면 어느 곳이나 양축 이야기의 발원지임을 주장하고 있다. 이들 양축 이야기의 연고지역들 가운데 현재 양축 이야기의 발원지임을 강력히 주장하는 지역은 크게 네 곳, 즉 산동성 제녕, 하남성 주마점시, 절강성 영파시(항주, 상우 포함), 강소성 의흥 등이다. 이들 네 지역은 발원지임을 주장할 만한 이론적 근거로서, 옛 전적과 다양한 장르의 서사물은 물론, 기념물, 현존하는 지명, 습속 등을 고루 지니고 있다. 양축 이야기의 발원지를 둘러싼 각지의 주창자를 살펴보면, 제녕설濟寧說의 장쯔이張自義, 중원설中原說의 마쯔천馬紫晨, 의흥설宜興說의 장야오민蔣堯民과 먀오야치繆亞奇, 영파설寧波說의 쉬빙링徐秉令과 저우징수周靜書 등을 들 수 있다. 이제 각각의 주장들을 차례대로 살펴보기로 하자.

① 제녕설濟寧說

제녕설의 주창자들은 산동성 제녕시에서 남동쪽 15킬로에 위치한 미산현微山縣 마파향馬坡鄉을 양축 이야기의 발원지라 내세우고 있다. 이들이 제시하는 구체적인 논리적 근거는 양축합장묘의 묘비이다. 이 묘비는 마파향에서 1952년에 백마하白馬河를 준설할 때 발견되었다가 1976년에 물길을 정비하는 과정에서 다시 땅속에 파묻혔는데, 1995년 봄에 다시 발굴되었다. 이 묘비는 높이가 1.84미터, 두께는 0.82미터이며, 명대 정덕政德 11년(1516년)에 남경공부우시랑南京工部右侍郎과 독찰원우부어사督察院右副御史를 역임한 최문규崔文奎가 양축사梁祝祠와 양축묘梁祝墓를 중수重修할 때 세운 것이다.

양축묘비의 발굴 장면

최문규가 양축묘를 중수하였다는 점으로 미루어 볼 때, 중수하기 훨씬 전에 양축묘가 존재하고 있었다는 사실은 분명하지만 언제부터 존재했는지는 알 수가 없다. 다만 이곳의 지방지에도 최문규가 중수한 양축묘를 언급하고 있는 기록이 있다. 즉 청대 강희康熙 11년(1672년)에 편찬된 ≪추현지鄒縣志≫에는 "양산백과 축영대는 성 서쪽 60리에 있는 오교吳橋라는 곳에 합장되어 있으며, 묘비가 있다."[3)]고 기록되어 있으며, 강희 54년(1715년)에 추현鄒縣 현령이었던 루일균婁一均이 편찬한 ≪추현지鄒縣志≫에는 "오교는 추성鄒城 서쪽 60리에 있으며 백마하白馬河 위에 걸쳐져 있는데, 명대 융경隆慶 연간에 물에 잠기고 말았다"[4)]라고 기술되어 있다. 그렇다면 최문규가 중수한 양축묘와 묘비는 중수된 지 50여 년만인 융경 연간(1567년~1572년)에 세인들의 시야에서 다시 사라져 버린 셈이다.

이 묘비는 축영대와 양산백의 관적을 각각 제녕 구곡촌九曲村과 추읍鄒邑 서쪽이라고 밝히고 있다. 이 묘비의 내용 가운데 흥미로운 것은 축영대의 남장구학이 '가세를 떨쳐 어버이의 근심을 덜어드리기(振門風, 以謝親憂)' 위한 효孝의 발로이며, 양산백을 좇아 죽음을 택하는 것은 '처음 만난 이를 잊고 낯선 이를 사랑하느니 차라리 목숨을 버려 의를 취하는 게 나으리(與其忘初而愛生, 孰若舍生而取義)'라는 의義의 구현이라는 점이다. 따라서 축영대의 순사는 '아름다운 절개令節'이자 절의로 칭송받아 마땅한 행위이다. 그렇기에 최문규는 묘비를 세운 까닭을 "오직 영대만이 천지의 바른 기운을 받아 곱고 정숙함을 간직하였으니 …… 그의 마음은 해와 별처럼 밝고, 그의 절개는 가을 서리만큼 꿋꿋하다. 이를 미루어 충忠이라 할 수 있고 효孝라 할 수 있다"[5)]고 밝혔다. 이로써 최문규가 양축 이야기를 충효라는 유가이데올로기를 구현한 텍스트로 간주하고 있음을 알 수 있다.

제녕설을 주장하는 연구자들은 우선 묘비를 중수한 최문규의 신분이 남경에서 임직하였다는 사실에 주목한다. 즉 강소성의 의흥은 물론 절강성의 항주나 영파와 그리 멀지 않은 남경에서 근무하였음에도 불구하고, 최문규가 산동성의 추현에 이르러 양축묘와 묘비, 양축사를 중수하였다는 것은 적어도 이들 지역에서는 양축 이야기를 듣지 못하였음을 반증하는 것이라 추론한다.[6] 아울러 이들은 이 비문이 발견된 지점이 ≪추현지≫에 기술되어 있는 지점과 일치하고 있다는 사실을, 양산백과 축영대가 실존했던 인물이며 양축 이야기가 실제로 일어났던 일임을 입증하는 중요한 근거로 간주한다. 다음으로 이들은 묘비에 적혀있는 제녕 구곡촌, 추읍, 역산嶧山, 서장西莊 등의 지명이 지금도 남아 있다는 점에 주목한다. 즉 구곡촌은 지금의 미산현 마파향 경내의 사하泗河 남안으로서 동구東九와 서구西九의 두 마을을, 추읍은 지금의 추현을, 역산은 추현의 남동쪽 20여리에 있는 곳을, 그리고 서장은 마파향 북쪽에 위치한 서장을 각각 가리킨다는 것이다.

이러한 전적의 기술 외에, 양축 이야기의 기념물 역시 발원지의 근거로 제시되고 있다. 즉 ≪역산지嶧山志≫에 따르면, 양산백과 축영대가 함께 수학했던 곳으로는 역산의 독서동讀書洞이 있으며[7], 독서동의 오른쪽에는 양축천梁祝泉이 있다[8]. 또한 역산에 양축을 모신 사당으로서 만수궁萬壽宮이 있는데, 원대 지원至元 연간(1264년)에 지어졌으며, 그 안에 양축의 한백옥조상漢白玉雕像을 모셨다[9]. 이밖에 역산진嶧山鎭에 양하점兩下店이라는 마을이 있는데, 양산백과 축영대가 공부하러 가는 길에 만나 함께 묵었기에 붙여진 이름이라고 한다. 이 가운데에서 특히 역산의 독서동은 양산백과 축영대의 고향으로부터 5,60리 떨어져 있는데, 이들이 역산을 향해 길을 떠나면 지리적 여건으로 보아 서장, 마파, 오교를 지나 류음柳蔭에서 만나게 된다.

제녕설을 뒷받침할 만한 근거는 생활환경과 습속 면에서도 찾아볼 수 있다. 즉 양축 이야기에 등장하는 축씨, 양씨와 마씨의 세 집안이 여전히 마파향 부근에 거주하고 있다는 점이다. 즉 제녕 구곡촌에 살았던 축씨 집안은 이후 수재水災를 피해 제녕의 임성任城 택하촌宅河村으로 이주하였으며, 추읍 서쪽에 살았던 양씨 집안은 이주하여 양성兩城을 중심으로 널리 분포되어 있다. 서장에 살았던 마씨 집안은 이주하여 오늘날 마파향의 마씨 집안을 이루고 있다. 이들 세 성씨는 오늘날에도 통혼하지 않으며, 양축과 관련된 연극이나 영화를 공연하거나 상연하는 것을 금하고 있다[10].

제녕설은 기본적으로 1995년에 발굴된 양축묘비의 비문을 주요 근거로 삼고 ≪추현지≫와 ≪역산지≫ 등의 지방지를 방증자료로 활용하고 있다. 제녕설을 주장하는 연구자들은 대체로 양축 이야기를 실존 인물의 실제 이야기로 간주하여 역사적 사실이라 믿는 경향이 짙으며, 따라서 화접化蝶과 같은 신괴한 모티프는 완전히 배제하고 있다.

② 중원설中原說 혹은 여남설汝南說

이 견해를 주장하는 연구자들은 양축 이야기의 발원지를 하남성 주마점시駐馬店市 여남현汝南縣이라고 여긴다. 이 견해는 일찍이 1932년 펑위안쥔馮沅君이 ≪민속民俗≫에서 "양축전설은 하남을 중심으로 차츰 풍물권 주변으로 확장되었다"라고 제기한 적이 있으며, 그녀의 견해는 당시 첸난양錢南揚, 룽자오쭈容肇祖, 구제강顧頡剛 등의 문화계 대가들의 지지를 받기도 하였다. 중원설의 주창자들이 내세우는 근거는 하남 지역에 널리 퍼져 있는 민간고사 및 지방희 등에 담겨 있는 내용에 따른 기념물, 그리고 발굴된 부장품과 양씨 및 축씨의 족보 등의 방계자료 등이다.

중원설의 주요한 근거 가운데의 하나는 여남현 마향진馬鄉鎭 마북촌馬北村에 있는 양산백과 축영대의 묘이다. 양산백과 축영대의 묘는 당시

낙양洛陽에서 무한武漢으로 뻗어 있는 관도官道의 서쪽과 동쪽에 각각 위치하여 있다. 중원설의 주창자들은 우선 두 무덤의 위치가 양축 이야기의 줄거리와 부합한다는 점에 주목한다. 즉 마북촌 남쪽에 사는 축영대가 마북촌 북쪽에 사는 마문재에게 시집을 가기 위해서는 반드시 마향진의 관도를 지나야 하기에, 양산백은 마향진 북쪽의 관도 옆에 묻어달라고 유언하였다는 것이다. 아울러 양축 두 사람이 관도의 동서 양쪽에 묻힌 것은 매파를 통한 정식의 혼인이 아니었기에 합장할 수가 없었다는 것이다. 또한 중원설의 주창자들은 양축의 두 무덤에서 발굴된 부장품들 역시 무덤의 주인이 양축임을 입증하는 신빙성 있는 근거로 간주한다. 즉 1964년 양축의 무덤에서 200여 미터 떨어진 곳에 새로운 길을 놓는 과정에서 양축의 무덤이 도굴되었는데, 이때 발굴된 석각화石刻畵와 석마상石馬像, 석불상石佛像 등은 모두 위진남북조 시기의 기물이었다. 따라서 양축 이야기의 발생시기와 무덤의 형성 시기가 맞아떨어진다는 것이다.

무덤 외에, 현존하는 기념물로는 양축이 처음 만났던 조교曹橋, 양축이 동문수학하였던 홍라산서원紅羅山書院 등이 있는데, 중원설의 주창자들은 이들 기념물의 지리환경이 양축 이야기의 줄거리와 매우 일치하고 있다는 점에 주목하고 있다. 즉 홍라산서원의 북동쪽과 북서쪽에 사는 축영대와 양산백이 서원에 가기 위해서는 반드시 조교를 지나야 하며, 조교에서 두 사람의 집까지는 10리이고, 조교에서 서원까지는 8리이다. 양축 이야기에 '조교결배曹橋結拜'와 '십팔상송十八相送'의 줄거리가 등장하게 된 것은 결코 우연한 일이 아니라는 것이다.

또한 마향진에는 축영대를 백의보살白衣菩薩이라 일컬어 정절의 화신으로 모시는 백의각白衣閣이 현존하고 있는데, 이 기념물 또한 중원설을 입증하는 주요한 근거가 되고 있다. 즉 양축 이야기는 기본적으로 축영대의 정절과 순사가 감동을 주는 이야기의 중심이기에 여러 전적에서 '의부義婦'로 일컬었던 바, 풍물권의 중심에 가까울수록 축영대를 숭상하는 기념물이 많고, 중심에서 멀어질수록 양산백묘梁山伯廟 등의, 축영대의 정절과 거리가 먼 기념물이 많아지는데, 바로 이러한 점에서 백의각은 여남현이 양축 이야기의 풍물권의 중심임을 입증하는 근거라는 것이다.[11)]

중원설의 주창자들은 화접 모티프 또한 중원설을 입증하는 주요한 근거로 내세운다. 이들에 따르면, 우선 나비의 색깔은 다른 지역과 달리 상징적 의미를 지니고 있다. 양산백의 경우는 다른 지역과 마찬가지로 노랑나비이지만, 축영대는 성결聖潔의 의미에서 흰나비이고, 마문재는 바람둥이라는 의미에서 꽃나비인 바, 각각의 색깔이 이렇게 되어야만 양축 이야기의 내용과 일치한다는 것이다. 아울러 화접 모티프는 동진의 간보干寶의 ≪수신기搜神記≫에 실려 있는 '한빙韓憑 부부 이야기'에서 비롯되었는데, 간보는 여남현 마향진의 정동쪽에 위치한 신채新蔡 출신으로, 그곳은 양축의 무덤으로부터 40여 킬로미터밖에 떨어져 있지 않는 바, 바로 이처럼 신괴한 이야기가 널리 퍼져 있는 지역문화의 특수성이 양축 이야기를 낳았다는 것이다. 이밖에 '십팔상송'에 등장하는 풍물과 기물器物, 식물, 동물 등은 모두 중원의 경관이나 산물이라는 점 또한 중원설의 주요한 근거로 제시되고 있다.

그렇다면 하남성 여남현에서 발원한 양축 이야기가 강소성과 절강성에서 널리 유전되었던 까닭은 무엇일까? 이에 대해 중원설의 주창자들은 위진남북조 시기에 빈번했던 전란으로 말미암아 하남의 인구가 남쪽으로 대거 이주하였기 때문이라고 해석한다. 즉 영가지란永嘉之亂[12)]

이후 하남의 양씨梁氏와 축씨祝氏 등의 씨족이 진晉의 황실을 따라 장강을 건너 오월吳越 지역으로 크게 퍼져나갔는데, 이처럼 대규모의 남천南遷이 이루어지는 과정에서 이주민을 따라 양축 이야기 역시 남방으로 퍼져나갔다는 것이다. 현재 강소성 의흥의 선권동善卷洞 일대의 주민은 조상이 대개 하남 개봉부開封府 출신이며, 절강성 상우 지역의 축가장祝家莊 사람들 역시 진대晉代에 하남에서 이주해온 사람들이라는 점은 이러한 대규모 남천을 반증하고 있다.

중원설을 입증할 수 있는 생활습속 역시 현재까지 전해져 오고 있다. 이를테면 하남성 여남현 마향진에서는 지금도 매년 7월 15일을 축영대가 죽은 날로 기념하여 등불을 강물에 띄워 보내는 습속이 행해져 오고 있으며, 축씨와 마씨는 통혼하지 않는다. 또한 양산백의 고향인 양강梁崗에서는 신중국 수립이전까지만 해도 양축희梁祝戲를 공연하지 못하게 하였다고 한다.

전체적으로 볼 때, 중원설은 역사 기록이나 저작 등의 옛 전적을 주요 근거로 제시하지 못하는 대신, 현존하는 기념물을 방증자료로 내세우고 있다. 1차 자료의 부족으로 말미암아, 중원설의 주창자들은 현지에 전해오는 민간고사 및 지방희에 실린 양축 이야기의 내용과 현존하는 기념물의 합치 정도 등의 정황 증거를 주요 근거로 삼고 있다. 따라서 이들은 양축 이야기를 역사적 사실이 아닌, 민간전설로 간주한다.

③ 의흥설宜興說

이 견해는 양축 이야기의 발원지를 강소성 의흥현 선권동善卷洞이라 주장한다. 의흥설은 일찍이 1930년 2월에 출간된 ≪민속≫에서 마타이쉬안馬太玄이 〈의흥 기록 중의 축영대 이야기(宜興志乘中的祝英臺故事)〉

라는 글에서 제기한 적이 있었다. 의흥설의 주창자들은 지방지 및 역사 저작을 주요 근거로 제시하고 있는데, 이 가운데에서 가장 유력한 증거는 2000년 상주시常州市 도서관에서 발견된 ≪비릉지毗陵志≫와 여기에 실려 있는 〈선권사기善卷寺記〉의 일부이다. ≪비릉지≫는 송대 함순咸淳 연간(1265-1274)에 기록된 상주의 지방지인데, 이곳에 양축 이야기와 관련하여 다음과 같이 기록되어 있다.

의흥의 벽선암

> 선권선사善卷禪寺는 송대에는 광교선원廣教禪院이라 불리웠으며, 현의 남서쪽 50리 영풍향永豊鄉의 선권동善卷洞 곁에 있다. 제齊 건원建元 2년에 축영대의 옛집으로 창건하였다. …… 축릉은 선권산善權山에 있으며, 동굴 앞에 커다란 바위가 있는데, 축영대독서처라고 새겨져 있고 '벽선암碧鮮庵'이라 일컫는다. …… 세속에 전해지기를, 영대는 본래 여자인데, 어려서 양산백과 함께 공부하였으며, 후에 나비로 화하였다. 일은 황탄한 부류에 속하지만, 〈사기寺記〉를 살펴보매 제齊 무제武帝가 영대의 옛집을 사들여 지었다고 하니, 틀림없이 사람과 저택이 있었을 것이다."[13]

위의 기록에 따르면, 〈선권사기〉는 제나라 건원 2년(480년)에 지어지기 시작하였으며, 이 기록은 축영대의 역사적 실재를 최초로 기록하고 있는 지방 역사서인 셈이다. 선권사에 관한 기록은 이후 명대 만력萬曆 18년(1590년)에 편찬된 《의흥현지宜興縣志》와 청대 강희 연간에 편찬된 《상주부지常州府志》, 청대 옹정擁正 4년(1726년)에 편찬된 《의흥현구지 중간重刊宜興縣舊志》 등의 '명승名勝'이나 '유적遺迹'의 항목에 거의 유사하게 실려 있다.[14]

의흥설의 주창자들은 의흥과 축영대에 관해 기록한 역사 저작 또한 주요한 근거로 내세우고 있다. 이를테면 초당의 《십도사번지十道四蕃志》에는 "선권산 남쪽 위에는 축영대독서처라고 새긴 바위가 있으며", "의부義婦 축영대는 양산백과 함께 묻혔다."[15]고 기록되어 있다. 만당에 편찬된 《광여지廣輿志》에도 "축릉祝陵에는 사원이 있는데 벽선암이라 불린다"[16]고 적혀 있으며, 북송대에 편찬된 《태평환우기太平寰宇記》에도 "선권사는 의흥현 국산國山 남쪽에 있는데, 바로 축영대의 옛집이다"[17]라고 기술되어 있다. 이들 저작은 역사서 혹은 지리서로서 학술적 가치는 물론 신빙성 또한 매우 높은 바, 의흥설의 강력한 근거가 된다는 것이다.

이들 지방지와 역사서 외에, 문인들의 학술서 및 시가 역시 의흥설의 근거로 내세워지고 있다. 즉 명대 진인석陳仁錫의 《잠확거류서潛確居類書》에도 위와 유사한 기록[18]이 실려 있으며, 송대의 설계선薛季宣의 〈축릉 선권동에서 노닐며游祝陵善權洞〉[19]과 명대 양수지楊守址의 〈벽선단碧鮮壇〉[20] 등의 시가詩歌 역시 축영대와 의흥의 관계를 노래하고 있다. 의흥설의 주창자들이 각별히 주목하는 것은 설계선과 양수지가 모두 절강 출신의 중신이며, 양수지는 특히 은현鄞縣 출신임에도 불구하고, 이들이 위의 시가에서 축영대를 읊으면서 절강의 양축 이야기를 전혀 언급하지 않는다는 점이다. 의흥설의 주창자들은 이를 들어 명대에 이르기까지 절강에는 양축 이야기가 성행하지 않았다고 주장한다.

이러한 전적과 함께, 현존하는 여러 기념물 또한 의흥설을 방증하는 근거가 되고 있다. 의흥현 선권동 일대에는 위에서 언급한 바의, 축영대의 옛 집터인 선권사의 터와 양축이 함께 공부하였던 벽선암, 축영대의 무덤인 축릉 외에도, 양산백의 장지인 호교胡橋, 양산백이 신물信物로 준 거문고와 검을 묻은 축영대금검총祝英臺琴劍冢, 축릉에서 비롯된 축릉촌祝陵村, 양산백의 마을인 양가장梁家莊, 마문재의 마을인 마가장馬家莊 등이 있다. 이외에도 황니돈黃泥墩, 봉황산鳳凰山, 관음당觀音堂, 토지묘土地廟, 초교草橋, 악구촌惡狗村, 십리정十里亭 등의 '십팔상송'에 등장하는 장소가 남아 있다.

아울러 의흥설의 주창자들은 양축 이야기의 주요한 모티프의 하나인 '합장合葬'을 강소성 태호太湖 인근의 지질학적 특성과 연관시켜 해석하기도 한다. 즉 태호 인근은 카르스트지형으로서, 양축 이야기의 결말은 이러한 지형의 자연현상을 반영한다는 것이다. 실제로 동오東吳 천희天熹 원년(276년) 8월에 의흥현(당시의 명칭은 양선현陽羨縣에 지진이 발생하였으며, 이러한 자연현상의 기억이 땅의 갈라짐과 합장의 연상으로 진행되었다고 보는 것이다.[21)]

의흥설은 기본적으로 양산백과 축영대를 의흥의 역사적 실존 인물로 간주하면서도, 양축 이야기를 역사의 진실과 민간의 허구가 결합된 산물로 파악하고 있다. 이 견해는 다른 지역에 비해 지방지, 역사 전적 및 시가 등의 옛 문헌자료를 가장 풍부하게 갖추고 있다. 이처럼 풍부한 자료에 근거하여, 의흥설의 주창자들은 양산백과 축영대가 어려서 함께 공부하면서 애정을 쌓아 양축 이야기를 형성하였는데, 훗날 이 어린 시절 함께 공부했던 것이 여러 지역으로 유전되면서 타지로의 유학으로 바뀌었다고 주장한다.

④ 영파설寧波說

영파설의 주창자들은 양축 이야기의 발원지를 절강성의 은현鄞縣과 상우上虞를 포함한 영파 일대라고 주장한다. 이들이 내세우는 주요 근거는 만당의 장독이 지은 ≪선실지≫, 북송대 이무성李茂誠이 지은 〈의충왕묘기義忠王廟記〉, 남송대 장진張津이 지은 ≪사명도경四明圖經≫, 명대 서수비徐樹丕가 지은 ≪지소록識小錄≫, 청대 소금표邵金彪가 지은 〈축영대소전祝英臺小傳〉, 그리고 영파와 은현의 여러 지방지[22] 등이다. 이 기록들에 따르면, 양산백과 축영대는 각각 회계會稽와 상우 출신이고, 양산백은 은현의 현령을 지내던 중에 병사하였으며, 순사한 축영대와 함께 은현의 서쪽에 합장되어 있다. 이 기록들은 다른 지역과 달리 양산백을 양축 이야기의 주인공으로 그리고 있다.

영파 일대에는 양축 이야기와 관련된 기념물들이 많은데, 이 가운데에서 현재 영파 은주鄞州 고교高橋에 위치한 양산백묘梁山伯墓를 둘러싼 고고학적 성과는 영파설의 주요한 근거로 제시되고 있다. 즉 역대의 전적에 기술되어온 양산백묘는 192,30년대까지 존속되어 왔으나, 1950년대에 양곡 창고를 지으면서 무덤의 상부가 훼손되었다. 다행히 무덤의 중하부는 훼손되지 않은 터라, 1997

양산백묘 발굴 현장

년 7월에 발굴을 시작하여 8월에 이를 공개하였다. 발굴 결과, 무덤의 규격은 동진 시대의 하급관리의 규정을 따르고 있으며, 무덤 속의 부장품 역시 이른 것은 한말, 늦은 것은 진대의 기물로 밝혀졌다.[23)]

발굴된 양산백묘의 위치는 송대 건도乾道 5년(1169년)에 지어진 ≪사명도경≫에 기술된 바의 "현의 서쪽 10리"와 일치하며, 남송 보경寶慶 3년(1227년)에 제작된 〈은현경도鄞縣境圖〉에 그려진 '의총 양산백축영대義冢梁山伯祝英臺'의 위치와 부합된다. 아울러 영파 일대의 지방지인 ≪오진남조시 현령표吳晉南朝時縣令表≫에는 "진晉 은령鄞令은 양처인梁處仁이며 자는 산백인데, 후세 사람들이 그의 행적에 근거하여 양산백과 축영대의 이야기를 꾸며냈다"[24)]고 기록되어 있다. 이로써 볼 때, 양산백은 역사적으로 실존했던 인물이며, 발굴된 무덤의 주인 역시 양산백이라는 것이다. 이와 함께 양산백묘는 요강姚江의 강변에 위치하여 있는데, 이 강은 파도가 매우 거칠어 지금도 '아홉 용이 울부짖는다九龍嘘는 전설'이 전해져 내려오고 있을 정도이다. 영파설의 주창자들은 이처럼 양축 무덤의 자연환경이 양축 이야기와 일치하는 곳은 이곳밖에 없다는 점 또한 양축 이야기의 발원지가 영파 일대임을 입증해주는 증거라고 본다.

양산백묘 외에 영파설의 유력한 근거가 되는 것은 양산백 사당梁山伯廟이다. 이 사당은 전국에서 유일하게 영파시 은현 교교진高橋鎮에 위치해 있는데, 양산백이 숭상과 제사의 대상이 되었음을 보여주는 기념물이라 할 수 있다. 양산백의 무덤과 사당 외에도, 영파 일대에는 양축 이야기의 주요 인물인 양씨, 축씨와 마씨가 많이 살고 있으며, 이들 성씨와 관련된 마을 이름들이 많이 남아 있다. 더욱이 양축 이야기와 관련된 민간전설 가운데 영파 일대에 전승되어온 것이 약 40%로 가장 많은 편수를 기록하고 있다[25)]는 점 역시 영파설의 주요한 근거가 되고 있다.

영파설은 전반적으로 영파 일대의 지방지와 묘기廟記 등을 주요 근거로 제시하고 있으며, 최근의 고고학적 성과 및 현존하는 기념물을 방증자료로 내세우고 있다. 영파설에 따르면, 양산백은 영파 일대의 역사적 실존 인물이며, 양축 이야기는 양산백의 이야기가 각지로 전해지는 과정에서 현지의 생활상과 자연환경이 덧붙여져 이루어진 산물이다. 따라서 영파 일대가 양축문화의 최초의 발원지라면, 의흥과 여남, 제녕 등지는 이를 전승·발전시킨 번영지라고 본다.

■ 각지 주장에 대한 비판

지금까지 양축 이야기의 발원지라 주장하는 네 곳의 이론적 근거를 살펴보았는데, 네 곳 모두 나름의 이론적 근거를 지니고 있다고 할 수 있다. 그런데 현재 이 네 곳 가운데에서도 대중에게 발원지로서 가장 널리 인정받고 있는 견해는 영파설이다. 영파설이 이처럼 대중적으로 설득력을 지니게 된 것은 최근 십여 년 동안 절강성이 양축 이야기와 관련된 지역을 문화상품으로 개발하였을 뿐만 아니라, 양축을 연구하는 전문가 집단이 각종 문화사업과 연구모임을 조직하여 대량의 연구성과를 축적하였기 때문이다.

그러나 영파설의 대중적 설득력은 무엇보다도 1953년에 월극越劇을 영화화한 ≪양산백과 축영대≫에 힘입은 바가 매우 크다고 할 수 있다. 이 영화는 중국 최초의 컬러영화라는 점 외에도, 1954년 5월에 개최된 제네바국제회의 기간에 상영되어 격찬을 받았기 때문이다. 당시 국제회의단을 이끌었던 저우언라이周恩來는 "우리의 〈양축〉은 영국의 ≪로미오와 줄리엣≫보다 한결 나은 바, 영국의 비극에는 이상이 없기 때문"26)이라고 평가한 바 있었다. 이 영화 덕분에 많은 사람들은 양축 이야기를 중국의 '로미오와 줄리엣'이라 일컬으면서, 자연스럽게 영파 일대의 이야기로 기정사실화하였던 것이다.

앞에서 이미 언급하였듯이, 양축 이야기의 발원지를 둘러싼 논쟁은 민간전설계열의 우표 발행과 세계문화유산에의 등록에 의해 촉발되었다. 이 논쟁에서 영파와 의흥은 다량의 전적과 기념물, 민간전설 등을 보유하고 있었기에 타 지역에 비해 유리한 입장에 설 수 있었던 반면, 여남과 제녕은 상대적으로 이론적 근거자료가 빈약한 상태에서 이들을 뒤쫓는 입장일 수밖에 없었다. 논쟁은 초기에 선점적 지위를 누리고 있던 영파설을 비판함으로써 자신의 견해를 보충·강화하였으나, 논쟁이 심화되면서 차츰 상호간의 격렬한 비판과 반박으로 진행되었다. 여기에서는 발원지를 둘러싼 각지의 주장에 대한 비판을 살펴보기로 하자.

제녕설에 대한 비판은 제녕설의 주요 논거인 양축합장묘의 묘비명墓碑銘에 모아져 있다. 즉 묘비의 내용은 기본적으로 '복장을 바꾸다(變笄易服)' - '동문수학하며 3년간 옷을 벗지 않다(晝則同窓, 夜則同寢, 三年衣不解)' - '양산백의 죽음(疾終于家, 葬於吳橋迤東)' - '축영대의 순사와 합장(從葬山伯之墓)'으로 구성되어 있는 바, 이 줄거리는 영파의 양축 이야기와 다를 바가 없다는 것이다. 묘비 내용을 〈의충왕묘기〉 등의 영파의 전적과 비교해보면 그 유사성은 더욱 명확하게 드러난다. 이를테면 〈의충왕묘기〉의 '책상자를 지고 우산을 메다(負笈擔簦)'는 '하인이 책상자를 지다(從者負笈)'로, '무성의 우두머리 마씨 집안(鄮城廓頭馬家)'은 '서장의 부잣집 마씨(西莊富室馬郎)'로 바뀌어 있을 뿐이다.

또한 이 묘비명에 따르면, 영파의 지방지에는 '고교高橋 동쪽'에 위치한다고 적혀 있는 양산백의 무덤이 '오교 동쪽吳橋迤東'으로 바뀌어 있다. 그러나 실제 발굴된 양축합장묘는 오교의 서쪽에 있으며, 이곳은 원래 현지의 양씨 가문의 공동묘지이다. 이는 이 묘비명의 작자가 타지의 양축 이야기를 억지로 현지의 실정에 꿰어 맞춘 흔적이라 할 수 있다. 게다가 묘비명에는 '영대가 속히 여자의 복장을 갖추고서 나타나니, 목란장군과 비슷한 면이 있었다(英臺速整女儀出見, 有類木蘭將軍者)'고 기술하고 있는데, 동진 이후에 출현한 목란의 이야기가 양축 이야기에 끼어든 것 역시 이치에 맞지 않다. 이로 볼 때, 세녕실의 주요 논거인 양축합장묘의 묘비명은 양축묘梁祝墓와 양축사梁祝祠를 지으면서 여기저기에서 고사를 끌어 모아 꾸민 글에 지나지 않는다는 것이다.[27]

의흥설에 대한 비판은 우선 의흥설의 주요 논거인 ≪비릉지≫와 〈선권사기善卷寺記〉의 내용에 집중되어 있다. 마쯔천馬紫晨은 의흥설에 대해 크게 세 가지 의문을 제기한다. 첫째, 이들 전적에서 선권사는 '제나라 무제武帝가 영대의 옛집을 사들여 지었다'라고 하였는데, 남성중심의 봉건사회에서 축씨의 재산이 여성인 축영대에게 상속될 수 있을까? 봉건사회에서 개인의 재산은 호주戶主의 이름을 내걸며, 축씨 집안의 족규族規를 보더라도 재산은 '남자에게 전하며 여자에게는 전하지 않는다'고 하였는데, 어떻게 '축공원 고택祝公員古宅'이라 일컫지 않고 '영대의 옛집英臺舊產'이라 일컬을 수 있겠는가? 둘째, 양축의 독서처로 알려져 있는 벽선암이 축영대 집안의 뜰안에 있다면, 어떻게 외부 사람을 불러들여 귀한 집의 아가씨와 함께 어려서 공부하도록 허용할 수 있을까? 또한 만약 멀리 떠나 공부한 것이라면 어떻게 저택과 독서처가 한 곳에 있을 수 있을까? 만약 양산백과 마문재가 같은 마을의 사람이라면, 어떻게 축영대가 남장하여 3년 동안이나 속일 수 있을까? 셋째, 축영대의 무덤을 축릉祝陵이라 일컫는데, 비록 승상 사안謝安이 황제에게 주청하여 의부義婦로 봉하였다 할지라도, 여전히 평민의 신분에 지나지 않은 아녀자인 축영대의 무덤을 릉陵이라 부를 수 있을까? 아울러 호릉하護陵河나 옥대교玉帶橋는 왕릉의 규격에 어울리는 것인데, 과연 이러한 것이 존재한다는 것이 타당한 일일까? 축릉祝陵, 호릉하와 옥대교 등을 단순히 일반 민중의 습관적 호칭이라 여겨 가볍게 넘길 수 있는 일인가?[28)]

이와 함께 저우징수周靜書는 의흥설의 근거가 되는 전적에 실려 있는 양축 이야기가 완정한 줄거리를 이루고 있지 못하다는 점을 지적한다. 즉 ≪비릉지≫에 "세속에 전해지기를 영대는 본래 여자인데, 어려서 양산백과 함께 공부하였으며, 후에 나비로 화하였다"라고 간단하게 기술되어 있을 뿐, 양축 이야기의 주요한 모티프를 갖추고 있지 않다. 이밖의 지방지에 실린 내용 역시 축릉이나 독서처, 벽선암 등의 기념물에 대한 설명에 지나지 않을 뿐이다. 아울러 송대 이후 의흥의 양축에 관한 기록은 영파의 이야기 원형에 현지의 내용을 첨가한 것으로, 민간전설의 변모과정의 중간상태를 이루고 있다고 본다.[29)]

영파설에 대한 비판은 기본적으로 영파설의 주요 논거인 ≪선실지≫, 〈의충왕묘기〉, 〈축영대소전〉 및 ≪영파부지≫에 모아져 있다. 영파설을 비판하는 연구자들에 따르면, ≪선실지≫는 흔히 일컫는 사지史志가 아니라 신괴한 이야기를 모아놓은 전기소설집傳奇小說集이므로 학술적 가치가 없다. 아울러 ≪영파부지≫는 역사 기록의 성격을 지니고 있으나, 양축 이야기를 '일사逸事'로 분류하고 있는 바, 일사는 정사正史 이

외의 기록으로서 야사에 불과하므로 역시 학술적 가치가 없다.

〈의충왕묘기〉에 대한 비판의 논점은 그 내용이 양축 이야기가 지니고 있는 순수한 애정을 부정하고 있다는 점이다. 즉 축영대가 이미 마씨와 혼약하였다는 사실을 알고서 "살아서는 마땅히 제후에 봉해져야 하고, 죽어서는 마땅히 국가유공자로 묘당에 모셔져야 할 터, 구구한 일을 어찌 논할 수 있으랴!"[30]라고 말하는데, 양산백과 축영대의 숭고한 애정관계를 고려할 때 이런 말이 나올 수는 없으리라는 것이다. 아울러 〈의충왕묘기〉는 지나치게 신괴하거나 불합리한 내용이 많아 학술적 가치를 지닌 글로는 신빙성이 떨어진다는 것이다.

〈축영대소전〉은 이 글의 작자인 소금표邵金彪가 형계荊溪(지금의 의흥) 출신임에도 영파설에 유리한 근거를 제공하였기에 크게 논란을 불러 일으켰는데, 의흥에서는 이 글로 말미암아 양축 이야기의 발원지를 둘러싼 논쟁에서 영파설이 주도권을 잡게 되었다고 주장하고 있다. 이 글에 따르면, 벽선암은 양축 두 사람이 유학遊學하였던 곳으로 훗날 '축영대독서처'라 일컬어지고 있다. 그러나 이곳은 선권산의 조그마한 산골마을이니 뛰어난 스승이 있을 리 없으며, 공부하러 온 마당에 암자를 지을 까닭 또한 없을 것이며, 이름을 붙이려면 두 사람의 이름이 들어가는 것이 마땅한 일일 것이다. 벽선암은 축영대와 양산백, 마문재가 어렸을 적에 함께 공부하였던 곳인데, 소금표가 유학遊學하였다고 와전시켜 버렸다고 비판한다. 아울러 이 글에서는 승상 사안이 조정에 의부義婦로 봉해주기를 주청하였으며, 양축의 일이 동진 영화永和 연간(345-356년)에 일어났다고 기술하고 있다. 그러나 사안(320-385년)은 45세인 365년에 재상이 되었으니, 영화 연간에 의부로 봉해달라고 주청했다는 것은 역사적 사실에 부합되지 않는다.[31]

이와 함께 영파설의 근거가 되는 여러 전적에서는 양산백이 은현(혹은 무현鄮縣)의 현령을 지냈다고 기술되어 있다. 그러나 진대秦代에 중앙집권제가 확립된 이후 현의 관리는 중앙에서 파견하고 현지인을 등용하지 않았다는 점을 고려한다면, 양산백이 은현의 현령을 지냈다는 기술 자체가 양산백이 은현 출신이 아니라는 점을 반증한다고 비판한다. 따라서 중국에서 유일하게 영파에 위치해 있다는 점에서 영파설의 유력한 근거가 되고 있는 양산백묘梁山伯廟는 민간고사에서 기원하였으며, 문물가치는 있을지언정 역사유적이라고는 할 수 없다는 것이다.[32)]

양축 이야기의 발원지를 둘러싼 논쟁에서 중원설에 대한 비판이나 반박은 그다지 두드러지지 않는다. 아마도 이는 중원설 자체가 전적 등의 문헌자료에 근거하고 있기보다는, 현존하는 기념물 등을 방증자료로 내세우고 있는지라, 이미 타지역에 비해 학술적 신빙성이나 설득력이 약하기 때문일 것이다. 어쨌든 발원지를 둘러싼 논쟁은 각 지역 사이에 어느 정도의 갈등을 불러일으키는 부작용을 초래하기는 하였지만, 양축 이야기의 연구자를 배양하고 연구조직을 활성화하며 지역사회의 관심을 이끌어내는 등, 연구붐을 불러일으킴으로써 양축 이야기에 대한 연구를 한 차원 더 심화하는 결과를 낳았다.

■ 작은 맺음말

양축 이야기의 발원지를 둘러싼 논쟁은 근본적으로 양축 이야기를 바라보는 연구자의 관점에 따라 분화된다고 할 수 있다. 즉 양산백과 축영대를 역사적으로 실존했던 인물로 보는가, 양축 이야기를 실제로 발생했던 일로 보는가의 여부에 따라, 역사와 전설, 실제와 허구의 경계가 나누어지는 것이다. 제녕설이 양축 이야기를 실존 인물의 실제 이야기로 간주한다면, 중원설은 철저히 민간전설로 간주하여 제녕설과 정반대의 입장을 취하고 있다. 반면 의흥설은 역사적 실존 인물에 민간의 허구가 결합된 이야기로 간주하며, 영파설 역시 역사적 실존 인물의 이야기에 각지의 생활상이 반영된 것이라 간주한다.

지금까지 네 지역의 주장과 각각의 주장에 대한 비판을 살펴보았거니와, 이들 주장은 나름의 논리적 근거를 보여줌과 동시에 한계를 드러내고 있다. 양축 이야기의 역사적 근원을 찾아내는 일은 대단히 중요한 작업이기는 하지만, 전설이 오랫동안 유전되는 과정에서 이미 현지화하고 역사화하였다는 사실을 망각해서는 안 된다. 따라서 지방지 등의 여러 전적은 물론 현존하는 기념물 역시, 전설이 유전하는 오랜 과정에서 얼마든지 자체적으로 재생산되거나 의도적으로 왜곡되었을 가능성이 존재함을 인정하지 않으면 안 된다.

아울러 발원지를 둘러싼 논쟁이 순수한 학술적 관심에 의해서 추동되었다기보다는, 그 이면에는 각 지역이 투자를 유치하기에 유리한 환경을 조성하기 위한 문화전략이 숨어 있다는 점을 직시할 필요가 있다. 양축 이야기를 문화상품으로 개발하려는 각 지역의 상업적 욕망이, 중국 전역이 시장경제의 포로가 되기를 갈망하는 시대적 추세에 발맞추어 지나칠 정도로 논쟁을 부추겼으며, 각지의 문화연구자 역시 학술연구라는 미명 아래 지역사회의 끝없는 욕망에 자진하여 투항하지는 않았는지 되돌아보아야 할 것이다.

각지의 양축 관련 구비전설

양산백과 축영대의 비극적 사랑을 다룬 양축 이야기는 지방지나 묘기廟記, 설창說唱의 대본 등의 다양한 텍스트를 통해 오랫동안 전해져 왔으며, 20세기 이후에는 소설이나 영화, TV드라마, 발레극, 교향악 등의 다양한 장르에서 변주되어 왔다. 이러한 끈질긴 생명력과 전파 매체의 확대는 양축 이야기가 지니고 있는 오락성과 함께, 주요하게는 양축 이야기가 지니고 있는 민중성, 다시 말해 민중의 소망을 담아낼 수 있는 서사를 갖추고 있을 뿐만 아니라, 민중의 건강한 상상력을 끊임없이 자극하고 있다는 점과 깊이 관련되어 있다.

이러한 문자화된 텍스트나 영상물 외에, 양축 이야기와 관련하여 우리가 주목할 만한 것은 전국 각지에서 전승되고 있는 구비전설이다. 이들 구비전설들은 양축 이야기의 기본 줄거리에 바탕을 두면서도 각 지역의 특수성, 즉 각각의 전승 지역이 지니고 있는 역사적 사실, 문화적 배경이나 지리적 및 경제적 특성으로 말미암아, 그리고 전승 주체의 집체성, 전승 매체의 불확정성 등으로 인해 지역에 따라, 혹은 동일한 지역 내에서조차도 상이한 모습을 보여주고 있다. 이러한 집체적 전승에 따른 변이성은 동일한 이야기에 대한 민중적 상상력의 풍부함을 입증하는 것이라 할 수 있다.

주지하다시피 양축 이야기에 대한 연구는 5·4 신문화운동 이후 민간문학에 대한 연구에 힘입어 192·30년대의 초창기를 거쳐 1950년대에 본격적으로 이루어졌다. 그러나 이 시기의 연구 및 이야기 수집은 주로 희곡 혹은 설창문학說唱文學 방면에 집중되었다. 이를테면 1950년대 초에 행해졌던 양축 이야기에 관한 연구는 주로 양축 이야기를 다룬 희곡의 개편을 중심으로 이루어지고 있으며, 1950년대의 대표적 연구 성과로 일컬어지는 ≪양축 이야기 설창집梁祝故事說唱集≫과 ≪양축 연극 집존梁祝戲劇輯存≫33) 또한 각각 전기傳奇·민가民歌·고사鼓詞·목어서木魚書와 민간의 지방희를 수록하고 있을 뿐이다. 이처럼 양축 이야기에 관한 구비전설은 5·4 신문화운동 이후 산발적으로 수집 · 정리된 적은 있었지만,34) 본격적으로 연구되거나 수집·정리되는 단계에는 이르지 못하였다.

양축 이야기와 관련된 구비전설을 본격적으로 수집·정리하기 시작한 것은 1984년에 중국 정부가 문화정책 차원에서 민간문학의 수집과 정리에 적극적으로 나선 이후였다.35) 이러한 중국 정부의 문화정책에 힘입어 1995년에 ≪중화민족고사대계中華民族故事大系≫(이하 ≪대계≫라 약칭하고 **로 표시)가, 그리고 1998년에 ≪중국민간고사집성中國民間故事集成≫(이하 ≪집성≫이라 약칭하고 *로 표시)이 출간되었으며, 이들 민간고사집에는 다수의 양축 이야기와 관련된 구비전설이 수록되어 있다. 이들 성과에 뒤이어 양축 이야기의 구비전설을 대거 수집·정리한 것은 약 5년간의 작업 끝에 2000년에 출간된 ≪양축문화대관梁祝文化大觀≫(이하 ≪대관≫이라 약칭하고 *의 표시 없음)의 '고사가요권故事歌謠卷'이다.

1990년대에 출판된 이들 연구성과에 실려 있는, 양축 이야기와 관련된 구비전설은 중국 전역에서 채집하여 정리되었는 바, 양축 이야기의 광범한 분포와 이에 따른 다양한 변이를 여실히 보여주고 있다. 다만 구술자의 주체적 상황, 즉 구술자가 양축 이야기를 다룬 다른 장르에 얼마나 노출되었는가, 혹은 구술자의 기억이 얼마나 정확한가 등에 따라, 일부 텍스트의 경우 구술자의 서사 자체가 유형화하거나 불완전하다는 한계를 드러내고 있다. 그렇기는 하지만 이들 민간고사는 양축 이야기가 중국 각지에서 어떻게 변주되고 있는가를 풍부하게 보여준다고 할 수 있다.

이 글은 다양한 장르의 양축 이야기 가운데, 구비전설만을 대상으로 하여, 양축 관련 전설의 지역적 분포 및 서사 대상, 서사 내용의 변이, 지역적 특성을 살펴보고자 한다. 이를 위해 ≪대관≫에 실린 민간고사 91편[36] 외에, ≪대계≫와 ≪집성≫에 실린 양축 관련 민간고사 가운데 ≪대관≫에 실린 민간고사와 중복되거나 매우 유사한 경우를 제외한 23편의 민간고사를 기본 텍스트로 삼았다.

■ 전설의 분포와 서사대상

전설은 그것이 전승·전파되는 시간 및 공간과 밀접히 연관되어 있다. 이 가운데 특히 전파되는 공간은 전설의 분포라는 문제를 낳는데, 전설의 분포를 통해 전설에 대한 지역적 차이를 비교하거나 전설의 전파방향을 가늠해볼 수 있다. 이와 함께 전설이 서사하는 대상은 해당 고사가 구비전설로서 전승되는 동안 일반 민중에게 어떻게 받아들여졌는지, 즉 일반 민중의 일상적 삶속에 어떻게 침투하여 들어갔는지를 엿볼 수 있게 해준다. 이로써 전설과 관련된 이야기가 민중 자신의 일상적 삶과 일체화하는 양태를 분석해낼 수 있다.

양축 이야기는 오랫동안 널리 민중의 사랑을 받으며 전승되어온 이야기이기에, 양축 이야기와 관련된 구비전설 역시 폭넓게 분포되어 있으리라 미루어 짐작할 수 있다. 위에서 언급한 114편의 민간고사를 전승지역에 따라 분류하면 다음의 표와 같다.

전승지역		편 수	합 계	비 고
절강성	영파(은현)	17	45	
	상우	3		
	항주	13		
	기타	12		畲族 1편 포함
절강성 및 기타 성·시		5	5	절강·상해 1편, 절강·강소 3편 절강·하남 1편
강소성	의흥	4	16	
	기타	12		〈英臺化蠶〉 포함[37]
복건성		3	3	
광서성		8	8	苗族 1편, 壯族 1편 포함
광동성		4	4	
귀주성		2	2	布依族 2편 포함
호남성		3	3	苗族 1편 포함
호북성		2	2	
사천성		5	5	
하남성	여남	6	7	
	기타	1		
하북성		2	2	
산동성		4	4	
북경시		1	1	
천진시		1	1	
요녕성		1	1	
흑룡강성		1	1	
기타		4	4	장강 이북 1편, 전국 1편 불분명 2편
총계			114	

위의 표에서 알 수 있듯이, 양축 이야기와 관련된 구비전설은 중국 전역에서 발견되고 있다. 그러나 전설의 집중도의 면에서 살펴본다면, 설강성에 전승되어온 전설이 39%를 차지하며, 절강성과 강소성을 합칠 경우 58%에 이른다. 절강성과 강소성을 이어 하남성, 광서성, 사천

성이 뒤를 잇고 있는데, 이는 양축 이야기와 관련된 구비전설이 장강의 하류 유역을 중심으로 집중적으로 전승되어 왔으며, 중심으로부터 전파의 거리가 멀어질수록 분포가 줄어든다는 것을 말해준다. 이렇게 볼 때 양축 이야기와 관련된 구비전설은 전국적으로 널리 발견된다는 점에서는 광포전설廣布傳說이라 할 수 있지만, 한쪽에 치우쳐 있다는 점에서는 편재분포전설偏在分布傳說이라 할 수 있다.

하지만 이들 114편의 구비전설 가운데, 양축 이야기의 줄거리를 온전하게 서사하는 편수는 그리 많지 않다. 실제로 위의 114편 가운데 양축 이야기의 원형, 즉 '축영대의 남장구학' - '양축의 동문수학' - '양축의 사랑의 좌절' - '양산백의 죽음과 축영대의 순사'의 줄거리를 어느 정도 갖추고 있는 구비전설은 20여 편에 지나지 않는다.[38] 이들 20여 편을 제외한 나머지는 양축 이야기를 구성하는 개별 에피소드를 중심으로 이루어져 있다. 이 가운데에서도 가장 많은 편수를 차지하는 것은 축영대의 남장구학에 반대하는 올케를 설득하기 위한 맹세, 축영대의 순사 이후 진행되는 마문재의 행위, 그리고 속담이나 풍속, 동물이나 식물의 유래를 양축 이야기와 연관시키는 연기담緣起談 등이다.

이들 에피소드 중심의 전설은 대부분 전승 지역의 종교, 미신을 포함한 습속 등의 전통적 문화심리와 연관되어 있거나, 산업적 특성 및 지역 특산물, 지형 등의 지리적 여건과 연관되어 있다. 따라서 에피소드 중심의 전설은 양축 이야기의 서사구조의 변이를 살펴보는 데에는 일정 정도 한계를 지니고 있지만, 이야기의 변이 속에서 양축 이야기가 인간의 삶 및 지역적 특성과 어떻게 결합하는가를 엿볼 수 있는 유용한 자료이기도 하다.

그렇다면 양축 이야기와 관련된 구비전설이 서사하는 대상은 어떠한

가? 양축 이야기는 기본적으로 양산백과 축영대의 비극적 사랑을 서사하고 있기 때문에, 구비전설 역시 양산백과 축영대가 중심을 이루는 인물전설이 일부를 차지하고 있다. 다만 지역에 따라, 이를테면 영파 인근에서는 주로 양산백을 중심인물로, 그리고 의흥 인근에서는 축영대를 중심인물로 서술하고 있으며, 구술자의 시각에 따라 축영대의 올케, 혹은 마공자馬公子를 중심인물로 그리고 있다는 차이가 있을 뿐이다. 양축 이야기의 줄거리를 온전하게 서사하는 전설의 경우에는 양산백과 축영대가 중심인물을 이루고 있지만, 에피소드 중심의 전설의 경우에는 축영대의 올케나 마공자가 중심인물을 이루는 경우가 많다.

이러한 인물전설 외에, 양축 관련 구비전설 가운데 가장 많은 편수를 차지하고 있는 것은 생활습속과 관련된 인문전설[39]이며, 이들 고사는 대부분 양산백과 직·간접적으로 관련되어 있다. 이러한 생활습속 유형의 구비전설로는 양산백의 무덤의 흙을 뿌리면 해충을 박멸할 수 있다는 미신, 양산백의 현몽 덕분에 만들어진 요리, 입학 혹은 진학하는 학생에게 계란을 먹이거나 죽은 자의 입을 책으로 가리고 여자가 시집갈 때 꽃가마의 문을 열쇠와 종이로 봉하는 풍속, 침상 위에 대나무벽을 만들거나 매년 3월 1일을 쌍접절雙蝶節로 즐기게 된 유래, 음력 7월 15일 중원절中元節에 종이등을 내거는 내력, 누에고치를 조자초蚤子草 위에 던져놓거나 삼나무통을 만들 때 대오리로 테를 두르는 까닭 등을 서술하고 있다. 이밖에 축영대 및 마공자와 관련된 생활습속 구비전설로서, 덧버선이 생겨나게 된 유래나 절간에서 수탉을 키우지 않게 된 내력을 서술한 고사가 있다.[40]

이밖에 양축 이야기의 에피소드와 관련되어 있는 특정한 사물이나 지형 혹은 건축물을 서사하는 자연전설도 많이 있다. 즉 특정한 사물의 경우로는 축영대가 양산백의 무덤에 뛰어들 때 붙들었던 치맛자락 혹은 치마끈을 들 수 있는데, 치맛자락 혹은 치마끈은 영산홍으로, 혹은 강두덩굴로, 혹은 꽃뱀으로 다양하게 변주된다.[41] 특정한 지형의 경우로는 양축의 '십팔상송'과 관련된 '십팔만十八灣', 그리고 마공자가 죽은 후 형성되었다는 '마랑항馬郎港'을 서사한 구비전설이 있다.[42] 또한 특정한 건축물과 연관시키는 경우로는 양축의 결의형제와 관련된 '조교曹橋', 양축의 '십팔상송'과 관련된 '쌍조정雙照井', 양산백의 사망을 애도하는 축영대의 눈물과 관련된 '누정淚井', 축영대를 추모하는 '백의각白衣閣' 등의 내력을 서사하는 구비전설이 있다.[43]

전체적으로 살펴볼 때, 양산백과 축영대와 올케, 마공자와 관련된 구비전설이 각각의 인물에 대한 민중의 호오 및 바람과 맞닿아 있다면, 생활습속을 담아낸 구비전설은 민중의 평범하면서도 구체적인 삶 및 욕망과 밀착되어 있다고 할 수 있다. 이처럼 양축 이야기와 관련된 구비전설들은 양산백과 축영대, 마공자, 올케 등 어느 누구의 인물전설이든, 정자와 누각, 음식, 미신, 생활습속 등을 서술하는 인문전설이든, 샘이나 항만, 식물이나 동물 등을 서사하는 자연전설이든, 어느 것이나 전승되는 지역의 경제적, 문화적 특성을 담아내면서 민중적 상상력을 한껏 발휘하고 있다.

■ 전설의 사건과 에피소드

이미 앞에서 양축 관련 구비전설의 분포를 살펴보았거니와, 여기에서는 전설이 전파됨에 따라 서사되는 사건이 어떠한 변이를 보이는지 살펴보기로 하자. 이들 구비전설이 분포에 따라 어떠한 변이를 보이는가를 살피기 위해, 아래의 양축 이야기의 원형, 즉 '축영대의 남장구학

(A)' - '양축의 동문수학(B)' - '양축의 사랑의 좌절(C)' - '축영대의 순사(D)'의 서사구조를 중심으로 변이가 가장 빈번하게 드러나는 주요 에피소드와 사건을 분석하여 보자.

A. 축영대의 남장구학	a. 부모의 반대와 남장에 의한 설득 b. 올케의 반대와 순결의 맹세 c. 맹세의 상징물에 대한 올케의 모해
B. 양축의 동문수학	a. 결의형제 b. 수학중의 위기와 모면 c. 양축의 이별과 배웅길의 암시
C. 양축의 사랑의 좌절	a. 마씨 집안과 정혼 b. 양축의 재회 c. 양산백의 득병
D. 축영대의 순사와 화접	a. 양산백의 죽음 b. 축영대의 제전祭奠과 순사 c. 화접

먼저 사건 A의 '부모의 반대와 남장에 의한 설득'(A-a)의 경우, 일반적으로 부모의 반대에 부딪친 축영대가 남장하여 부모를 속임으로써 설득함에 반해, 일부 전설에서는 오빠의 도움을 받아 부모의 허락을 얻어내거나, 꽃무더기를 심어 꽃이 피는지 혹은 연밥이 싹을 틔워 연꽃을 피우는지의 여부로 아버지를 설득한다.[44] 또한 아버지의 의지에 의해 남장하여 구학길에 오르기도 하는데,[45] 특히 아들이 없어 군주로부터 차별과 설움을 톡톡히 당한 아버지의 의지가 크게 작용하는 경우도 있다.[46]

'올케의 반대와 순결의 맹세'(A-b)와 '올케의 모해'(A-c)의 경우의 변이는 기본적으로 ① '축영대의 맹세' - ② '축영대가 떠난 이후 올케의 모해' - ③ '맹세의 상징물의 불변'이라는 구조를 이루고 있다.[47] 여기에서 축영대가 순결의 맹세를 기탁하는 대상은 '수놓은 꽃신', '모란꽃', '월계꽃', '붉은 비단', '흰 비단' 등으로 다양하게 변주된다. 올케의 모해 역시 맹세를 기탁하는 대상에 따라, '비를 맞히'고 '뙤약볕 아래 두며' '진흙 속에 쳐넣'거나, '잎사귀를 뜯'고 '불에 태'우며 '뿌리채 뽑아'내거나, 구정물이나 세숫물 등의 '더러운 물'이나 '펄펄 끓는 뜨거운 물'을 뿌리는 등의 행위로 나타난다. 그렇지만 올케의 이러한 행위에도 불구하고 맹세의 상징물은 변치 않음으로써 축영대의 순결을 증명한다.

①②③의 서사구조는 한 걸음 더 나아가 ④ '올케에 대한 징벌'을 덧붙이기도 한다.[48] 즉 올케는 악행의 대가로서 '마디충'으로 변하거나 '아래턱뼈가 물러져 말을 못하게 되'며, 혹은 '악몽에 시달린 끝에 놀라 죽'는 등을 징벌을 받는다. 올케가 시누이인 축영대를 미워하는 까닭 역시 축영대의 총명함과 아름다움에 대한 질투(〈一只繡花鞋〉), 시댁에서의 지위가 흔들리리라는 불안감(〈焦骨牡丹女兒心〉), 어여쁜 축영대에게 데릴사위를 얻어주어 재산을 나누어줄지도 모른다는 우려(〈姑嫂結冤〉), 시아버지가 축영대의 몫으로 남겨준 유산에 대한 탐욕(〈祝英臺有個刁嫂子〉*), 축영대를 자신의 동생과 결혼시키려는 의도의 좌절(〈祝英臺與牡丹花〉*) 등으로 다양하다.

다음으로 사건 B의 '수학중의 위기와 모면'〈B-b〉의 경우, 여자임이 들통 날 위기는 매우 다양하게 변주된다. 잠자리에서 옷이나 양말을 벗지 않거나 목젖이 보이지 않는 것, 앉아서 소변을 누는 행위는 물론, 봉긋 솟아오른 가슴과 귀걸이를 매단 흔적이 있는 귓불, 그리고 심지어 달거리의 흔적 등이 그것이다. 이러한 위기를 대체로 축영대가 재치 있게 얼버무림으로써 모면함에 반해, 일부 전설에서는 축영대가 여자임을 간파한 스승이나 사모가 도와주거나,[49] 스승 혹은 사모의 의심과 테스트로 대체된다.[50] 특히 여기에서 축영대가 여자임을 눈치 채지 못하는 양산백의 어리석음을 설명하기 위하여, 태백성太白星이 옥황상제의 명을 받아 양산백의 영혼을 바보로 만들었다가 축영대가 귀향한 후 돌려주었다거나,[51] 스승이 양산백의 영혼을 벼루 밑에 눌러두거나 혹은 빼두었다가 축영대가 귀향한 후에야 풀어주었다는 사건을 덧붙이기도 한다.[52]

'양축의 이별과 배웅'〈B-c〉의 경우, 흔히 이별과 배웅길의 '십팔상송'으로 이루어져 있음에 반해, 일부 전설에서는 이 사건이 생략되고 다른 내용으로 대체되기도 한다. 즉 양산백과 이별하기 전에 축영대가 자신이 여성임을 암시하고 여동생을 중매하겠노라 약속하거나,[53] 자신이 여자임을 스스로 실토한다.[54] 특히 일부 전설에서는 축영대와 이별한 후 그가 여자임을 알게 된 양산백이 귀향하는 축영대를 뒤쫓는 길에 마주치거나, 혹은 축영대 아버지의 냉대를 받고 돌아가는 양산백을 뒤쫓는 길에 축영대가 마주친 여러 동물들의 연기담이 등장하기도 한다.[55]

다음으로 사건 D의 '화접'〈D-c〉의 경우, 일반적으로 양축 이야기는 축영대의 순사 이후 양축 두 사람이 나비로 변한다는 '화접'의 모티프를 지니고 있음에 반해, 이들 전설에서는 새, 나방, 뱀, 무지개, 돌, 나무 등으로 변하거나 혹은 '나비+돌', '나비+돌+나무'로 복합적으로 변하는 등 다양한 형태로 변주된다. 즉 양축이 나비가 아니라 박쥐 혹은 원앙, 흰 기와조각白瓦片, 나방, 뱀, 누에로 변하기도 하고[56], 오색 빛깔의 돌로 변하였다가 두 그루의 남죽藍竹으로 변하기도 한다.[57] 심지어 화접 이후에 무지개 혹은 두 덩어리의 푸른 석판으로 다시 나타나기도 하고,[58] 조약돌로 나타났다가 다시 나무로 자라나기도 한다.[59]

이밖에 새로운 에피소드를 추가하는 경우도 있다. 이러한 경우 서사구조의 변이와 직접적으로 관련을 맺고 있는데, 양축의 전생과 환생,

마공자의 환생을 다룬 에피소드가 그것이다. 양축의 전생을 서사한 경우, 전생에 금동옥녀였던 양산백과 축영대의 인연을 어떻게 해석하는가의 각도가 다르다. 즉 대부분 옥황상제의 징벌에 의해 양축이 속세에서 끝내 인연을 맺지 못함으로 귀결됨에 반해, 〈편폭쌍비양축혼蝙蝠雙飛梁祝魂〉은 전생의 인연 덕분에 함께 박쥐로 변하여 날아가는 것으로 귀결된다. 양축의 환생을 서사한 경우, 양축은 병법과 무예를 익혀 나라에 무공을 세우거나[60] 과거에 장원으로 합격하여 우여곡절 끝에 공을 세운다.[61]

마공자의 환생과 관련된 에피소드는 대부분 마공자의 부정적 성격, 즉 마공자의 분별없거나 비열한 성격과 연관되어 있으며, 모두 그가 죽은 이후 그의 성격이나 생김새를 상징하는 식물이나 동물로 환생[62]하는 구조를 지니고 있다. 이 에피소드에서 마공자는 축영대가 양산백의 무덤 속에 몸을 던지는 모습을 보거나 듣고서 분노에 차거나 면목을 잃은 나머지 자살하며, 혹은 축영대가 무덤 속에 뛰어드는 순간 그녀를 잡아당기다가 말위에서 떨어져 죽거나, 영대의 꽃가마를 나무위에서 기다리다가 추락사한다. 마공자는 죽은 이후 나비로 변한 축영대를 사로잡기 위해 마란화馬蘭花로, 혹은 자신의 모습이나 행태를 닮은 마랑어馬郎魚나 마면어馬面魚, 혹은 사마귀나 딱따구리로, 혹은 염라대왕에게 호색함을 드러내는 바람에 수퇘지로 환생한다.

이처럼 양축 이야기와 관련된 구비전설은 사건의 변형과 추가 및 에피소드의 추가를 통해 다양한 변이를 보여주는데, 기존의 양축 이야기의 원형적 줄거리에서 완전히 벗어나는 경우도 있다. 이를테면 〈부처은애백두음夫妻恩愛白頭吟〉은 축영대가 셋째 오빠의 계책으로 양산백의 무덤에 순사한 것처럼 꾸미고서 남몰래 피신하여 양산백과 결혼하여 행복하게 살았다는 것이다. 〈역진마난중성혼歷盡磨難中成婚〉은 사랑을 이루지 못한 양산백이 종군하여 공훈을 세우고, 축영대는 혼인날 남장을 하고서 도망쳐 우여곡절 끝에 양산백과 만나 백년해로하였다는 내용을 담고 있다. 또한 〈양산백과 축영대梁山伯與祝英臺〉*는 축영대와 결혼한 후 장원에 급제한 양산백이 승상의 미움을 사서 고생하다가 축영대가 무공을 세운 덕분에 다시 만나게 되었음을 서사하고 있다. 이 가운데 특히 흥미로운 전설은 〈간하담의 순정澗河潭的殉情〉으로, 양산백과 축영대가 혼인할 수 없게 되자 간하담에 투신자살하였는데, 두 남녀의 추문이 번질까봐 염려한 축씨 집안과 마씨 집안에서 '양축이 원래 천상의 금동옥녀였는데, 옥황상제의 징벌을 받아 속세에 내려왔다'고 소문을 냈다는 줄거리이다.

지금까지 살펴보았듯이, 양축 이야기와 관련된 전설들은 거의 모든 에피소드와 사건에서 변이를 일으키고 있다. 이 가운데에서도 에피소드 〈A-b〉와 〈B-b〉, 마공자의 환생은 특히 변이가 심하게 일어나고 있는데, 이는 올케와 시누이의 불편한 관계, 남녀의 애정을 가로막는 장애요인에 대한 거부감 등 일상생활 속의 문화심리와 함께, 남녀를 구분짓는 신체적 및 생리적 차이에 대한 호기심이 강하게 작용하기 때문이리라 보여진다. 이러한 다양한 변이를 통해 양축 이야기와 관련된 전설들은 민중적 상상력을 이야기 속에 틈입시킴으로써 오락성과 함께 사실성을 증대시키고 있다고 할 수 있다.

■ 전설의 지역적 특성

그렇다면 양축 이야기와 관련된 구비전설은 전승 지역에 따라 어떤 차별성 혹은 특징을 보여줄까? 만약 전승 지역에 따라 차별성이나 특징을 분석해낼 수 있다면, 전설의 전파 방향 역시 추론해낼 수 있을 것이다. 여기에서는 전승 지역을 크게 네 부분, 즉 절강성 영파 지역(은현, 상우, 주산舟山 등지를 포함), 중부 지역(항주 및 강소성, 장강 유역), 남방 지역(복건성, 양광兩廣, 귀주성, 호남성), 북방 지역(하남성, 하북성, 산동성 이북)으로 나누어 서사 내용의 특징을 중심으로 살펴보고자 한다.

절강성 영파 지역에 전승되어온 구비전설에서 가장 특징적인 것은 서사 내용에 있어서 양산백의 죽음과 지위이다. 즉 양산백은 축영대와의 혼인이 이루어지지 않자 상사병을 앓다가 죽는 것이 아니라, 천거를 받아 무현의 현령이 되었다가 백성을 위해 과로한 끝에 병사한다.[63] 심지어 양산백은 굶주림에 시달리는 백성을 위해 창고를 열었다가 황제에게 참수당하거나, 마을의 어린 아가씨를 구하고서 얼마 후 죽는 인물로 그려지기도 한다.[64] 백성을 위해 일하다 죽음을 맞는 인물로서의 양산백은 한 걸음 더 나아가 죽은 후에도 손은孫恩의 난을 진압하기 위해 파견된 장수를 돕고,[65] 금나라와 맞서 싸우는 장수와 피난하는 국왕을 도우며,[66] 왜구를 격멸하도록 도와준다.[67] 뿐만 아니라 양산백의 혼령은 마을 농민의 꿈에 현몽하여 해충을 박멸하여 풍년을 가져다주고,[68] 탕단湯團 요리를 만들어 부자로 만들어준다.[69] 이리하여 백성을 위하는 청관淸官이자 나라를 지키는 충신으로서의 양산백은 국가의 수호신이자, 재부를 가져다주고 재해를 막는 서낭신으로서의 성격을 아울러 지니게 된다.

양산백이 수호신과 서낭신의 지위를 갖게 됨에 따라, 그와 합장되는 축영대의 죽음과 지위 역시 달라질 수밖에 없다. 축영대는 더 이상 양산백의 죽음에 뒤이어 순사하는 소박한 인물일 수가 없는 것이다. 그리하여 축영대는 아비와 함께 재주를 팔다가 첩이되기를 강요하는 마문재에게 반항한 끝에 참혹한 죽임을 당하거나 혹은 마씨 집안의 강제 혼인에 항거하다 자진하였던 열녀로,[70] 혹은 탐관오리의 재산을 털어 민중을 돕다가 마태수에게 찢어죽임을 당한 여협으로 변모한다.[71] 이로 인해 양산백과 축영대는 더 이상 동문수학하고 사랑을 주고받았던 연인이 아니라 생존시기가 전혀 다른 상관없는 인물이 되지만, 충신과 열녀, 청관과 협녀의 관계로 짝지워져 명혼식을 올리고 합장되며 사당에 모셔진다.

영파 지역의 전설에 나타나는 이러한 특징은 절강성에서 전승되어온 다른 전설에서도 유사하게 나타난다. 이를테면 〈양축환혼단원기梁祝還魂團圓記〉에서는 이산노모梨山老母에 의해 환생한 양축이 병법과 무예를 배워 금나라의 군사를 크게 무찌르며, 〈니산인연내세성尼山姻緣來世成〉 역시 여산노모黎山老母에게서 무예를 수련한 양축이 속세로 환생하여 국난을 구한다. 이처럼 양산백이 국가의 수호신으로서의 지위를 갖게 되는 것은 기본적으로 이무성李茂誠이 쓴 〈의충왕묘기義忠王廟記〉의 내용과 관계되어 있는데, 이 글에서 양산백은 백성을 위해 일하다 죽은 후 손은의 난을 진압하는 데 결정적인 도움을 주는 '의義'와 '충忠'의 구현자로서 등장하고 있다.

이와 함께 국가의 수호신으로서의 양산백의 성격화는 영파 일대가 겪었던 역사적 사건과도 깊이 관련되어 있다. 즉 1127년 금나라 군대가 북송의 수도 변경卞京을 함락시켜 북송을 멸하자, 흠종欽宗의 아우인 강왕康王(남송의 고종高宗)이 남송을 건립하였다. 남송이 건립된 후 금나라가 대군을 이끌고 남하하자, 강왕은 임안부臨安府(지금의 항주)로 피난하였다가 다시 경원부慶元府를 거쳐 배를 타고 온주溫州로 피신하였다. 이때가 바로 1130년이며, 경원부는 바로 지금의 영파시 은현이다. 국가의 수호신으로서의 양산백의 성격화에는 바로 남송과 금나라의 항쟁이라는 역사적 사건이 배경으로 깔려 있는 것이다. 아울러 지역의 수호신으로서의 양산백의 성격화는 원대 이후 빈발했던 왜구의 약탈과 관련이 있다. 특히 16세기 중엽의 명대 가정嘉靖 연간에는 왜구가 창궐하여 영파를 비롯한 절동浙東 지역이 커다란 피해를 입었다. 바로 영파 인근 지역에서 일어났던 이러한 역사적 사건이 국가의 수호신으로서의 양산백의 성격화에 크게 영향을 미쳤을 것이다.

그러나 영파 지역에서 벗어나 중부 지역으로 가면 이러한 수호신과 서낭신으로서의 양산백의 성격은 더 이상 나타나지 않는다. 아마 이는 중부 지역, 특히 강소성 지역의 전설에서 중심인물이 양산백에서 축영대로 바뀐다는 점과 관련되어 있을 것이다. 이 지역의 전설은 축영대에게 보다 적극적이면서 능동적인 성격과 역할을 부여하며, 따라서 서사되는 사건 또한 축영대를 중심으로 이루어짐으로써 양산백의 역할은 약화된다. 이를테면 축영대는 아버지의 혼인 강요에 항거하여 야반도주하거나 양산백과 함께 강물에 투신[72]하는 반면, 양산백은 축영대와 재회를 약속하였음에도 불구하고 급사하고 만다.[73]

아울러 중부 지역의 전설은 양축 이야기의 원형에 대한 완정한 서사보다 에피소드 중심의 전설이 중심을 이루고 있다. 즉 항주 지역에 전승되어온 전설들은 모두 에피소드 중심의 전설로서 주로 축영대와 올케의 갈등을 다루거나,[74] 생활습속과 관련된 전설뿐이다.[75] 강소성에 전승되어온 전설 역시 대부분 에피소드 중심의 전설로서, 태호太湖와 홍택호洪澤湖라는 지리적 여건과 관련된 전설,[76] 그리고 전통적으로 흥성했던 양잠업과 관련된 전설[77] 등이 있다. 이처럼 양축 이야기가 구체적인 삶의 현장과 밀접하게 관련되어 재해석되었던 것은 항주와 강소성의 여러 지역이 물산이 풍부하여 경제적 여건이 비교적 풍족한 곳이라는 사실과 관련되어 있을 것이다.

다음으로 장강 이남의 남방 지역의 전설은 환생의 에피소드가 추가된다는 점이 특징적이다. 환생 이후 양산백과 축영대는 백년해로하는 것으로 마치는 경우가 일반적이지만, 이 지역의 전설에서는 흔히 영웅담이나 불교 고사로 발전하기도 한다.[78] 즉 축영대와 행복한 나날을 보내던 중 과거에서 장원으로 합격한 양산백은 자신의 딸과 결혼하라는 한재상韓宰相의 요구를 거절하여, 흉노를 소탕하라는 명분으로 변방으로 파견되었다가 오히려 포위된다. 후에 양산백은 축영대와 한재상의 딸 한상주韓常珠의 무공에 힘입어 구출되며, 재상의 지위에 올라 한상주를 다시 아내로 맞아들여 부귀영화를 누린다.[79] 또한 양산백과 축영대가 환생하여 부부로 맺어지자, 마공자는 아미산에 올라 불법을 닦아 주지스님이 되기도 한다.[80] 이처럼 남방 지역에서 환생의 에피소드가 자주 서사되었던 데에는 남방에서 성행하였던 보권寶卷과 목어서木魚書의 내용이 크게 영향을 미쳤으리라 여겨진다.

남방 지역에 전승되어온 전설의 또 다른 특징으로는 남방의 지역적 특색과 관련된 이야기가 덧붙여져 서사된다는 점이다. 즉 영대가 여자임을 의심하여 테스트할 때 쓰이는 도구로 파초의 잎이 자주 사용된다는 점이다.[81] 남방에서는 여자가 남자보다 몸에 열기가 많기 때문에 여자가 깔고 잔 파초 잎은 누래진다고 여기기 때문이다. 또한 양산백이 축영대를 뒤쫓거나 축영대가 양산백을 뒤쫓을 때, 이들이 만나는 갖가지 동물들과 관련된 연기담이 등장한다.[82] 이들 식물이나 동물은 남방인의 생활상 및 세계관 등을 반영하고 있다고 할 수 있다.

마지막으로 북방 지역에 전승되어온 전설들에 가장 특징적으로 나타나는 것은 양산백과 축영대의 무덤이 합장묘가 아니라 쌍묘雙墓라는 점이다. 양축 이야기와 관련된 전설들은 대부분 축영대가 양산백의 무덤 속으로 뛰어들거나, 혹은 양산백의 무덤을 만들 때 축영대의 무덤을 발견하여 함께 묻음으로써 합장되었다고 밝히고 있다. 그러나 북방, 특히 하남성 여남 일대에 전승되어온 전설 가운데의 일부에서는 축영대가 양산백을 좇아 순사한 후 양산백의 무덤 동쪽에 따로 무덤을 만들었다고 서술하고 있다.[83]

이와 함께 북방 지역의 전설의 특징으로 영파 지역에서 나타났던 여협으로서의 축영대가 다시 등장하고 있다는 점이다. 즉 북방 지역에서도 축영대는 백성들을 수탈한 관리나 부호의 재물을 털어 가난한 이들을 돕다가 죽임을 당하는 인물로 형상화된다.[84] 북방에서 여협으로서의 축영대가 다시 등장하였던 데에는 의협과 호방함을 중시하는 북방의 기질과 연관되어 있을 것이다. 이와 함께 북방의 전설에는 양산백의 어리석음을 설명하기 위한 장치로서 그의 혼을 벼루 아래나 향로 속에 가두어 두었다고 서술하는 전설들이 많다.[85]

지금까지 양축 이야기 관련 전설이 전승 지역에 따라 어떠한 특징을 지니고 있는가 살펴보았다. 다만 여기에서는 하나의 지역이 다른 지역에 비해 상대적으로 지니는 특징을 살펴보았을 뿐, 어떠한 에피소드나 사건이 특정 지역에만 존재한다는 것은 물론 아니다. 일반적인 양축 이야기에 추가된 사건이 반드시 근거리의 특정 전승지역에서만 일어나는 것이 아니기 때문이다. 이를테면 양산백이 귀향하는 축영대를 뒤쫓는 길에 만나는 동물들의 연기담은 광서성, 귀주성 및 호남성의 남방 지역에서 특징적으로 나타나지만, 축영대가 여자임을 눈치채지 못하도록 양산백의 영혼을 어리석게 만드는 사건은 산동성과 하북성의 북방 지역에서뿐만 아니라 복건성에서도 나타난다.[86)]

이처럼 에피소드나 사건들이 지역에 따라 서사의 변이를 특징적으로 드러내지 못한 채 착종되어 있는 까닭은, 이들 구비전설이 1980년을 전후한 최근에 수집·정리되었다는 점을 감안해 볼 때, 구술자가 인구에 회자된 다양한 지역과 장르의 양축 이야기에 이미 노출됨으로써 여러 지역의 전설들 사이에 교차차용이 일어났기 때문일 것이다. 이러한 한계에도 불구하고 위에서 분석한 바의, 전승 지역에 따른 상대적 특징을 살펴볼 때, 진실의 전파는 대체로 절강성 영파 지역을 중심으로 남방과 북방, 장강 유역의 중부의 세 지역으로 나뉘어 이루어졌으리라 추론할 수 있다.

■ 작은 맺음말

전체적으로 살펴볼 때, 양축 이야기와 관련된 구비전설은 전국적으로 널리 분포되어 있지만, 장강의 하류 유역, 특히 영파 인근을 중심으로 집중적으로 분포되어 있으며, 중심으로부터 전파의 거리가 멀어질수록 분포가 줄어든다. 이러한 점에서 볼 때, 양축 이야기와 관련된 구비전설은 광포전설이자 편재분포전설의 성격을 띠고 있다. 이 글에서 텍스트로 삼은 114편의 구비전설 가운데, 양축 이야기의 줄거리를 온전히게 시사하는 편수는 그리 많지 않으며, 대부분은 양축 이야기를 구성하는 개별 에피소드를 중심으로 이루어져 있다. 이들 구비전설이 서사하는 대상에 있어서는, 양산백과 축영대, 혹은 축영대의 올케, 마공자 등의 행위가 중심을 이루는 인물전설이 일부를 차지하고 있으며, 이 밖에 전승 지역의 생활습속과 관련된 인문전설이나, 양축 이야기의 에피소드와 관련된 특정한 사물이나 지형 혹은 건축물을 서사하는 자연전설이 대다수를 차지하고 있다.

양축 이야기와 관련된 전설들은 거의 모든 에피소드와 사건에서 변이를 일으키고 있는데, 특히 사람들의 일상적인 삶이나 사고와 편차가 보이는 부분, 이를테면 '올케의 반대와 순결의 맹세', '수학중의 위기와 모면', 마공자의 환생에서 변이가 많이 발생하고 있다. 전승 지역에 따른 전설의 특징을 살펴보면, 절강성 영파 인근의 전설에서는 국가의 수호신이자 서낭신으로서의 양산백 및 열녀 혹은 여협으로서의 축영대의 성격화가 특징적으로 드러난다. 중부 지역의 전설에서는 에피소드 중심의 전설이 대부분을 차지하며, 서사 내용이 현지의 지리적 여건 및 경제활동 상황과 관련되어 있다. 남방 지역의 전설에는 환생의 에피소드가 추가되며, 남방의 생활상 및 세계관을 반영하는 식물과 동물이 이야기 속에 등장한다. 북방 지역의 전설에는 양축의 쌍묘가 나타나며, 여협으로서의 축영대가 다시 형상화되고 있다.

이처럼 양축 이야기와 관련된 구비전설은 전승 지역의 역사적 사실, 문화적 배경이나 지리적 및 경제적 특성과 결합하여 현지화되고 풍속화되는 경향을 보여준다. 뿐만 아니라 이들 전설은 여타의 이야기와 교차차용되면서 이야기 세계를 확장하고 풍부하게 만들기도 한다.[87] 이러한 다양한 변이를 통해, 이들 전설은 전국 각지에서 민중의 건강한 상상력을 이야기 속에 틈입시킴으로써 오락성과 함께 사실성을 증대시키고 있다.

소수민족의 양축 이야기

주지하다시피, 중국은 전체 인구의 약 92%를 차지하고 있는 한족과 그 나머지 8%를 차지하고 있는 55개 소수민족으로 이루어진 다민족국가이다. 이들 55개 소수민족 가운데 인구가 백만 명 이상인 민족은 좡족壯族을 비롯하여 만주족滿族, 후이족回族, 먀오족苗族, 위구르족維吾族, 이족彝族, 투자족土家族, 몽고족蒙古族, 티벳족藏族, 부이족布依族, 조선족朝鮮族 등 17개 민족이다. 중국의 소수민족은 전체 인구의 8%밖에 되지 않지만, 전 국토의 63.7%를 차지하고 있다. 소수민족이 집단적으로 거주하고 있는 자치구로는 광시廣西 좡족壯族자치구, 티벳西藏자치구, 닝샤寧夏 후이족回族자치구, 네이멍구內蒙古자치구, 신장新疆 위구르자치구 등 5개 자치구가 있다.[88]

이들 소수민족의 거주지역을 크게 나누어보면, 파미르고원을 중심으로 위구르족, 카자흐족哈薩克族, 타타르족塔塔爾族 등이, 그리고 칭장고원青藏高原을 중심으로 티벳족, 먼바족門巴族, 창족羌族, 투족土族 등이, 황토고원과 내몽고고원을 중심으로 후이족, 몽고족, 다우르족達斡爾族 등이, 흥안령산맥興安嶺山脈을 중심으로 만주족, 조선족 등이 분포되어 있다. 또한 랴오둥만遼東灣으로부터 타이완해협을 거쳐 하이난도海南島에 이르기까지의 연안구릉지대를 중심으로 서족畲族, 가오산족高山族, 리족黎族 등이, 광서廣西지역과 묘령산맥苗嶺山脈을 중심으로 좡족, 무라오족仫佬族, 야오족瑤族 등이, 귀주고원貴州高原과 상서湘西의 산지를 중심으로 먀오족, 둥족侗族, 부이족 등이 분포되어 있다. 금사강金沙江 유역을 중심으로 이족, 나시족納西族, 바이족白族 등이, 난창강瀾滄江 유역을 중심으로 다이족傣族, 부랑족布朗族, 지노족基諾族 등이, 노강怒江 유역을 중심으로 징포족景頗族, 리쑤족傈僳族, 누족怒族 등이 분포되어 있다.

소수민족 역시 나름의 언어를 가지고 있지만, 모든 소수민족이 자신의 언어에 상응하는 독자적인 문자를 가지고 있는 것은 아니었다. 중화인민공화국 수립 직후의 상황을 살펴보면, 21개 소수민족이 문자를 사용하였는데, 이 가운데 만주족과 후이족, 서족은 한어와 한자를 사용하였다. 아울러 그런대로 통용되는 독자적인 문자를 가지고 있는 민족은 몽고족, 티벳족, 위구르족, 카자흐족, 조선족, 만주족 등 11개 민족이며, 문자를 가지고는 있으나 통용되지 않은 경우의 민족은 이족, 나시족, 먀오족, 징포족, 리쑤족 등 7개 민족이다. 이밖의 민족은 대부분 독자적인 문자를 가지고 있지 않은 민족으로서, 좡족, 부이족, 둥족, 바이족, 야오족, 리족, 투족, 부랑족, 누족, 무라오족 등이 이러한 경우에 속한다. 중화인민공화국 수립 이후 중국 정부는 문자를 갖지 않은 소수민족을 위해 새로운 문자를 창제하거나 개혁하도록 지원하는 정책을 취하였다. 그 결과 좡족, 먀오족, 부이족 등 13개 민족은 라틴화 병음문자를 창제했으며, 다이족과 징포족, 라후족拉祜族 등은 원래의 문자를 개선했으며, 먀오족과 이족은 문자를 개혁하거나 규범화하였다.[89)]

소수민족의 언어 및 문자의 이러한 상황은 소수민족문학의 존재상황을 규정하고 있다. 즉 소수민족의 문학성과는 크게 두 가지로 살펴볼 수 있는데, 하나는 민족의 자체적인 생산물로서의 문학성과이고, 다른 하나는 한족 문학의 영향을 받아 이루어진 문학성과이다. 전자의 예로 티벳족의 영웅서사시 ≪꺼사르왕전格薩爾王傳≫과 나시족의 ≪둥바경東巴經≫을 들 수 있다면, 후자의 예로 '양축 이야기' '백사전白蛇傳'과 같은 한족의 서사를 들 수 있다. 이들 소수민족의 문학성과는 소수민족이 독자적인 문자를 가지고 있을 때에는 문자텍스트로 남아 있을 수 있지만, 그렇지 않은 때에는 구두로 전승되는 구비문학의 성격을 띨 수밖에 없다.

위에서도 언급하였지만, 소수민족의 문학에서 한족 문학의 영향을 받아 이루어진 문학성과로 들 수 있는 대표적인 예는 양축 이야기이다. 소수민족지역에 전해지고 있는 양축 이야기는 문자로 전해지기보다는 구비문학의 성격을 짙게 띠고 있다. 입에서 입으로 전해지던 양축 이야기가 문자화된 텍스트로 정리되었던 것은 1984년에 중국의 민간문학을 수집·정리하기 위해 문화부와 국가민족사무위원회, 민간문예가협회가 중국민간문학총서의 편찬을 공동으로 발기한 이후의 일이었다. 이러한 작업을 통해 ≪중국민간고사집성中國民間故事集成≫, ≪중국가요집성中國歌謠集成≫, 그리고 ≪중국속담집성中國諺語集成≫이 발간되었다. 이와 함께 한족을 포함한 56개 민족의 각종 서사를 수집·정리한 ≪중화민족고사대계中華民族故事大系≫ 역시 소수민족의 민간문학을 문자화하는 데 크게 기여하였다.

이 글에서는 ≪양축문화대관梁祝文化大觀≫과 ≪중국민간고사집성≫, ≪중화민족고사대계≫에 실려 있는 소수민족의 양축 이야기를 주요 연구대상으로 설정하였다. 이들 텍스트는 크게 민간고사와 민간서사시, 기타로 나누어 볼 수 있는데, 그 주요 텍스트는 아래와 같다.(괄호 안은 수록된 서적명)

* 민간고사

〈세 나비의 기이한 인연三蝶奇緣〉 (≪양축문화대관≫)

〈영대 아가씨아 산백 상공英臺姑娘與山伯相公〉 (≪양축문화대관≫)

〈양산백과 축영대梁山伯與祝英臺〉(장족) (≪중화민족고사대계≫)

〈양산백과 축영대梁山伯與祝英臺〉(부이족) (≪중화민족고사대계≫)

* 민간서사시

〈묘령양축가苗嶺梁祝歌〉 (≪양축문화대관≫)
〈서족 전통이야기노래畬族傳統故事歌〉 (≪양축문화대관≫)
〈좡족 양산백과 축영대壯族梁山伯與祝英臺〉 (≪양축문화대관≫)
〈야오족 영대전瑤族英臺傳〉 (≪양축문화대관≫)
〈무라오족 양산백과 축영대仫佬族梁山伯與祝英臺〉 (≪양축문화대관≫)
〈투자족 양산백과 축영대土家族梁山伯與祝英臺〉 (≪양축문화대관≫)
〈바이족 양축독서가白族梁祝讀書歌〉 (≪양축문화대관≫)
〈바이족 산백영대白族山伯英臺〉 (≪양축문화대관≫)

* 기타

〈정절을 나타내는 월계화꽃顯示貞潔月月紅〉 (≪양축문화대관≫)
〈좡족 속어 세 구의 유래三句壯族俗語的由來〉 (≪양축문화대관≫)
〈수퇘지로 변한 마문재馬文才變公猪〉 (≪양축문화대관≫)
〈축영대의 비단치마끈祝英臺的羅裙帶子〉(≪중국민간고사집성≫)

이들 텍스트와 관련된 소수민족은 먀오족, 부이족, 서족, 좡족, 야오족, 무라오족, 투자족, 바이족 등이다. 그러나 소수민족의 각 문학사를 살펴보면, 이들 소수민족 외에도 둥족, 수이족水族, 다이족, 리족, 징족京族, 마오난족毛南族, 거라오족仡佬族, 티벳족, 이족, 후이족에게서도 양축 이야기가 전해지고 있다. 이렇게 본다면 양축 이야기는 대부분의 소수민족지역에 널리 전파되었다고 할 수 있다. 위의 텍스트 가운데에서 양축 이야기를 완정하게 서사하고 있는 것은 민간고사 4편, 그리고 〈바이족 양축독서가〉를 제외한 민간서사시 7편이다.

소수민족지역에서 전해지는 양축 이야기는 한족에게 전해지는 양축 이야기와 크게 다르지 않다. 즉 '축영대의 남장구학', '양축의 동문수학', '양축의 사랑의 좌절', '양산백의 죽음과 축영대의 순사'라는 줄거리, 그리고 남장 모티프와 탐색 모티프, 순정 모티프와 화접 모티프 등은 모두 빠짐없이 배치되어 있다. 이 뿐만이 아니라, 양산백과 축영대의 인물성격, 이야기를 구성하고 있는 사건이나 에피소드 역시 큰 차이를 보이지 않는다. 이러한 점에서 소수민족의 양축 이야기는 서사구조나 서사전략에 있어서 한족의 양축 이야기와 별반 다를 게 없다고 보아도 좋을 것이다. 그렇지만 소수민족의 양축 이야기는 한족의 문화영역권에서 수용된 이래 끊임없이 소수민족 나름의 문화적 의미망을 새로이 구축해간다는 점에서 새로 펴낸 신편新編 양축 이야기라 할 수 있다. 이제 소수민족의 양축 이야기에 담긴 '신편'의 성격을 추적해보기로 한다.[90)]

■ 소수민족의 서사양식

소수민족의 양축 이야기는 줄거리나 사건, 인물성격 등에서 한족의 양축 이야기와 크게 다르지 않다고 이미 언급한 바 있지만, 그렇다고 해서 모든 것이 똑같지 않음은 물론이다. 인물형상으로서 축영대는 여전히 한족인 경우가 대부분이지만, 드물게 〈세 나비의 기이한 인연〉처럼 먀오족 여자와의 사이에 낳은 혼혈로 그려지는 경우도 있다. 또한 양산백과 축영대 두 사람의 거주지 역시 모두 중국의 남방으로 비뀌이, 유주柳州, 회원懷遠, 아미峨嵋 등 광서 혹은 사천의 도시로 변하였으며, 심지어 무이족의 〈양산백과 축영대〉처럼 소수민족 집단거주지인 쌍랑桑郎과 뤄쿤羅悃으로 변하기도 하였다. 양산백과 축영대가 유학하는 학당의 소재지 역시 여전히 항주인 경우가 많지만, 여산廬山, 남경南京, 유주柳州 등 중국 남방과 훨씬 가까운 지역으로 바뀌었다.

이러한 장소의 변경 외에, 소수민족의 이야기를 보다 풍요롭고 다채롭게 만들어주는 특유의 서사로서, 먼저 축영대와 양산백이 처음 만나는 장면을 살펴보기로 하자. 축영대와 양산백의 첫 만남은 한족의 이야기이든 소수민족의 이야기이든 대체로 축영대가 구학을 위해 길을 떠난 도중에 이루어진다. 그러나 광서의 좡족지구에서 전승되어온 〈좡족 양산백과 축영대〉에서는 축영대가 옷을 빨고 있는 선창의 다리를 양산백이 지나면서 만남이 이루어진다. 이 우연한 만남에서 양산백이 아름다운 풍광을 시로 읊다가 마지막 구를 잇지 못하자, 축영대가 재빨리 끼어들어 해학적인 시구를 이음으로써 두 사람의 만남은 구체화된다.[91]

양산백과 축영대의 첫 번째 만남이 일반적인 경우와 다른 예는 귀주貴州의 나전현羅田縣 부이족 지구에서 전승되어온 〈영대 아가씨와 산백 상공〉에서도 보인다. 이 이야기에서 영대는 산을 내려가 물을 긷고 있다가 저쪽에서 다가오는 산백을 만난다. 어디로 급히 가느냐는 영대의 물음에 산백은 남경으로 공부하러 가는 길이라 대답하고, 이를 들은 영대는 남동생으로 분장하여 산백과 함께 길을 떠난다. 양산백과 축영대의 만남을 둘러싼 이들 특이한 에피소드는 한족의 양축 이야기에서는 거의 나타나지 않으며, 오히려 한국의 양축 이야기에서 자주 보인다고 할 수 있다.

소수민족 양축 이야기의 다채로움의 특이성을 드러내고 있는 것은 화물化物의 다차성多次性과 다양성多樣性이다. 즉 한족의 양축 이야기에서는 대체로 축영대의 옷자락 혹은 양축 두 사람의 혼이 한 번에 걸쳐 나비로 화하는 화접化蝶인 경우가 대부분이다. 그러나 소수민족의 양축 이야기에서는 여러 차례에 걸쳐 여러 가지 사물로 변하는 경우가 많다. 즉 〈묘령양축가〉에서는 영대가 가져가던 옥구슬은 고추로, 영대의 비녀는 나비로, 치마끈은 강낭콩 꼬투리로 변한다. 뿐만 아니라 마문재가 무덤을 파고 관을 쪼개보니 영대 대신 두 마리 용이 누워 있고, 용을 산간의 평지로 내몰아 두 곳의 높은 산봉우리에 내던지자 커다란 대나무로 변하고, 대나무를 불태우자 푸른 연기 두 오라기로 변하였다가 무지개로 변한다.

이러한 경우는 〈장족 양산백과 축영대〉에서도 엿볼 수 있나. 즉 무덤으로 뛰어든 축영대의 옷자락은 나비로 변하고, 무덤을 파헤치자 시신 대신 흰돌 두 개가 놓여 있다. 흰돌은 양쪽의 강언덕에 내버려지자 나무로 변해 자라고, 나무는 가장귀끼리 마주보고 뿌리가 한데 얽힌다. 또한 〈바이족 산백영대〉에서는 무덤을 파헤치자 시신 대신 돌사자 두 개가 놓여 있고, 이것을 강물에 버리자 버드나무 두 그루가 자라나고, 버드나무를 베어내자 원앙으로 변하고, 원앙이 뛰어놀자 피어나는 온갖 꽃 속에 나비 두 마리가 날아다닌다. 〈서족 전통이야기노래〉에서도 축영대의 치맛자락은 나비가 되고, 무덤 주위의 조약돌이 굴러 산백은 삼나무로, 영대는 죽순으로 변하더니, 삼나무는 통이 되고 죽순은 통을 죄는 테두리가 된다.

일반적인 양축이야기와 변별되는 소수민족 양축 이야기의 두드러진 특징은 이야기의 서사양식의 특이성이다. 위에서 살펴보았듯이, 소수민족의 양축 이야기는 대체로 민간서사시의 형식으로 존재하고 있는데, 이는 입에서 입으로 전승되는 구비문학의 특성과 관련이 있을 것이다. 이들 소수민족의 민간서사시는 특유의 시율을 지니고 있다. 그 대표적인 예로 광서廣西 지구 장족의 환歡, 이족의 타가打歌, 바이족의 대본곡大本曲과 취취강吹吹腔, 상서湘西 지구 먀오족의 반회창返回唱 등을 들 수 있다.

좡족의 환歡은 본시 민가의 총칭이며, 크게 세 가지, 즉 단체환短體歡, 륵각체환勒脚體歡과 배환排歡으로 나눌 수 있다. 이 민가 형식은 시가의 특정한 위치에 각운脚韻 혹은 요운腰韻을 압운함으로써 리듬을 만들어 낸다. 좡족의 민가에서 흔히 보이는 륵각체환單勒脚體歡 가운데의 단륵환單勒歡을 예로 들어보자. 륵각이란 좡어壯語로 복창復唱을 의미한다. 단륵환은 6행 1수(2행 1절)로 이루어지는데, 첫 번째 절의 제1행은 두 번째 절의 제2행으로 복창되고, 첫 번째 절의 제2행은 세 번째 절의 제2행으로 복창된다.

바이족의 대본곡은 바이족 특유의 민간곡예의 설창방식이다. 이 설창방식은 노래를 위주로 하고 대사를 보조로 하여 공연하는데, 노래는 흔히 '3715체'라고 일컬어지는 바의, 세 개의 7자구와 하나의 5자구로 구성된다. 공연자 중의 한 사람은 손에 부채 혹은 손수건을 들고서 노래를 부르고, 다른 한 사람은 삼현三絃을 타서 반주한다. 설창하는 무대는 탁자 하나와 의자 둘로 꾸며진다. 매우 단순한 설창방식이지만, 이 방식은 바이족이 장편의 이야기를 설창하는 가장 흔한 방식이다. 〈바이족 산백영대〉에서 축영대가 양산백과 처음 만나는 장면에서 부르는 '3715체'의 설창방식을 살펴보자.

英臺化妝上杭州,	영대 화장하고 항주로 가는데
路上遇見一書生,	도중에 한 서생을 만나네.
有緣千里來相會,	인연 있어 천리에 서로 만나니
結拜成弟兄.	의형제를 맺누나.

就地燒起香一爐,	그 자리에서 화로에 향을 사르고
英臺叫聲山伯兄.	영대는 산백을 형이라 부르네.
拜罷天地同行走,	천지에 절하고 함께 길을 떠나니
猶如一家親.	가족인양 친근하네.

한편, 먀오족의 반회창返回唱은 먀오족 노래의 특수한 연창방식으로서, 매 수의 노래를 부르고 난 후에 다시 노래를 되풀이하여 부르는 방식이다. 다만 되풀이하여 부를 때에 홀수 구는 내용의 변함이 없이 똑같지만, 짝수 구는 마지막 한두 음절 혹은 구 전체를 바꾸어 부른다. 4구 1수의 노래가 어떻게 반회창의 방식으로 연창되는지 〈묘령양축가〉의 첫머리 부분에서 살펴보자.

祝英是個靈姑娘,	영대는 총명한 아가씨
挑花刺繡最在行;	꽃을 수놓는 데 뛰어나네.
小時織帶繡花忙,	어려서 베 짜고 수놓기에 바쁘더니
長大立志讀詩章.	커서는 공부를 하겠노라 뜻을 세웠네.
祝英是個靈姑娘,	영대는 총명한 아가씨
描龍織鳳是里手;	용과 봉새 짜는 데 뛰어나네.
小時織帶繡花忙,	어려서 베 짜고 수놓기에 바쁘더니
長大立志把學求.	커서는 배움을 구하겠노라 뜻을 세웠네.

4구 1수의 노래가 되풀이되는 가운데, 첫번째 수와 두 번째 수에서 홀수 구(1구와 3구)는 똑같이 되풀이되지만, 짝수 구(제2구와 제4구)는 달라진다. 즉 첫 번째 수의 제2구(挑花刺繡最在行)는 두 번째의 수의 제2구(描龍織鳳是里手)와 완전히 달라지는데, 다만 내용상으로 보았을

때 대구를 이루고 있다. 또한 첫 번째 수의 제4구의 일부(讀詩章)는 두 번째 수의 제4구의 일부(把學求)로 바뀐다. 역시 내용상으로 대구를 이루고 있는데, '구학(求學)'이라 하지 않고 '파학구(把學求)'로 바뀐 점에 주목할 필요가 있다. '파학구(把學求)'는 물론 음수율을 고려함과 동시에, 수手(shou)와 구求(qiu)의 각운 또한 감안한 것이다.

이처럼 먀오족의 반회창 연창방식은 동일한 구를 되풀이하고 각운을 운용함으로써 리듬을 만들어내고 있으며, 그와 동시에 약간의 변화를 주더라도 내용상의 대구와 형식상의 각운을 유지함으로써 리듬을 유지하거나 고조시킨다. 이러한 반회창의 연창방식은 〈묘령양축가〉에서 축영대가 부모를 설득하는 장면에서도 마찬가지로 운용되고 있다.

道理爹娘教周全,	부모님의 빈틈없는 가르침
句句裝進兒心間;	마디마디 마음속에 새겼네.
孩兒傾心學詩篇,	정성 다해 시편을 배우리니
兩老在家心放寬,	두 어른 집에서 마음 놓으소서.
道理爹娘教周全,	부모님의 빈틈없는 가르침
句句裝進兒心窩;	마디마디 가슴속에 새겼네.
孩兒傾心學詩篇,	정성 다해 시편을 배우리니
兩老在家莫念我,	두 어른 집에서 걱정 마오소서.

■ 양축 이야기의 민족화

지금까지 소수민족 양축 이야기가 서사구조나 인물형상 등에서 한족의 양축 이야기와 어떤 차이를 보여주는지를 살펴보았다. 이밖에 소수민족 양축 이야기의 특이성은 주로 이야기의 세부묘사에서 두드러지게 드러나고 있다. 소수민족의 양축 이야기는 소수민족 특유의 생활상이나 생활습속 등이 다채롭고 풍부하게 담아냄으로써 민족화, 현지화 혹은 토착화의 특징을 잘 드러내준다. 이제 이러한 민족화의 특징을 드러내주는 세부묘사를 살펴보자. 광서 부천富川의 야오족자치구瑤族自治區에 전승되어온 〈야오족 영대전〉에서 축영대가 밤에 목욕하는 장면을 이렇게 묘사하고 있다.

英臺晩間去洗澡,	영대 밤에 목욕하러 가는데,
手拿皂角擦胸膛,	쥐엄나무 열매로 가슴을 문지르네.
露出一對丁香奶,	라일락향 젖가슴 드러내누나,
一對奶子白如霜.	서리처럼 하얀 두 젖가슴을.[92)

위의 노래에서 '쥐엄나무 열매皂角'는 야오족이 일상생활에서 흔히 사용하는 세정용품이다. 쥐엄나무 열매는 거담작용이 있어서 폐결핵이나 폐농양, 만성기관지염 등에 효험이 있으며, 종기나 피부궤양 치료에도 사용되는 한약재의 하나이다. 이러한 약재 기능과 함께 쥐엄나무 열매는 사포닌Saponin 성분을 지니고 있어서 물과 결합하면 거품을 내는 천연계면활성물질이기 때문에, 야오족은 지금의 샴푸나 린스와 마찬가지로 몸을 씻거나 머리를 감는 세정용품으로 자주 이용하였던 것이다.

소수민족의 생활습속을 보여주는 일례는 광서 동란東蘭, 파마巴馬, 전양田陽, 마산馬山, 도안都安 등지에 전승되어온 좡족의 〈양산백과 축영대〉에서 엿볼 수 있다. 이 이야기에서 양산백은 축영대가 여자일지 모른다고 의심하여 축영대에게 잠을 잘 때 파초잎을 깔고 자자고 제안한다. 이는 좡족의 민간에서 여자가 남자보다 화기가 더 세다고 믿는 습속과 관련이 있다. 좡족의 이 이야기에는 좡족의 일상사와 관련된 해학적인 관념을 엿볼 수 있는 장면이 있다. 즉 축영대는 집으로 돌아가는 자신을 배웅하는 양산백에게 무화과와 유자를 먹고 싶다면서 구해오도록 부탁한다. 양산백이 무화과와 유자를 찾지 못한 채 빈손으로 돌아오자 이렇게 산가山歌를 노래한다.

無花果樹葉青青,	무화과나무 잎 푸르고 푸른데
兩個果子藏樹蔭,	두 개의 열매 나무그늘에 숨었네.
有情有意摸到果,	사랑하는 이 열매를 어루만지면
香在喉頭甛在心.	향기 목에 가득하고 마음은 달콤하리.
紅皮柚子長樹丫,	나무 가장귀의 붉은 껍질의 유자
有情有意伸手拿,	그리운 이 손 뻗어 가져다가
有情有意剖開看,	그리운 이 쪼개어 바라보면
剝去紅皮現紅花.	붉은 껍질 벗기자 붉은 꽃 보이리.[93]

이 산가에서 무화과의 열매는 아가씨의 젖가슴을, 그리고 유자는 아가씨의 몸을 은유하는데, 이는 좡족의 거주지역에 흔히 자라고 있는 무화과 및 유자와 관련된 좡족의 성性문화와 깊은 관련이 있다. 이렇게 본다면 무화과와 유자는 단순히 열매를 맺는 식물을 가리키는 것이 아니라, 여인의 성숙한 육체를 상징한다고 볼 수 있다. 그렇기에 이 산가를 뒤이어 축영대가 양산백에게 남긴 편지에 쓰인 아래의 시는 자신의 절절한 사랑과 함께 어서 청혼해주기를 바라는 마음을 양산백에게 고백하고 있는 것이다.

無花果熟留哥要, 잘 익은 무화과 오라버니 가지도록 남겨놓네.
紅皮柚子留哥連, 붉은 껍질의 유자 오라버니와 이어지도록 남겨놓네.
項鷄臉紅將生蛋, 병아리 얼굴이 붉어지면 곧 알을 낳듯이,
少女紅唇想結緣. 소녀의 붉은 입술은 인연 맺기를 바란다네.[94)]

이밖에 광서 융수融水의 먀오족자치현에서 전승되어온 〈세 나비의 기이한 인연〉에는 양산백과 축영대가 3월 3일을 맞아 학당에서 벗어나 거보歌坡에 가서 노래와 춤을 즐기는 장면이 등장한다. 거보는 거보회歌坡會 혹은 거회歌會라고도 하는데, 광서의 먀오족이나 좡족 등이 노래와 춤을 즐기는 전통적인 문화행사이다. 이 행사에서 흔히 남자는 갈대피리蘆笙를 불고 여자는 차이거탕踩歌堂을 즐기는데, 차이거탕은 여자들이 둥글게 원을 그리면서 노래를 부르고 춤을 추는 오락이다. 또한 먀오족의 〈묘령양축가〉에서 축영대의 어머니가 축영대를 시집보내면서 우산을 손에 들려주는 장면이 등장한다. 이는 먀오족 아가씨가 시집갈 때에 우산을 들고 가는 습속과 관련이 있다.

다음으로 소수민족 양축 이야기에 드러난 민족화의 특성은 양산백의 상사병을 치유할 처방전에 등장하는 뇌공雷公에서도 엿볼 수 있다. 소수민족의 양축 이야기에서는 처방전을 요구하거나 제시하는 사람이 텍스트마다 다르게 나타난다. 즉 〈묘령양축가〉에서는 양산백의 어머니가 축영대에게 처방전을 요구하는 반면, 〈서족 전통이야기노래〉와 〈투자족 양산백과 축영대〉에서는 축영대가 양산백에게 답신을 보내면서 처방전을 제시한다. 아울러 〈좡족의 양산백과 축영대〉에서는 양산백이 어머니에게 처방전을 제시하고, 〈바이족의 산백영대〉에서는 축영대가 양산백에게 처방전을 제시한다.

그런데 이들 텍스트에서 제시된 처방전에 색다른 물품이 상사병 치료약으로 제시되어 있다. 그것은 뇌공雷公과 관련된 물품인데, 뇌공과 관련된 물품이 처방약으로 제시된 경우는 한족의 양축 이야기에서 찾아보기 어렵다. 소수민족의 양축 이야기를 살펴보면, 〈서족 전통이야기노래〉에서는 뇌공의 손톱이, 〈좡족의 양산백과 축영대〉에서는 뇌공 아내의 젖 한 사발이, 〈투자족 양산백과 축영대〉과 〈야오족 영대전〉에서는 뇌공의 뇌수가 처방약 가운데의 하나로 제시되어 있다.

뇌공은 중국의 신화 속에 등장하는 천신의 하나로서 우레를 관장하는 신이며, 흔히 뇌신雷神 혹은 뇌사雷師로 일컬어진다. 뇌공이란 명칭은 ≪초사楚辭≫의 〈원유遠遊〉에 맨처음 등장하는데, "왼쪽에서는 우사가 길을 보필하였고, 오른쪽에서는 뇌공이 호위하였다(左雨師使徑侍兮, 右雷公以爲衛)"라고 적혀 있다. ≪산해경山海經≫에도 뇌공의 형상에 대한 기술이 있는 바, "뇌택 안에 뇌신이 있는데, 용의 몸에 사람의 머리이며, 배를 두드리면 우레소리가 난다(雷澤中有雷神, 龍身而人頭, 鼓其腹則雷也)"라고 적혀 있다. 이러한 반인반수半人半獸 형상의 뇌공은 당송대 문인의 필기에서 뇌우를 내린 후에 세상으로 내려와 불효자와 못된 상인을 때려죽이는 형상으로 그려졌다. 이리하여 뇌공은 인간의 선악을 분별하고 하늘을 대신하여 법을 집행함으로써 죄 있는 자를 처벌하는 경외의 대상으로 받들어졌던 것이다.

뇌공은 중국 남방, 특히 소수민족의 민간고사에 자주 등장하는데, 그 대표적인 일례가 홍수와 관련된 설화이다. 홍수 설화에서 뇌공은 인간과의 분쟁에서 패하여 붙잡혔다가 탈출한 후 복수하기 위해 인간세상을 홍수로 멸망시킨다. 이러한 홍수설화에서 뇌공은 반인반신半人半神의 모습을 띠고 있으며, 인간에게 재앙을 가져오는 불길하고 두려운, 증오의 대상으로 받아들여지고 있다. 이처럼 뇌공은 중국 남방 소수민족의 민간고사에 자주 등장하는 인물형상이라 할 수 있으며, 바로 이러한 이유에서 소수민족의 양축 이야기에 뇌공이 등장하는 것은 조금도 기이한 일이라고 할 수 없다.

마지막으로 소수민족 양축 이야기의 특이성은 연기담緣起談에서 엿볼 수 있다. 소수민족의 양축 이야기에는 양산백이 축영대를 뒤쫓거나 축영대가 양산백을 뒤쫓을 때, 이들이 만나는 갖가지 동물과 관련된 연기담들이 등장한다. 동물의 생김새와 관련된 연기담은 부이족이 〈영대 아가씨와 산백 상공〉에서 엿볼 수 있다. 즉 축영대의 종적을 묻는 양산백의 물음에 도움을 준 금계와 공작에게는 화려한 옷을 선물로 주어 아름다운 깃털을 갖게 해준다. 그렇지만 거위와 비둘기, 오리, 물소, 까마귀, 산양은 도움을 주지 못했기에, 거위는 긴 목을 갖게 되고 비둘기는 잿빛으로 추해졌으며, 오리는 주둥이가 납작해지고 물소는 뿔에 동그란 자국이 남게 되었으며, 까마귀는 목덜미의 털이 뽑혀 흰 테두리가 남게 되고 산양은 뿔이 구부러지게 되었다는 것이다.95)

동물의 특징적인 생김새와 관련된 연기담은 장족의 〈양산백과 축영대〉에도 나타나 있다. 귀향하는 축영대를 배웅하고 학당으로 돌아온 양산백은 축영대가 남긴 시를 읽고서 여자임을 알고서 곧바로 축영대를 뒤쫓아간다. 양산백은 뒤쫓아가던 도중에 백조 한 쌍과 개구리 한 쌍을 만나 축영대의 종적을 묻지만, 이들은 그저 울기만 할 뿐 아무 것도 알려주지 않는다. 이에 화가 치민 양산백은 백조의 목을 길게 잡아당기고 개구리의 머리를 밟아버린다. 반면 원앙 한 쌍은 양산백이 강을 건너도록 도와주었기에 비단을 선물로 받는다. 이로 인해 지금 백조는 목이 길어지고 개구리는 머리가 납작해졌으며 원앙은 깃털이 아름다워

졌다는 것이다.[96] 〈좡족 속어 세 구의 유래〉에도 거위와 산양, 원앙의 생김새와 관련된 유사한 연기담이 나타나 있다.

이러한 연기담은 양축 이야기의 전체 서사구조에 커다란 변화를 가져오지 않으며, 등장인물의 성격에 불필요한 오해를 낳지도 않는다. 연기담은 양축 이야기에서 양산백과 축영대 두 사람의 절절한 애정을 해학적으로 보여주는 에피소드로서 훌륭히 기능하고 있을 뿐이다. 이들 연기담은 소수민족의 거주지역에 분포된 다양한 동물군, 특히 남방지역과 관련된 동물군을 두루 보여줌으로써 소수민족의 생활상을 파악하는 데 도움을 준다. 뿐만 아니라 더욱 주요하게는, 소수민족이 특정한 동물에 대해 지니고 있는 미추美醜 및 호오好惡의 관념을 반영함으로써 독특한 집단적 심미의식을 보여준다는 점에서 커다란 의미가 있다.

■ 작은 맺음말

그렇다면 양축 이야기는 어떤 경로로, 어느 시기에 소수민족지역에 전해졌을까? 확실한 문헌자료를 통한 기록이 없기 때문에 구체적인 전파경로와 전파시기를 확정하기에는 분명 어려움이 많다. 게다가 소수민족의 대부분이 나름의 언어는 가지고 있지만, 독자적인 문자를 가지지 못한 채 입에서 입으로 전승되는 구비의 특성을 보여주고 있기에 그 어려움은 더욱 크다고 할 수 있다. 우리는 소수민족 양축 이야기의 내용, 그리고 소수민족을 둘러싼 정책의 역사적 변천 등을 근거로 전파경로와 전파시기를 추정해볼 수 있다.

소수민족 양축 이야기의 내용을 살펴보면, 이야기를 완정하게 서사하거나 노래하고 있는 텍스트의 대다수에는 화접 모티프가 포함되어 있다. 양축 이야기와 관련된 한족의 문헌자료를 살펴보면, 화접 모티프가 양축 이야기의 주요한 구성성분으로 나타나기 시작한 것은 대체로 남송시기부터이다. 따라서 소수민족 양축 이야기의 전파시기를 가장 멀리 소급한다 하더라도 남송시기를 상한선으로 설정할 수 있다. 그런데 소수민족의 양축 이야기 가운데에는 〈서족 전통이야기노래〉나 〈좡족 양산백과 축영대〉처럼 환생還生 모티프가 추가되어 있는 경우도 있다. 일반적인 양축 이야기에서 환생 모티프는 18세기 후반 이후 장강長江 이남의 남방에서 공연된 곡예류曲藝類의 텍스트에 실려 있다는 점을 감안한다면, 소수민족 양축 이야기의 전파시기는 18세기 말경으로까지 늦추어질 수 있다.

전파시기 및 전파경로와 관련지어 소수민족과 관련된 정책으로는 무엇보다도 '개토귀류改土歸流'를 들어야 할 것이다. 명대 중후기부터 청대에 걸쳐 시행된 이 정책은 소수민족지역을 통치하기 위해 소수민족 출신의 우두머리를 세워 세습케 하는, 이른바 토사제土司制를 폐지하고 중앙정부에서 관리를 파견하는 '유관제流官制'의 방식으로 바꾸는 것이다. 이 정책에 의해 한족 출신의 유관이 소수민족지역의 관리로 임명되어 통치를 담당하게 되었으며, 이들 유관을 중심으로 하는 통치세력이 한족의 문화를 소수민족에게 널리 전할 수 있는 구심점의 역할을 수행하였으리라 추정된다. 이렇게 본다면 '개토귀류改土歸流' 정책의 실시는 양축 이야기의 전파시기와 전파경로를 파악하는 데에 있어서 매우 중요한 실마리라고 할 수 있다.

'개토귀류改土歸流'와 더불어, 소수민족에게 양축 이야기가 전파된 경로로서 주목할 만한 것은 한족의 이민이다. 한족의 이민은 이미 송대로부터 광서 각지로 이루어졌으며, 명대로부터 운남 각지로 이루어졌다. 이러한 한족의 이민은 주로 농민이나 상인 등에 의해 흔히 경제적인 동기에서 이루어졌다. 이러한 자발적인 이민과 달리, 군둔제軍屯制에 의한 강제적인 이주도 시행되었다. 군둔제는 원래 변방을 지키기 위해 위소衛所에 주둔하는 병사로 하여금 둔전屯田을 경작하여 자급자족하도록 하는 것이다. 명대에는 전국적으로 설치된 위소에 내지에서 동원된 병사를 파견했는데, 이때 병사는 반드시 가족을 동반하도록 규정되어 있었다.

명대의 실록이나 남방의 지방지에 따르면, 군둔제에 의해 주둔한 병사들은 대부분 절강浙江, 강서江西, 호광湖廣, 하남河南에서 동원되었다고 한다. 그렇다면 군둔제에 의해 강제적으로 이주한 가족을 포함한다면, 양축 이야기를 잘 알고 있던 절강 출신의 이민자들이 전체 이주민의 상당 비율을 차지했음을 알 수 있다. 이렇게 본다면 양축 이야기는 명대에 전국적으로 실행된 '개토귀류'와 군둔제라는 정부의 정책, 그리고 한족의 소수민족지역에로의 자발적인 유입에 힘입어 소수민족지역에 널리 전파되었을 가능성이 매우 높다고 할 수 있다.

지은이 주

1) 周靜書 주편, ≪梁祝文化大觀≫(故事歌謠卷)(북경: 중화서국출판사, 1999), 293쪽 참조

2) 민간전설계열의 우표 발행은 이후에도 이어졌는 바, 2004년에는 '민간전설 - 柳毅傳書'를 발행하였으며, 2007년에는 '민간전설 - 牛郎織女'를 발행할 예정이다.

3) "梁山伯祝英臺合葬城西六十里吳橋地方, 有碑." 錢南揚 등, ≪名家談梁山伯與祝英臺≫(北京: 文化藝術出版社, 2006), 167쪽에서 재인용

4) "吳橋在城西六十里, 跨白馬河上, 明隆慶年間被水湮沒." 위와 같음.

5) "獨英臺得天地之正氣, 萃扶盥之倩淑, …… 其心皎若日星, 其節凜若秋霜, 推之可以爲忠, 可以爲孝." 위의 책, 178쪽.

6) 吳琦, 〈細說梁祝在馬坡〉, 위의 책, 181쪽

7) "梁祝讀書洞, 在至聖祠右. 相傳梁山伯祝英臺讀書於此." 위의 책, 175쪽에서 재인용

8) "梁祝泉在梁祝讀書洞右. 泉側石上刻'梁祝泉'三字." 위와 같음.

9) "萬壽宮, 在仙人宮西一百餘步, 殿三楹, 南向, 舊與仙人宮爲一, 內有梁祝像." 楊亦農, 邵鴻志, 〈梁祝故里在山東濟寧考略〉 ≪中國地方志≫ 2004년 6기에서 재인용.

10) 위의 글 참조

11) 劉康健, 〈千古絶唱出中原〉, 錢南揚 등, 앞의 책, 130-131쪽 참조

12) 晉 懷帝가 재위하던 시기에 북방의 흉노, 선비, 저, 갈, 강족 등의 여덟 명의 왕들이 잇달아 晉을 침략하여 할거정권을 세웠는데, 이를 懷帝의 연호를 따서 永嘉之亂이라 일컫거나, 혹은 여덟 명의 왕이 난을 일으켰다고 하여 '八王之亂'이라 일컫는다.

13) 善卷禪寺, 宋名廣教禪院, 在縣西南五十里永豊鄕善卷洞側. 齊建元二年以祝英臺古宅創建. …… 祝陵在善勸山, 巖前有巨石, 刻云祝英臺讀書處, 号'碧鮮庵'.…… 俗傳英臺本女子, 幼與梁山伯同學, 後化爲蝶. 事類於誕, 然考〈寺志〉, 齊武帝贖英臺舊産建, 意必有人第.

14) 善卷禪寺, 在縣西南五十里, 齊建元二年以祝英臺古宅創建.(萬曆 18년 ≪宜興縣志≫), 祝陵在宜興善勸山, 其巖有巨石, 刻云'祝英臺讀書處', 號'碧鮮庵'. 英臺本女子, 幼與梁山伯同學,…… 善卷寺蓋齊建元二年以祝英臺古宅創建.(康熙 ≪常州府志≫), 善卷寺, 在縣西南五十里善勸山, 齊建元二年以祝英臺古宅建.(擁正 4년 ≪重刊宜興縣舊志≫)

15) 善權山南, 上有石刻祝英臺讀書處. …… 義婦祝英臺與梁山伯同冢.

16) 祝陵有精舍, 號碧鮮庵.

17) 善卷寺在宜興縣國山南, 卽祝英臺古宅也.

18) 善權洞, 在常州府宜興縣國山東南, 一曰龍岩, …… 俗傳傳說英臺本女子, 幼與梁山伯爲友, 讀書於此, 後化爲蝶. …… 南齊建元碧鮮庵於其故宅, 刻云祝英臺讀書處六字云.

19) 萬古英臺面, 雲泉響佩环. 練衣歸洞府, 香雨落人間. 蝶舞凝山魄, 花開想玉顔顔.

20) 緹縈贖父刑, 木蘭替爹征. 婉孌女兒質, 慷慨男兒情. 淳于不生男, 木蘭無長兄. 事緣不得已, 乃留千載名. 英臺亦何事? 詭服違常經! 班昭豈不學, 何必男兒朋? 貞女擇所歸, 必待六禮成. 苟焉殉同學, 一死鴻毛輕! 悠悠稗官語, 有無不可徵. 有之寧不愧, 木蘭與緹縈. 荒哉讀書壇, 宿草含春榮. 雙雙蝴蝶飛, 兩兩花枝橫. 彼美康節翁, 小車花外行. 一笑拂衣去, 南山松柏青.

21) 喆子, 〈梁祝傳說-在浪漫幻想與眞實地貌之間翩躚的精靈〉, 錢南揚 등, 앞의 책, 157-160쪽 참조

22) 이들 지방지로는 남송 羅濬의 〈寶慶四明志〉, 원대 袁桷의 〈延佑四明志〉, 명대 黃潤玉의 〈寧波府簡要志〉와 張時徹의 〈嘉靖寧波府志〉, 청대 聞性道의 〈康熙鄞縣志〉과 徐時棟의 〈光緒鄞縣志〉 등을 들 수 있다.

23) 周靜書, 〈論梁祝故事的發源〉, ≪寧波大學學報≫ 제16권 2기, 2003.6. 참조

24) "晉, 鄞令, 梁處仁, 字山伯,後人据其行迹演化出梁山伯與祝英臺的故事." 위의 글에서 재인용

25) 李珠魯, 〈梁祝故事의 傳說 研究〉, ≪中國文學≫ 제53집, 2007-11 참조

26) 陳勤建 주편, ≪東方的羅密歐與朱麗葉≫ (哈爾濱: 黑龍江人民出版社, 2005) 118쪽

27) 周靜書, 앞의 글 참조

28) 馬紫晨, 〈'梁祝'歷史與傳說〉(≪尋根≫ 2005-2) 참조

29) 周靜書, 앞의 글 참조

30) 生當封侯, 死當廟食, 區區何足論也.

31) 蔣堯民, 〈梁祝之'義(宜)興說'-關於祝英臺學說之我見〉, http://www.yixing.cn/qydw/jiangym/lw4.htm 참조

32) 蔣堯民, 〈梁山伯籍貫之新考〉, http://www.yixing.cn/qydw/jiangym/lw14.htm 참조

33) 路工이 選編한 ≪梁祝故事說唱集≫은 1955년 上海出版公司에서, 錢南揚이 펴낸 ≪梁祝戲劇輯存≫은 1956년 上海古典文學出版社에서 각각 출판되었다.

34) 양축 이야기와 관련된 구비전설이 수집·정리된 예로는 1930년 2월에 廣州中山大學에서 출간된 ≪民俗≫주간 93·94·95호 합간호를 들 수 있다.

35) 1984년 5월 중화인민공화국 문화부, 국가민족사무위원회, 중국민간문예가협회는 연합으로 〈≪中國民間故事集成≫ ≪中國歌謠集成≫ ≪中國諺語集成≫의 편집·출판에 관한 통지〉를 공포하여, 중국 전역에 전해져 오는 신화, 전설 및 각종 장르의 고사를 수집·정리하도록 지시하였다.

36) ≪梁祝文化大觀≫ '故事歌謠卷'에는 총 92편의 민간고사가 실려 있는데, 이 글에서는

N.G.가린-미하일로프스키가 수집한 조선의 고사 〈梁祝復活留人間〉(원명은 〈誓約〉)을 제외하였다.

37) ≪梁祝文化大觀≫에 실린 〈英臺化蠶〉, ≪中國民間故事集成≫의 '江蘇卷'에 실린 〈英臺化蠶〉과 '黑龍江卷'에 실린 〈祝英臺化蠶〉은 같은 내용을 담고 있다. 동일한 고사에 대해 ≪梁祝文化大觀≫에는 전승지역이 밝혀져 있지 않은 반면, ≪中國民間故事集成≫에서는 각각 蘇州市와 綏棱縣이라 달리 밝히고 있다. 이 글에서는 지역의 경제적 특성을 감안하여 蘇州市의 고사로 간주하여 江蘇省에 편입하였다.

38) 양축 이야기의 원형을 어느 정도 갖추고 있는 작품은 지역별로 대략 다음과 같이 분류할 수 있다. 즉 전국 1편(〈彩蝶雙飛〉), 절강성 7편(〈梁山伯與祝英臺〉 〈金童玉女風月記〉 〈祝英臺鍾情梁山伯〉 〈蝙蝠雙飛梁祝魂〉 〈梁祝情深上天庭〉〈尼山姻緣來世成〉〈鴛鴦成雙不分離〉), 강소성 5편(〈山伯琴劍英臺扇〉 〈觀音寺結緣〉 〈梁祝的故事〉 〈梁祝永結幷蒂蓮〉 〈梁山伯與祝英臺〉*, 사천성 1편(〈飛蝶化彩虹〉), 복건성 2편(〈梁祝同化白蝴蝶〉 〈梁山伯與祝英臺〉*), 광동성 1편(〈三載同窓生死戀〉), 광서성 2편(〈三蝶奇緣〉 〈英臺作詩托終身〉), 귀주성 2편(〈英臺姑娘與山伯相公〉 〈梁山伯與祝英臺〉**), 하남성 1편(〈梁山伯與祝英臺的傳說〉), 산동성 1편(〈梁山伯與祝英臺〉*), 하북성 2편(〈梁山伯與祝英臺相愛〉 〈梁山伯與祝英臺〉*) 등이다.

39) 이러한 예로 〈梁縣令托夢治蟲〉, 〈梁聖君廟的傳說〉, 〈梁山伯指點舡鴨狗〉, 〈梁山伯吃蛋留風俗〉, 〈死人嘴상우啥要盖書〉, 〈師母巧編竹墻隔梁祝〉, 〈梁祝和雙蝶節〉, 〈七月十五日送紙燈〉, 〈蠶茧粘住蛋子草〉, 〈竹篾箍桶永久緊〉과 〈杉竹和合〉* 등을 들 수 있다.

40) 이러한 예로 각각 〈襪套的來歷〉과 〈和尙踢煞報曉鷄〉를 들 수 있다.

41) 이러한 예로 〈映山紅的來歷〉, 〈草花蛇〉과 〈祝英臺的紅裙變映山紅〉*, 〈祝英臺的羅裙帶子〉* 등을 들 수 있다.

42) 이러한 예로 각각 〈十八灣的來歷〉과 〈馬郎港的成因〉을 들 수 있다.

43) 이러한 예로 각각 〈曹橋結拜〉, 〈雙照井〉, 〈淚井的傳說〉, 〈白衣閣的傳說〉 등을 들 수 있다.

44) 이러한 예로 〈梁山伯與祝英臺〉*, 〈三蝶奇緣〉과 〈梁祝永結幷蒂蓮〉을 들 수 있다.

45) 이러한 예로 〈蝙蝠雙飛梁祝魂〉을 들 수 있다.

46) 이러한 예로 〈梁山伯與祝英臺〉*를 들 수 있다.

47) 이러한 예로 〈一只繡花鞋〉, 〈英臺發誓栽月季〉, 〈米湯澆花花更紅〉, 〈顯示貞潔月月紅〉, 〈祝英臺打賭 異文〉*을 들 수 있다.

48) 이러한 예로 〈焦骨牡丹女兒心〉, 〈紅絹爲證〉, 〈祝英臺打賭〉*, 〈祝英臺有個刁嫂子〉*, 〈祝英臺與牡丹花〉*을 들 수 있다.

49) 이러한 예로 각각 〈祝英臺鍾情梁山伯〉과 〈梁山伯與祝英臺的傳說〉을 들 수 있다.

50) 이러한 예로 각각 〈英臺姑娘與山伯相公〉과 〈梁山伯與祝英臺〉* 등을 들 수 있다.

51) 이러한 예로 〈梁祝情深上天庭〉을 들 수 있다.

52) 이러한 예로 〈梁山伯與祝英臺〉*(산동성), 〈梁山伯與祝英臺〉*(하북성)와 〈梁祝相送下山來〉*를 들 수 있다.

53) 이러한 예로 〈蝙蝠雙飛梁祝魂〉을 들 수 있다.

54) 이러한 예로 〈梁祝同化白蝴蝶〉을 들 수 있다.

55) 이러한 예로 〈英臺姑娘與山伯相公〉, 〈英臺作詩托終身〉, 〈山伯愛憎對飛禽〉. 〈三句壯族俗語的由來〉를 들 수 있다.

56) 이러한 예로 각각 〈蝙蝠雙飛梁祝魂〉, 〈梁祝讀書洞〉, 〈梁山伯與祝英臺〉(귀주성)**, 〈梁山伯祝英臺化鳥〉*, 〈馬文才塑像的傳說〉, 〈蠶茧粘住蚤子草〉와 〈英臺化蠶〉 등을 들 수 있다.

57) 이러한 예로 〈英臺姑娘與山伯相公〉을 들 수 있다.

58) 이러한 예로 〈飛蝶化彩虹〉, 〈梁祝同化白蝴蝶〉을 들 수 있다.

59) 이러한 예로 〈梁山伯與祝英臺〉*(복건성)와 〈英臺作詩托終身〉(광서성)을 들 수 있다.

60) 이러한 예로 〈梁祝還魂團圓記〉와 〈尼山姻緣來世成〉을 들 수 있다.

61) 이러한 예로 〈祝英臺疆場建奇功〉와 〈馬文才與梁祝雙壯元〉*을 들 수 있다.

62) 식물로 환생하는 예로 〈賭誓成眞眞亦假〉, 〈蝴蝶不采馬蘭花〉를 들 수 있으며, 동물로 환생하는 예로는 〈馬文才變馬郎魚〉, 〈馬文才變公猪〉와 〈梁山伯與祝英臺〉*(강소성), 〈梁山伯祝英臺化鳥〉*, 〈沒人吃的老鼠魚〉*, 〈馬文才爲何娶不成祝英臺〉*를 들 수 있다.

63) 이러한 예로 〈梁山伯與祝英臺〉와 〈金童玉女風月記〉, 〈梁縣令治水〉, 〈淸官俠女骨同穴〉를 들 수 있다.

64) 이러한 예로 각각 〈開倉分粮濟百姓〉, 〈梁山伯墓的傳說〉을 들 수 있다.

65) 이러한 예로 〈祝英臺陰配梁山伯〉을 들 수 있다.

66) 이러한 예로 〈席草計〉와 〈千萬陰兵助康王〉을 들 수 있다.

67) 이러한 예로 〈托夢助陣退倭寇〉, 〈梁聖君廟的傳說〉, 〈蝴蝶墓與蝴蝶碑〉를 들 수 있다.

68) 이러한 예로 〈梁縣令托夢治虫〉, 〈梁聖君廟的傳說〉을 들 수 있다.

69) 이러한 예로 〈梁山伯指點缸鴨狗〉를 들 수 있다.

70) 이러한 예로 〈祝英臺陰配梁山伯〉, 〈千萬陰兵助康王〉을 들 수 있다.

71) 이러한 예로 〈淸官俠女骨同穴〉을 들 수 있다.

72) 이러한 예로 각각 〈山伯琴劍英臺扇〉, 〈祝陵的傳說〉과 〈澗河潭殉情〉을 들 수 있다.

73) 이러한 예로 〈觀音寺結緣〉을 들 수 있다.

74) 이러한 예로 〈焦骨牡丹女兒心〉, 〈姑嫂結冤〉, 〈英臺發誓栽月季〉, 〈紅絹爲證〉 등을 들 수 있다.

75) 이러한 예로 〈師母巧編竹墻隔梁祝〉, 〈紙糊帳〉, 〈賭誓成眞眞亦假〉, 〈雙照井〉 등을 들 수 있다.

76) 이러한 예로 〈十八灣的來歷〉, 〈馬郎港的成因〉, 〈馬文才變馬郎魚〉, 〈沒有人吃的老鼠魚〉* 등을 들 수 있다.

77) 이러한 예로 〈蠶茧粘住蛋子草〉, 〈英臺化蠶〉 등을 들 수 있다.

78) 타 지역에서 전승되어온 전설, 이를테면 절강의 〈梁祝還魂團圓記〉와 〈尼山姻緣來世成〉 역시 환생 이후의 영웅적 행위를 서사하고 있다. 그러나 엄밀한 의미에서 이 전설들은 국가의 수호신으로서의 梁山伯의 성격을 드러내기 위해 안배되었을 뿐, 독립적인 줄거리를 갖춘 영웅담으로는 발전하지 못하였다.

79) 이러한 예로 〈祝英臺疆場建奇功〉과 〈梁山伯與祝英臺〉*를 들 수 있다.

80) 이러한 예로 〈淸官明斷結秦晉〉을 들 수 있다.

81) 이러한 예로 〈三載同窓生死戀〉, 〈英臺作詩托終身〉, 〈鴛鴦河〉 등을 들 수 있다.

82) 이러한 예로 〈英臺作詩托終身〉, 〈英臺姑娘與山伯相公〉, 〈三句壯族俗語的由來〉, 〈山伯愛憎對飛禽〉 등을 들 수 있다.

83) 이러한 예로 〈梁山伯與祝英臺的傳說〉, 〈梁祝雙墓的傳說〉, 〈七月十五日送紙燈〉 등을 들 수 있다.

84) 이러한 예로 〈梁山伯與祝英臺〉*(천진)와 〈梁祝的傳說〉*(흑룡강성) 등을 들 수 있다.

85) 이러한 예로 산동성에 전승되어온 〈梁山伯與祝英臺〉*와 〈梁祝相送下山來〉*, 요녕성에 전승되어온 〈梁山伯爲什麽傻〉* 등을 들 수 있다.

86) 이러한 예로 복건성 屛南縣에 전승되어온 〈梁山伯與祝英臺〉*를 들 수 있다.

87) 양축 이야기와 관련된 구비전설 가운데, 중국의 4대 민간고사가 침투되어 있는 전설로는 〈三生三世苦夫妻〉 〈三世不團圓〉* 등을 들 수 있고, 韓憑고사에서 殉死 후 무덤에서 자란 두 나무의 가지가 엇섞이고 뿌리가 얽힌 이야기와 관련된 것으로 〈英臺姑娘與山伯相公〉 〈英臺作詩托終身〉, 〈梁山伯與祝英臺〉*(天津) 등을 들 수 있다.

88) 김종현, ≪중국의 오늘≫(서울: 창경사, 2004) 51-53쪽 참조

89) 王愛雲, 〈中共與少數民族文字的創制和改革〉(≪中共黨史硏究≫ 2013-7) 참조

90) 소수민족의 양축 이야기에 관하여 ≪양축문고梁祝文庫≫(이론연구권)에 실린 李子和의 〈남서부 소수민족의 양축전설의 유전과 연변(西南部分少數民族梁祝傳說的流傳和衍變)〉, 陸曉芹의 〈지에 대한 예찬과 생의 추구(對智的禮贊與生的求索)〉, 羅義華의 〈여서

창사 '축영대'와 장극 '양축'의 문화차이(試論女書唱詞'祝英臺'與壯劇'梁祝'的文化差異)〉, 覃潔貞의 〈야오족 양축고사에서 본 야오족 문화의 가치취향(從瑤族梁祝故事看瑤族文化的價值取向)〉, 鍾發品의 〈서족문화에 대한 양축전설의 영향(淺談梁祝傳說對畲族文化之影響)〉, 馬澤東의 〈'12월 양축가'에서 보는 먀오한문화의 융합(從'十二月梁祝歌'看苗漢文化的融合)〉 등을 참조하였다. 이밖에 晉克儉의 〈양축전설의 문화정체성 기능을 논함(論梁祝傳說的文化認同作用)〉(≪民族文學研究≫ 2012-5), 晉克儉의 〈먀오족 지구에서의 양축전설의 전파 및 그 변이 원인(梁祝傳說在苗族地區的傳播及其變異原因)〉(≪貴州民族學院學報≫ 2008-1), 張芳의 〈양축전설의 먀오족문화와 환경에 대한 영향(苗族文化與環境對梁祝傳說的影響)〉(≪柳州師專學報≫ 2011.2) 등을 참조하였다.

91) 양산백이 읊은 시의 세 구는 "강 속의 거의 한 쌍, 고개 들어 꺽꺽 울어대네, 새하얀 깃털 푸른 물에 떠 있고 ……"이다. 마지막 구를 잇지 못한 상태에서 축영대는 "누울 똥 없으니 오지 마소!"라고 노래한다. 張岱年 外編, ≪中華民族故事大系≫(제3권)(上海: 上海文藝出版社, 1995) 537쪽

92) 周靜書, ≪梁祝文化大觀≫(고사가요권) (北京: 中華書局, 1999) 765쪽

93) 張岱年 外編, 앞의 책, 543-544쪽

94) 위의 책, 546쪽

95) 周靜書, 앞의 책, 83-84쪽

96) 張岱年 外編, 앞의 책, 546-547쪽 참조

4

동아시아의 양축 이야기

- 한국의 양축 이야기
- 인도네시아의 양축 이야기
- 여러 나라의 양축 이야기

한국의 양축 이야기

양산백과 축영대의 이루어질 수 없는 비극적 사랑의 이야기는 오랫동안 중국뿐만 아니라, 한국을 비롯하여 일본, 동남아시아의 여러 나라에 유전되어 민중의 사랑을 받아 왔다. 특히 동남아시아에서는 인도네시아와 말레이시아에서 널리 유전되어 많은 텍스트들을 산생하였는데, 이는 중국과 이 두 나라의 역사적 관계, 그리고 두 나라의 화교가 지니고 있는 정치적, 경제적 및 문화적 지위 및 역량과 밀접하게 관련되어 있다고 할 수 있다. 어쨌든 양축 이야기가 상이한 나라에 유전되어 수용되는 과정에서 변화를 보여준다는 점에서, 동아시아 각국의 상이한 문화심리구조를 엿보기에 매우 적합한 텍스트라 할 수 있을 것이다.

양축 이야기는 최근에 뮤지컬이나 오페라로 공연되는 경우가 많은데, 중국에서는 물론 우리나라에서도 공연된 적이 있다. 우리나라에서는 중국의 ≪디에 - 버터플라이즈(蝶 BUTTERFLIES)≫가 2008년 7월 대구국제뮤지컬페스티벌의 폐막작으로 공식 초청된 바 있으며, 2009년 3월에는 세종문화회관 대극장에서 공연을 갖기도 했다. 또한 북한에서도 2010년 10월에 피바다가극단이 한국전쟁에의 인민지원군 참전을 기념하기 위해 평양에서 오페라로 개편된 ≪양산백과 축영대≫를 공연하였으며, 2011년 10월부터 석 달에 걸쳐 북경, 상해, 장춘長春, 무한武漢, 광주廣州 등지에서 이 작품을 순회공연하기도 하였다.

중국의 ≪디에-버터풀라이스≫

북한 오페라 ≪양산백과 축영대≫

그렇다면 양축 이야기는 우리나라에 언제, 어떠한 경로로 전해져 왔을까? 주지하다시피, 우리나라는 유사 이래 중국과 국경을 접해 있으면서 정치와 경제, 문화, 군사 등 각 방면에서 인적, 물적 교류를 활발하게 진행해왔다. 우리나라와 중국은 동일한 한자문화권 속에 속해 있었던 터라, 중국의 각 방면의 선진적인 문화를 흡수하기에 유리한 조건을 갖추고 있었으며, 이는 특히 학술문화 교류의 활성화에 크게 기여하였다고 볼 수 있다. 이러한 과거의 역사적 경험에 비추어볼 때, 양축 이야기 역시 우리나라에 일찍부터 유전되어왔을 가능성이 높다.

만약 양축 이야기가 우리나라에 유전되었다면, 인적 교류를 통하거나 희술서적의 구입을 통해 수용되었을 가능성이 크다. 무역활동 및 사신 파견 등에 의한 인적 교류는 특히 이야기의 유전과 수용에 있어서 중요한 역할을 담당했으리라 본다. 우리나라와 중국은 고대로부터 해상로를 통한 무역을 중심으로 문화교류를 전개해왔다. 해상로를 통한 교역 및 문화 교류는 통일신라시대에는 당나라와, 그리고 고려시대에는 송나라와 활발히 이루어졌다. 우리는 특히 고려시대에 당시 명주明州, 즉 지금의 영파寧波가 고려와 송나라를 잇는 유일한 합법적 무역항이었으며, 이곳에 고려 사신단이 머물렀던 고려사행관高麗使行館이 설치되어 있었다는 사실에 주목한다. 영파는 양축 이야기와 관련된 민간의 구비전설 및 각종 필기류의 문헌이 가장 많이 생산된 지역이기 때문이다.

이렇듯 해상로를 통해 활발한 교역 및 문화 교류가 이루어지는 과정에서 양축 이야기가 우리나라에 전해졌을 가능성이 상당히 높다. 물론 이러한 경로 외에도 우리나라에 전해진 중국의 고적을 통해 양축 이야기가 전해졌을 가능성 또한 전혀 배제할 수 없다. 그러나 이 모두는 아직까지 단지 추정에 지나지 않을 뿐이며, 이후의 연구를 통해 보완할 수 있으리라 기대한다. 양축 이야기는 우리나라에서도 꽤 오래전부터 적잖이 유전되어 왔으며, 우리나라 나름의 특색 있는 이야기로 발전했다. 여기에서는 한국에서의 양축 이야기의 갖가지 양상을 살펴보는 한편, 현재 중국에서 정리된, 가능한 한 모든 텍스트에 바탕하여 한중의 양축 이야기를 비교·분석하고자 한다.

■ 양축 이야기의 다양한 텍스트들

≪협주명현십초시≫

우리나라에 유전되어온 양축 이야기는 중국에 비해 편수가 그다지 많지 않다. 현재까지 수집 · 정리된 양축 이야기는 시가 형식 1편, 잡기 1편, 고소설 여러 편, 민간고사 십여

편, 무가巫歌 2편 정도이다. 여기에서는 문자로 정착된 순서 및 서사장르에 따라 양축 이야기의 내용을 살펴보기로 한다.

① 양산백축영대전梁山伯祝英臺傳

大唐異事多祚瑞　당나라의 기이한 일 중엔 상서로운 일 많았네.
有一賢才身姓梁　성이 양씨라는 어진 재사 있어
常聞博學身榮貴　널리 배우면 부귀영화 누린다 늘 듣고
每見書生赴選場　서생들이 과거장에 가는 걸 매양 보아왔지
在家散袒終無益　하릴없이 집에 있어봐야 끝내 무익하리니
正好尋師入學堂　마땅히 스승을 구해 학당에 들어가리.
云云
一自獨行無伴侶　짝도 없이 홀로 가노라니
孤村荒野意恛惶　외로운 마을 황량한 들판에 마음은 불안불안
又遇未來時稍暖　게다가 머잖아 약간 무더워지려는 참에
婆娑樹下雨風涼　하늘하늘 나무 아래 비바람이 서늘하다
忽見一人隨後至　문득 보니 누군가 뒤따라 이르니
脣紅齒白好兒郎　붉은 입술 하얀 이에 잘생긴 도령일세.
云云
便導英臺身姓祝　말하길 “성은 축이요 이름은 영대라오”
山伯稱名僕姓梁　산백도 “제 성은 양이라오” 말하네
各言抛捨離鄉井　각자 말하길, 고향을 떠나와
尋師願到孔丘堂　스승 찾아 공구당에 가련다네
二人結義爲兄弟　두 사람 형제 되기로 결의하여
死生終始不相忘　죽으나 사나 서로 잊지 말자 하였네
不經旬日參夫子　열흘이 되지 않아 스승을 찾아뵙고
一覽詩書數百張　시서 수 백 장을 읽었다네

山伯有才過二陸　산백은 재능 있어 이륙二陸을 뛰어넘고
英臺明德勝三張　영대의 밝은 덕은 삼장三張보다 낫다네
山伯不知他是女　산백은 그가 여자인 줄 모르고
英臺不怕丈夫郎　영대는 사내라 꺼리지 않네
一夜英臺魂夢散　어느날 밤 영대는 꿈을 꾸더니
分明夢裏見爺娘　꿈속에서 또렷이 부모를 뵈었네
驚覺起來情悄悄　놀라 깨어 일어나니 마음이 뒤숭숭
欲從先歸睹父娘　먼저 돌아가 부모를 뵈옵고저
英臺說向梁兄道　영대 양형에게 말하기를
兒家住處有林塘　“제 집에 숲과 연못이 있으니
兄若後歸回玉步　형이 훗날 고향에 돌아가실 때
莫嫌情舊到兒莊　옛 정을 버리지 말고 제 집에 와주오.”
云云
歸舍未逾三五日　집에 돌아온 지 보름이 채 안되어
其時山伯也思鄉　그때 산백도 고향이 그리워
拜辭夫子登岐路　스승을 하직하고 갈림길에 올라
渡水穿山到祝莊　물 건너 산 넘어 축씨 집에 이르렀네.
云云
英臺緩步徐行出　영대 사뿐사뿐 걸어나오는데
一對羅襦繡鳳凰　비단 저고리엔 봉황이 수놓여 있고
蘭麝滿身香馥郁　난향사향 몸 가득 향기롭고
千嬌萬態世無雙　아리땁기가 세상 비길 데 없으니
山伯見之情似□　산백이 그를 보고는 마음이 □□
□辨英臺是女郎　비로소 영대가 여자임을 깨닫네
帶病偶題詩一絕　병 들어 절구 한 수를 지으니
黃泉共汝作夫妻　황천에서 그대와 부부가 되고저.

云云

因玆□□相思病　이로 인해 상사병에 걸리더니
當時身死五魂颺　금방 몸이 죽고 혼이 흩어져
葬在越州東大路　월주 동쪽 한길에 장사지내니
托夢英臺到寢堂　영대의 꿈에 나타나 침소에 이르네
英臺跪拜哀哀哭　영대는 무릎 꿇고 서글피 울면서
殷勤酹酒向墳堂　정성스레 술 따라 무덤에 붓네
祭曰　제문에 이르기를
君旣爲奴身已死　"그대는 저 때문에 돌아가셨는데
妾今相憶到墳傍　첩 이제야 그리워 무덤가에 왔다오
君若無靈敎妾退　그대 만약 영험이 없다면 첩을 물리시고
有靈須遣塚開張　영험이 있다면 무덤을 열어주소서."
言訖塚堂面破裂　말을 마치자 무덤이 갈리지고
英臺透入也身亡　영대는 뛰어 들어 역시 죽었네
鄕人驚動紛又散　마을 사람들 깜짝 놀라 어지러이 흩어지는데
親情隨後援衣裳　부모가 뒤따라가 옷을 당기자
片片化爲蝴蝶子　조각조각 변하여 나비가 되고
身變塵滅事可傷　몸은 티끌이 되니, 가슴 아픈 이야기로다.
云云

이 시가는 ≪협주명현십초시夾注明賢十抄詩≫에 수록된 나업羅鄴(825-?)의 〈협접蛺蝶〉이라는 시 가운데의 '속설의처의화상俗說義妻衣化狀'에 대한 협주夾注이다. 주지하다시피, ≪협주명현십초시≫는 고려에서 편찬한 한적漢籍으로서, 중당에서 오대에 이르는 중국 시인 26명과 신라 시인 4명의 7언 율시를 각각 10수씩 뽑아놓은 ≪명현십초시明賢十抄詩≫에 다시 고려 때 신인종神印宗의 승려인 자산子山이 협주, 즉 본문 속에 작

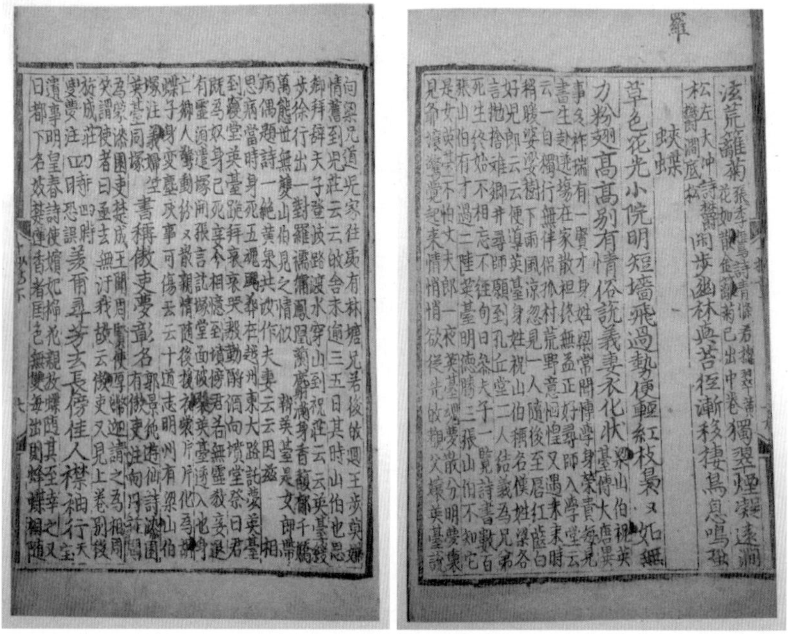

<협접>에 대한 협주

은 글씨로 주석을 붙인 시선집이다. ≪명현십초시≫의 편찬 시기는 대개 고려 초 10세기 후반으로 추정되고 있으며, ≪협주명현십초시≫는 고려말 14세기 전반으로 추정되고 있다.[1] 이렇게 본다면 양축 이야기가 우리나라에 소개된 것은 아무리 늦어도 14세기 전반의 고려말 이전이라 추정할 수 있다.

이 시가의 기본적인 성격을 이해하기 우선 ≪협주명현십초시≫에 수록된 나업의 〈협접〉의 전문을 살펴보자.

草色花光小院明, 풀빛 꽃색 밝은 작은 뜨락에
短牆飛過勢便輕. 낮은 담 가뿐히 날아오르네.
紅枝嫋嫋如無力, 붉은 가지 하늘하늘 힘이 없는 듯

粉翅高高別有情. 흰 날개 까마득이 다른 정 있는 듯.
俗說義妻衣化狀, 속설에는 의로운 아내의 옷이 변한 모습이라 하고
書稱傲吏夢彰名. 책에서는 콧대 높은 아전이 꿈으로 이름을 날렸다지.
四時羨爾尋芳去, 사철 부러울 따름이니, 꽃 찾아 날고
長傍佳人襟袖行. 아름다운 이에 늘 기대어 옷소매 따라 가누나.

나업의 〈협접〉은 ≪전당시全唐詩≫에는 실려 있지 않다. 이 시는 나비가 나는 모습을 그리고 있는데, 특별히 경련頸聯에서 두 가지의 전고를 배열하고 있다. 하나는 '의처義妻'이고, 다른 하나는 '오리傲吏'이다. '오리'는 호접몽蝴蝶夢과 관련된 장자莊子를 가리키는 것이 분명하다. 반면 '의처'는 절개를 지키기 위해 의로운 행위를 한 여인을 가리킬 터인데, 양축 이야기와 관련된 자료에는 '의부義婦'라는 용어는 일찍부터 등장하지만 '의처'라는 용어는 등장하지 않는다. 따라서 '의처'가 한빙韓憑의 아내를 가리키는지 축영대祝英臺를 가리키는지 확실치 않다. 다만 한빙 부부의 이야기에 화접 모티프가 최초로 덧붙여졌던 것이 북송대의 ≪태평환우기太平寰宇記≫였다는 점을 감안한다면, 당나라 말기에 생존했던 나업이 제기한 '의처'는 축영대일 가능성이 높다. 실제로 승려 자산은 〈양산백축영대전〉을 협주로 붙였던 것으로 보아 '의처'를 축영대로 간주하였던 듯하다. 이렇게 본다면, 나업의 〈협접〉은, 이 시가 나업의 작품임에 틀림없다면, 양축 이야기에서 화접 모티프를 운용하고 있다는 점에서 양축 이야기의 발전사에서 매우 중요한 의미를 지니게 된다. 즉 나업이 생존했던 당나라 말기에 이미 화접 모티프가 문인들에게 보편적으로 받아들여지고 있음을 보여주는 증좌라 할 수 있기 때문이다.

위의 〈양산백축영대전〉은 '양산백의 구학/양축의 결의형제/양축의 동문수학/양축의 이별/양축의 재회/상사병으로 인한 죽음과 탁몽托夢/축영대의 제분祭墳/동총同冢과 의화접衣化蝶'의 줄거리를 지니고 있다. 전체적으로 볼 때 축영대의 남장구학이 암시적으로 서술되어 있기는 하지만, 어쨌든 남장과 순사라는 기본적인 모티프에 화접 모티프를 중심으로 양축 이야기의 기본적인 줄거리를 모두 갖추고 있다고 볼 수 있다.

이 시가는 중국의 일반적인 양축 이야기와 견주어 볼 때, 몇 가지 특이점을 지적할 수 있다. 첫째, 중국의 양축 이야기가 대체로 지역에 따라 양산백과 축영대 가운데 한 사람을 중심인물로 설정하고 있음에 반해, 이 시가는 전반부에서는 양산백을, 후반부에서는 축영대를 고사의 중심인물로 설정하고 있다. 둘째, 중국의 양축 이야기에 흔히 서사되는 탐색 모티프와 '십팔상송十八相送'뿐만 아니라, 영대가 마가馬家와 정혼하였다는 사실조차 서사되어 있지 않다는 점이다. 탐색 모티프와 '십팔상송'은 18세기 말에 수집·정리된 연희류부터 나타나기 시작하였으니 이 시가에 서사되지 않은 것은 당연하겠지만, 거의 모든 필기류에 등장하는 '마가와의 정혼'이 서술되지 않은 것은 아마 이 시가에 나타나는 '云云'이라는 표현에서 알 수 있듯이 양축 이야기 가운데 일부를 생략했기 때문이 아닐까 생각한다. 셋째, 이 시가에는 필기류나 연희류에서 좀처럼 볼 수 없는 탁몽托夢, 즉 죽은 양산백이 축영대의 꿈에 나타나는 에피소드가 등장한다. 우리가 지금까지 살펴본 텍스트 가운데에서 연희류의 일부에서 양산백의 혼령이 축영대에게 현신하는 경우는 있으나, 축영대에게 탁몽하는 경우는 1950년대에 출간된 장헌수이張恨水의 ≪양산백과 축영대≫에 등장한다. 이렇게 본다면 양축 이야기에서의 탁몽의 에피소드는, 비록 충분히 서사되지 못한 채 탁몽했다는 사실만 적시되어 있기는 하지만, 이 시가에서 최초로 운용되었다고 볼 수 있다.

② ≪송남잡지松南雜識≫의 양축 이야기

> 진晉나라 기록에 양산박梁山泊과 축영대祝英臺는 동문수학하였는데, 양산백은 축영대가 여자라는 사실을 몰랐다. 양산백은 은鄞의 현령이 되어 죽었는데, 축영대가 그의 무덤을 지나다가 절을 하자 무덤이 갈라졌고 축영대도 죽었다. 사안謝安이 아뢰어 '의부총義婦塚'으로 봉하였다.(晉志梁山泊祝英臺同學而梁未知祝爲女子也. 梁爲鄞令卒, 祝氏過墓拜, 莫裂而殞. 謝安奏封義婦塚.)

≪송남잡지≫는 조선 후기의 재야 학자인 조재삼趙在三(1808-1866)이 1855년에 저술한 백과전서의 성격을 지닌 유서類書이다. 이 서적은 한문학, 국문학, 국어학, 역사학, 철학, 민속학, 종교학, 천문학, 지리학, 한의학, 복식사, 제도사 등 다양한 분야의 내용을 담고 있으며, 따라서 조선 후기의 사상사 및 문화사, 풍속사를 연구하는 데 있어서 매우 귀중한 1차 자료를 제공해준다. 이 서적의 여러 판본 가운데 규장각에 소장된 판본에 따르면, 14책으로 이루어진 이 서적은 천문류, 세시류歲時類, 지리류, 인사류人事類, 성명류姓名類, 농정류農政類 등

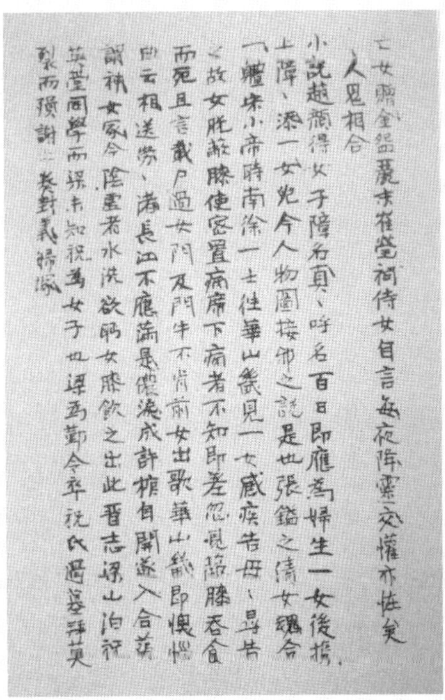

≪송남잡지≫

33개의 유로 나뉘어 있고, 각 유마다 적게는 16항, 많게는 816항, 총 4432항을 수록하고 있다.

≪송남잡지≫에 실려 있는 양축 이야기는 이 서적의 24번째 유인 상이류祥異類의 '사람과 귀신이 서로 합환함人鬼相合'이란 항에 등장한다. 원래 이 항에는 조안趙顔이 병풍속에 그려진 여인을 아내로 맞아 딸을 낳고, 후에 여인이 딸을 데리고 병풍속에 들어갔다는 내용과 함께, 우리에게 잘 알려진 중국의 화산기華山畿 이야기가 실려 있다. 상사병에 걸려 죽은 남자의 상여가 여인의 집 문에 이르러 여인이 노래하자 관이 저절로 열리고 여인은 관 속으로 들어갔다는 이야기를 서술한 뒤에, 양축 이야기가 간략히 실려 있다.

≪송남잡지≫에 실려 있는 양축 이야기는 양산백을 양산박梁山泊으로, 그리고 '墓裂而殞'의 '墓'를 '莫'으로 오기하고 있다. 하지만 명나라 초에 황윤옥黃潤玉이 펴낸 ≪영파부간요지寧波府簡要志≫의 아래의 내용과 매우 흡사하다는 점에 주목할 필요가 있다.

> 양산백과 축영대 두 사람은 젊어서 함께 공부하였는데, 3년에 이르도록 산백은 영대가 여자인지 몰랐다. 후에 산백이 은현의 현령이 되었다가 죽어 이곳에 묻혔는데, 영대가 가는 길에 묘 아래를 지나다가 슬피 울며 절하자, 묘가 갈라지며 떨어져 마침내 함께 묻혔다. 동진의 승상 사안이 아뢰어 '의부총'으로 봉하였다.(梁山伯 · 祝英臺二人少同學, 比及三年, 山伯不知英臺爲女子. 後山白爲鄞令, 卒, 葬此, 英臺道過墓下, 泣拜, 墓裂而殞, 遂同葬焉. 東晋丞相謝安奏封爲'義婦冢'.)

두 편의 글을 비교해보면, 우선 눈에 뜨이는 것은 ≪송남잡지≫의 기록이 마치 ≪영파부간요지≫의 축약본이라는 느낌을 준다는 점이다.

특히 '莫(墓)裂而殞'이라는 부분은 양축 이야기를 다루고 있는 필기류 등의 많은 텍스트 가운데에서 오직 이 ≪영파부간요지≫에서만 사용되고 있다. 아울러 "사안이 아뢰어 '의부총'으로 봉하였다"는 부분은 영파의 지방지에서만 볼 수 있는 글귀이다. 황윤옥의 생몰연대(1389-1477)를 감안해볼 때, 조재삼의 생존시기가 훨씬 뒤늦다는 점에서 조재삼이 영파의 지방지를 보았을 가능성을 배제할 수는 없다고 본다.

③ 고소설 ≪양산백전梁山伯傳≫

명나라 때에 남양 땅의 명문거족인 양梁씨는 양산백이라는 총명한 아들을 낳아 기른다. 평강 땅의 추상서는 추양대라는 아리따운 딸을 낳아 기른다. 아이들이 자라, 산백은 운향사로 공부하러 떠나고, 양대도 남장하여 운향사로 공부하러 간다. 운향사 동구에서 만난 두 사람은 함께 묵으면서 의형제를 맺는다. 함께 공부하던 중 산백은 양대를 여자라고 의심하여 오줌 멀리누기를 겨루자고 제의하는데, 양대는 붓꽂이를 꽂아 오줌을 멀리 보내 위기를 모면한다. 그러나 양대의 신분을 의심한 산백은 밤에 잠든 양대의 가슴을 만져보고서 여자임을 확인한다. 산백은 잠든 양대를 깨워 구혼하지만, 양대는 부모의 허락을 받는 게 좋으리라 여겨 이별시를 남기고 떠난다. 성주 땅의 심재상이 아들 심의랑을 위해 매파를 놓아 청혼하자, 추상서는 양대와의 결혼을 허혼한다. 양대가 떠난 후 식음을 전폐하던 산백은 양대를 찾아가지만, 양대가 허혼하였음을 알게 된다. 실망한 나머지 상사병에 걸린 산백은 양대가 왕래하는 길가에 묻어달라는 유언을 남기고 세상을 떠난다. 신혼 첫날 심의랑이 양대와 동침하려 하나 산백의 혼령이 나타나 가로막는다. 양대는 신행길에 나섰다가 산백의 서찰을 받은 후, 산백의 무덤에 제사를 지내고 술을 따른다. 그러자 일진광풍과 함께 무지개가 뜨더니 무덤이 갈라지고, 양대는 무덤 속으로 뛰어든다. 심의랑의 부모가 산백의 무덤을 파헤쳐 두 사람의 시신을 따로 묻지만, 각각 반죽과 덤불이 자라나 얽힌다. 심의랑은 길을 잘못 들었다가 어느 노인에게서 산백과 양대가 天定配匹이었음을 듣게 된다. 산백과 양대의 혼령은 방장산에 이르러 太乙仙人을 만나 후생연분을 잇게 해달라고 청한다. 두 사람은 玉帝의 허락을 받아 환생하다가, 力士로부터 두 사람이 춘정을 이기지 못해 외통한 탓에 상제의 노여움을 사서 인간세상으로 적강했음을 알게 된다. 환생한 두 사람은 양가의 축복 속에 결혼한다. 이때 오랑캐의 침략이 심해지던 차에, 산백은 과거에 응시하여 문무장원에 합격한다. 서달이 쳐들어오자, 병부상서 왕균이 맞서 싸우다가 포로가 되자, 임금은 산백을 대원수로 삼아 백만대병을 파견한다. 산백은 계교로 서달을 물리치고 돌아와 北平侯에 봉해진다. 이후 산백과 양대는 2남1녀를 두고 세상의 복락을 누리다가, 80세가 되자 선녀를 따라 승천한다.

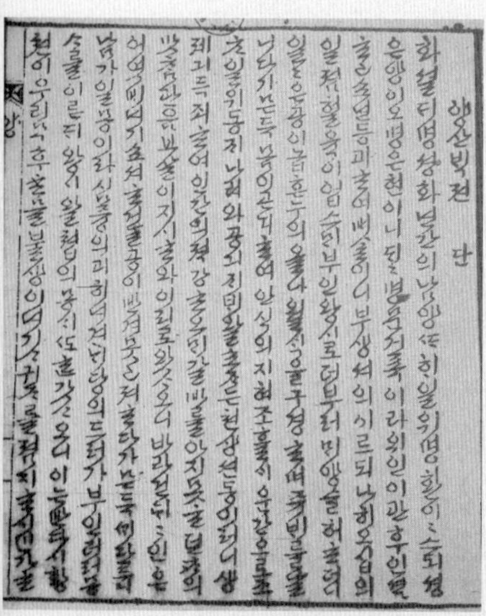

모리스 꾸랑본 《양산백전》 첫 장

고소설 《양산백전》은 현재 여러 판본이 전해지고 있다. 《양산백전》의 판본 가운데 가장 이른 것은 모리스 꾸랑Maurice Courant2)이 편찬한 《한국서지Bibliographie Coréenne》에 실린 《양산백전》이다. 이 고소설의 원본은 현재 파리의 동양어학교Ecole des Langues Orientales 도서관에 소장되어 있으며, 국내에는 국립중앙도서관에 마이크로필름의 형태로 소장되어 있다. 판각본의 이 고소설은 24장으로 이루어져 있으며, 출간년도는 현재 확인되지 않은 상태이다.(이 고소설을 아래에서는 꾸랑본이라 약칭하기로 한다.) 꾸랑본 외의 판각본으로는, 경성京城의 한남서림翰南書林에서 출간된 3종의 판각본 ≪양산백전≫이 전해지고 있는데, 모두 꾸랑본과 자구는 물론 조판 형태가 똑같다.

이들 판각본 외에, 활자본의 ≪양산백전≫이 십여 종 전해지고 있는데, 한성서관본漢城書館本, 박문서관본博文書館本, 덕흥서림본德興書林本, 회동서관본滙東書館本, 영창서관永昌書館.한흥서림본韓興書林本, 세창서관본世昌書館本 등이 있다. 이들 활자본은 판각본에 비해 인물의 비범성과 신괴성을 강화하는 내용이 추가되어 있을 뿐, 줄거리는 기본적으로 판각본과 동일하다. 또한 이들 활자본 역시 자구의 출입出入이 약간 있을 뿐 내용은 거의 동일하며, 한성서관본을 이후에 다른 출판사에서 조판을 달리 하여 재발행하기도 했다. 판각본과 활자본의 ≪양산백전≫을 정리하면 아래의 표와 같다.

형태	판본명	작품명	출간년도	장·쪽수	행수	소장처	기 타
판각본	꾸랑본	梁山伯傳	不明	24장 48쪽	14행	파리 동양어학교 도서관	자구와 조판 형태가 동일함
	翰南書林本	楊山伯傳	1920년	24장 48쪽	14행	국립중앙도서관	
	翰南書林本	梁山伯傳	1921년?	24장 48쪽	14행	단국대 율곡기념도서관	
	翰南書林本	梁山伯傳	不明	24장 48쪽	14행	김동욱	
활자본	漢城書館本	양산백전	1915년	88쪽	13행	국립중앙도서관	자구가 약간 다르고, 1행의 자수도 약간 다름. 판각본에 비해 내용이 약간 추가됨
	漢城書館本	梁山伯傳	1916년	76쪽	15행	국립중앙도서관	
	漢城書館本	양산백전	1918년	67쪽	17행	국립중앙도서관	
	漢城書館本	양산백전	1920년	62쪽	17행	국립중앙도서관	
	博文書館本	梁山伯傳	1917년	82쪽	13행	국립중앙도서관	자구가 약간 다름 .漢城書館本과는 자구의 출입이 있음
	博文書館本	梁山伯傳	1918년	66쪽	15행	독립기념관	
	滙東書館本	梁山伯傳	1925년	59쪽	18행	서울대 중앙도서관	상위 3종은 자구와 조판형태가 동일하며, 4종 모두 내용은 동일. 漢城書館本과 자구가 약간 다를 뿐 거의 동일
	德興書林本	梁山伯傳	1925년	59쪽	18행	국립중앙도서관	
	永昌書館·韓興書林本	梁山伯傳	1928년	59쪽	18행	국립중앙도서관	
	世昌書館本	양산백전	不明	53쪽	20행	국민대 성곡도서관	

이들 여러 판본을 종합해보면, 고소설 ≪양산백전≫의 가장 이른 판본은 꾸랑본이라 할 수 있다. 꾸랑본은 아무리 늦어도 1890년대 중반에 독자에게 널리 읽혀지고 있었으며, 이와 동일한 판각본이 훗날 한남서림에서 출간되었던 것이다. 한성서관본은 꾸랑본에 약간의 내용을 추가하였으며, 박문서관본은 한성서관본과 자구의 출입이 있을 뿐 거의 동일하다. 아울러 1920년대 중후반에 출간된 기타 활자본은 한성서관본을 저본으로 하여 행수와 자수를 달리하였을 뿐, 내용은 거의 동일하다. 이렇게 본다면 현재 수집된 고소설 ≪양산백전≫은 모두 꾸랑본을 저본으로 중간重刊되거나, 자구 혹은 조판 형태를 달리하여 활자본으로 출간한 것이라 할 수 있다.

중국 학자 쳰난양錢南揚은 ≪民俗週刊≫ 제93,94,95기 합간(1930년 2월)에 게재된 〈축영대 이야기 서론祝英臺故事敍論〉이라는 글에서 웨이젠궁魏建功이 조선에서 부쳐온 편지의 일부를 소개하고 있다. 그 내용은 "양산백과 축영대 이야기는 이곳에 인쇄본이 있는데 아쉽게도 한글로 되어 있습니다. 제가 이미 그 하나를 구해두었으니, 짬을 내서 번역하여 보내드리겠습니다"[3]라고 되어 있다. 웨이젠궁은 경성제국대학 법문학부法文學部 중국어 강사로 초빙받아 1927년 4월부터 1928년 8월까지 한국에 체재했던 인물이다. 그가 위의 편지에서 가리킨 '양산백과 축영대 이야기'의 인쇄본은 틀림없이 ≪양산백전≫일 것이다.

판각본과 활자본의 ≪양산백전≫은 자구의 출입에 차이가 있지만, 기본적으로 '양산백과 추양대의 적강謫降/양산백의 구학과 추양대의 남장구학/양축의 결의형제와 동문수학/탐색과 시험/신분의 노출과 이별/상사병으로 인한 죽음과 탁몽托夢/추양대의 제분祭墳과 동총同冢/재생과 혼인/양산백의 영웅군담/승천'의 줄거리를 지니고 있다. 이러한 줄거리와 더불어, ≪양산백전≫에는 적강 모티프, 남장 모티프, 탐색 모티프, 순사 모티프, 환생 모티프와 선화仙化 모티프 등, 중국의 양축 이야기에 나타나는 모티프가 거의 모두 나타나 있다.

중국의 양축 이야기와 견주어볼 때, ≪양산백전≫은 몇 가지 특징을 보여주고 있다. 첫째, 서사구조면에서 일반적 양축 이야기에서 보이는 순정담殉情談과 환생 이후의 군담軍談이 결합되어 있다는 점이다. 중국의 양축 이야기에서도 영웅적인 군담을 서술하고 있는 경우가 있지만, 대부분 축영대 혹은 양축 두 사람의 영웅적인 군담이라 할 수 있다.[4] 게다가 이들 군담은 대부분 짧은 편폭의 편단片斷에 지나지 않다. 그러나 한국의 ≪양산백전≫은 완정한 서사구조를 갖추고 있을 뿐 아니라, 전체의 1/3이 넘는 편폭을 차지하고 있다.[5] 이는 아마 조선 후기에 크게 유행했던 영웅군담소설이 20세기 초에 이르러서도 여전히 독자의 환영을 받았던 사실과 연관이 있을 것이다.[6]

둘째, ≪양산백전≫은 '적강과 승천'이라는 큰 틀 속에서 출생의 신이성을 통해 양산백과 추양대의 비범함을 강조하고 있다. 즉 양산백의 부친 양상서는 어느 날 꿈을 꾸는데, "믄득 ᄎᆡ운간으로셔 일위 션동仙童이 문무의를 입고 공에 압헤 나와 졀ᄒᆞ고 왈, 쇼ᄌᆞᄂᆞᆫ 텬상션동天上仙童이러니, 옥졔玉帝ᄭᅴ 득죄ᄒᆞ와 인셰人世에 ᄂᆡ치시니 갈 바를 모로와 뎡히 방황ᄒᆞᄋᆞᆸ더니 맛참 남ᄒᆡ 관음보살이 지시ᄒᆞ심으로 이리 왓ᄉᆞ오니, 바라건ᄃᆡ 대인은 어엿비 녁이소셔"라고 한다. 또한 추양대의 어머니 역시 꿈을 꾸는데, "ᄎᆡ운ᄀᆞᆫ으로 일위 선녀ㅣ 홍ᄉᆞᆷ취군紅衫翠裙으로 부인 압헤 나아와 ᄭᅩᆺ가지를 쥬며 왈, 이ᄂᆞᆫ 텬상의 긔화奇花ㅣ니 부인은 잘 ᄀᆞᆫ슈ᄒᆞ쇼셔"하는 꿈을 꾼다. 이러한 태몽을 빌어 태어난 두 사람이 온갖 부귀영화를 누리던 어느 날 "홀연 공듕으로셔 풍악소ᄅᆡ 나며 졈졈 갓

가히 들니더니, 션관仙官 이인二人이 구름 속으로셔 ᄂᆞ려와 공의 부부을 향ᄒᆞ야 절ᄒᆞ며 왈, 그ᄃᆡ 등은 인간힝낙이 근간 엇더ᄒᆞ뇨. ᄋᆞ등我等 이인二人은 옥제긔 신임ᄒᆞᄂᆞᆫ 션녀ㅣ러니, 옥제의 명을 밧ᄌᆞ와 그ᄃᆡ 이인을 다리러 왓ᄂᆞ니 밧비 가ᄌᆞ”는 소리와 함께 종적 없이 사라진다.

셋째, 양산백의 인물성격이 매우 적극적이고 능동적이라는 점이다. 일반적으로 중국의 양축 이야기에서 양산백은 순박하고 고지식한 성격을 지니고 있으며, 남녀의 애정에 대해서는 어리석을 정도로 무지하다. 바로 이러한 성격은 양축 이야기에서 탐색 모티프가 반복적으로 운용될 수 있도록 만드는 전제가 되기도 한다. 그런데 ≪양산백전≫에서 양산백의 성격은 사뭇 다르다. 그는 “츄ᄉᆡᆼ의 긔골이 청슈ᄒᆞ야 남ᄌᆞ의 ᄐᆡ도ㅣ 아니ᄆᆡ, 필경에 녀화위남女化僞男 ᄒᆞ얏ᄂᆞᆫ가”라고 의심을 품는다. 그리하여 밤이 깊도록 글을 읽다가 추양대가 깊이 잠들자 그녀의 얼굴을 만지다가 추양대를 깨우고 만다. 양산백은 이후 추양대에게 오줌누기를 제안하여 그녀의 신분을 탐색하고, 까치에게 돌을 던지는 추양대의 모습을 보고 남자가 아님을 확신한다. 그리하여 “밤들기를 기다려 이윽ᄒᆞᆫ 후 소져 ᄌᆞᆷ을 깁히 들거ᄂᆞᆯ ᄉᆡᆼ이 가마니 가슴을 열고 만져본즉, 셜부옥골雪膚玉骨이 완연ᄒᆞᆫ 녀ᄌᆞㅣ 분명ᄒᆞᆫ지라, 불승ᄃᆡ희ᄒᆞ야” 추양대를 깨워 “그ᄃᆡᄂᆞᆫ 옷슬 벗고 날과 동슉ᄒᆞᆷ이 조흐리로다”라고 말한다. ≪양산백전≫에서 양산백은 “남아ㅣ 쳐셰ᄒᆞᄆᆡ 입신양명ᄒᆞ야 이현부모ᄒᆞ고 실즁에 요조슉녀를 ᄃᆡᄒᆞ야 ᄇᆡᆨ년을 쾌락ᄒᆞ미 장부의 ᄯᅥᆺᄯᅥᆺᄒᆞᆫ 일”이라고 여기기에 추양대에게 거리낌없이 다가서는 적극성을 보여주고 있다.[7]

④ 민간고사

지금까지 국내에서 수집·정리된 양축 이야기는 모두 13편이다. 이

들 고사는 1898년에 수집된 1편과 1927년에 수집된 2편, 1958년에 수집된 1편을 제외하고는, 모두 1970년대 이후에 수집·정리된 것이다. 채록한 지역을 살펴보면, 서울(1편), 경남(5편), 경북(2편), 충남(2편), 제주도(2편), 백두산 부근의 국경지대(1편) 등이다. 현재 전해지는 민간고사 가운데, 최초로 채록된 것은 N·G·가린-미하일로프스키N.G. Garin-Mixailovskii의 〈맹세의 서약誓約〉이다. 그 줄거리는 대략 다음과 같다.

> 양산복은 13살에 절로 공부하러 가던 길에 황상서의 집을 지난다. 황상서의 13살 난 딸 황복례가 그를 보고 쉬어가도록 하고, 어렵사리 아버지의 허락을 받아 남장을 한 채 함께 공부하러 떠난다. 두 사람은 한 날 한 시에 태어났음을 알고서 의형제를 맺는다. 산복은 복례에게 옷을 입고 자는 까닭을 묻지만, 복례는 기지로써 위기를 넘긴다. 산복은 복례가 여자임을 알지 못하지만, 스승은 복례가 여자임을 눈치챈다. 16살이 되자, 스승은 산복에게 복례가 여자임을 알려주고, 산복은 복례에게 청혼한다. 복례는 의형제이니 혼인할 수 없다고 거절하고, 산복이 잠든 사이 편지를 남기고 떠난다. 복례를 뒤쫓아간 산복은 복례가 이미 정혼했다는 사실을 알게 되고, 이로 인해 산복은 집에 돌아와 병이 든다. 산복은 죽기 전에 복례가 지나다니는 길가에 묻어달라고 유언한다. 혼례를 올린 복례는 3년 동안 혼례복을 빨아 닳게 만든다. 시집으로 가던 날 복례는 남편에게 산복의 무덤에 추모하도록 허락해줄 것을 요구한다. 복례가 산복의 무덤 앞에서 무덤이 열리기를 바라자, 무덤이 열리고 복례는 무덤 안으로 들어간다. 남편은 그녀의 치마를 붙잡지만, 치마는 찢어진다. 화가 난 남편은 무덤을 파헤쳐 뼈를 흩어놓지만, 유골은 다시 한데 모인다. 추석에 산복과 복례의 식구들이 무덤에 모였을 때, 두 명의 천사가 다섯 송이 꽃을 들고 나타나 두 사람을 부활시킨다. 두 사람은 부활하여 행복하게 살다가, 여든 살이 되어 용을 타고서 승천한다.8)

이 〈서약〉은 N・G・가린-미하일로프스키N.G. Garin-Mixailovskii가 1898년 가을 두만강과 압록강을 답사한 후에 남긴 설화집 ≪조선설화朝鮮說話≫에 실려 있는 고사이다. 이 설화집은 1904년에 출판된 이후 에스토니아(1918년), 프랑스(1925년), 중국(1933년), 독일(1948년)에서 각각 간행되었는데, 러시아어판에 원래 실려 있는 64편의 고사 가운데, 불어판은 20편, 독어판은 25편을 발췌하여 수록하고 있다. 중국에서는 류반눙劉半農의 딸 류샤오후이劉小惠가 불어판을 저본으로 번역하여 1933년에 상해에서 ≪조선민간고사朝鮮民間故事≫라는 이름으로 출간했다.[9] 〈맹세의 서약〉 역시 '양산복의 구학과 황복례의 남장구학/양인의 결의형제와 동문수학/탐색과 시험/신분의 노출과 이별/상사병으로 인한 죽음/황복례의 제분祭墳과 동총同冢/재생과 승천'의 줄거리를 지니고 있다.

〈맹세의 서약〉 외에, 현재 전해지는 양축 이야기는 모두 남한에서 채록된 것이다. 북한에서도 민간고사의 수집과 정리가 이루어졌다면 아마 적잖은 각편이 전해지리라고 본다. 남한의 민간고사는 한국정신문화연구원에서 펴낸 ≪한국구비문학대계韓國口碑文學大系≫(이하 ≪대계≫라 약칭)와 임석재任晳宰가 펴낸 ≪한국구전설화韓國口傳說話≫(이하 ≪구전≫이라 약칭함), 진성기秦聖麒가 펴낸 ≪남국의 전설≫, 제주대학교 탐라문화연구소耽羅文化硏究所에서 펴낸 ≪제주설화집성濟州說話集成≫ 등에 실려 있다. 〈맹세의 서약〉을 제외한 12편의 민간고사는 크게 두 가지 유형으로 나누어 살펴볼 수 있다.

A형

친분이 있는 두 집안에서 동시에 임신하자, 양가의 부모는 아들과 딸을 낳으면 결혼시키기로 약속한다. 나중에 아들과 딸을 낳았는데, 딸을 낳은 집안에서는 아들을 낳았다고 속이고서 딸을 남장하여 서당에 보낸다. 사내아이는 남장한 여자아이를 여자라고 의심하고서 오줌 멀리누기를 제안하지만, 여자아이는 붓대롱을 꽂아 위기를 모면한다. 두 아이는 함께 잠을 잘 때에 물동이 위에 젓가락을 걸쳐놓고 자고, 목욕할 때에는 위아래에서 따로 목욕한다. 수년이 지나 두 사람이 목욕할 때, 여자아이는 버들잎에 글을 써서 자신이 여자임을 밝힌다. 사내아이는 그녀에게 청혼하지만, 그녀가 이미 정혼했음을 알게 된다. 집에 돌아와 병이 든 그는 죽기 전에 자신을 그녀가 시집가는 길목에 묻어달라고 유언한다. 여자아이는 명주치마를 잿물에 삶아 옷을 삭힌다. 시집가는 날 여자아이가 그의 무덤에 이르자, 무덤이 갈라지고 여자아이는 무덤 속으로 들어간다. 여자아이의 치맛자락은 찢어져 나비가 되어 날아간다.

B형

어느 서울로 공부하러 가는 길에 사내아이가 목이 말라 우물에서 물을 긷던 여자아이에게 물을 달라 한다. 여자아이는 물에 버들잎을 띄워 물을 준다. 사내아이가 그 까닭을 묻자, 여자아이는 급히 마시는 물에 체하지 않도록 하기 위함이라고 대답한다. 사내아이가 서울로 공부하러 간다는 것을 알고서, 여자아이는 자신의 오빠와 함께 가라고 권한다. 여자아이는 부모에게 떼를 써서 남장하여 오빠라고 속인 채 사내아이와 함께 서울로 간다. 오빠가 여자아이와 닮았다고 여긴 사내아이는 의심을 품고서, 오줌 멀리누기를 겨루자고 제안한다. 여자아이는 붓대롱을 이용하여 겨루기에서 이긴다. 3년이 지나 여자아이는 먼저 집으로 돌아가면서, 자신이 여자임을 밝힌다. 그녀를 뒤쫓아간 사내아이는 그녀가 이미 정혼했음을 알게 된다. 집으로 돌아온 사내아이는 상사병에 걸려 죽는다. 여자아이는 치마를 잿물에 삶아 삭히고, 시집가는 날 사내아이의 무덤에 이르러 무덤이 열리기를 간청한다. 무덤이 열리자, 그녀는 무덤 속으로 들어간다. 그녀의 남편이 그녀의 치마를 붙잡자, 치맛자락은 나비가 되어 날아오른다.

A형이 친분있는 두 집안이 동시에 임신하여 결혼을 약속하는 에피소드로 시작한다면, B형은 사내아이가 공부하러 길에 여자아이와 처음 만나는 에피소드로 시작한다. 이들 민간고사의 남녀 주인공의 이름은 매우 다양하지만, 대체로 양산백과 축영대에서 변이되었음을 추측할 수 있다.[10] 민간고사 가운데 A형은 7편으로, 〈양산복과 수영대〉, 〈남선봉과 채금대〉, 〈남산봉이 채금대〉, 〈양산박과 수양대〉, 〈수영대와 영수대〉, 〈수양재와 장사복〉, 〈채금대와 양산복〉 등이다. B型은 3편으로, 〈자청비〉, 〈주청비와 문국성 문도령〉, 〈누에의 유래〉 등[11]이다.

이밖에 〈나비의 유래〉와 〈나비가 된 처녀와 총각〉의 내용은 다음과 같다.

C : 〈나비의 유래〉

일곱 살 먹은 남녀가 서당에서 함께 공부하는데, 열다섯 살이 되자 여자라고 의심한 남자가 오줌누기 시합을 하자고 한다. 여자는 붓대롱을 이용하여 위기를 모면한다. 열일곱 살 때에 여자는 집으로부터 편지를 받고서 돌아가고, 여자는 남자에게 자기 집으로 찾아오라고 편지를 준다. 열아홉 살 때에 남자가 여자의 집으로 찾아갔으나, 여자는 다른 남자에게 시집을 간다고 알린다. 남자는 앓다가 세상을 떠난다. 시집가는 날 여자는 소복을 입고서 남자의 묘에 이르러 쉬어가자고 하더니, 가마에서 내려 무덤을 절을 하고 술을 따른다. 무덤의 팻말을 뽑아 무덤을 내려치자 무덤이 갈라지고, 여자가 무덤 속으로 들어간다. 사람들이 여자의 치마를 잡자 찢어져 나비가 된다. 후에 한 통에서 나와 잘 살다가 죽었다.

D : 〈나비가 된 처녀와 총각〉

양산북이라는 여자가 남복을 하고서 수양대라는 남자와 한 서당에서 공부한다. 수양대가 놉쓸 병에 걸려 죽자, 양산북의 부모는 딸에게 정혼한 남자가 죽었으니 복을 입으라고 말한다. 양산북이 소복을 입고서 '이승의 부부가 못되면 저승의 부부라도 되자'고 통곡하자 무덤이 갈라진다. 무덤 속으로 양산북이 들어가고, 며칠 후 두 사람은 노랑나비와 흰나비가 되어 날아간다.

이들 민간고사를 정리하면 아래와 같다.

유형	고사명	채록지역	채록연도	게재지
	양산복과 수영대	경남 밀양군 송백2리	1981년	《大系》 8-8, 677-679쪽
	남선봉과 채금대	경남 거제군 거제면	1970년	《口傳》 10, 124-125쪽
	남산봉이 채금대	경남 거제군 장목면	1979년	《大系》 8-1, 229-231쪽
A형	양산박과 수양대	경남 창녕군 영산면	1976년	《口傳》 11, 33쪽
	수영대와 영수대	경남 의령군 칠곡면	1982년	《大系》 8-10, 620-622
	수양재와 장사복	경북 청도군	1927년	《口傳》 12, 117쪽
	채금대와 양산복	경북 청도군	1927년	《口傳》 12, 118-119쪽
	자청비	제주도 대정읍 신도리	1958년	《남국의 전설》, 63-69쪽
B형	주청비와 문국성 문도령	제주도 현경면 용수리	1981년	《濟州說話集成(1》, 328-331쪽
	누에의 유래	충남 대덕군	1980년	《大系》 4-2, 427-429쪽
C	나비의 유래	서울 도봉구 수유동	1979년	《大系》 1-1, 480-483쪽
D	나비가 된 처녀와 총각	충남 서산		《瑞山民俗誌》(下), 344-345쪽

위의 표에서 알 수 있듯이, 남한에 전해지고 있는 양축 관련 민간고사 가운데에서 절반 너머가 경상도에서 채록되었으며, 특히 A형이 모두 경상도에서 채록되었는데, 이러한 현상이 지역적 특성과 관련이 있

는지 향후 조사해볼 만한 과제이다. 이들 민간고사 외에도 〈수영대와 양산복(경남 밀양)〉[12] 및 〈양산박과 수영대〉[13] 등이 있다. 그러나 이들 고사는 남장 모티프만 있을 뿐, 각각 따로 결혼함으로써 순사 모티프가 없다는 점에서 양축 이야기의 아형亞型이므로, 여기에서는 다루지 않기로 한다.

⑤ 巫歌

E : 〈문굿〉

양씨네는 지리산에 백일기도를 드리고서 양산백을 낳고, 추씨네는 덕유산에 백일기도를 드리고서 추양대를 낳는다. 두 아이는 여덟 살이 되어 은하사에서 공부를 하는데, 산백은 양대가 여자임을 알지 못한다. 여름날 두 사람이 함께 목욕하러 갔는데, 양대가 목욕하는 위쪽에서 혈수血水가 흘러오는 것을 보고서 산백은 양대가 여자임을 눈치챈다. 십년 가까이 공부하다가 산백이 청혼하자, 양대는 부모의 허락을 받기 위해 집으로 돌아간다. 양대가 산백과 결혼하겠다고 하자, 양대의 아버지는 귀가문貴家門과 결혼하라면서 거절한다. 산백은 양대가 정혼했음을 알고서 놀라 죽으면서, 양대가 시집가는 길에 묻어달라고 유언한다. 시집가는 날 산백의 무덤에 이르자, 양대는 소변을 보겠다는 핑계로 가마에서 내려 금봉채金鳳釵로 무덤을 친다. 무덤이 갈라지고, 그녀는 무덤 속으로 들어간다. 사람들이 그녀의 치맛자락을 잡아당기자, 치맛자락은 찢어져 나비가 된다. 산백과 양대는 극락세계로 보내진다.[14]

F : 〈치원대와 양산복〉

김씨 부인과 이씨 부인이 함께 빨래하러 갔는데, 까마귀가 배를 하나 떨어뜨린다. 배꼭지를 먹은 김씨 부인은 아들 산복을 낳고, 배속을 먹은 이씨 부인은 딸 원대를 낳는다. 이씨네는 아들을 낳았다고 속이고서 남장하여 함께 공부하러 보낸다. 산복은 원대가 여자인가 의심스러워 목욕하기, 오줌 멀리누기 등을 행하지만, 끝내 알아내지 못한다. 산복은 밤샘공부를 하다가 원대가 잠든 사이 가슴의 만져보고서야 여자임을 확인한다. 집에 돌아와 병이 든 산복은 임종시에 그녀가 시집가는 길에 묻어달라고 유언한다. 원대는 혼례복을 잿물에 적셔 삭힌다. 시집가는 날 산복의 무덤에 이르자, 원대는 오줌을 누겠다는 핑계로 가마에서 내려 金鳳釵로 무덤을 친다. 묘가 갈라지자, 원대는 무덤 속으로 들어간다. 묘는 다치 합쳐지고, 쌍무지개가 뜨더니 두 사람이 함께 승천한다.15)

무가 형식의 양축 이야기는 지금까지 관북(關北 함흥咸興지역의 〈문굿〉과 〈치원대와 양산복〉의 2편이 전해지고 있다. 이밖에도 제주도의 〈세경본풀이〉가 전해지고 있으나, '남장' 모티프만 있을 뿐 '순사'의 모티프가 없는 아형亞型이므로 여기에서는 다루지 않기로 한다. 위의 두 무가는 모두 '신이한 출생/남장구학/남녀의 동문수학/탐색과 시험/이별과 혼인의 좌절/남자의 죽음/여자의 제분祭墳과 동총/화접(혹은 화홍化虹/승천'의 줄거리를 지니고 있다.

■ 양축 이야기의 한국적 수용양상

중국의 양축 이야기는 기본적으로 '축영대의 남장구학'-'양축의 동문수학'-'양축의 사랑의 좌절'-'축영대의 순사와 화접'의 줄거리를 지니고 있다. 한국에 유전되어온 양축 이야기 역시 중국의 양축 이야기와 크게 다르지 않지만, 한국에서 수용되는 과정에서 약간의 변이를 보여주고 있다. 여기에서는 한국의 민간고사와 무가를 중심으로 중국의 양축 이야기와 변별되는 특징을 살펴보도록 하자.

첫째, '지복위혼指腹爲婚'의 에피소드를 지닌 이야기(A형)는 한국의 양축 이야기에서 꽤 많은 편수를 차지하고 있다. 그러나 중국의 양축 이야기에서 이 에피소드는 북경지역에 유전되고 있는 〈양축출세梁祝出世〉[16]에서 볼 수 있을 뿐, 매우 보기 드문 편이다. 중국에 '지복위혼'과 관련된 기록이 결코 적지 않다[17]는 점을 감안해볼 때, 한국의 양축 이야기에 이 유형이 많다는 점은 매우 주목할 만한 가치가 있으며, 한국의 다른 민간고사와의 관련성을 연구해보아야 할 것이다.

둘째, B형에서 볼 수 있는 바의, 두 남녀의 첫 만남과 관련된 '유엽결연柳葉結緣'이라는 에피소드의 특이성을 들 수 있다. 즉 구학길에 목이 마른 사내아이가 물을 긷던 여자아이에게 마실 물을 달라고 부탁하고, 여자아이는 그에게 물위에 버들잎을 띄워 물을 건네준다. 이것은 물론 물을 급히 마시다가 체하지 않도록 하기 위함이다. 중국의 양축 이야기에서도 양산백이 구학길에 축영대를 우연히 만나는 경우가 있지만, 축영대가 양산백을 불러 동생과 함께 가라고 부탁하거나[18], 양산백이 시를 읊자 축영대가 뒤이어 속작續作함으로써 만나게 될 뿐[19], 한국의 양축 이야기처럼 버들잎을 결연結緣의 계기로 삼는 경우[20]는 보이지 않는다.

아울러 버들잎의 에피소드는 여자아이가 자신의 신분을 밝히는 장면에서 다시 등장하기도 한다. 즉 여자아이는 사내아이와 함께 냇가의 위와 아래에서 목욕하면서 버들잎 위에 글을 써서 자신이 여자임을 밝히는 것이다.[21] 이처럼 우리나라의 양축 이야기에서, 특히 민간고사에서 남녀의 결연 에피소드에 버들잎이 화소로서 자주 등장하는 것은, 버드나무가 지니고 있는 민속학적, 문학적, 실용적 측면에서의 성격뿐만 아니라, 왕건王建과 이성계李成桂, 이장곤 등과 관련된 인물전설담에서 엿보이듯, 버들잎이 우리나라 사람들의 문화심리구조속에 여성의 현명함을 드러내고 남녀의 결연을 매개하는 기제로서 이미 깊게 뿌리내려 있기 때문일 것이다.[22)]

셋째, 또한 순사 모티프와 관련된 에피소드의 경우, 한국의 양축 이야기에는 '잿물이나 간장물에 적시거나 자주 빨아 옷을 삭히는 방법'에 의한 순사, 이른바 '부의순정腐衣殉情'이 자주 등장한다. 〈맹세의 서약〉, 〈주청비와 문국성 문도령〉, 〈누에의 유래〉, 〈수영대와 영수대〉 등의 민간고사, 그리고 무가인 〈치원대와 양산복〉 등이 이러한 예이다. '부의순정'의 에피소드는 일찍이 중국의 한빙韓憑 부부 이야기에서도 발견할 수 있다. 이 고사에서 "얼마 지나지 않아 한빙이 자살하자, 그의 아내는 남몰래 자신의 옷을 삭게 만들었"으며, 왕과 함께 누대에 오르던 기회를 틈타 누대에서 몸을 던졌는데, "신하가 그녀를 붙들었지만, 그녀의 옷은 손에 잡히지 않은 채 그녀는 떨어져 죽었다[23)]"는 것이다. 이처럼 중국에서 일찍이 존재했던 에피소드임에도 불구하고, 중국의 양축 이야기에는 '부의순정'의 에피소드가 등장하지 않은 반면, 우리나라의 양축 이야기에는 자주 등장한다.

이밖에도 탐색 모티프와 관련된 에피소드의 경우, 중국의 양축 이야기에서는 양산백이 주로 '강을 건너면서 왜 옷을 벗지 않는가?', '잠을 잘 때 왜 옷을 벗지 않는가?', '왜 젖가슴이 봉긋 솟아 있는가?', '소변을 눌 때 왜 서서 누지 않고 앉아서 누는가?' 등의 의문을 제기하는 반면, 한국의 양축 이야기에서는 '누가 오줌을 멀리 누는지를 겨루는 것'과 '함께 목욕하기' 등이 자주 등장한다. 아울러 여자의 신분이 밝혀지는 시점 또한 다르다. 중국의 양축 이야기에서는 대부분 양산백이 축영대와 이별한 후 그녀의 집을 방문해서야 여자임을 알게 된다. 바로 이로 인해 양축이 이별할 때 축영대가 배웅하는 양산백에게 자신이 여자임을 되풀이하여 암시하는, 이른바 '십팔상송'이 양축 이야기에서 가장 정채로운 부분으로서 중국인들의 사랑을 널리 받고 있다. 그러나 우리나라의 양축 이야기에서는 대부분 동문수학 중에 혈수血水가 내려오는 것을 보거나, 여자아이의 가슴을 만져보거나, 혹은 이별할 때 여자아이가 직접 알려줌으로써 신분을 확인한다.

그러나 무엇보다도 중국의 양축 이야기와 다른 한국적 특징은 양축 이야기의 무가화巫歌化라고 할 수 있다. 양축 이야기와 관련된 무가는 〈문굿〉와 〈치원대와 양산복〉이다. 전자는 망자亡者의 죽은 영혼이 극락에 가서 평안하기를 기원하는 '망묵이 굿'에서 행해지는 무가이다. 후자는 젊어서 죽은 망자를 위해 부르는 무가이다. 다시 말해 이 두 편의 무가는 모두 망자의 영혼을 위로하고 극락세계로 보내기 위해 벌인 굿에서 불려지는 것이다. 중국의 경우 주로 영파지역에 유전되어온 양축 이야기에 양산백이 국가의 수호신이나 마을의 성황신으로서의 성격을 지닌 경우가 있지만[24], 양축 이야기가 무가로 변주되는 경우는 보이지 않는다.

한국의 양축 이야기는 이처럼 중국의 양축 이야기와 변별되는 특징을 지니고 있는 반면, 중국의 양축 이야기에서 흔히 나타나는 사건이나 에피소드가 거의 등장하지 않기도 한다. 이를테면 위에서 언급한 '십팔상송'과 관련된 에피소드 외에, 축영대가 구학을 위해 가족의 반대를 극복하는 사건이나 올케의 반대에 맞서 순결을 맹세하는 에피소드, 여자임이 탄로날 뻔한 위기와 이를 기지로 모면하는 다양한 에피소드, 양산백이 축영대와 재회하는 사건 등은 양축 이야기에서 가장 정채로운 부분으로서 중국인들에게 널리 회자되지만, 한국의 양축 이야기에는 전혀 나타나지 않는다.

■ 작은 맺음말

지금까지 우리나라에 유전된 양축 이야기의 갖가지 양상과 한국적 수용 양상에 대해 살펴보았다. 중국의 양축 이야기가 지괴志怪나 묘기廟記, 지방지로부터 희곡, 설창문학, 민간설화 등은 물론, 20세기 이후에는 장편소설, 영화, 에니메이션, 발레, 교향악, 텔레비전 연속극 등 다양한 장르로 변주되어온 반면, 우리나라에서는 주로 고소설과 민간고사 및 무가로 유전되어 왔다. 현재 우리에게 알려진 자료에 근거하여 살펴본다면, 우리나라에 가장 일찍 유전된 양축 이야기는 ≪협주명현십초시夾注明賢十抄詩≫에 협주夾注로 실린 〈양산백축영대전〉이며, 이는 대체로 14세기 전반 고려 말에 편찬되었으리라 추정하고 있다. 이에 근거한다면, 우리나라에 양축 이야기가 전래된 것은 적어도 14세기 전반 이전이었으리라 본다.

우리나라에서 양축 이야기가 대중적으로 널리 읽혀졌던 것은 19세기 말 고소설 ≪양산백전≫을 통해서였다. ≪양산백전≫의 가장 이른 판본은 모리스 꾸랑이 1890년대 초에 수집한 판각본이다. 이 판각본은 이후 1920년대에 한남서림에서 동일한 자구와 조판 형태로 중간되었다. 1910년대 중후반에 한성서관과 박문서관에서 발행된 ≪양산백전≫은 기본적으로 모리스 꾸랑의 판각본을 저본으로 출간되었으며, 1920년대 중엽에 회동서관이나 덕흥서관 등에서 발행된 ≪양산백전≫은 한성서관본을 저본으로 출간되었으리라 본다. 이처럼 여러 출판사에서 고소설 ≪양산백전≫이 동시다발적으로 출간되었다는 사실은 19세기 말 이래 양축 이야기가 국내의 대중에게 폭넓게 사랑받았음을 보여준다고 할 수 있다.

고소설 ≪양산백전≫ 외에, 양축 이야기는 민간고사의 형태로도 널리 유전되어왔다. 민간고사 가운데 특히 주목할 만한 것은 1898년 가린 미하일로스키에 의해 수집된 〈맹세의 서약〉이다. 이 민간고사는 양축의 첫 만남의 에피소드를 제외하고는 중국의 양축 이야기의 원형을 온전하게 간직하고 있다. 〈맹세의 서약〉외의 민간고사는 주로 경상남북도를 중심으로 유전되고 있는데, 대체로 고사의 첫머리의 에피소드에 따라 '류엽결연'과 '지복위혼'의 두 가지 유형으로 나누어볼 수 있다. 이 두 유형은 중국의 양축 이야기에서는 흔히 볼 수 없는 독특한 서사이다.

우리나라의 양축 이야기는 중국에 견주어 특이한 에피소드와 화소를 보여주고 있다. 이를테면 탐색 모티프와 관련된 에피소드는 오줌 멀리 누기와 함께 목욕하기 등의 화소로 이루어져 있으며, 순사 모티프와 관련된 에피소드에서는 잿물이나 간장물로 옷을 삭히는 이른바 '부의순정'이 운용되고 있다. 또한 여성의 신분을 확인하는 것이 동문수학 중에 이루어진다. 무엇보다도 특이한 점은 양축 이야기가 무가로 변주되어 젊어서 죽은 망인의 넋을 천도遷度하는 망묵이 굿에서 불리워진다는 것이다. 위에서 언급한 '류엽결연'과 '지복위혼'이나 '부의순정' 등의 에피소드는 양축 이야기를 수용하는 과정에서 우리 나름의 문화심리와 민중적 상상력이 작동했던 결과라고 할 수 있다.

인도네시아의 양축 이야기

앞에서 이미 언급하였듯이, 양산백과 축영대의 비극적 사랑 이야기는 우리나라뿐만 아니라 동남아시아, 특히 인도네시아에서도 널리 유전되어 다양한 텍스트를 전해주고 있다. 이러한 현상은 중국과 인도네시아 사이의 오랜 정치적, 경제적 및 문화적 교류와 깊은 관련이 있을 것이다. 여기에서는 지금까지의 연구성과를 바탕으로 인도네시아에서 양축 이야기가 전승되고 변형되는 양상을 중심으로 살펴보고자 한다 이를 위해 먼저 중국과 인도네시아의 교류에 관하여 간략하게 살펴보기로 한다.

고고학의 성과에 따르면, 인도네시아 민족의 형성은 외래의 이주민, 특히 말레이인Malay人의 이주와 밀접한 관련을 맺고 있나. 발레이인은 기원전 1500년경에 아시아 대륙의 남부에서 인도네시아군도로 대거 이주하였으며, 기원전 200-300년에 또다시 대거 이주하였다. 이들 고대의 말레이인의 이주는 대체로 세 곳에서 출발하여 이루어졌다고 추정된다. 즉 하나는 지금의 베트남 중부의 참파Campa이고, 다른 하나는 베트남 북방의 통킹만Gulf of Tonking이며, 또 다른 하나는 중국의 윈난雲南이다.[25] 인도네시아 민족의 형성에 있어서 중국과의 관련이 밀접함을 알 수 있다.

중국과 인도네시아의 관계를 기록하고 있는 최초의 역사기록은 ≪한서漢書·지리지地理志≫인데, 여기에는 기원전 2세기경에 이미 중국에서 말레이반도를 경유하여 인도에 이르는 해상무역로가 열려 있었음을 언급하고 있다. 이를 이어 ≪후한서後漢書≫에서는 중국과 자바Java의 엽조국葉調國이 후한 영건永建 6년(131년)에 정식으로 관계를 수립하였음을 기록하고 있다. 이러한 역사기록 외에도 동진東晉의 고승 법현法顯은 411년 스리랑카에서 배를 타고 귀국하던 길에 폭풍우를 만나 자바에 표류하였는데, 귀국한 후 그가 저술한 ≪불국기佛國記≫는 5세기 초에 이미 200여명을 태운 대상선大商船이 중국과 인도네시아 사이를 정기적으로 오갔음을 언급하고 있다.

이처럼 중국과 인도네시아 사이에 열려 있는 무역항로를 따라 사람과 물자, 문화의 교류가 활발하게 이루어졌다. 당나라의 고승 의정義淨은 671년에 불경을 구하고자 인도를 다녀오는 길에 스리비자야Sri Vijaya, 지금의 수마트라 팔렘방Palembang 일대에서 10여년을 지내면서 불경 연구와 번역에 힘썼는데, 그의 ≪대당서역구법고승전大唐西域求法高僧傳≫에는 그와 동행했던 스님의 일부가 귀국하지 않은 채 현지에 눌러 살았다고 전하고 있다. 인도네시아에 정주하는 중국인은 당나라 때에 이미 출현하였으며, 당나라 말기에 황소黃巢의 난이 일어난 이후 동남아시아로 이주하는 중국인은 더욱 많아졌다.

인도네시아에 거주하는 중국인에 관한 기록으로는 아랍의 지리학자이자 역사학자인 마수디Abū al-Hasan 'Alī ibn al-Husayn ibn 'Alī Mas'ūdī가 지은 ≪황금초원과 보석광산Murūj al-Dhahab wa Ma'adīn al-Jawhar≫을 들 수 있다. 이 저서에서 저자는 943년에 수마트라 남부에 거주하면서 농사를 짓고 있던 중국인을 보았노라고 기록하고 있다. 또한 15세기 초 정화鄭和가 영락제永樂帝의 명을 받아 서양으로 대원정을 떠났을 때 그를 수행했던 마환馬歡이 지은 ≪영애승람瀛涯勝覽≫에는, 자바 북부의 항구도시인 "투반Tuban에는 약 천여 가구가 살고 있는데, 이 가운데에는 이곳에 떠돌아다니는 광동廣東과 장주漳州 사람들이 많다"고 기술되어 있다.

중국과 인도네시아의 교류는 결코 중국인의 주도에 의한 일방적인 관계는 아니었다. 이를테면 광주廣州에 있는 도관인 천경관天慶觀을 중수重修하면서 1079년에 비석을 세웠는데, 〈광주중수천경관기廣州重修天慶觀記〉라는 제명의 이 비석에는 당시 수마트라의 거상인 디화자뤄迪華伽羅가 거금을 기부하였다는 사실이 적혀 있다. 이로써 보건대 인도네시아는 중국과 정식으로 관계를 수립한 후한대 이후, 인적 및 물적 교류는 물론 문화교류가 시간이 흐름에 따라 더욱 활발하게 전개되었음을 알 수 있다. 양산백과 축영대의 사랑 이야기는 바로 이러한 인적, 물적, 문화적 교류의 확산에 따라 자연스럽게 인도네시아에 전해졌을 것이다.

■ 언어별 텍스트 양상

인도네시아에서 양산백과 축영대의 사랑 이야기가 중국 작품이 번역되어 소개되기 시작한 것은 19세기 중후반 중국문학작품에 대한 번역·소개의 열기와 깊은 관련이 있다. 즉 인도네시아에서 생장한 화인華人들의 경제적 지위의 제고와 이에 힘입은 문화적 정체성 회복을 위한 다양한 시도, 네덜란드 식민지 치하의 인도네시아에서의 민족주의의 대두, 말레이어의 전국적 보급, 그리고 화인이 경영하는 인쇄출판업의 발전 등을 토대로, 19세기 중후반에 인도네시아에서는 민족문학에 대한 각성이 일어났으며, 이것은 훗날 1920년대에 인도네시아의 신문학 운동으로 이어졌다.[26)]

이러한 움직임 속에서 중국의 역사와 고전문학에 대한 번역이 활발하게 이루어졌다. 일찍이 1859년에 케디리Kediri(자바섬 동부)의 화인 틱옥Tig Og은 중국역사를 자바어로 번역하였으며, 그의 자바어 번역본

≪Li Si Bin(李世民)≫은 1859년에 출판되었다. 중국고전문학작품 가운데 최초로 번역된 작품은 ≪삼국연의三國演義≫로, 1859년에 자바어의 시가형식으로 소개되었으며, 세마랑Semarang에서 발행되는 신문인 ≪Selompret Melajoe(말레이 나팔)≫에 연재되기도 하였다. ≪삼국연의≫는 다시 1883년 말레이어의 소설로 번역·출판되었다. 이즈음 인도네시아의 화인에 의해 번역된 중국의 고전소설로는 ≪열국지列國志≫, ≪금고기관今古奇觀≫, ≪수호전水滸傳≫, ≪서유기西遊記≫, ≪포공안包公案≫, ≪화목란花木蘭≫ 등이 있다.[27)]

이처럼 중국고전소설이 대량으로 번역·소개되는 가운데, 양산백과 축영대의 사랑이야기 역시 인도네시아의 각종 언어, 이를테면 자바어, 말레이어, 발리어 등으로 번역되어 널리 소개되었다. 여기에서는 인도네시아의 여러 연구성과, 특히 Claudine Salmon의 ≪*Literary Migrations: Traditional Chinese Fiction in Asia(17th-20th Centuries)*≫(Singapore: Institute of Southeast Asian Studies, 2013)와 ≪*Literature in Malay by the Chinese of Indonesia*≫(Paris: Editions de la Maison des Sciences de l'Homme, 1981)에 기대어 이 사랑이야기가 인도네시아에 수용되는 양상을 인도네시아의 언어별 및 출판 시기에 따라 차례대로 살펴보기로 한다.

- 자바어Javanese Language 텍스트

① ≪산백영대Sam Pek Ing Tae≫ : 1873년에 출판된 무명씨의 인쇄본. 중자바Central Java의 세마랑Semarang에서 발행된 반 돌프van Dorp의 ≪자바연감Javaansche Almanak≫에 실려 있다.

② ≪산백영대 이야기Serat Sampik Ing Taè≫ : 1875년에 출판된 무명

씨의 필사본. 바타비아협회의 의사록the nitulen of the Bataviaasch Genootschap에 새로 구입한 것이라 언급되어 있다.

③ ≪산백영대Sam Pik Ing The≫ : 1878년에 출판된 무명씨의 필사본. 네덜란드의 레이든대학Leiden University의 도서관에 소장되어 있다.

④ ≪산백영대Sampig Intaèh≫ : 1880년에 출판된 무명씨의 인쇄본. 중자바의 수라카르타Surakarta의 신문 ≪브라마르타니Bramartani≫에 실렸다.

⑤ ≪영대전Serat Ing Tai≫ : 1902년 전후에 출판된 사스트라디하르야Sastradiharja의 필사본. 말레이어 원본에서 필사되었으리라 추측하고 있다.

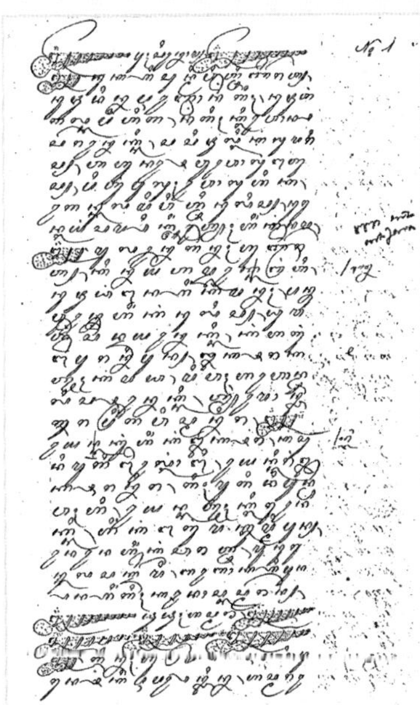

자바어 필사본 ≪Sam Pik Ing The≫(1878)

Sasrasoemarta의 자바어본 ≪Sam Pek Ing Tai≫(1928)

⑥ ≪산백영대Sam Pek Ing Tai≫ : 부제는 '현세와 내세의 참사랑Katresnan Donja-Akérat'이다. 1928년 사스라수마르타K. M. Sasrasoemarta가 지은 산문형태의 텍스트. 자바의 벨테브레덴Weltevreden에 소재한 동인도 관공서인 발라이 푸스타까Balai Pustaka에서 책으로 출판되었다.

• 말레이어Malay Language 텍스트

① ≪산백-영대Sam Pik-Ing Taij≫ : 분싱후Boen Sing Hoo가 번역. '중국의 옛 이야기(Tjerita Dahoeloe kala di Negeri Tjina'라는 설명이 붙어 있다. 현재 네 가지 판본이 전해지고 있다.

- 1885년에 바타비아Batavia의 그리블Grivel출판사에서 출판된 제1판
- 1892년에 바타비아의 얍고안호Ijap Goan Ho출판사에서 출판된 제2판
- 1902년에 바타비아의 위차이지힌Oeij Tjaiji Hin출판사에서 출판된 제3판
- 1922년에 바티비아의 호청비Kho Tjeng Bie출판사에서 출판된 제6판

② ≪산백영대Samphek Eng Tay≫ : 테틴람The Tin Lam이 번역. 원제는 '산백영대의 이야기에서 비롯된 운문Boekoe Sairan dari Tjeritanja Samphek Eng Tay'이며, 자바섬 북쪽의 수라바야Surabaya에 소재한 김베르그출판사Gebr. Gimberg에서 제1판(1890년), 제2판(1892년), 제3판(1895년)이 출판되었다.

③ ≪산백과 영대 이야기Tjerita Sam Pek dan Eng Tay≫ : 요침고안Jo Tjim Goan이 번역. 현재 세 가지 판본이 전해지고 있다.

- 1897년에 바타비아의 토코메라Toko Merah출판사에서 출판된 제 1판
- 1926년에 바타비아의 호청비Kho Tjeng Bie출판사에서 출판된 재판
- 1930년에 바타비아의 호청비Kho Tjeng Bie출판사에서 출판된 재판

④ ≪산백과 영대의 시Sairan Shampaik dan Ingtaij≫ : 1922년 위쑤이티옹Oei Soei Tiong이 번역하여 시디안호Sie Dhian Ho출판사에서 출판되었다

⑤ ≪산백과 영대의 시Sair Sam Pek dan Eng Tay≫ : 1922년에 바타비아의 호청비Kho Tjeng Bie출판사에서 출판되었다.

⑥ ≪산백영대Sam Pek Eng Tay≫ : 1922년에 바타비아의 리텍롱Lie Tok Long출판사에서 출판되었다.

⑦ ≪산백과 영대 서사시Sampek dan Engtay≫ : 1923년에 바타비아의 고안홍Goan Hong출판사에서 출판되었다.

⑧ ≪산백영대 서사시Sair Tjerita Sam Pek-Eng Taji≫ : 1930년에 실루만 멍곡Siloeman Mengok이 바타비아의 퀘셍촨Kwee Seng Tjwan출판사에서 출판했다.

⑨ ≪산백영대 이야기Tjerita Sam Pek-Eng Taji≫ : 1945년 이전에 실루만 멍곡Siloeman Mengok이 바타비아의 호아샹인쇄소Hoa Siang In Kiok에서 출판했다.

• 인니어Indonesian Language 및 기타어 텍스트

① ≪산백영대Sam Pek Eng Tay≫ : 1945년 이후에 카카쉬Monsieur

Kakashi 혹은 퀘헤수이Kwee Khe Soei가 자카르타Jakarta의 선라이즈Sunrise출판사에서 인니어로 출판했다.

② ≪산백영대SAN PEK ENG TAY≫ : 부제는 '해방을 꿈꾼 낭만적인 여성Romantika Emansipasi Seorang Perempuan'이다. 1990년에 옹킴티앙Ong Kim Tiang이 자카르타의 인도네시아횃불재단YAYASAN OBOR INDONESIA에서 인니어로 출판했다.

③ ≪산백영대Sampik Ingtai≫ : 1915년에 출판된 이 텍스트는 현재 발리Bali의 신가라자Singaraja에 소재한 키르티야Kirtya도서관에 소장되어 있다. 종려나무parm tree의 일종인 론탈rontal tree의 잎인 론타르Lontar에 발리어Balinese Language로 기록되어 있다.

④ ≪산백-영대SAM PEK-ENG TAJ≫ : 부제는 '현세와 내세의 사랑Tresna Dhunnya Aherat'이다. 아마드 웡사세와야R. Ahmad Wongsosèwojo가 1930년에 반둥Bandung의 닉스Nix출판사에서 마두라어Madurese Language로 출판했다.

⑤ ≪산백영대SAM PEK ING TAY≫ : 림헝용Liem Kheng Yong이 1930년 전후에 마카사르어Makassarese Language로 출판했다.

이들 여러 텍스트들, 특히 자바어 텍스트들 가운데 초기의 텍스트들은 중국어본에서 직접 번역하거나 개작했을 가능성이 매우 높으며, 역문의 역자 역시 이름이 남아 있지는 않지만 화인일 가능성이 높다. 다만 1902년 전후에 사스트라디하르야Sastradiharja의 필사에 의해 출판된 ≪영대전Serat Ing Tai≫이래로, 자바어 텍스트는 아마도 중국어본의 원작에서 직접 번역한 것이 아니라 당시에 이미 유통되고 있던 말레이어의 역문에 근거하여, 화인이 아니라 인도네시아 토착인의 작가가 지었을 가능성이 높다.

말레이어 텍스트들을 살펴보면, 초기의 텍스트들은 분싱후Boen Sing Hoo, 테틴람The Tin Lam, 요침고안Jo Tjim Goan, 위쑤이티옹Oei Soei Tiong 등의 이름에서 알 수 있듯이 대부분 화인이라 추정되는 역자에 의해 번역되었다. 아울러 이들 텍스트들이 대부분 지금의 자카르타Jakarta인 바타비아Batavia에 소재한, 명칭으로 보건대 역시 화인이 경영하는 곳으로 추정되는 출판사에서 출판되었다. 아마도 저자나 역자가 밝혀져 있지 않은 텍스트, 이를테면 2)의 ⑤⑥⑦ 역시 화인이 번역한 텍스트일 가능성이 매우 높다.

인니어 및 마카사르어 텍스트의 저자인 퀘헤수이Kwee Khe Soei, 옹킴티앙Ong Kim Tiang, 림헝용Liem Kheng Yong 역시 이름에서 알 수 있듯이 화인으로 추정된다. 이들의 텍스트는 이미 발행되어 있던 말레이어 텍스트의 영향을 받아 내용이 상당히 현지화되었으리라 본다. 특히 발리어 및 마두라어 텍스트는 인도네시아 토착인이 기존의 텍스트를 바탕으로 개작하여 저술함으로써 내용의 현지화가 훨씬 더 강화되었으리라 본다.

■ 양축 이야기의 구체적 내용

여기에서는 인도네시아의 다양한 텍스트 가운데에서, 몇 가지 텍스트를 골라 그 구체적인 줄거리를 살펴보고자 한다.

① ≪산백-영대SAM PEK-ENG TAJ≫[28]

이 텍스트는 아마드 웡사세와야가 마두라어로 1930년에 출판되었으며, 총2권 12장(제1권 6장과 제2권 6장)으로 이루어져 있다. 제1권은 영대가 항주로 공부하러 가겠노라 조르는 장면부터 영대가 서원에서 집으로 돌아가는 장면까지를 담고 있으며. 제2권은 산백이 영대의 집으로 찾아가 만나는 장면부터 영대가 산백의 무덤에 뛰어드는 장면까지를 담고 있다. 이 텍스트에서 영대가 항주로 가는 길에 사촌언니를 만나 순결을 맹세하는 장면은 풍몽룡馮夢龍의 ≪고금소설古今小說≫에 실린 양축 이야기와 매우 흡사하지만, 대부분의 줄거리는 중국의 양축 이야기와는 다른 특징을 보여준다. 이 텍스트의 줄거리는 다음과 같다.

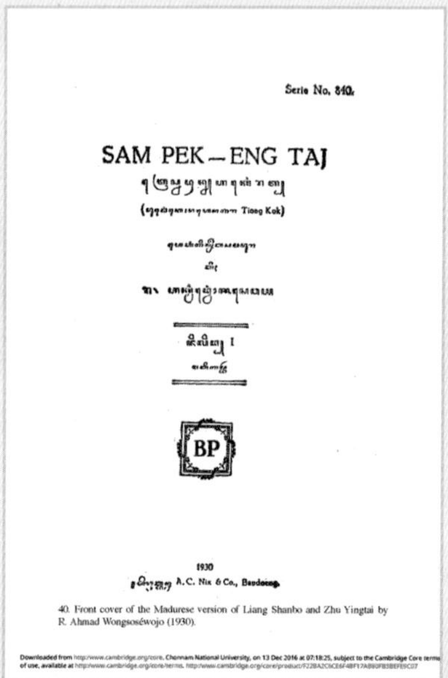

웡사세와야의 마두라어본 ≪SAM PEK-ENG TAJ≫ 겉표지

웡사세와야의 마두라어본 ≪SAM PEK-ENG TAJ≫의 속그림

멋진 화원에 아리따운 소녀 영대가 번화한 거리를 바라보면서 우울한 표정으로 앉아 있다. 그녀는 항주로 공부하러 가고 싶지만, 아버지는 여자가 공부해서는 안 된다고 반대한다. 영대는 방에 들어가 남장을 하여 나타나고, 그녀의 부모는 남장한 모습을 보고 항주로 공부하

러 가도록 허락한다. 이튿날 항주로 가는 길에 영대는 사촌 언니집에 들르는데, 사촌언니는 아이를 안고 돌아올 것이라고 비웃는다. 영대는 허리띠를 풀어 나무 아래 묻으면서, 자신이 부정한 짓을 하면 허리띠가 상하리라고 맹세한다.

항주로 가는 길에 영대는 준수한 청년 양산백과 그의 하인을 만나 함께 길을 간다. 영대가 산백에게 의형제를 맺자고 제의했는데, 이는 출신이 빈한하기 때문에 산백이 먼저 제안할 수 없었기 때문이다. 길을 가던 중에 영대는 산백에게 자신의 손을 잡아달라고 요구하자 산백은 놀라지만, 영대는 의형제이니 손을 잡지 못할 이유가 없다고 말한다. 항저우에 도착하여 영대는 상인의 아들로, 산백은 농부의 아들로 등록한다. 영대의 부친에게 아들이 없다고 알고 있던 서원의 스승은 영대를 이상하게 여기지만, 영대는 아들이 있다고 주장한다.

산백과 한 방을 쓰게 된 영대는 방이 비좁으니 규칙을 만들자고 제안하여, 침대 중간에 경계선을 그어 이를 넘으면 벌금으로 지필문구를 주기로 정한다. 한밤중에 영대의 발이 경계선을 넘은 것을 보고서 산백이 영대를 깨우자, 영대는 벌금으로 지필문구를 준다. 서원에서 소변보기가 불편한 영대는 스승에게 건의하여 쪼그려 앉아 소변을 보게 하고, 이를 어기면 빗자루로 세 대를 맞기로 한다.

어느덧 일 년이 지나 성묘를 위해 사흘간 방학을 한다. 영대는 산백과 화원에 놀라갔다가 호수의 오리 한 쌍을 보고 자신의 신분을 암시하지만, 산백은 그 의미를 헤아리지 못한다. 영대는 옛 사당의 금동옥녀를 보고 다시 자신의 신분을 암시하지만, 산백은 역시 그 의미를 헤아리지 못한다. 영대는 결국 셔츠의 단추를 풀어 가슴을 보여주자, 산백은 깜짝 놀라 그녀를 안고서 영원히 함께 하자고 말한다. 이때 영대 집안의 하인이 찾아와 귀향하라고 알리자, 영대는 열흘 후에 찾아오라는 수수께끼를 산백에게 내준다.

영대가 떠난 후 상심하던 산백은 스승의 도움을 받아 영대의 집으로 찾아가 그녀를 만난다. 영대는 30일만에 찾아온 산백에게 자신이 말한 기일은 열흘이었다면서 이제 너무 늦어 남에게 허혼했노라고 말한다. 산백은 영대가 약속을 지키지 않았다고 항의하지만, 결국 자신의 잘못을 인정하고 만다. 영대는 비록 남에게 시집가지만 마음만은 산백의 것이라고 밝히면서 머리핀을 신물로 주고, 산백은 자신의 머리타래를 영대에게 준다.

산백은 집으로 돌아와 병이 들고, 그의 어머니는 아들이 상사병에 걸렸음을 알게 된다. 어머니는 영대보다 나은 아가씨를 구해주겠노라고 하지만, 산백은 다른 사람을 사랑할 수는 없다면서 지필묵을 달라고 청하여 편지를 쓴다. 한편 화원에서 시름을 달래던 영대에게 앵무새가 날아와 절절한 사랑을 담은 산백의 편지를 전해준다. 영대는 용의 심장과 금계金鷄의 뇌수로 치유할 수 있다는 처방전과 함께, 그가 죽은 후 네거리에 머리를 동쪽으로 하여 묻고 바닷빛 대리석 묘비를 서쪽을 향해 세우라는 유언을 남기도록 부탁하는 편지를 앵무새편에 보낸다.

영대의 답신을 읽고 난 후 산백은 끝내 세상을 떠나고, 하인인 사구는 이 소식을 영대에게 전한다. 영대는 묵직한 보자기를 사구에게 주어 산백의 어머니에게 전달케 한다. 보자기에는 애정의 징표로서 드리는 돈이니 남은 가족과 장례식에 참여한 사람에게 나누어달라는 쪽지와 함께 거액의 금은이 들어 있다. 산백의 어머니는 금은을 삼등분하여, 장례에 참여한 사람에게 1/3을, 무덤의 장식에 1/3을 들이고, 나머지 1/3은 자신과 사구의 장사 밑천으로 남긴다.

드디어 영대의 집안은 황제의 총애를 받는 귀족과의 결혼 준비로 분주하다. 규방에서 홀로 괴로워하던 영대에게 산백의 목소리가 들려오고, 영대는 산백의 영혼에게 그를 따르겠노라고 약속한다. 부모의 명에 항거한 채 규방에만 지내던 영대는 어머니에게 혼례 후에 산백의 무덤으로 데려가달라는 조건을 붙여 마준馬俊과의 결혼에 동의한다. 혼례를 마치자 제물을 마련하여 산백의 무덤에 이른 영대는 머리핀으로 비석을 두드리면서 자신의 육신과 영혼을 산백에게 맡기겠노라고 기도한다. 마침내 무덤이 움직이고 비석문이 열리자, 영대는 무덤 안으로 뛰어들고 무덤은 다시 닫힌다.

이 광경에 몹시 괴로워하던 마준은 묘비를 흔들지만 꼼짝도 하지 않자 산백을 저주한다. 그는 병사를 무덤을 파헤치지만 아무 것도 보이지 않고, 오직 나비 한 쌍만 날아오른다. 무덤을 계속 파내려가자 하늘빛 석판 두 개가 보인다. 마준이 석판을 깨트리려 하지만 석판은 깨지지 않는다. 두 개의 석판은 산백과 영대 두 사람의 몸이고, 나비는 그들의 영혼이다. 마준은 두 개의 석판을 남북으로 멀리 내버리라고 명령한다. 그리하여 하나는 월주(越州)에 떨어져 유자나무가 되고, 다른 하나는 오주(吳州)에 떨어져 대나무가 된다. 유자나무는 산백이 변한 것이고, 대나무는 영대가 변한 것인데, 사람들이 집을 짓기만 하면 유자나무와 대나무가 언제나 서로 함께 자란다.

② ≪산백과 영대Ki Sampe Ni Engtae≫[29)]

이 텍스트는 중자바에 위치한 마겔랑Magelang의 랑겐 네스티 와니토Langen Ngesti Wanito 극단에서 1970년대 중반에 연출한 케토프랏ketoprat의 대본이며, 총18장으로 이루어져 있다. 케토프락은 자바의 극장르의 일종으로, 주로 타악기로 구성된 전통 합주음악의 반주에 맞추어 주연배우들이 노래를 부르기도 한다. 이 텍스트에는 중국의 텍스트에서는 볼 수 없었던 새로운 줄거리(이를테면 영대 아버지가 사업차 집을 비운 사이에 영대가 항주로 공부하러 떠나는 것)나 새로운 사건(이를테면 항주로 가는 길에 만난 영대와 산백이 강도의 습격을 받지만 산백의 반격으로 이들을 물리치는 것)이 삽입되기도 한다. 이 텍스트의 줄거리는 다음과 같다.

영대의 부모는 딸이 공부하러 가겠노라고 조르는 바람에 근심이 많다. 영대 아버지는 딸이 가사를 익히고 장사를 도우면 족하다고 여겨 딸의 주장을 반대한다. 영대 아버지는 외지로 1년간 장사를 나가는지라 아내에게 영대를 보살피도록 맡기고 떠난다. 영대는 남장을 하고서 아버지가 계시지 않는 1년간 항주에 가서 공부할 수 있는지 어머니에게 묻는다. 어머니는 아버지가 돌아오시기 전에 돌아올 것을 조건으로 동의한다. 영대는 하녀와 함께 남장 차림으로 구학길에 오른다.

항주를 향해 가던 산백과 하인이 피로를 풀기 위해 개울에서 쉬는데, 영대 일행이 나타난다. 산백과 영대는 서로 소개를 하고서야 목적지가 같음을 알게 된다. 외진 길에서 산백과 영대는 강도의 습격을 받는데, 난투극을 벌인 끝에 강도들은 도망간다. 영대는 산백에게 감사를 드리고 의형제를 맺자고 제안한다. 항주의 서원에 도착한 그들은 랴오(廖) 선생을 뵙고 한 방을 쓰도록 배정받는다. 영대는 침상 중간에 경계선을 긋고 이를 넘으면 벌금을 내기로 정한다. 모두가 잠이 들었을 때 영대는 산백에게 마음이 끌린다고 중얼거리면서 잠들어 있는 산백의 가슴에 손을 얹는다. 이때 놀라서 깨어난 산백이 영대가 규칙을 어겼다고 하자 영대는 학습도구를 벌금으로 제공하는데, 집안이 가난한 산백은 이를 기뻐한다.

영대의 어머니는 영대가 아버지의 귀향 전에 돌아오지 못할까봐 걱정한다. 그러던 차에 영대 아버지가 순조로운 장사로 많은 돈을 벌어 집에 돌아온다. 영대 아버지가 곧바로 영대를 찾자, 영대 어머니는 처음에는 얼버무리다가 결국 공부하러 갔노라 실토한다. 영대 아버지는 딸을 친구의 아들인 마문재馬文才에게 시집보낼 생각인데다 당일 마문재가 찾아오기로 했기 때문에 크게 화를 내고, 하인을 불러 영대에게 즉시 귀향하라는 편지를 보낸다. 마문재는 부모와 함께 영대의 집을 찾아왔는데, 그는 부모의 총애를 받고 있지만 징징대는 목소리에 어리석고 버릇이 없었다. 영대 아버지는 마문재 부모와 여드레 후에 결혼식을 올리기로 정했다.

영대는 산백과 함께 항주의 공원에 가서, 남녀의 조상雕像과 한 쌍의 원앙을 통해 자신이 여자임을 암시하지만 산백은 눈치채지 못한다. 술래잡기를 하다가 공원의 사당에서 영대는 산백에게 자신이 여자임을 고백하고 그를 사랑한다고 말한다. 산백은 처음에 깜짝 놀랐으나 곧 평정심을 되찾아 자신도 영대를 사랑한다고 엄숙하게 맹세한다. 영대의 하녀 역시 산백의 하인에게 여자임을 고백하고 주인을 본받아 사랑을 맹세한다. 사당 밖으로 나온 후 산백이 책을 놓고 나왔다면서 사당 안에 잠간 들어간 사이에, 영대 집안의 하인이 즉시 귀향하라는 아버지의 편지를 가져다준다. 영대는 곧바로 귀향해야 한다면서 산백에게 6+4, 7+3, 8+2의 그 날에 반드시 구혼하러 오라고 말한다. 홀로 남게 된 산백은 학업을 중단하고 어머니에게로 돌아가기로 결정한다.

영대의 집에 산백의 어머니가 찾아와 아들을 대신하여 영대에게 구혼한다. 영대 아버지는 그녀의 경솔함에 격노하고, 그녀의 집안이 거지만도 못하다고 말하면서 산백 어머니를 내쫓는다. 영대 아버지는 아내에게 딸이 산백에게 사사로이 허혼했음을 알려주면서 마씨네와의 혼사를 서두르라고 말한다. 혼인날 마문재가 도착하자 영대 아버지는 그를 환대하고, 혼인식을 위해 많은 돈을 들였음을 자랑한다. 마문재는 다섯 개의 넥타이를 찬 채 자기 어머니의 신발 한 짝에 자기 신발은 엉뚱한 발에 신고 있다. 그는 영대 모친을 영대로 착각하여 경망스럽게 기녀를 집적거린다. 영대는 울면서 뛰쳐나오고, 영대 아버지는 손님들에게 음식과 술을 권한다.

한편 병들어 누운 산백이 어서 회복되기를 그의 어머니는 기도하지만, 산백은 자신이 머잖아 죽을 것임을 알고서 영대에게 편지를 써서 보낸다. 영대는 산백이 왜 자신이 정해준 열흘이 아니라 삼십일만에 구혼하러 왔는지 의아해하는데, 마침 산백의 편지가 당도한다. 자신은 영대가 시키는 대로 했지만 그녀의 사회적 지위가 너무 높다고 느끼며, 이제 작별을 고하니 그의 무덤에 와서 조문해달라고 부탁하는 내용이 씌어 있다. 영대는 답신을 써서 산백에게 보낸다. 그 편지에는 비록 마문재와 결혼했지만 이는 부모의 명령에 따른 것일 뿐이며, 그의 용서를 빈다는 내용이 씌어 있다. 영대의 편지를 읽은 후 산백은 더 이상 희망이 없다고 말한 후 세상을 뜬다.

마문재는 영대를 구슬리고 쫓아다니지만, 영대는 그에게 가까이 다가오지 못하게 한다. 영대는 그에게 산백의 무덤에 제사를 지내도록 허락해준다면 그를 위해 아내로서의 책임을 다하겠노라고 말한다. 마문재는 아버지 및 장인과 상의한 후 그녀의 제안에 동의한다. 영대는 산백의 무덤에 이르러 자신의 삶이 무의미하다면서 그에게 용서를 빌고, 무덤이 열려 그들이 다시 만날 수 있기를 기도한다. 마침내 무덤이 열리고 영대가 무덤 속으로 뛰어든 후, 무덤은 다시 닫힌다. 마문재가 크게 상심하여 울부짖을 때, 두 개의 하얀 석비가 무덤 속에서 정반대의 방향으로 튀어나오더니 하나는 대나무가 되고, 다른 하나는 유자나무가 된다. 이 광경에 놀란 마문재는 무덤 속으로 굴러 떨어져 죽고 만다.

③ ≪산백영대SAN PEK ENG TAY≫30)

이 텍스트는 옹킴티앙이 인니어로 1990년에 출판했으며, 전체 20장으로 이루어져 있다. 이 텍스트는 장헌수이張恨水의 ≪양산백과 축영대≫와 매우 높은 유사도를 보이고 있다. 즉 장헌수이의 ≪양산백과 축영대≫가 다른 텍스트와 변별되는 특징을 이 텍스트 역시 보여주고 있다. 이를테면 지명이나 용구, 서적에 대한 주석을 붙이고 있다는 점, 작품의 첫머리가 그네를 타는 장면으로 시작된다는 점, 구학에 반대하던 아버지를 점쟁이의 도움으로 설득한다는 점, 꿈을 소설적 장치로서 자주 이용한다는 점, 사구와 은심이 결혼하여 산백의 무덤을 찾아온다는 점 등이 유사성을 보여주는 대표적인 예이다. 이 텍스트의 줄거리는 아래와 같다.

> 화원에서 그네를 타는 영대에게 하녀인 은심이 항주에서 돌아온 하인에게 들었노라면서 항주의 주周선생이 학관을 연다고 알려준다. 영대는 아버지에게 항주로 공부하러 가도록 허락해달라고 조르지만, 영대 아버지는 공자의 삼천 제자 중에 여학생이 있단 말을 들었느냐면서 허락하지 않는다. 영대는 역사적으로 새수 있는 여인을 예로 들면서 공부하겠노라 주장하지만, 남녀유별한 세상에 남장男裝이란 당치도 않은 불명예스러운 일이라고 반대한다. 아버지의 반대에 부딪쳐 상심한 영대는 식음을 전폐한다. 아버지는 훌륭한 스승을 집으로 모셔서 공부시켜 주겠노라고 하지만. 영대는 주선생에게만 배우겠노라고 거절한다.
>
> 영대가 식음을 전폐하자 애가 탄 부모는 점쟁이를 불러 논의하고자 한다. 이 일을 미리 알게 된 영대는 점쟁이를 만나 도와달라고 청한다. 점쟁이는 영대에게 백일 내에 혈광血光의 재난이 있으니 300리 밖으로 떠나야 한다고 그녀의 부모에게 말한다. 마음을 누그러뜨린 영대의 부모는 결국 세 가지 조건을 붙여 영대의 구학을 허락한다. 즉 첫째, 남에게 들통나 집안의 명성을 망치지 않도록 남장男裝에 조심해야 한다. 둘째, 어머니가 병이 들면 편지를 보낼 테니 곧바로 돌아와야 한다. 셋째, 돌아오면 산파에게 몸을 검사케 하여 처녀인지 아닌지 증명하게 할 것이며, 처녀가 아니면 스스로 자진한다.

항주로 길을 떠난 지 둘째 날, 갑자기 먹구름이 끼더니 비가 내릴 듯하여 정자에서 쉬어가기로 하는데, 마침 영준하게 보이는 양산백이 비를 피하러 온다. 항주로 공부하러 가는 길임을 알게 된 두 사람은 조식曹植과 채옹蔡邕의 시를 읊으면서 서로의 학식에 탄복한다. 사흘만에 항주에 도착한 두 사람은 주 선생을 찾아뵙고, 두 사람의 글재주에 주 선생은 만족스러워 한다. 한 방에 거주하게 된 두 사람은 촛불을 함께 하여 공부한다.

어느 날 산백은 의형제를 맺자고 제안하여 의식을 치르고 술을 마시는데, 술에 취한 영대를 부축하여 장삼을 벗기다가 영대의 속옷에 단추가 많음을 보고서 의아해한다. 영대는 병든 어머니의 건강회복을 위해 이렇게 3년을 입고 있노라고 변명한다. 다시 석 달이 지난 여름날, 영대가 무더운 여름에도 장삼을 벗지 않는 것을 보고 산백은 의아해한다. 영대는 어려서부터 허약하여 병이 드니, 장삼을 벗으면 감기 걸리기 십상이라도 변명한다.

어느덧 일 년이 지나 산백은 돈이 없어 귀향해야 할 형편인데, 영대의 도움을 학업을 계속한다. 어느 날 영대가 감기에 걸려 병이 들자, 산백은 침상을 함께 하여 간호하겠다고 나선다. 영대는 모래를 담은 상자를 침상 가운데에 놓고 이를 뒤엎으면 벌을 받기로 한다. 나흘간 이렇게 지내고 난 후, 열흘 만에 영대는 병이 낫는다. 산백의 지극한 간호에 영대는 산백에게 좋은 인상을 갖는다. 2년 9개월이 지난 어느 날, 글을 쓰던 산백은 먹을 갈고 있는 영대의 귓불에 귀걸이 흔적이 있음을 발견하고 의아해한다. 영대는 열 살 이전에 어머니가 이미 부처님 앞에서 맹세했던 일이라 자신을 계집애로 삼아 길렀노라고 둘러댄다.

이로부터 석 달이 흐른 3월 말, 집안의 하인이 어머니의 병환 소식을 전해준다. 귀향해야 하는 영대는 사모를 만나 자신이 여자임을 밝히는데, 사모는 놀라면서도 처음부터 눈치채고 있었노라고 말한다.

영대는 산백에게 서둘러 자신을 찾아오라면서 보석으로 만든 나비를 신물로 건네준다. 집으로 돌아가는 날, 영대는 자신을 전송하는 산백에게 갖가지로 자신이 여자임을 암시하지만 산백은 끝내 알아차리지 못한다. 영대는 하는 수 없이 쌍둥이 여동생을 허혼하겠노라면서 17,28,36,49를 수수께끼로 내준다. 영대가 떠난 후, 사모는 산백에게 영대가 여자임을 알려준다. 산백은 먼저 집으로 돌아가 부모님을 뵈온 후 부모에게 영대와의 일을 말한다.

영대가 집에 돌아온 후, 영대 아버지의 벗이 마태수의 아들 마문재馬文才의 중매쟁이로 나선다. 영대 아버지는 아내의 의견을 받아들여 마문재의 학식을 알아보기 위해 글을 달라고 하지만, 영대의 의견을 묻자는 아내의 의견은 묵살한다. 중매쟁이의 부인이 영대를 찾아와 만난 후 그녀의 재학에 감탄하고, 영대 어머니는 그 부인의 집에서 마문재를 만난다. 마침내 영대 아버지는 마문재와의 정혼을 영대에게 알리지만, 영대는 양산백에게 허혼했으며 보석으로 만든 나비가 신물이고 사모가 매파라고 주장하면서 죽어도 마문재와 결혼하지 않겠노라고 맞선다.

부녀 사이에 갈등이 불거졌을 때, 마침 산백이 영대를 찾아온다. 마씨와 정혼했다는 영대의 말에 돌아가겠노라던 산백은 영대의 만류로 술을 마시던 중에 피를 토하고 만다. 영대는 산백에게 좋지 않은 일이 일어난다면 요강姚江 옆의 고교진高橋鎮 마을에 두 개의 묘비를 세우되, 하나에는 산백을, 다른 하나에는 영대라고 쓰라고 부탁하고, 당신이 아니라면 죽어도 시집가지 않겠노라 맹세한다. 집에 돌아온 몸져누운 산백은 부모에게 사실대로 말씀드리는 한편, 영대에게 자신을 위한 처방전을 써달라는 편지를 보낸다. 영대는 남에게 절대로 시집가지 않겠노라 맹세하는 답신을 보내지만, 산백의 병세는 호전되지 않은 채 끝내 세상을 뜬다.

산백이 죽었다는 소식을 전해들은 영대는 부모에게 조문을 가겠노라고 주장하지만, 그녀의 부모는 허락하지 않는다. 영대가 가위를 들어 자해하겠노라 협박하자, 아버지는 세 가지 조건, 즉 상복을 입어서는 안 되고 시종을 데리고 가야 하며 곧바로 돌아오라는 조건을 붙여 허락한다. 산백의 집에 이른 영대는 소복으로 갈아입고 흰 손수건으로 머리를 두르고서 산백의 눈을 감겨준다.

영대는 아버지가 마씨네의 권세에 의지하려고 자신을 결혼시키려는 것이라고 아버지를 통박한다. 시집가는 날이 잡히자 마씨측에서 육로와 수로 가운데 어느 길로 올 것인지 결정하라고 하자, 영대는 고교진을 지나는 수로를 택한다. 영대는 혼인의 조건으로 산백에게 마지막으로 제사를 지내도록 허락해 줄 것을 요구하고, 아버지는 상복을 입어서는 안 된다는 조건으로 허락한다. 영대 일행이 탄 배가 고교진 구룡허 앞에 이르자 바람과 파도가 크게 일어난다. 뭍에 오른 영대가 산백의 무덤 앞에서 슬피 오자, 먹구름이 끼더니 번개가 치고 큰비가 내리는 중에 무덤이 열리고 영대가 뛰어든다. 뛰어드는 영대의 옷깃을 붙들자, 나비로 변하여 날아다닌다. 훗날 결혼하여 산백의 무덤을 찾아간 사구와 은심의 머리 위로 나비 한 쌍이 날아오른다.

■ 작은 맺음말

인도네시아에 수용된 양축 이야기는 중국의 양축 이야기의 텍스트와 크게 다르지 않다. 즉 전체적인 줄거리는 '축영대의 남장구학' - '양축의 동문수학' - '양축의 사랑의 좌절' - '양산백의 죽음과 축영대의 순사'로 짜여져 있으며, 줄거리와 관련된 인물형상은 물론 사건과 에피소드도 크게 다르지 않다. 그리하여 모티프에 있어서도 남장男裝과 탐색, 순사, 화접 등의 모티프가 모두 나타나 있다. 따라서 전체적으로 본다면 인도네시아의 양축 이야기는 중국의 양축 이야기의 관습적 서사에서 크게 벗어나 있지 않다고 할 수 있다. 하지만 그럼에도 불구하고,

인도네시아의 양축 이야기는 몇 가지 나름의 특징을 보여주고 있다.

첫째, 양축 이야기의 현지화의 경향이 뚜렷하다는 점이다. 이를테면 위의 ≪산백-영대SAM PEK-ENG TAJ≫(마두라어, 1930년)에서 산백과 영대는 처음 만나는 장면에서 악수를 나눈다. 이는 처음 만났을 때 두 손을 모아 읍揖을 하는 중국의 예의범절과는 다르다. 또한 이 텍스트에서 산백이 죽은 후 영대가 사구를 통해 산백의 어머니에게 돈을 보내고, 산백의 어머니는 이 돈을 장례에 참여한 사람에게 1/3을 주고, 무덤의 장식에 1/3을 들이며, 나머지 1/3은 자신과 사구의 장사 밑천으로 남긴다. 이러한 행위는 인도네시아 현지의 장례풍습으로서, 중국의 장례문화와는 다르다고 할 수 있다.

이러한 이야기의 현지화는 텍스트들간의 차이에서도 드러난다. 1870년대의 자바어 텍스트, 즉 1873년에 출판된 ≪산백영대Sam Pek Ing Tae≫(≪자바연감Javaansche Almanak≫ 수록본)와 1878년에 출판된 ≪산백영대Sam Pik Ing The≫(네덜란드 레이든대학Leiden University 도서관 소장본)에서는 영대가 산백의 죽음 이후 제문을 짓고 무덤에 가서 술을 따르는 제의를 행한다. 그렇지만 1902년의 자바어 텍스트인 ≪영대전Serat Ing Tai≫이나 1915년의 발리어 텍스트인 ≪산백영대Sampik Ingtai≫에서는 이러한 중국 특유의 장례의식이 사라진 채 자바와 발리의 풍속에 맞게 현지화된다.

둘째, 인물의 성격화에 있어서 영대의 적극성이 돋보인다는 점이다. 영대는 부모에게 공부하는 것을 허락해달라고 요구하고 부모의 강제혼인에 맞서 자유결혼을 꾀한다는 점에서 진취적이고 능동적인 면모를 지니고 있지만, 산백과의 관계에 있어서만은 다소 수동적이고 소극적인 태도를 보이는 것이 일반적이다. 이는 봉건이데올로기에 맞서 싸우는 영대의 용감성에 반해, 처녀로서의 수줍으면서도 다소곳한 순수성을 돋보이게 하는 기능을 지닌다.

그러나 인도네시아의 일부 텍스트에서 영대는 산백과의 관계에 있어서 매우 적극적이고 능동적인 태도를 보여준다. 이를테면 마두라어 텍스트인 ≪산백-영대SAM PEK-ENG TAJ≫에서 영대는 산백에게 의형제를 맺자고 제안할 뿐만 아니라, 길을 가던 중에 산백에게 자신의 손을 잡아달라고 요구하기도 한다. 그리고 나아가 여러 가지 사물을 빌어 자신의 신분을 암시해도 산백이 알아채지 못하자, 가슴 앞의 단추를 풀어 여자임을 알려준다. 위의 케토프랏의 대본인 ≪Ki Sampe Ni Engtae≫에서도 영대는 산백과 침상을 함께 쓰면서 깊이 잠든 그의 가슴에 손을 뻗어 만진다. 아울러 영대는 산백과 술래잡기를 하다가 그에게 자신이 여자임을 밝히고 그를 사랑한다고 고백한다.

이밖에도 인도네시아의 텍스트에는 중국의 텍스트에서 볼 수 없는 사건이나 에피소드가 등장하기도 한다. 이를테면 위에서 언급한 1870년대의 자바어 텍스트들에서는 영대가 홀로 며칠을 걸어 항주에 도착하지만, 1915년의 발리어 텍스트에서는 자동차를 타고 가다 도중에 무임승차자로 산백을 태워 반 시간만에 항주에 도착한다. 또한 위의 케토프랏의 대본인 ≪Ki Sampe Ni Engtae≫에서 영대는 아버지가 장사를 위해 멀리 떠나 있는 것을 틈타 항주로 공부를 하러 떠난다. 따라서 이 텍스트에서는 아버지 몰래 항주에서 공부한 사실 자체가 부녀간 갈등의 요인이 되기도 한다. 아울러 대부분의 텍스트에서 영대의 정혼자인 마문재는 고위 관리의 아들이지만, 마두라어 텍스트인 ≪산백-영대SAM PEK-ENG TAJ≫에서는 마문재 자신이 황제의 총애를 받는 시종의 신분으로 등장하기도 한다.

여러 나라의 양축 이야기

이미 앞에서 언급하였듯이, 양축 이야기는 한자문화권의 동아시아 여러 나라로 널리 유전되었다. 동아시아 제국 가운데에서 특히 국경을 맞대고 있거나 중국과 물적 및 인적 교류가 활발했거나, 혹은 중국계 이주민인 화인華人이 세력을 형성한 곳에서는 흔히 양축 이야기를 발견할 수 있다. 우리나라는 국경을 접하고 있으면서 인적·물적 교류가 활발했던 경우이고, 일본 역시 역사적으로 장기간에 걸쳐 중국과 인적·물적 교류가 이루어졌던 경우이며, 베트남은 한때 중국의 지배를 받은 적이 있을 뿐만 아니라 인적·물적 교류가 활발했던 경우이고, 말레이시아와 인도네시아는 일찍부터 화인이 세력을 형성하였던 경우이다. 이들 각국은 중국과 공유한 역사적 경험은 다르지만, 크든 작든 모두 중국문화의 자장磁場 속에 놓여 있다고 볼 수 있다. 여기에서는 베트남과 말레이시아, 싱가포르, 일본을 중심으로 양축 이야기가 어떻게 유전되었는지 살펴보고자 한다.

■ 베트남의 양축 이야기

베트남 문학은 대체로 세가지 문학, 즉 기록문자가 없던 시기로부터 유전되어온 구비문학, 중국의 지배아래에 있던 시기에 중국의 한자를 기반으로 형성된 한문학, 그리고 독자적인 베트남어에 기반한 베트남어 기록문학으로 구성되어 있다. 이 가운데 베트남어 기록문학은 한자를 이용해서 만든 차자표기인 쯔놈(chữ' Nôm, 喃字)으로 기록한 쯔놈 문학과 로마자를 받아들여 만든 꾸옥 응으(quốc ngữ, 國語)로 기록한

국어문학으로 나누어진다. 한문학은 중국에 복속되었던 기원전 2세기부터 기원후 10세기에 걸쳐 흥성하였으며, 쯔놈문학은 쯔놈이 쓰이기 시작한 8세기경부터 차츰 정착되어 13세기에 이르러 확고히 자리를 잡는다. 한문학과 쯔놈문학은 약 10세기부터 20세기 초반까지 공존하였다. 한편 19세기 후반에 등장한 국어문학은 20세기 초반까지는 한문학, 쯔놈문학과 공존하다가, 1920년대 이후 독점적인 지위를 차지하였다.[31)]

베트남 한문학은 중국의 지배를 받고 있던 시기에 한자를 문자언어로 사용했다는 점에서 중국문학과의 연동성이 컸으리라 예상할 수 있다. 그러나 베트남 한문학은 뜻밖에도 중국에서 찬술된 시선집이나 시학서를 별로 수용하지 않았을 뿐만 아니라 중국의 문학사조와 밀접하게 연결되어 발전하지도 않았다.[32)] 그나마 베트남 문학사에서 중국의 여러 전적이 활발히 번역·소개된 것은 쯔놈문학시기와 국어문학시기이다.

쯔놈문학시기를 대표하는 중국문학의 번역 성과는 쯔놈으로 쓰인 장편 서사시인 시전詩傳(쭈옌 터 놈)에서 살펴볼 수 있다. 시전은 16세기에 형성되어 17세기에 자리를 잡았는데, 작자의 신분, 작품의 언어와 내용상의 특징, 예술적 성취 등을 기준으로 크게 박학시전博學詩傳과 평민시전平民詩傳으로 나뉜다. 이 가운데 박학시전은 이름을 알 수 있는 사대부 귀족이 중국의 재자가인 이야기를 연음한 경우가 많은 반면, 평민시전은 이름을 알 수 없는 평민유사平民儒士가 주로 민간설화를 연음한 경우가 많다. 박학시전과 평민시전으로 현재 전해지고 있는 작품은 중국의 작품을 번역하거나 중국의 작품을 토대로 창작한 것이 많은데, 대표적인 중국 작품으로 ≪정정인定情人≫, ≪화전기花箋記≫, ≪김운교

金雲翹≫, ≪서상기西廂記≫, ≪옥교리전玉嬌梨傳≫, ≪옥잠기玉簪記≫, ≪서유기西遊記≫ 등을 들 수 있다. 그러나 재자가인의 사랑 이야기를 주로 다룬 박학시전에는 여전히 ≪금병매金瓶梅≫, ≪홍루몽紅樓夢≫은 물론 양축 이야기나 〈백사전白蛇傳〉 같은 작품 역시 보이지 않는다.[33]

국어문학시기는 1920년대 이후 국어라는 표기문자, 신문·잡지 등의 유통매체, 생산자로서 서구식 교육을 받은 문인 작가, 그리고 소비자로서 도시의 시민계층 등을 바탕으로 하는 근대적 글쓰기가 행해지던 시기였다. 이 시기에는 서양의 사상서와 문학작품은 물론, 중국의 고전에 대한 번역·소개가 진행되었다. 번역에 참여한 대표적인 문인과 문학작품으로는 응우옌 도묵(Nguyēn Đō Mục, 1866-1949)의 ≪수호전≫, ≪재생연再生緣≫과 ≪동주열국지東周列國志≫, 판께빈(Phan Kẽ Bính, 潘繼炳, 1875-1921)의 ≪삼국지연의≫ 등이 있다.[34]

비로 이 시기에 시인이자 번역가로 활동했던 반맹각潘孟各(1866-1942)은 중국의 애정고사를 최초로 베트남에 번역·소개했던 사람들 가운데 한 명이다. 그는 구우瞿祐의 ≪전등신화剪燈新話≫ 속에 실린 〈취취전翠翠傳〉에 등장하는 남녀 주인공인 김정金定과 취취翠翠가 화창하는 시 가운데에서 취취의 화답시를 번역하였다. 이 시의 내용은 다음과 같다. "평생에 언제나 축영대 한스럽더니, 가슴속에 품은 정 어찌하여 어서 말하지 못하나? 바라노니 봄의 신이시어 마음을 쓰시어 꽃나무를 햇볕 아래로 어서 옮기소서.(平生每恨祝英臺, 懷抱爲何不早開. 我願東君勤用意, 早移花樹向陽栽.)" 반맹각은 이 시 속의 '축영대'에 대해 해설하면서 양축 이야기를 아래와 같이 소개했다.

동진東晉의 사마담司馬聃이 재위하던 시절(344-361년)에 양처인梁處仁

> 이라는 사람이 전당錢塘으로 공부하러 갔는데, 그의 자는 산백山伯이다. 그는 배를 타고서 상우上虞 출신의 축정祝貞이라는 젊은이를 알게 되었는데, 그의 자는 신재信齋이다. 두 사람은 삼년간 함께 공부하였으며, 후에 축씨가 먼저 집으로 돌아갔다. 양씨는 그를 찾아가서야 축씨가 남자로 변장했으며 그의 진짜 이름이 영대英臺임을 알게 되었다. 양씨는 청혼하려 하였으나, 안타깝게도 축씨는 이미 무성鄮城의 마씨에게 허혼한 터였다. 이후 양씨는 이곳에서 임직하다가 세상을 떠났다. 축영대는 남편을 따라 길을 가던 중에 양씨의 무덤을 지나자, 무덤 앞에서 제사를 지내면서 슬피 울었다. 그러자 무덤이 갑자기 갈라져 축씨가 들어갔으며, 두 사람은 한데 묻혔다. 전해지는 이야기로, 이후 그들 두 사람은 나비로 변하여 늘 함께 날아다녔다.[35]

반맹각의 소개를 통해 양축 이야기는 20세기 전반기에 베트남 사회에 전파되기 시작했으나, 그 전파는 주로 문인계층에 한정되었을 뿐 일반 대중에까지 널리 미치지는 못했다. 양축 이야기가 베트남에서 대중적으로 크게 환영을 받았던 것은 중국에서 1953년에 제작된 최초의 컬러영화인 ≪양산백과 축영대≫가 베트남에서 상영된 이후였다. 베트남은 프랑스와의 해방전쟁에서 승리하여 1954년에 베트남 북부에 사회주의정권을 수립했는데, 당시 중화인민공화국과 우호적인 관계를 수립하면서 베트남의 사회주의건설을 위해 중화인민공화국으로부터 각종 지원을 받고 있었다. 1955년 봄 ≪양산백과 축영대≫의 베트남에서의 상영은 바로 이러한 중국과 베트남의 문화교류를 통해 친선을 강화하기 위해 이루어졌다고 할 수 있다.

1955년 봄에 영화 ≪양산백과 축영대≫가 베트남인의 열렬한 환호 속에 상영된 이후, 베트남의 전통문예양식으로써 양축 이야기를 공연하는 붐이 일었다. 이 가운데 가장 두드러졌던 것이 베트남의 이른바 개량가극改良歌劇(까 끽 까이 르엉)이었다. 개량가극은 베트남 남부지방에서 탄생한 대중 가극으로서, 남부의 민요나 전통가악에 맞추어 혼자서 노래와 대사를 엮어 서사하는 방식이 차츰 여러 명의 배우가 각각의 배역을 맡아 공연하는 형태로 발전하게 되었으며, 이로써 장편 가극의 개량극으로 변모하게 되었다. 개량가극은 1920년대 초기에 등장한 이후 1940년대 중반에 이르러 도시의 대중들이 즐기는 상업적 공연으로 널리 각광을 받았는데, 개량가극의 극본의 제재로 자주 채택되었던 것 가운데의 하나가 바로 중국고전이었다.

따라서 영화 ≪양산백과 축영대≫가 대중의 절찬리에 상영된 이후, 양축 이야기가 당시에 성행하던 개량가극의 제재로 수용되었던 것은 매우 자연스러운 일이라 할 수 있다. 애련愛蓮이라는 여배우의 회고에 따르면, 1955년 그녀가 속한 예술단에서 양축 이야기를 다룬 개량가극을 공연했을 때, 당시 베트남의 최고지도자인 호치민胡志明 주석이 관람하러 왔다고 한다. 1막이 끝나고 2막을 준비하는 막간 휴식 시간에 호치민은 분장실로 직접 찾아와 배우들을 격려했을 뿐만 아니라, 공연이 끝난 후에는 무대에 올라 베트남 전통의 6·8체의 시체詩體로 이렇게 관람 소감을 밝혔다.

> 산백과 영대 한 쌍, 정은 두텁고 재주는 놀랍네.
> (축영대 부친 역을 맡은 배우를 가리키며) 원앙 한 쌍을 결혼하지 못하게 하는구나.
> 봉건주의를 분쇄하여 수많은 영대와 산백을 혼인시키세![36]

호치민 주석의 소감은 양축 이야기의 핵심적 주제로서 자유연애와 자주결혼을 반反봉건이라는 관점에서 강조하고 있음을 알 수 있다. 이렇게 본다면, 베트남에서의 양축 이야기는 이십세기 전반에는 주로 문인계층에서 유행하다가 1955년 봄 영화 ≪양산백과 축영대≫의 상영을 계기로 베트남 대중에게 널리 알려졌으며, 이후 개량가극 공연에서의 호치민 주석의 열렬한 찬사와 반봉건의 의미부여에 힘입어 베트남 사회에 광범하게 전파되었다고 볼 수 있다. 양축 이야기가 당시 베트남의 사회주의건설에 필요한 이데올로기 구축에 적지 않은 도움이 되었음을 짐작할 수 있다.

■ 말레이시아와 싱가포르의 양축 이야기

주지하다시피, 말레이시아는 16세기 초에 말라카왕국이 포르투갈인의 침공으로 멸망하고 1641년에 네덜란드에 의해 말라카가 점령당하였으며, 1786년에는 영국에 의해 페낭이 점령당하여 영국의 주도권이 확립되었다. 이후 영국은 20세기 초까지 말라야에서의 식민지 경영을 확고히 하였으며, 제2차 세계대전 당시이던 1942년부터 일시적으로 일본이 점령하였으나 종전 후 다시 영국이 지배권을 행사하였다. 1957년 8월 31일 싱가포르를 제외한 11개 주가 통합되어 말라야연방으로 독립하였으며, 1959년 6월 영국은 싱가포르를 자치령으로 승인하였다. 말라야에서의 영국의 지배력이 약화되자, 1963년에 9월 말라야연방은 싱가포르, 사바, 사라와크와 합쳐져 말레이시아를 성립시켰다. 그러나 1965년 8월 9일 말레이시아는 싱가포르를 축출하였으며, 이후 싱가포르는 독립국으로서 현재에 이르고 있다. 이러한 역사적 맥락에서 말레이시아와 싱가포르를 한데 묶어 서술하여도 좋으리라 생각한다.

말레이시아와 싱가포르에 유전된 양축 이야기는 크게 두 가지 텍스트를 통해 그 유전양상을 살펴볼 수 있다. 이 두 가지 텍스트는 모두 싱가포르가 독립국으로 탈퇴하기 전에 출판되었으며, 저자는 화인으로 추정된다. 하나는 위 혹 켕Wee Hock Keng이 지은 말레이어본 ≪Sha'er San Pek Eng Tai(산백영대의 시)≫이다. 이 텍스트는 1963년에 싱가포르의 말라야출판사Pustaka Melayu에서 출판되었다. 다른 하나는 퀵Y. W. Kwok이 지은 말레이어본 ≪Liang San-Poh dan Chu Ying-tai(양산백과 축영대≫이다. 이 텍스트는 1964년에 페낭Penang출판사에서 출판되었다.

이들 두 종의 텍스트 외에, 말레이시아에서는 1999년에 말레이시아의 화인이 영화 ≪양축≫을 제작하였다. 이 영화는 양축 이야기의 일반적인 줄거리를 따르고 있지만, 몇 가지 사건이나 에피소드에서 상당한 변형을 보여준다. 즉 축영대 부친은 자신의 지위가 적수에게 위협을 받자 즉시 영대를 불러들이면서 그녀가 집에 돌아오기도 전에 정혼을 한다. 아울러 산백은 공명을 얻은 후에 곧장 영대를 아내로 맞아들이겠노라 맹세하지만 집안의 현격한 차이를 끝내 해소하지 못하자, 두 사람은 결국 남몰래 사랑의 도피를 감행한다. 그러나 불행히도 두 사람의 도피는 실패로 돌아가고, 축영대의 부친에게 구타당하여 중상을 입은 산백은 끝내 죽음을 맞이한다.

한편 싱가포르의 경우, 2001년 6월에 개최된 싱가포르국제예술제Singapore International Festival of Arts에서 조극潮劇의 ≪양축정몽梁祝情夢≫이 공연되었다. 조극은 광동廣東의 조주潮州를 중심으로 유행하는 극종인데, 싱가포르에서 공연된 이 극에는 중국과 싱가포르의 배우 및 스탭이 100여명 참여했다. ≪양축정몽≫은 광동월극원廣東粵劇院이 감독 종한추鍾漢秋가 감독을 맡았는데, 인물성격과 줄거리를 상당히 많은 부분을 개작하였다. 즉 양산백이 누대에서 축영대와 재회하는 내용과 고향으로 돌아가는 영대를 전송하는 이른바 '십팔상송十八相送'을 삭제하는 반면, 두 사람이 옛 우물에서 다시 만나 사랑을 확인하는 내용과 함께, 새로이 추가된 두 사람 중의 한 사람이 '애정쟁탈극'을 벌이는 어릿광대역을 맡는 내용을 추가하였다. 이는 양축 이야기의 비극적 색채를 누그러뜨리고 희극적 효과를 증대하기 위함이었다.

이밖에도 ≪양축정몽≫에서는 양산백이 자신의 집의 서재에서 죽음을 맞는 것이 아니라, 눈보라 속에서 죽음을 맞이한다. 게다가 그의 장례를 치르는 이는 백발의 눈먼 어머니이다. 이 또한 관객의 동정심을 유발하기 위한 서사전략이라 할 수 있다. 아울러 가장 두드러진 변화로는 축영대의 인물성격의 변화를 들 수 있다. 즉 이 극에서 영대는 산백에게 적극적으로 애정을 표현할 뿐만 아니라, 남장을 벗고서 자신의 몸을 드러내어 여성임을 밝히기도 한다. 전체적으로 볼 때, 이 극은 현대적 감각에 맞추어, 그리고 관객의 취향에 맞게 개작이 이루어졌다고 볼 수 있다.[37]

■ 일본의 양축 이야기

지금까지 한국과 인도네시아를 비롯하여 말레이시아, 싱가포르 등 동남아시아에서의 양축 이야기의 유전 양상을 살펴보았다. 그런데 양축 이야기의 유전과 관련하여 주목할 만한 점은 일본에 유전된 양축 이야기의 텍스트가 20세기 중반 이후의 텍스트(주로 문화예술활동)만 조사되어 있을 뿐, 그 이전의 텍스트는 전혀 학계에 보고되어 있지 않다는 점이다. 일본과 중국 사이에 인적 및 물적 교류가 활발하게 이루어져왔으며, 일본에 중국의 옛 전적이 대량으로, 그리고 지속적으로 전해져왔다는 점에서, 양축 이야기는 어떤 형태로든 남아있을 가능성이 매우 높다고 본다. 훗날 양축 이야기와 관련된 텍스트가 수집·정리될 수 있으리라 기대하면서, 20세기 중반 이후 양축 이야기와 관련된 일본에서의 텍스트를 문화예술활동을 중심으로 간략히 소개하고자 한다.

양축 이야기와 관련된 일본인으로 맨 먼저 손꼽아야 하는 인물은 세계적인 바이올린 연주자 니시자키 타카코西崎崇子(1944-)이다. 바이올리니스트로 이름을 떨치던 그녀는 1974년 결혼한 후 홍콩에서 거주하였는데, 이때 바이올린협주곡 ≪양축≫을 접하게 되었다. 주지하다시피, 바이올린협주곡 ≪양축≫은 1958년에 상하이음악학원 학생인 허잔하오何占豪와 천강陳鋼이 월극越劇을 토대로 창작하였으며, 1959년 5월 27일에 상하이 음악학원 학생인 위나리兪拿麗에 의해 중화인민공화국 건국 10주년을 기념하여 상하이의 란신대극원蘭心大劇院에서 최초로 연주되었다.

니시자키 타카코는 1978년에 이 바이올린협주곡 ≪양축≫을 린커창林克昌이 지휘하는 일본의 나고야名古屋 필하모닉 오케스트라와 협주하였다. 이 협주음반은 홍콩은 물론 동남아 각국에서 200만장이라는 놀라운 판매량을 보임으로써 당시 홍콩의 골든디스크상을 수상하였다. 그녀는 이후 체코교향악단, 상하이음악학원 교향악단, 싱가포르 빅토리아음악청 등과 협주하고 협주음반을 출시하였다. 그녀의 세계적인 바이올리니스트로서의 명성은 중국음악뿐만 아니라 중국의 민간전설인 양축 이야기를 세계적으로 널리 알리는 데 크게 이바지하였다고 할 수 있다.

양축 이야기와 관련지어 두 번째로 살펴볼 만한 것은 다카라즈카寶塚 가극단이다. 이 극단은 1914년에 창립된 대형 가무극단으로서, 본부는

효고현兵庫縣 다카라즈카시에 있으며, 일본에서는 물론 전세계적으로도 명성을 떨치는 대형 무대공연단체이다. 이 가극단은 2007년 9월에 일본판 양축 이야기인 ≪접련蝶戀(ディエ・リエン)≫과 남미 풍격의 가극 ≪남십자성南十字星≫을 상하이대극원에서 최초로 공연했다. 이번 공연은 2002년에 이어 중일국교정상화 30주년을 기념하여 두 번째로 중국에서 이루어진 순회공연이었다. 이 가운데 ≪접련≫은 중국의 양축 이야기와 일본의 가부키 〈けいせい倭莊子〉, 일본의 무용 〈蝶の道行〉을 토대로 만든 새로운 무용극으로서, 우에다 신지(植田紳爾)가 연출을 맡고 하나야기 요시지로(花柳芳次郎)가 안무를 맡았다. ≪접련≫에는 '타서 재가 될지라도(燃え盡きるとも)'라는 부제가 달려 있는데, 그 줄거리는 다음과 같다.

때는 헤이안平安 시대. 두 명의 젊은이 설약雪若과 무음霧音은 궁중 무악사舞樂司를 꿈꾸고서 시골에서 도시로 온다. 두 사람은 함께 공부하는 동안 형제와 같은 두터운 정을 쌓지만, 무음은 사실 여자였다. 여자는 무악을 배울 수 없다는 규율이 있었기에, 아버지의 허락을 얻어 2년간의 약속으로 남장하여 공부하고 있었던 것이다. 무음은 설약과의 정이 두터워질수록 마음이 흔들린다. 젊고 늠름한 설약에게 많은 여인들이 모여들지만, 설약은 자신에게 감추어둔 사람이 있노라고 무음에게 고백한다. 어느 날 설약은 무음이 여자임을 알게 되고, 무음에게 자신의 연정을 털어놓는다. 서로의 마음을 알게 된 두 사람은 영원한 사랑을 약속하고, 설약은 여자도 배울 수 있는 새로운 무악을 만들자고 무음을 격려한다.

그즈음 무음의 아버지가 병으로 누웠다는 편지가 전해지고, 무음은 설약과 다시 만나자는 약속을 하고서 헤어진다. 무음이 고향에 돌아와

> 보니 아버지는 이미 세상을 떠난 뒤였다. 수령의 딸인 무음에게는 집안을 지키기 위해 혼처가 정해져 있었다. 고민 끝에 무음은 설약과의 약속을 지키기 위해 죽음을 선택한다. 얼마 후 무음을 찾아온 설약은 무음의 무덤 앞에서 통곡한다. 바로 그때 어디에선가 그리운 무음의 목소리가 들려온다. 그러자 돌연 무덤이 갈라지고 설약은 빨려들 듯이 무덤 안으로 들어간다. 이윽고 무덤 속에서 두 사람의 화신인 양 두 마리의 나비가 날아오른다.[38]

양축 이야기와 관련지어 마지막으로 살펴볼 만한 인물은 와다나베 메이지渡邊明次이다. 그는 2002년에 30여 년간 봉직했던 중학교 교사직에서 은퇴한 뒤 중국에 유학하여 양축 이야기를 전문적으로 연구하였다. 그는 양축 이야기와 관련된 역사 고적을 빠짐없이 현지조사하였으며, 이를 바탕으로 2006년에 〈'양축' 이야기의 진실성 초탐('梁祝'故事眞實性初探)〉이라는 졸업논문을 제출했다. 그는 중일 양국의 교류가 오래되었고 깊었음에도 불구하고 아름다운 사랑의 이야기가 일본에 전해지지 않은 점을 매우 안타까워했다. 양축 이야기를 일본사회에 전하기 위해 그는 귀국하자마자 자신의 졸업논문의 일본어 번역에 착수하여, 마침내 2007년 중일대역판 ≪양신백 축영대 전설의 진실성을 좇다(梁山伯祝英臺傳説の眞實性を追う≫를 출판했다.

일본사회에 양축 이야기를 널리 전하기 위해, 와타나베는 자오칭거趙清閣의 장편소설 ≪양산백과 축영대梁山伯與祝英臺≫를 번역한 중일대역판 ≪소설 양산백과 축영대(小説梁山伯と祝英臺≫를 2006년 10월에 출판했으며, 저우징수周靜書가 주편한 ≪양축전설梁祝傳説≫을 번역한 ≪양축구두전설집梁祝口承伝説集≫을 2007년 1월에 출판했다. 이와 함께 그는 동호인과 더불어 '일본양축문화연구소日本梁祝文化研究所'를 도쿄에 설립하여 양축 이야기의 보급에 힘을 기울였다. 그 노력의 결과, 2009년 10월 3일 그는 후루노 히로아키古野浩昭와 함께 각본을 써서 일본 최초로 '중국민화극中國民話劇 〈양축梁祝〉'이라는 이름의 연극을 가마쿠라鎌倉에서 공연했다. 이 연극에서는 아오이 토시코青井聰子와 이토 타케야스伊藤健康가 각각 축영대와 양산백을 주연했다.[39]

지은이 주

1) 林熒澤의 〈≪夾注明賢十抄詩≫解題〉를 참조하시오, 韓國學中央硏究院, ≪夾注明賢十抄詩≫, (서울: 大翰情報印刷, 2009) 16쪽. ≪夾注明賢十抄詩≫의 成書年代에 대해서는 호승희는 고려 중후기인 1200년 전후로 추정하고 있다. 호승희, 〈十抄詩一考-全唐詩 미수록 작품을 중심으로〉, ≪韓國漢文學論文選集≫ 보유편 58, (고양: 불함문화사, 2002) 참조

2) 모리스 꾸랑(Maurice Courant, 1865-1935)은 프랑스 최초의 한국학자로서, 1886년 한불 수교 체결 이후 1890년 5월 프랑스 외교 사절단의 1등 서기관 겸 통역사로 한국 땅에 발을 디딘 이래 1892년 2월까지 書記로 재직했다. 그는 한국에서 근무하는 동안 한국 내의 여러 전적을 수집·정리하여 수년 후 ≪한국서지(Bibliographie Coréenne)≫란 책을 발간하는 등, 프랑스 내 한국학 연구를 태동시키는데 중요한 역할을 했다. ≪한국시지≫ 가운데의 제1,2권은 1894년과 1895년에 동경 주재 프랑스 공사관의 통역관으로 근무하던 당시에 발행되고, 제3권은 1896년 天津 주재 프랑스 공사관의 통역관으로 근무하던 당시에 발행되었으며, 增補 1책(≪Supplément a la Bibliographie Coréenne≫)은 1899년 귀국 후에 발행되었다. 李喆珪, 〈Maurice Courant과 韓國書誌〉, ≪도협월보≫ 111, 2008.5 참조

3) 周靜書, ≪梁祝文化大觀≫(學術論文卷)(北京: 中華書局, 2000) 13쪽에서 재인용

4) 祝英臺의 영웅적 군담을 서술하고 있는 고사로는 〈祝英臺彊場建奇功〉과 〈梁山伯與祝英臺〉를 들 수 있다. 周靜書 主編, ≪梁祝文化大觀≫(故事歌謠卷), (北京: 中華書局, 1999), 193-195쪽 및 中國民間故事集成全國編輯委員會, ≪中國民間故事集成≫, (北京: 新華書店, 1998), 264쪽 참조. 梁祝 두 사람의 영웅적인 군담을 서술하고 있는 고사로는 〈梁祝還魂團圓記〉를 들 수 있다. 周靜書 主編, 위의 책, 204쪽 참조. 이들 고사 외에 梁山伯의 영웅적 군담을 다루고 있는 고사로는 〈歷盡磨難終成婚〉이 있다. 그러나 이것은 梁山伯이 祝英臺와 결혼하지 못한 채 종군하여 공훈을 세운 후 祝英臺와 결혼하는 고사이며, 양축 이야기의 亞型으로 보아야 할 것이다.

5) 꾸랑본의 경우 전체 48쪽 가운데 군담이 16쪽 이상을 차지하고 있으며, 博文書館本(1918년)의 경우 전체 66쪽 가운데 군담이 23쪽 이상을 차지하고 있다.

6) 20세기 초에 한국에서 유행했던 영웅군담소설로는 ≪愛國婦人傳≫, ≪劉忠烈傳≫, ≪趙雄傳≫, ≪朴氏傳≫, ≪張國振傳≫, ≪林慶業傳≫ 등을 들 수 있다.

7) 지금까지의 원문 인용은 1916년에 南宮 楔이 편집한 漢城書館本 ≪양산빅전≫에 근거하였다.

8) N·G·가린 미하일로프스키 저, 안상훈 역, ≪조선설화≫, (파주: 한국학술정보, 2006) 251-258쪽 참조. 이 역본에는 남녀 주인공의 이름이 양상복과 황복례로 기술되어 있으며, 러시아어로는 'Ян-сан-боги' 와 'Хуан-чун-вонлей' 혹은 'Вонлей'로 기술되어 있다. 이 글에서는 여러 민간고사에 나타나는 두 인물의 이름을 참고하여 양산

복과 황복례로 기술했다.

9) 姜在哲, 〈러시아 N.G.가린의 개화기 한국설화자료의 수집과 채록방법〉, (≪동아시아고대학≫ 제18집, 2008.12) 참조

10) 중국 양축 이야기의 梁山伯은 우리나라의 민간고사에서는 양산박, 양산복, 장사복으로 변이되고, 祝英臺는 추영대, 추양대, 수영대, 수양대, 수양재, 채금대 등으로 변이된다. 또한 제주도의 민간고사의 경우에는 문도령과 자청비로 변이되기도 한다.

11) 〈자청비〉는 ≪남국의 전설≫, 〈자청비와 문국성 문도령〉은 ≪제주설화집성(1)≫, 〈누에의 유래〉는 ≪한국구비문학대계≫ 4-2에 각각 실려 있다.

12) 한국정신문화연구원 편, ≪韓國口碑文學大系≫ 8-8, (서울: 조은문화사, 1984) 361-366쪽

13) 任晳宰, ≪任晳宰全集-韓國口傳說話10≫, (서울: 평민사, 1993) 123-124쪽

14) 文化財管理局, ≪無形文化財調査報告書≫ 第3輯, 143-154쪽 참조

15) 金泰坤 編, ≪韓國巫歌集≫ 3, (서울: 集文堂, 1979), 98-101쪽 참조

16) 위의 책, 135-136쪽 참고

17) '指腹爲婚'과 관련된 기록으로 다음과 같은 예를 들 수 있다. ≪魏書王寶興傳≫ : "尙書盧遐妻, 崔浩女也. 初, 寶興母與遐妻俱孕, 浩謂曰 : '汝等將來所生', 皆我之自出, 可指腹爲親." ≪元史·刑法志二≫ : "諸男女議婚, 有以指腹割衿爲定者, 禁之." 關漢卿≪緋衣夢≫第一折 : "俺兩家指腹成親, 後來我家生了个女儿, 喚做國香, 今年十七歲 ; 他家得了个小厮, 喚做慶安, 他如今窮了也." 兪樾≪右臺仙館筆記 · 衢州傅翁≫ : "汝在孕時, 與某氏指腹爲婚, 今其女長成, 當爲汝娶之° "

18) 이에 해당하는 고사로는 〈英臺姑娘與山伯相公〉를 들 수 있다. 周靜書 主編, 앞의 책, 82-85쪽 참고

19) 이에 해당하는 고사로는 〈英臺作詩托終身〉과 〈續詩遇山伯〉을 들 수 있다. 위의 책, 99-113쪽 및 164-168쪽 참고

20) 버들잎 위에 글을 써서 자신의 심회를 알리는 것은 唐代 范攄의 ≪雲溪友議≫에 실려 있는 盧渥의 고사와 유사하다. 宮官인 盧渥은 皇城의 개울가를 노닐다가 물위로 빨간 잎새 하나가 떠내려 오는 것을 보았는데, 잎새 위에는 어느 궁녀가 자신의 심회를 밝힌 시 한 수가 적혀 있었다.

21) 이에 해당하는 민간고사로는 〈남산봉과 채금대〉, 〈양산박과 수양대〉, 〈채금대와 양산복〉 등을 들 수 있다.

22) '버들잎' 화소에 관한 연구로는 이수자의 〈설화에 나타난 '버들잎 화소'의 서사적 기능과 의의〉(≪口碑文學硏究≫ 제2집, 한국구비문학회, 1995) 및 권태효의 〈漂母型 설화의 신화적 성격 연구〉(≪京畿大學校人文論叢≫ 제6호, 1998)를 참조하시오.

23) 俄而憑乃自殺, 其妻乃陰腐其衣. ……王與之登臺, 妻遂自投臺, 左右攬之, 衣不中手而死. 干寶, ≪搜神記≫ 卷十一, 〈韓妻〉

24) 국가의 수호신으로서의 성격을 보여주는 고사로는 〈祝英臺陰配梁山伯〉, 〈席草計〉, 〈千萬陰兵助康王〉, 〈托夢助陣退倭寇〉, 〈梁聖君廟的傳說〉, 〈蝴蝶廟與蝴蝶碑〉 등을 들 수 있으며, 마을의 城隍神으로서의 성격을 보여주는 고사로는 〈梁縣令托夢治虫〉, 〈梁聖君廟的傳說〉, 〈梁山伯指点缸鴨狗〉 등을 들 수 있다. 周靜書 主編, 앞의 책 참조.

25) 孔遠志, ≪中國印度尼西亞文化交流≫(北京: 北京大學出版社, 1999) 6-7쪽 참조

26) 위의 책, 74-77쪽 참조

27) Claudine Salmon, 〈A Note on Javanese Works derived from Chinese Fiction〉, ≪Literary Migrations≫(Singapore: Institute of Southeast Asian Studies: 2013) 235-239쪽 참조

28) Dédé Oetomo, 〈SAM PEK ENG TAJ, A Chinese Love Story in Madurese〉, Claudine Salmon, 위의 책, 376-382쪽 참조.

29) George Quinn, 〈Ling Shanbo yu Zhu Yingtai - A Chinese Folk Romance in Java and Bali〉, Claudine Salmon, 위의 책, 349-354쪽 참조.

30) 周靜書 主編, ≪梁祝文庫·國外文藝卷(上)≫(北京: 中華書局, 2007), 150-387쪽 참조

31) 치귀무 지음, ≪베트남문학의 이해≫(서울: 창비, 2010), 17-39쪽 참조

32) 위의 책, 43-47쪽 참조

33) 위의 책, 452-457쪽 참조

34) 위의 책, 526-533쪽 참조

35) 阮友心, 〈梁祝文化在越南的傳播與影向〉, 周靜書 主編, ≪梁祝文庫(理論研究卷≫ (北京: 中華書局, 2007), 653쪽

36) 위의 책, 656-657쪽 참조

37) 王蓉, 〈簡析梁祝故事在國外的傳播情況〉(≪學理論≫ 2010-10) 참조

38) http://archive.kageki.hankyu.co.jp/revue/china/gaiyo.html에 실린 〈寶塚歌劇 第2回中國ツアー公演〉 팜플렛의 작품 개요를 참조함.

39) 周靜書, 施孝峰 著, ≪梁祝文化論≫(北京: 人民出版社, 2010) 293-297쪽 참조

5

맺음말을 대신하여

■ 양축 이야기의 중국 연구현황

양축 이야기의 중국 연구현황

지금까지 살펴본 바대로, 양축 이야기는 당대의 지괴志怪로부터 송대의 시사詩詞, 원대의 잡극, 명대의 전기傳奇와 소설, 명·청대의 각종 지방지, 현대의 소설과 영화, 드라마 등에 이르기까지의 각종 장르와 형식을 통해 발전해왔다. 이처럼 양축 이야기는 오랜 역사를 지니고 있지만, 양산백과 축영대 등의 인물이나 이야기의 실제와 허구 등을 둘러싸고 전문적으로 연구한 것은 20세기에 들어선 이후의 일이었다. 여기에서는 중국에서 양축 이야기에 대한 연구가 이루어진 현황을 크게 세 단계로 나누어 살펴보고자 한다.

■ 5·4신문화운동기부터 중화인민공화국 수립까지

양축 이야기에 대한 학술적 관심은 '민주德先生'와 '과학賽先生'을 제창했던 5·4신문화운동과 밀접한 관련이 있다. 즉 이즈음에 과학적 방법으로 민간문학작품을 수집하고자 뜻을 모으고 구체적인 실행에 옮겼을 뿐만 아니라, 민간문학작품, 특히 민간가요에 대한 수집이 당시 신문화운동의 핵심적 주장이었던 백화문운동과 직접적 연관을 맺고 있기 때문이다. 당시 신문학운동가들은 언문일치의 백화문운동을 제창하면서 백화문 사용의 용례를 몇몇 고전소설에서 구했을 뿐이었으며, 따라서 백화문의 토대가 매우 빈약한 상태였다. 게다가 신시新詩의 창작 역시 소수 신문학운동가들의 의지만으로 널리 확산될 수 있는 것이 아니었다. 이러한 시점에서 백화문의 다양한 실제 사용의 예를 살펴볼 수 있고, 일상생활에 필요한 다양한 어휘를 확보할 수 있는 대안으로 제시되었던 것이 민간가요였다.

이러한 신문학운동의 필요에 근거하여 민간문학, 특히 민간가요의 수집은 신문화운동의 중심지였던 북경대학에 의해 주도되었다. 1918년 2월 1일에 발간된 ≪북경대학일간北京大學日刊≫에는 류반눙劉半農이 기조한 〈전국의 근세가요 수집을 위한 북경대학 요강北京大學徵集全國近世歌謠簡章〉이 게재되었다. 류반눙, 선인모沈尹默, 선젠스沈兼士, 저우쭤런周作人 등은 민간가요수집운동을 이끌기 위해 북경대학 내에 '가요수집처歌謠徵集處'를 두었다. 이들은 이어 1920년 12월 19일에 가요연구회歌謠研究會를 설립하였으며, 저우쭤런은 1922년 12월 17일에 가요연구회의 기관지로 ≪가요주간歌謠週刊≫을 창간했다.

가요연구회는 전문적으로 민간가요를 수집하고 연구하는 중국 최초의 연구단체였으며, 민간가요 외에도 '맹강녀孟姜女' 이야기와 같은 민간문학작품의 여러 자료를 수집하기도 하였다. 가요연구회는 1922년 1월 북경대학교연구소국학문北大研究所國學門이 개설된 이후 국학문에 편입되었다. ≪가요주간≫은 중국 최초의 전문적 민속학연구지라고 할 수 있는데, 1925년 6월 28일 97기를 마지막으로 종간되기까지 가요 2천여 수와 3백 편에 달하는 글을 게재하였다. ≪가요주간≫의 뒤를 이어 국학문의 기관지로서 ≪국학문주간國學門週刊≫이 1925년 10월에 창간됨으로써 민간문학에 대한 학술적 연구가 지속적으로 진행될 수 있었다.

북경대학에서 발간된 ≪가요주간≫과 ≪국학문주간≫(1926년 10월 이후 월간으로 바뀜)은 민간문학작품의 수집과 정리, 연구에 크게 기여하였는데, 특히 양축 이야기와 맹강녀 이야기의 자료수집 및 이론연구에 지대한 공헌을 하였다. 양축 이야기와 관련된 글로는 중징원鍾敬文이 해륙풍海陸豐에서 널리 유행하고 있는 '양축' 가요를 수집하여 ≪가요주간≫에 게재하였으며, 펑위안쥔馮沅君과 첸난양錢南揚이 ≪국학문주간≫ 제1권 1기(1925년 10월)와 3기(1926년 12월)에 각각 <축영대의 노래祝英臺的歌>와 <양산백과 축영대의 이야기梁山伯與祝英臺的故事>를 게재하였다.

북경대학에서 민간문학작품의 수집과 정리, 연구가 활발하게 이루어지는 가운데, 전국 각지의 신문 역시 이를 본떠 각종 민간문학작품을 신문지면에 싣기 시작하였다. 이를테면 광동廣東의 ≪군보群報≫, 상해의 ≪부녀월간婦女月刊≫, 광동 해풍현海豐縣의 ≪룩안일보陸安日報≫ 등이 그 대표적인 예이다. 그러나 1927년 북경에 군벌 장쭤린張作霖이 진입하여 북경의 9개 국립학교를 경사대학京師大學으로 개편하고 군벌정권의 반동적 통치가 강화됨으로 인해 북경대학의 상당수 교수들이 남하하는 가운데 ≪국학문월간≫은 8기를 끝으로 종간되고 말았다. 아울러 당시 민간문학연구를 이끌던 구제강顧頡剛 등이 광주廣州의 중산대학中山大學으로 옮겨옴에 따라 민간문학연구의 중심지는 북경대학에서 중산대학으로 바뀌게 되었다.

중산대학에서의 민간문학연구는 어언역사학연구소語言歷史學研究所가 중심이 되었으며, 이 연구소는 민간문학연구의 전문지로서 ≪민간문예民間文藝≫ 주간을 발행하였다. ≪민간문예≫는 1927년 11월 1일에 창간호를 발간하여 1928년 1월 10일 제11·12기 합간호를 끝으로 종간되었다. ≪민간문예≫를 뒤이어 민간문학의 수집과 정리, 연구를 담당하였던 것이 ≪민속民俗≫ 주간이었다. 민속학회에 의해 1928년 3월에 창간된 이 잡지는 1930년 4월 100기를 출간한 후 정간되었다가, 1933년 3월에 복간되어 123기를 끝으로 정간되었다. 중산대학에서 발간된 두 잡지, 특히 ≪민속≫ 주간은 민간문학연구에 크게 공헌하였는데, 양축 이야기와 관련된 본격적인 자료 수집과 연구 역시 이 잡지를 통해 이루어졌다. 양축 이야기와 관련되어 ≪민속≫ 주간에 발표된 자료는 아래와 같다.

* ≪민속≫ 주간 제92기(1930년 1월)
錢南揚, 〈축영대 이야기의 자료 수집에 관하여(關于收集祝英臺故事的材料和徵求)〉

* ≪민속≫ 주간 제93기-95기 합간 : '축영대 이야기' 특집호 (1930년 2월)
錢南揚, 〈축영대 이야기를 논함(祝英臺故事敍論)〉
容肇祖, 〈축영대 이야기 서(祝英臺故事序)〉
馮貞群, 〈영파 역대 기록 중의 축영대 이야기(寧波歷代志乘中之祝英臺故事)〉
錢南揚, 〈영파 양축 사당과 무덤의 현 상황(寧波梁祝廟墓的現狀)〉
馬太玄, 〈의흥 기록 중의 축영대고사(宜興志乘中的祝英臺故事)〉
顧頡剛, 〈화산기와 축영대(華山畿與祝英臺)〉
馬太玄, 〈청수현지 중의 축영대 고사(淸水縣志中的祝英臺故事)〉
劉萬章, 〈해륙풍 희극 가운데의 양축(海陸豊戲劇中之梁祝)〉
馮沅君, 〈축영대 노래(祝英臺的歌)〉

黃　朴, 〈축영대와 진설매(祝英臺與秦雪梅)〉
錢南揚, 〈사곡 가운데의 축영대 패명(詞曲中的祝英臺牌名)〉
顧頡剛, 錢南揚, 〈축영대 이야기 중의 희곡에 관하여(關于祝英臺故事中的戲曲)〉
謝雲聲, 〈축영대는 상우인이 아님에 관한 고찰(祝英臺非上虞人考)〉
謝雲聲, 〈민남 전설의 양산백과 축영대(閩南傳說的梁山伯與祝英臺)〉
袁洪銘, 〈양산백과 축영대(梁山伯與祝英臺)〉
錢南揚, 〈축영대 창본 서록(祝英臺唱本敍錄)〉

≪민속≫ 주간이 '축영대 이야기' 특집호를 발간한 이후, 양축 이야기에 대한 관심은 전국적으로 크게 고조되었다. 그리하여 북경의 ≪신보晨報≫의 부간 ≪학원學園≫, 항주杭州의 ≪민국일보民國日報≫의 부간 ≪민속주간民俗週刊≫, ≪부녀와 아동婦女與兒童≫ 월간, 상해의 ≪시사신보時事新報≫와 ≪청년계青年界≫, 영파寧波의 ≪민속순간民俗旬刊≫, 소흥紹興의 ≪민속주간民俗週刊≫ 등에서도 잇달아 양축 이야기와 관련된 전설이나 가요, 희곡 및 연구논문을 게재하였다. 양축 이야기에 대한 학술적 관심은 신문화운동기의 민간문학에 대한 관심으로부터 시작된 이래 1930년대에도 지속적으로 고조되었음을 알 수 있다.

■ 중화인민공화국 수립 이후부터 문화대혁명까지

중화인민공화국 수립 직후에 우선적으로 주목할 만한 점은 민간문학 연구자의 대중적 조직기구로서 중국민간문예연구회中國民間文藝研究會가 결성되었다는 것이다. 이 연구회는 '중국의 민간문학과 예술의 작품과 성과를 수집·정리하고 연구하며 문학예술유산에 대한 인민의 존중과 이해를 증진함'을 종지로 하여 1950년 3월에 북경에서 결성되었으며,

11월에 민간문예 전문잡지인 《민간문예집간民間文藝集刊》을 창간하였다. 이 잡지는 한국전쟁에의 참전으로 인해 1951년 9월에 3기를 끝으로 정간되었다. 이 잡지에는 양축 이야기와 관련된 글로 왕야핑王亞平의 〈민간예술 속의 양산백과 축영대民間藝術中的梁山伯與祝英臺〉와 허치팡何其芳의 〈양산백과 축영대의 이야기에 관하여關于梁山伯與祝英臺的故事〉가 각각 제1기와 제2기에 게재되었다.

아울러 1950년대 초에 전개되었던 희곡개혁사업 또한 주목할 만하다. 중화인민공화국이 수립된 직후인 1949년 11월 3일 톈한田漢이 국장을 맡은 희곡개진국戲曲改進局이 설립되어 전통 희극을 개조하는 작업에 착수하였다. 이어 1951년 4월 3일에 중국희곡연구원中國戲曲研究院이 설립되고, 5월 5일 저우언라이周恩來는 중앙인민정부 정무원의 〈희곡개혁사업에 관한 지시關于戲曲改革工作的指示〉를 공표하였다. 이 지시는 "지방희, 민간의 소형극의 신구 극본을 광범하게 수집·기록하고 간행"할 것을 각지에 요구하였다. 중앙정부와 지방정부의 노력에 힘입어 희곡개혁사업은 상당한 성과를 거두었는데, 양축 이야기의 여러 극종의 극본은 30여 개로 개편되어 전국 각지에서 널리 공연되었다. 이리하여 양축 관련 희곡은 1950년대에 새로이 전성기를 맞이하였으며, 1952년 10월에 개최된 제1회 전국희곡경연대회에서 월극越劇 〈양산백과 축영대梁山伯與祝英臺〉가 극본상을 수상하기도 했다.

이러한 희곡개혁사업에 발맞추어 1950년초부터 양축 관련 희곡의 개편을 위한 토론이 전국적으로 이루어졌다. 토론이 전개되는 가운데 양축 이야기의 기원과 변천과정, 줄거리의 발전과 변모, 그리고 양산백과 축영대 등의 인물성격에 대한 분석 등, 다양한 주제에 걸쳐 연구가 활발하게 진행되었다. 이 토론은 1954년까지 지속되었으며, 북경과 상해, 광주, 무한 등지의 주요 언론매체에 약 60여 편의 글이 발표되었다. 이 글들 가운데 대표적인 문장은 아래와 같다.

雨　辰, 〈'양축애사'에 대한 의견(對'梁祝哀史'的意見)〉(≪新民報≫ 1950년 9월 8일)

何其芳, 〈양산백과 축영대의 이야기에 관하여(關于梁山白與祝英臺的故事)〉(≪人民日報≫, 1951년 3월 18일)

舒天一, 〈극본개편과 공연사업에 진지하게 대처해야 – 경극 '양산백과 축영대'를 평함(應該對待劇本改編與演出工作－評京劇'梁山伯與祝英臺')〉(≪新民報≫ 1952년 8월 25일)

阿　英, 〈천극 '유음기'에 관하여(關于川劇'柳蔭記')〉(≪光明日報≫ 1952년 12월 17일)

豪　雨, 〈양축 이야기를 논하다(話說梁祝故事)〉(≪新民報≫ 1953년 1월 30일)

艾　青, 〈가극 '양산백과 축영대'(歌劇'梁山伯與祝英臺')〉(≪人民文學≫ 1953년 제2기)

燕　公, 〈양축 이야기의 발생과 변천(梁祝故事的發生和演變)〉(≪人民文學≫ 1953년 제2기)

宣　彬, 〈양축 이야기의 '보권' 세 권(梁祝故事的三本'寶卷')〉(≪新民報≫ 1953년 5월 22,23일)

嚴敦易, 〈고전문학 속의 양축 이야기(古典文學中的梁祝故事)〉(≪人民文學≫ 1953년 제12기)

戴不凡, 〈'양산백과 축영대' 이야기에 대해(談'梁山伯與祝英臺'故事)〉 (≪文藝報≫ 1954년 2월 15일)

이와 같은 연구성과를 뒤이어, 1950년대 중반에 양축 이야기의 연구에 획기적인 성과물로서 두 권의 자료집이 출판되었다. 그것은 루궁路工이 1955년에 펴낸 ≪양축 이야기 설창집梁祝故事說唱集≫과 첸난양錢南揚이 1956년에 펴낸 ≪양축 연극 집존梁祝戲劇輯存≫이다. 루궁의 ≪설창집≫은 민간에 널리 전해 내려오는 양축 이야기의 설창작품 15종을 수록하였으며, 이들 작품은 전기傳奇, 민가, 고사鼓詞, 탄사彈詞, 목어서木魚書 등의 다양한 형식을 취하고 있다. 이들 작품 가운데 대표적인 작품으로는 청대 초기에 절강의 충화당忠和堂에서 펴낸 〈양산백가梁山伯歌〉(민가), 건륭 연간에 행교주인杏橋主人이 쓴 〈신편동조대쌍호접新編東調大雙蝴蝶〉, 청말에 하남에서 찍어낸 〈신각양산백축영대부부공서환혼기新刻梁山伯祝英臺夫婦攻書還魂記〉, 그리고 사천 계향당桂馨堂에서 찍어낸 〈유음기柳蔭記〉 등을 들 수 있다.

첸난양의 ≪집존≫은 원대로부터 청대에 이르기까지 절강, 안휘, 산서, 강소 등 여덟 개 성에 전해 내려온 지방극 18종을 수록하고 있다. 이 책에는 〈축영대祝英臺〉(元戲文), 〈바래다주고 헤어지다(河梁分袂)〉(明傳奇), 〈벗을 찾아가다(訪友)〉(明傳奇), 〈영대와 산백 서로 헤어져 귀가하다(英伯相別回家)〉(明徽池調), 〈양산백이 벗을 찾다梁山伯探朋〉(洪洞戲), 〈양산백이 축영대를 전송하다梁山伯祝英臺回文送友〉 (寧波戲), 〈동루에서의 만남東樓會〉(楚劇), 〈영대가 매파를 꾸짖다英臺罵媒〉 (川劇), 〈축영대가 벗과 이별하다祝英臺別友〉(粵劇), 〈양산백의 연못梁山伯藕池〉(紹興文戲) 등이 실려 있다.

이러한 연구 및 자료집 출판 외에도, 1950년대에는 양축 이야기와 관련된 수확이 풍성하였다. 우선 영화를 살펴보면, 1953년에 상해영화제작소上海電影制片廠에서 중국 최초의 컬러영화로 ≪양산백과 축영대梁山伯與祝英臺≫를 제작하였다. 이 영화는 월극 〈양산백과 축영대〉를 근거로 하고, 당시의 저명한 월극 배우인 판루이쥐안范瑞娟과 위안쉐펀袁雪芬이 각각 양산백과 축영대의 역을 주연했다. 아울러 소설에서는 장헌수이張恨水와 자오칭거趙清閣가 1954년에 동명의 ≪양산백과 축영대≫라는 장편소설을 출간했다. 이밖에 1958년 가을에 상해음악학원의 허잔하오何占豪와 천강陳鋼이 멍보孟波와 류핀劉品 교수의 지도를 받아 바이올린 협주곡 ≪양산백과 축영대≫를 완성하였다. 26분 길이의 이 협주곡은 1959년 5월 27일 상해 란신대극장蘭心大戲院에서 위리나兪麗拿에 의해 성공적으로 연주되었다.

이처럼 양축 이야기의 연구에 있어서 1950년대는 192,30년대의 흥성기를 뒤이어 한 차례 고조기를 맞이하였다. 그러나 1960년대 중반 문화대혁명이 일어난 뒤, 양축 이야기는 봉건 사구四舊, 즉 낡은 사상, 낡은 문화, 낡은 풍속, 낡은 습관의 하나로 간주되었다. 이리하여 양축 이야기와 관련된 자료의 수집과 정리, 양축 이야기의 창작 혹은 개편 등은 전혀 이루어지지 못했으며, 양축 이야기에 대한 연구 역시 크게 위축된 채 더 이상 새로운 성과를 내지 못했다. 이러한 점에서 문화대혁명기는 양축 이야기의 연구에 있어서 암흑기라고 보아도 좋을 것이다.

■ 개혁개방 이후로부터 지금까지

양축 이야기에 대한 연구는 문화대혁명이 종식된 1970년대 말 이후에 이르러서야 다시 시작되었다. 이 시기에 주목할 만한 연구성과로는 다이부판戴不凡의 〈양축고사 세 가지(梁祝故事三種)〉(≪小說聞錄≫ 1980년), 자오징선趙景深의 〈고령의 축영대 산가(牯嶺祝英臺山歌)〉(≪民間文學叢談≫ 1982년 7월)를 들 수 있다. 다이부판의 글은 루궁의

≪양축고사설창집≫에 실리지 않은 희극과 창본 세 가지를 소개하고 있으며, 자오징선의 글은 강서성江西省의 벽촌인 고령牯嶺에 전해 내려온 장편서사시 형태의 민가를 소개하고 있다. 두 사람의 글은 모두 양축 이야기와 관련된 1차 자료의 수집과 정리의 성과라고 볼 수 있다.

아울러 이 시기의 주목할 만한 연구성과로 왕즈충王志冲의 〈한국의 양산백과 축영대 이야기(略論朝鮮梁山伯與祝英臺故事)〉(≪上海年會論文選≫ 1984년)을 들 수 있다. 이 글은 N·G·가린-미하일로프스키 N.G. Garin-Mixailovskll가 1898년 가을 두만강과 압록강을 답사하는 과정에서 채록한 〈맹세의 서약誓約〉을 다루고 있다. 이 글에서 왕즈충은 양축 이야기가 한반도에 전래된 시점, 전래된 이후에 일어난 변이 등에 대해 논술하였다. 그의 논술은 〈맹세의 서약〉만을 연구대상으로 다루고 있기에 한국에서의 전반적인 전래 양상을 살펴보는 데 한계가 있기는 하지만, 한국의 양축 이야기에 대해 최초로 논술함으로써 연구의 지평을 넓혔다는 점에서 의미 있는 글이라 할 수 있다.

1980년대에 양축 이야기의 연구에 있어서 가장 주목할 만한 것은 1984년에 국가문화부, 국가민족사무위원회國家民族事務委員會, 중국민간문예가협회中國民間文藝家協會가 공동으로 중국민간문학의 총서 세 세트의 편찬을 공동으로 발기했다는 점이다. 세 세트의 민간문학총서는 ≪중국민간고사집성中國民間故事集成≫, ≪중국가요집성中國歌謠集成≫, 그리고 ≪중국속담집성中國諺語集成≫ 등이다. 민간문학에 대한 이번의 대규모의 편찬작입은 192,30년대의 전국적인 양축 이야기 수집붐에 뒤이어 전국 곳곳에 편재되어 있는 갖가지 형식의 양축 이야기를 수집·정리할 수 있는 절호의 기회가 되었다.

민간문학연구에 획기적인 의미를 지닌 이 사업은 국가적 프로젝트의 성격을 띠고서 대규모로 진행되었다. 이에 발맞추어 1986년 절강성 민간문예협회는 상해의 ≪채풍采風≫, 절강의 ≪산해경山海經≫과 ≪풍속風俗≫ 등의 간행물에 잇달아 양축 이야기와 관련된 자료를 수집한다는 공고를 게재하였다. 이들의 활동이 전국 각지의 열렬한 호응을 이끌어 냄으로써 양축 이야기와 관련된 갖가지 전설과 가요 등이 수집되었으며, 이러한 성과는 두 권의 양축 자료집으로 엮어졌다.

양축 이야기와 관련된 1차 자료가 광범하고도 체계적으로 수집·정리되는 가운데, 각지의 연구모임 활동도 활발하게 전개되었다. 1987년에 '오어구吳語區' 민간문예연구의 활성화 차원에서 강소성과 절강성, 상해시의 민간문예가협회와 영파시 문학예술연합회가 영파에서 최초의 전국적인 양축학술대회를 공동으로 개최하였다. 이 학술대회에서는 40여 편의 논문이 발표되었는데, 대다수의 논문은 북경의 ≪민간문학논단民間文學論壇≫, 상해의 ≪민간문예계간民間文藝季刊≫ 및 여러 대학의 학보에 옮겨 실렸다. 이 학술대회에 발표된 대표적인 논문은 아래와 같다.

羅永麟, 〈양산백과 축영대 이야기 시론(試論梁山伯與祝英臺的故事)〉
周靜書, 〈양축의 '화접' 형성원인 및 그 문화 의미(梁祝'化蝶'成因及其文化意義)〉
汪玢玲, 〈양축 애정구조의 고급형태(梁祝愛情結構的高級形態)〉
程　薔, 〈양축 이야기와 중국서사예술의 발전(梁祝故事與中國敍事藝術的發展)〉
劉保元, 〈요족 민간에 전해오는 양축 이야기(略論流傳于瑤族民間的梁祝故事)〉
叢亞婷, 〈탄사와 보권 속의 양축 이야기(彈詞, 寶卷中的梁祝故事)〉
金　名, 〈'양축'에 관하여(也談'梁祝')〉

王　驤, 〈양축 이야기와 진강의 관계에 대해(梁祝故事與鎭江關系漫談)〉
繆亞奇, 〈의흥에 전해지는 양축 이야기를 논함(論宜興流傳的梁祝故事)〉
高國藩, 〈풍몽룡의 《고금소설》 속의 양축 이야기(馮夢龍《古今小說》 中的梁祝故事)〉
張淸秀, 〈양축 서사가의 체계론 사고(梁祝敍事歌的系統論思考)〉

양축 이야기에 대한 전문적이고 학술적인 연구가 심화됨에 따라, 연구자들 사이에 뜨거운 논쟁이 되었던 것은 양축 고사의 발원지가 어디인가라는 주제였다. 1990년대로부터 2000년대 초까지 양축 이야기의 발원지를 둘러싼 논쟁은 크게 네 가지로 나뉘어 정리되었다. 즉 산동성山東省 제녕시濟寧市에서 남동쪽으로 15킬로에 위치한 미산현微山縣 마파향馬坡鄕을 발원지로 보는 제녕설, 하남성河南省 주마점시駐馬店市 여남현汝南縣을 발원지로 보는 중원설 혹은 여남설, 강소성 의흥현宜興縣 선권동善卷洞을 발원지로 보는 의흥설, 절강성의 은현鄞縣과 상우上虞를 포함한 영파寧波 일대를 발원지로 보는 영파설이 그것이다. 2000년을 전후하여 양축 이야기의 발원지를 둘러싸고 이루어진 대표적인 연구논문과 저서는 아래와 같다.

蔣　岳, 〈양축의 고향을 논함(論梁祝的故鄕)〉
劉錫誠, 〈양축의 전변과 문화의 전파(梁祝的嬗變與文化的傳播)〉
徐秉令, 李啓涵, 〈양축 이야기 발원지 고찰(梁祝故事發源地的考察)〉
葉寶根, 丁雲川, 〈양산백과 축영대가 함께 공부한 곳은 항주 만송서원(梁山伯與祝英臺同窓共讀的地點在杭州萬松書院)〉
劉康健, 〈천고의 절창은 중원에서 나왔다(千古絶唱出中原)〉(《中國地方志》 2004년 6기)

楊亦農, 邵鴻志, 〈양축의 고향은 산동 제녕(梁祝故里在山東濟寧考略)〉

周靜書, 〈양축 이야기의 발원을 논함(論梁祝故事的發源)〉

馬紫晨, 〈'양축'의 역사와 전설('梁祝'歷史與傳說)〉

馬紫晨, 〈양축 중원설(梁祝中原說)〉

吳 琦, 〈마파향에서의 양축 세론(細說梁祝在馬坡鄕)〉

蔣堯民, 〈양축의 의흥설(梁祝之宜興說-關于祝英臺學說之我見)〉

蔣堯民, 〈양산백 관적에 관한 새로운 고찰(梁山伯籍貫之新考)〉

喆 子, 〈양축전설(梁祝傳說)〉

陳漢辭, 趙 磊, 〈양축 고향에 관한 논쟁(梁祝故里之爭)〉

于茂世, 〈양축 이야기는 주마점시 여남현에서 기원한다(梁祝故事起源于駐馬店市汝南縣)〉

夢 人, 〈'축릉' 고찰('祝陵'考)〉

張自義 等, 〈제녕에서의 양축 이야기(梁祝故事在濟寧)〉

何平哲, 〈'양축'의 고향은 제녕('梁祝'家鄕在濟寧)〉

趙 暢 等, 〈영대 고향에 관한 고찰(英臺故里考)〉

樊存常 等, 〈양축 전설은 공맹의 고향에서 비롯되다(梁祝傳說源孔孟故里)〉

이처럼 양축 이야기의 발원지를 둘러싼 논쟁이 한창이던 1999년과 2000년에 저우징수周靜書가 ≪양축문화대관梁祝文化大觀≫을 주편하여 중화서국에서 출간했다. 이 ≪양축문화대관≫은 각각 '고사가요권故事歌謠卷', '희극영시권戲劇影視卷', '곡예소설권曲藝小說卷, '학술논문권學術論文卷'의 부제를 붙인 4권으로 이루어져 있다. 총서 형태의 이 거질巨帙은 지금까지 수집·정리된 각종 장르 및 형식의 양축 이야기뿐만 아니라, 20세기에 이루어진 주요 연구성과를 총망라하고 있다. 이러한 점에서 ≪양축문화대관≫은 20세기 양축 이야기에 관한 자료 정리 및 연구의 결정판이라 여겨도 좋을 것이다.

저우징수는 ≪양축문화대관≫에 이어 2007년에 ≪양축문고梁祝文庫≫를 주편하여 중화서국에서 출간했다. 이 ≪양축문고≫는 각각 '민간가요권民間歌謠卷 상·하', '이론연구권理論研究卷', '월극예술권越劇藝術卷', '국외문예권國外文藝卷 상·하', '희극예술권戲劇藝術卷 상·중·하', '곡예예술권曲藝藝術卷'의 부제를 붙여 현재 총 10권이 출간되어 있다. ≪양축문고≫는 기존에 출간된 ≪양축문화대관≫을 보완하였는 바, 특히 ≪양축문화대관≫ 출간 이후에 이루어진 연구성과를 대폭 추가하였을 뿐만 아니라, 우리나라와 인도네시아, 일본 등지의 양축 이야기와 관련된 국외의 1차 자료와 연구성과 또한 수록하였다.

저우징수의 ≪양축문화대관≫과 ≪양축문고≫ 외에, 2000년 이후에는 단행본 연구서적이 다수 출판되었다. 이들 연구서적은 양축 이야기의 전문연구자들이 왕성한 연구활동을 통해 연구의 지평을 넓힘과 동시에 심화시키고 있음을 잘 보여주고 있다. 이들 단행본 연구서적 가운데에는 양축 이야기의 발원지를 둘러싼 연구논문집으로서 여러 연구자의 기존의 연구성과를 한데 엮어 출간한 것도 있으며, 저자 자신의 전문적이고 독특한 문제의식을 보여주는 연구저서도 있다. 2000년 이후의 대표적인 단행본 연구서적은 다음과 같다.

湯虎君 主編, ≪의흥양축문화-사료와 전설(宜興梁祝文化-史料與傳說)≫(方志出版社, 2003년)

王建國 主編, ≪의흥양축문화-논문집(宜興梁祝文化-論文集)≫(方志出版社, 2004년)

樊存常 主編, ≪양산백 축영대의 집은 공맹의 고향(梁山伯祝英臺家在孔

孟故里)≫(山東文化音像出版社, 2003년)
樊存常 主編, ≪양축전설은 공맹의 고향에서 비롯되다(梁祝傳說源孔孟故里)≫(文物出版社, 2005년)
張德軒 主編, ≪중국 양축의 고향에 관한 문집(中國梁祝之鄕文集)≫(中華書局, 2006년)
陳勤建 主編, ≪동방의 로미오와 줄리엣(東方的羅密歐與朱麗葉)≫(黑龍江人民出版社, 2005년)
錢南揚 等著, 陶瑋 選編, ≪양산백과 축영대에 대한 명가의 이야기(名家談梁山伯與祝英臺)≫(文化藝術出版社, 2006년)
周靜書, 施孝峰 著, ≪양축문화론(梁祝文化論)≫(人民出版社, 2010년)
路曉農 著, ≪'양축'의 기원과 유변('梁祝'的起源與流變)≫(東南大學出版社, 2014년)

양축 이야기와 관련된 1차 자료의 점진적 완비, 그리고 연구성과의 지속적 축적에 힘입어, 중국 국내에서 후속 연구자가 양성되었을 뿐만 아니라 국외의 전문연구자 역시 양축 이야기에 관심을 보이기 시작했다. 이미 앞에서 언급하였듯이, 국내적으로는 1987년에 이미 전국적인 양축학술대회가 영파에서 개최되었으며, 이후 2002년 4월에는 의흥에서 화하양축문화연토회華夏梁祝文化硏討會가, 2003년 1월에는 제녕에서 양축문화연토회가 개최되었다. 아울러 양축문화에 대한 국제적인 관심이 제고됨에 따라, 2002년 5월 영파에서 제1회 '양축문화국제학술연토회梁祝文化國際學術硏討會'가 개최된 이래, 2016년 4월에 '한중일 양축문화 전파 및 당대 가치中日韓梁祝文化傳播及當代價値'를 주제로 개최된 국제학술연토회에 이르기까지, 양축 이야기와 관련된 국제학술대회가 지속적으로 개최되고 있다.

부 록

◆ 옛 전적 속의 양축 이야기

- 장독張讀의 ≪선실지宣室志≫
- 장진張津의 ≪건도사명도경乾道四明圖經≫
- 풍몽룡馮夢龍의 ≪정사유략情史類略≫
- 서수비徐樹丕의 ≪지소록識小錄≫
- 소금표邵金彪의 〈축영대소전祝英臺小傳〉
- 황윤옥黃潤玉의 ≪영파부간요지寧波府簡要志≫
- 장시철張時徹의 ≪가정영파부지嘉靖寧波府志≫
- ≪청수현지淸水縣志≫
- 전예형田藝衡의 ≪유청일찰留靑日札≫
- 이무성李茂誠의 〈의충왕묘기義忠王廟記〉
- 최문규崔文奎의 〈양산백축영대묘비기梁山伯祝英臺墓碑記〉
- 장학張鶴의 ≪선종기략仙踪記略≫

◆ 양산백과 축영대(월극越劇)

◆ 쌍선보권雙仙寶卷

옛 전적 속의 양축 이야기

■ 장독張讀의 ≪선실지宣室志≫

축영대는 상우上虞 출신인 축씨의 딸인데, 거짓으로 남장을 하고서 공부하러 떠나 회계會稽 출신인 양산백이란 사람과 함께 공부를 하였다. 양산백의 자는 처인處仁이었다. 축영대가 먼저 고향으로 돌아간 지 2년 뒤에 양산백은 축영대를 찾아갔다가 비로소 여자인 줄 알게 되었다. 양산백은 무엇인가 잃어버린 듯 슬퍼하다가 부모에게 고하여 정혼하고자 하였다. 그러나 축영대는 이미 마씨의 아들과 혼인을 허락한 터였다. 양산백은 후에 은현鄞縣의 현령이 되었다가 병들어 죽어 무성鄮城[1] 서쪽에 묻혔다. 축영대가 마씨에게 시집가던 중 배가 묘소 앞에 이르자 바람과 파도로 인해 나아갈 수가 없었다. 축영대는 양산백의 무덤이 있음을 물어 알고서 무덤에 올라가 슬피 울었다. 이때 갑자기 땅이 저절로 갈라지고 무너져 축영대가 마침내 함께 묻히고 말았다. 진나라 승상 사안謝安[2]이 표를 올려 그 묘를 의부총義婦冢이라 부르게 되었다.

【원문】

英臺, 上虞祝氏女, 僞爲男裝游學, 與會稽梁山伯者, 同肄業. 山伯字處仁. 祝先歸, 二年山伯訪之, 方知其爲女子, 悵然如有所失, 告其父母求聘, 而祝已字馬氏子矣. 山伯後爲鄞令, 病死, 葬鄮城西. 祝適馬氏, 舟過墓所, 風濤不能進, 問知有山伯墓, 祝登號慟, 地忽自裂陷, 祝氏遂幷埋焉. 晉丞相謝安, 奏表其墓曰義婦冢.

【주석】

1) 무성鄮城은 지금의 절강성 은현鄞縣의 옛 명칭이다.
2) 사안謝安(320-385)은 자가 안석安石이며, 동진東晉의 저명한 정치가이다.

【해제】

이 글은 청대에 적호翟灝(1712-1788)가 지은 ≪통속편通俗編≫의 37권 〈양산백이 벗을 찾다(梁山伯訪友)〉조條에 실려 있다. 적호는 인화仁和(지금의 절강성 항주) 출신으로 장서가이자 학자이며, 자는 대천大川이다. 38권으로 이루어진 ≪통속편≫은 중국어 가운데의 각종 통속적 어휘와 방언 등을 천문, 지리, 시서, 정치, 문학, 신체, 예술, 부녀, 음식 등 총 38류類, 도합 5456조條에 나누어 싣고 있다.

적호는 이 글을 중당中唐의 장독張讀(834 혹은 835-882 이후)이 편찬한 ≪선실지宣室志≫에서 인용하였다고 출처를 밝히고 있다. 장독은 심주深州 육택陸澤, 지금의 하북성 심현深縣 출신으로, 자는 성용聖用 혹은 성붕聖朋이다. 그는 ≪유선굴遊仙窟≫의 작자인 장작張鷟(660?-740)의 현손이자 ≪영괴집靈怪集≫의 저자인 장천張薦(744-804)의 손자이며, ≪현괴록玄怪錄≫의 저자인 우승유牛僧孺(779-847)의 외손자이다. 장독이 지괴소설집인 ≪선실지≫를 편찬했던 것은 아마도 이들 선조의 저술 및 편찬활동과 관련이 있을 것이다.

선실이란 원래 한대 문제文帝가 가의賈誼를 불러 귀신에 관한 일을 물었던 건물이다. ≪선실지≫에 실린 이야기들은 불도와 신선, 기괴하고 영험한 일, 인과응보 등과 관련되어 있다. ≪선실지≫는 대체로 당대 의종懿宗 함통咸通 연간(860-873)에 편찬되었으리라 추측한다. ≪선실지≫의 원본은 일실되어 전해지지 않으나, ≪태평광기太平廣記≫에 인용되어 있는 이야기를 집록한 판본이 전해지고 있다. 그렇지만 현재 전해지고 있는 ≪선실지≫에는 양축 이야기와 관련된 위의 글이 실려 있지 않기에 적호의 인용의 신빙성이 의혹을 받고 있다.

■ 장진張津의 ≪건도사명도경乾道四明圖經≫

의부총義婦冢은 양산백과 축영대를 함께 장사지낸 곳이다. 현의 서쪽 10리의 접대사接待寺의 뒤에 있으며, 그곳에 사당이 있다. 옛 기록에 따르면, 두 사람은 젊어서 함께 공부한 적이 있었는데, 3년이 흐르도록 양산백은 애초에 축영대가 여자인 줄 알지 못했다. 그 소탈함이 이와 같았다. ≪십도사번지十道四蕃志≫[1]에 이르기를, 의부義婦 축영대가 양산백과 함께 묻혀 있다고 하였는데, 바로 그 일이다.

【원문】

義婦冢, 卽梁山伯祝英臺同葬之地也. 在縣西十里接待寺之後, 有廟存焉. 舊記謂二人少嘗同學, 比及三年, 而山伯初不知英臺之爲女也. 其樸質如此. 按≪十道四蕃志≫云, 義婦祝英臺與梁山伯同冢, 卽其事也.

【주석】

1) ≪십도사번지十道四蕃志≫는 초당初唐의 양재언梁載言이 편찬한 전국지리총지全國地理總志로서, 모두 16권으로 이루어져 있다. 양재언은 측천무후 치세였던 691년을 전후하여 생존했던 인물이며, 박주博州 료성聊城 출신이다.

【해제】

이 글은 남송대에 장진張津이 1169년에 편찬한 영파의 지방지인 ≪건도사명도경乾道四明圖經≫에 실려 있는 것이다. ≪건도사명도경≫은 모두 12권으로 이루어져 있는데, 원본은 일실되었다. 현재 전하고 있는 것은 청대에 ≪사명문헌록四明文獻錄≫에서 뽑아내 엮은 것이며, 이 글은 제2권 〈은현鄞縣〉의 '총묘冢墓' 조條에 보인다. 건도乾道는 남송南宋 효종孝宗의 연호로, 1165년부터 1173년까지이다. 사명四明은 당시의 명주明州를 가리키며, 절강성 영파寧波에 소재한 사명산의 이름에서 비롯되었다. 장진은 자가 자항子項이며, 명주 지주知州 겸 연해제치사沿海制置司를 지냈다.

■ 풍몽룡馮夢龍의 ≪정사유략情史類略≫

양산백과 축영대는 모두 동진東晋 때의 사람인데, 양산백의 집은 회계이고 축영대의 집은 상우이다. 양산백과 축영대는 일찍이 함께 공부하다가 영대가 먼저 고향으로 돌아갔다. 양산백은 후에 상우를 지나다가 축영대를 찾아가서야 비로소 영대가 여자인 줄을 알게 되고, 돌아가 부모에게 고하여 그녀를 아내로 맞고자 하였다. 그러나 영대는 이미 마씨의 아들과 정혼한 터이었다. 양산백은 무언인가를 잃어버린 듯 몹시 슬퍼하였다. 3년이 흘러 그는 은령鄞令이 되었으나 병들어 죽었는데, 청도산淸道山 아래에 묻어달라고 유언하였다. 이듬해 축영대가 마씨에게 시집을 가다가 이곳을 지나게 되었는데, 바람과 파도가 크게 일어 배가 나아가지 못했다. 이에 축영대가 양산백의 무덤에 이르러 목놓아 슬피 울자 갑자기 땅이 갈라졌으며, 축영대가 몸을 던져 죽었다. 마씨가 그 일을 조정에 알리니, 승상 사안謝安이 의부義婦로 봉해줄 것을 주청하였다. 화제和帝[1]때에 양산백이 영이로운 효험을 드러내니, 의충義忠이라 봉하고 관리에게 명하여 은현에 묘당을 세우게 하였다고 한다.

【원문】

梁山伯祝英臺皆東晉人, 梁家會稽, 祝家上虞, 嘗同學. 祝先歸, 梁後過上虞尋訪之, 始知爲女, 歸乃告父母, 欲娶之, 而祝已許馬氏子矣. 梁悵然若有所失. 後三年, 梁爲鄞令, 病且死, 遺言葬淸道山下. 又明年祝適馬氏, 過其處, 風濤大作, 舟不能進. 祝乃造梁冢, 失聲哀慟. 忽地裂, 祝投而死. 馬氏聞其事於朝, 丞相謝安請封爲義婦. 和帝時, 梁復顯靈異效勞, 封爲義忠, 有司立廟於鄞云.

【주석】

1) 화제和帝는 남조南朝의 제齊나라 왕인 소보융蕭寶融(488-502)을 가리키며, 재위기간은 501년부터 502년까지이다. 501년 소연蕭衍은 병사를 일으켜 당시의 왕인 소보권蕭寶卷을 물리치고 소보융을 왕으로 옹립하지만, 이듬해 소보융을 겁박하여 자신에게 선위케 한 다음 그를 살해하였다. 이리하여 제나라는 멸망하고 양梁나라가 들어서게 되었다.

【해제】

이 글은 명말의 문학가이자 사상가인 풍몽룡馮夢龍(1574-1646)이 편찬한 ≪정사유략情史類略≫의 10권 〈정령류情靈類〉에 실려 있는 기록이다. ≪정사유략≫은 역대의 필기나 소설, 역사기록 및 문학작품 가운데에서 남녀의 사랑을 다룬 이야기를 가려 뽑아 가공을 거쳐 편찬한 것이다. ≪정천보감情天寶鑑≫이라고도 일컬어지는 이 서적은 총 24권으로 이루어져 있으며, 도합 882조條의 이야기를 담고 있다.

■ 서수비徐樹丕의 ≪지소록識小錄≫

양산백과 축영대는 모두 동진 사람이다. 양산백의 집은 회계이고, 축영대의 집은 상우인데, 항주에서 3년간 함께 공부하여 정이 매우 깊었다. 축영대가 먼저 돌아가고, 양산백이 후에 상우를 지나다가 방문하고서야 여자임을 알았다. 돌아가 부모에게 알려 아내로 맞으려 하였으나, 축영대는 이미 마씨의 아들에게 허혼한 터였다. 양산백은 실망하고 낙담하여 다시는 아내를 맞지 않겠노라 맹세했다. 3년이 지난 후 양산백은 은령이 되었다가 병들어 죽었는데, 청도산 아래에 묻어 달라고 유언하였다. 다시 이듬해 축영대는 아버지의 강요에 못 이겨 마씨에게 시집을 가는데, 여러 번 죽어버리려 하였다. 마침 양산백이 묻힌 곳을 지나자, 풍파가 크게 일어나 배가 나아가지 못하였다. 축영대는 이에 양산백의 무덤에 나아가 목이 메도록 흐느껴 울었다. 무덤이 홀연 갈라지고 축영대는 몸을 던져 죽었는데, 무덤이 다시 저절로 합쳐졌다. 마씨가 이 일을 조정에 알리자, 태부太傅 사안謝安이 의부義婦로 추증할 것을 주청하였다. 화제和帝 때에 양산백은 다시 영험을 드러내어 전쟁을 도왔다. 관원이 은현鄞縣에 묘당을 세웠다. 묘당 앞에는 귤나무 두 그루가 서로 안고 있다. 꽃나비가 있는데, 이는 귤나무의 좀벌레가 변화한 것으로, 아녀자들은 이것을 양梁이라 일컬었다. 생각건대 양산백과 축영대의 일은 기이하도다. ≪금루자金樓子≫와 ≪회계이문會稽異聞≫[1)]에 모두 실려 있다. 무릇 여자가 남장을 함은 어그러진 일이다.

그러나 시종 어지럽지 않고 끝내 변함이 없을 수 있으니, 정신의 지극함이 신이함에 이르렀도다. 우주간에 어찌 없는 일이 있으랴만, 입증할 길이 없도다.

【원문】

梁山伯祝英臺, 皆東晉人. 梁家會稽, 祝家上虞, 同學于杭者三年, 情好甚密. 祝先歸. 梁後過上虞尋訪, 始知爲女子. 歸告父母, 欲娶之, 而祝已許馬氏子矣. 梁悵然不樂, 誓不復娶. 後三年, 梁爲鄞令, 病死, 遺言葬淸道山下. 又明年, 祝爲父所逼, 適馬氏, 累欲求死. 會過梁葬處, 風波大作, 舟不能進. 祝乃造梁冢, 失聲哀慟. 冢忽裂, 祝投而死焉. 冢復自合. 馬氏聞其事于朝, 太傅謝安請贈爲義婦 和帝時, 梁復顯靈異助戰伐. 有司立廟于鄞縣. 廟前橘二株相抱. 有花蝴蝶, 橘蠹所化也, 婦孺以梁稱之. 按, 梁祝事異矣. ≪金樓子≫及≪會稽異聞≫皆載之. 夫女爲男飾, 乖矣. 然始終不亂, 終能不變, 精神之極, 至於神異. 宇宙間何所不有, 未可以爲證.

【주식】

1) ≪금루자金樓子≫는 남조의 양梁나라 원제元帝인 소역蕭繹(505-554)이 지은 책이다. 이 책은 명대에 이미 산실되었고, ≪사고전서총목≫ 117권에 명목만 보인다. 현존하는 판본은 ≪설부說郛≫ 및 ≪영락대전永樂大典≫에서 일부를 집록한 것이지만, 여기에도 양축 이야기는 실려 있지 않다. ≪회계이문會稽異聞≫은 어느 시대의 책인지 알 수 없다.

【해제】

이 글은 명말 청초의 재야 학자인 서수비徐樹丕가 펴낸 ≪지소록識小錄≫의 제3권의 '양산백'조條에 실려 있는 기록이다. 서수비는 강소성 장주長洲(지금의 오현吳縣) 출신으로, 자는 무자武子, 호는 활매암도인活埋庵道人이다. 명말에 수재에 합격하였으나 명이 망한 후 은거한 채 출사하지 않았다. ≪지소록≫은 총 4권으로 이루어져 있다.

■ 소금표(邵金彪)의 〈축영대소전(祝英臺小傳)〉

축영대가 공부하던 집은 벽선암(碧鮮巖)에 있다. 소금표의 〈축영대소전〉에 따르면, 축영대는 어릴 적의 이름이 구낭(九娘)이며, 상우의 부잣집 딸이다. 태어나매 형제가 없고, 재주와 용모가 모두 뛰어났다. 부모가 짝을 지워주려 하자, 영대가 "저는 마땅히 밖으로 나가 학문을 익히고 어진 선비를 얻어 그를 섬길 따름입니다"라고 말했다. 그리하여 남장으로 바꾸고 '구관(九官)'이라 개칭하였다. 회계의 양산백을 만났는데 역시 공부하러 떠나는지라, 마침내 함께 의흥(宜興) 선권산(善權山)의 벽선암에 이르러 암자를 짓고 글을 읽으면서 함께 지내고 묵었는데, 3년이 되도록 양산백은 여자임을 알지 못하였다. 양산백과 헤어질 즈음에 "모월 모일에 방문한다면, 어머니에게 말씀드려 누이동생을 그대에게 아내로 주겠노라"고 약속하였다. 사실인즉 자신을 그에게 허락한 것이었다. 양산백은 스스로 집안이 빈한하다 여겨 부끄러워하고 가기를 꺼리더니 마침내 기한을 넘기고 말았다. 부모는 축영대를 마씨의 아들에게 시집보내기로 하였다. 후에 양산백은 은현의 현령이 되어 축씨 집을 지나다가 구관(九官)을 찾자, 집의 하인이 "우리 집에는 구낭(九娘)만 있을 뿐, 구관은 없소"라고 말했다. 깜짝 놀라 깨달은 양산백이 함께 공부한 우의로써 한 번 만나기를 청하자, 영대는 비단 부채로 얼굴을 가리고 나와 몸을 비스듬히 한 채 손 모아 인사를 할 따름이었다. 양산백은 후회스러운 마음이 병이 되어 죽었는데, 청도산 아래에 묻어 달라고 유언하였다. 이듬해 축영대가 장차 마씨에게 시집을 가는데, 뱃사공에게 길을 에돌아 그곳을 지나도록 명하였다. 그곳에 이르자 바람과 물결이 크게 일어 배가 마침내 멈추고 말았다. 영대가 이에 양산백의 무덤 앞에 나아가 목이 메도록 슬피 울자, 땅이 홀연 갈라져 무덤 안으로 떨어졌다. 수놓은 치마와 비단 속옷은 나비로 변하여 날아갔다. 승상 사안이 이 일을 조정에 알려 '의부(義婦)'로 봉해주길 주청하였다. 이 일은 동진(東晉) 영화(永和) 연간[1]의 일이다. 제나라 화제(和帝) 때에, 양산백이 다시 영험을 드러내어 전쟁을 도와 공을 세우니, 관리가 은현(鄞縣)에 묘당을 세워 양산백과 축영대를 함께 제사지냈다. 그들이 책을 읽던 집은 벽선암碧鮮庵이라 일컬었으며, 제나라 건원建元 연간[2]에 선권사善權寺로 바뀌었다. 지금은 절 뒤에 석각石刻이 있는데, '축영대독서처祝英臺讀書處'라 크게 씌어져 있다. 절 앞 1리쯤에 있는 마을의 이름은 축릉祝陵이다. 산속에 진달래꽃이 피어날 적마다 커다란 나비가 쌍쌍이 흩어지지 않은 채 날아다니는데, 세속에 전해지기로는 두 사람의 정혼精魂이라 한다. 지금도 커다란 호랑나비를 '축영대'라 일컫는다고 한다.

【원문】

祝英臺讀書宅在碧鮮巖. 邵金彪祝英臺小傳云, 祝英臺, 小字九娘, 上虞富家女. 生無兄弟, 才貌雙絶。父母欲爲擇偶, 英臺曰 : "兒當出外求學, 得賢士事之耳." 因易男裝, 改稱九官. 遇會稽梁山伯亦游學, 遂與偕至宜興善權寺之碧鮮巖, 築庵讀書, 同居同宿. 三年而梁不知爲女子. 臨別梁, 約曰 : "某月日可相訪, 將告母, 以妹妻君." 實則以身許之也. 梁家貧, 羞澀畏行, 遂至衍期. 父母以英臺字馬氏子. 後梁爲鄞令, 過祝家詢九官. 家童曰 : "吾家但有九娘, 無九官." 梁驚悟, 以同學之誼乞一見. 英臺羅扇遮面出, 側身一揖而已. 梁悔念成疾卒, 遺言葬清道山下. 明年, 英臺將歸馬氏, 命舟子迂道過其處. 至則風濤大作, 舟遂停泊. 英臺乃造梁墓前, 失聲慟哭, 地忽開裂, 墜入墓中. 繡裙綺襦, 化蝶飛去. 丞相謝安聞其事于朝, 請封爲義婦, 此東晉永和時事也. 齊和帝時, 梁復顯靈異, 助戰有功, 有司爲立廟于鄞, 合祀梁祝. 其讀書宅稱碧鮮庵. 齊建元間, 改爲善權寺. 今寺後有石刻, 大書'祝英臺讀書處'. 寺前里許, 村名祝陵, 山中杜鵑花發時, 輒有大蝶雙飛不散, 俗傳是兩人之精魂. 今稱大彩蝶尙謂'祝英臺'云.

【주석】

1) 영화永和는 동진의 목제穆帝의 연호로서 345년부터 356년까지이다.
2) 건원建元은 남조 제나라의 고제高帝의 연호로서 479년부터 482년까지이다.

【해제】

이 글은 청대 도광道光·광서光緖 연간의 인물인 소금표邵金彪가 지은 것으로서, 청대 오경장吳景牆이 펴낸 ≪광서의흥형계현신지光緖宜興荊溪縣新志≫ 제9권의 〈고적古蹟·유지고遺址攷〉의 '벽선단碧鮮壇' 조條에 실려 있다. 이 책은 권수卷首와 권말卷末을 포함하여 총 12권으로 이루어져 있으며, 광서 8년(1882년)에 찍혀 졌다.

■ 황윤옥黃潤玉의 ≪영파부간요지寧波府簡要志≫

양산백과 축영대 두 사람은 젊어서 함께 공부하였는데, 3년에 이르도록 산백은 영대가 여자인지 몰랐다. 후에 산백이 은현鄞縣의 현령이 되었다가 죽어 이곳에 묻혔는데, 영대가 가는 길에 묘 아래를 지나다가 슬피 울며 절하자, 묘가 갈라지며 떨어져 마침내 함께 묻혔다. 동진의 승상 사안이 아뢰어 '의부총'으로 봉하였다.

【원문】

梁山伯祝英臺二人少同學, 比及三年, 山伯不知英臺爲女子. 後山伯爲鄞令, 卒, 葬此, 英臺道過墓下, 泣拜, 墓裂而殞, 遂同葬焉. 東晋丞相謝安奏封爲'義婦冢'.

【해제】

이 글은 명대 초기의 관리이자 학자인 황윤옥黃潤玉(1389-1477)이 편찬한 ≪영파부간요지寧波府簡要志≫에 실려 있는 것이다. 황윤옥은 은현鄞縣(지금의 절강성 은현) 출신으로, 자는 맹청孟淸이다.

■ 장시철張時徹의 ≪가정영파부지嘉靖寧波府志≫

진晉나라 양산백은 자가 처인處仁이며 집은 회계이다. 젊어서 배우러 가는 도중에 축씨 아들을 만나 함께 가서 학업을 익혔다. 3년이 흘러 축祝은 먼저 돌아갔다. 2년 후 산백이 귀향하다가 상우를 방문하고서야 축이 여자이고 이름이 영대임을 알았다. 산백은 낙담하여 돌아가 부모에게 알려 혼인하고자 하였으나, 그때 축은 이미 무성鄮城의 마씨에게 허혼한지라 뜻을 이루지 못하였다. 산백은 훗날 은령鄞令이 되었으나 병을 얻어 일어나지 못하자, 무성 서쪽의 청도원에 묻어달라고 유언하였다. 이듬해 축이 마씨에게 시집을 가는데, 배가 묘소를 지나자 바람과 파도로 나아갈 수가 없었다. 영대가 산백의 무덤이 있다는 말을 듣고 무덤에 가서 슬피 울자, 땅이 갈라져 파묻혔다. 마씨가 이 일을 관청에 말하여 일이 조정에 알려지게 되었으며, 승상 사안謝安이 상주하여 '의부총義婦冢'이라 봉하였다.

【원문】

晉梁山伯, 字處仁, 家會稽. 少游學, 道逢祝氏子, 同往肄業. 三年, 祝先返. 後二年, 山伯方歸. 訪之上虞, 始知祝女子也, 名曰'英臺'. 山伯悵然. 歸告父母求姻, 時祝已許鄮城馬氏, 不遂. 山伯後爲鄞令, 嬰疾弗起, 遺命葬於鄮城西淸道源. 明年, 祝適馬氏, 舟經墓所, 風濤不能前. 英臺聞有山伯墓, 臨冢哀慟, 地裂而埋壁焉. 馬言之官, 事聞於朝, 丞相謝安奏封'義婦冢'.

【해제】

이 글은 명말의 관리이자 학자인 장시철張時徹(1500-1577)이 편찬한 ≪가정녕파부지嘉靖寧波府志≫에 실려 있는 것이다. 정사철은 은현鄞縣 포정장가담촌布政張家潭村(지금의 고림진古林鎭에 속함) 출신으로, 자는 유정維靜, 호는 동사東沙 혹은 구일九一이다.

■ ≪청수현지淸水縣志≫

양梁나라 축씨祝氏는 이름이 영대이고 오대 양나라 때의 사람이다. 젊어서 큰 뜻이 있어 유가의 학문을 배우고자 남자로 분장하고서 마을 사람인 양산백과 함께 떠났는데, 함께 공부하는 3년 동안 양산백은 여자인 줄 몰랐다. 축영대는 마음속으로 양산백에게 허혼하였으며, 양산백 역시 아내로 맞이할 다른 사람이 없었다. 축영대가 집에 돌아오자 그녀의 부모는 이미 마씨 집안의 청혼을 받아들였다. 축영대의 뜻은 오직 양산백에게만 있었다. 양산백이 이 소식을 듣고 방문하였지만 뜻을 이루지 못한지라 몹시 분하여 죽자 규산邽山의 산기슭에 장사지냈다. 축영대가 시집을 가던 길에 양산백의 무덤 옆을 지나는데, 이에 작별을 고한다는 명분으로 정성껏 소리죽여 기도하자 무덤 문이 갑자기 열리니, 축영대가 곧장 뛰어들고 무덤은 다시 닫혔다. 참으로 천고에 기이한 일이다. 고을 사람들이 끊임없이 전하여 기리니, 지나는 이들이 때로 이 일을 제재로 삼아 노래하였다고 한다.

【원문】

梁祝氏, 諱英臺, 五代梁時人也. 少有大志, 學儒業; 爲男子飾, 與里人梁山伯游; 同窗三年伯不知其爲女郎. 祝心許伯, 伯亦無他娶. 及成歸家, 父母已納馬氏聘矣. 祝志唯在伯, 伯聞而訪之, 不得而恚卒; 窆邽山之麓. 祝當於歸, 道經墓側, 乃以拜辭爲名, 默禱以誠, 墓門忽開, 祝卽投入, 墓複合. 誠千古奇事, 邑人傳頌不置, 過者時有題詠云.

【해제】

이 글은 감숙성甘肅省 청수현淸水縣의 청대 강희康熙 연간의 지방지인 ≪청수현지淸水縣志≫에 실려 있는 것이다. 1687년에 간행된 이 지방지는 모두 12권으로 이루어져 있는데, 이 글은 제11권 ≪인물기人物紀≫의 〈정렬貞烈.양梁〉에 실려 있다.

■ 전예형田藝衡의 ≪유청일찰留青日札≫

영대는 상우의 축씨 아가씨인데, 남자의 옷으로 바꿔 입고서 공부하러 떠나 회계의 양산백과 함께 공부하였다. 산백의 자는 처인處仁이다. 축영대가 먼저 돌아가고 2년이 흘러 산백이 그녀를 찾아오고서야 비로소 그가 여자임을 알았다. 그는 잃어버린 바가 있는 듯 슬퍼하더니, 자기의 부모에게 알려 혼인하기를 청하였다. 그러나 그때 축영대는 이미 마씨에게 허혼한 터였다. 산백이 은령鄞令이 되었다가 병들어 성 서쪽에 묻혔다. 이듬해 축영대가 마씨에게 시집을 가다가 배가 묘소를 지나는데, 바람과 파도로 인해 나아갈 수가 없었다. 영대는 산백의 무덤이 있다는 말을 듣고서 무덤에 올라가 슬피 울었다. 그러자 땅이 느닷없이 갈라져 축영대가 거기에 빠져 마침내 한 쌍의 아름다운 이가 묻히니 사람들 모두가 기이하게 여겼다. 진晉나라 승상 사안謝安이 이를 아뢰고 그 무덤 앞에 비를 세워 표창하였다고 한다. 이는 자옥紫玉[1] 및 화산기華山畿의 여자의 일[2]과 매우 흡사하다. 오늘날 세속에서는 잡극으로 연출되고 있다.

【원문】

英臺, 上虞祝氏女子, 易爲男子裳, 出遊學, 與會稽梁山伯同肄業. 山伯字處仁, 祝先歸, 二年山伯訪之, 方知其爲女子, 悵然如有所失, 告其父母求聘, 時祝已許馬氏矣. 山伯爲鄞令, 疾革, 葬城西. 明年, 祝適馬氏, 舟過墓所, 風濤不能進. 英臺聞有山伯墓, 因登塚號慟, 地忽裂開, 祝氏陷焉, 遂埋雙璧, 人皆異之. 晉丞相謝安奏之, 因表其墓云. 此與紫玉及〈華山畿〉女之事甚相類, 今俗演爲雜劇也.

【주석】

1) 동진시기의 문학가인 간보干寶가 펴낸 지괴소설집志怪小說集 ≪수신기搜神記≫ 16권에는 〈자옥紫玉〉이 실려 있다. 오吳나라 부차夫差의 막내딸인 자옥은 한중韓重이란 젊은이를 사랑하여 그의 아내가 되겠다고 약속하였다. 그러나 아

버지인 부차가 그들의 혼인을 반대하자, 자옥은 기가 막혀 죽고 말았다. 한중이 그녀의 무덤을 찾아가 슬피 울자 자옥의 영혼이 무덤에서 나와 그 앞에 나타났다.

2) 화산기華山畿 이야기는 원래 진陳나라 석지장釋智匠이 펴낸 《고금악록古今樂錄》에 실려 있다가 후에 《태평광기太平廣記》와 《악부시집樂府詩集》에 옮겨져 전해지고 있다. 한 선비가 젊은 여자를 보고 상사병을 앓다가 죽었는데, 그의 상여가 여자의 집 문 앞에 이르자 더 이상 나아가지 않았다. 여자가 화장을 하고 나와 노래를 부르자 관이 열리고, 여자가 관 속으로 뛰어들었다는 이야기이다.

【해제】

이 글은 명말의 문인인 전예형田藝衡의 《유청일찰留青日札》에 실려 있는 것이다. 전예형은 전당錢塘(지금의 절강성 항주杭州) 출신으로 자는 자예子藝이고, 저명한 시인인 전여성田汝成(1503-1557)의 아들이다. 《유청일찰》은 총 39권으로 이루어져 있으며, 주로 명나라의 사회풍속, 문화계의 일화 등을 담고 있다. 이 글은 이 책의 제21권에 실려 있다.

■ 이무성李茂誠의 〈의충왕묘기義忠王廟記〉

의충왕묘는 은현 서쪽 16리 접대정接待亭 서쪽에 있으며, 동진의 현령인 양산백에게 제사를 지내는데, 옛적에 여기에 무덤이 있었다. 안제安帝[1] 때 손은孫恩이 무현鄮縣을 침략하자 태위太尉 유유劉裕가 산백의 꿈을 꾸고서 효험을 보아 도적을 달아나게 하였다. 그리하여 글을 올려서 의충왕義忠王에 봉하였으며, 관리에게 묘당을 세워 제사지내게 하였다. 송나라 대관大觀 연간[2]에 명주明州[3] 지사 이무성李茂誠은 〈의충왕묘기義忠王廟記〉를 지어 이렇게 말하였다. 신神의 이름은 처인處仁이고 자는 산백, 성은 양씨이며, 회계 사람이다. 신께서는 어머니가 해가 품으로 뛰어드는 꿈을 꾸고서 12달간 임신하였다가, 동진東晉 목제穆帝 영화永和 연간 임자년壬子年[4] 3월 1일에 상서로운 기운을 나누어 갖고 태어났다. 어릴 때 총명하고 지혜로워 기이함이 있었고, 자라서 학문에 나아가 옛 전적을 몹시 좋아했다. 일찍이 이름난 스승을 좇아 전당錢塘을 지나는 길에 한 사내를 만났는데, 그의 용모와 행동이 단아하고 대범하며 책상을 등에 지고 우산을 메고 있었다. 배를 타고서 함께 앉아 이렇게 서로 묻고 답하였다. "그대는 누구십니까?" "성은 축이고 이름이 정貞이며 자가 신재信齋입니다.", "어디에서 오십니까?", "상우란 마을입니다.", "어디로 가십니까?", "스승님이 근처에 계십니다." 차분하게 그와 더불어 오묘한 뜻을 토론하니, 즐거워 서로 뜻이 맞았다. 신이 이에 "고향이 서로 잇닿아 있군요. 저는 못났으나 뛰어난 군주를 섬겨 공명을 이루고자 하오니, 바라건대 괴이하게 여기지 마소서."라고 말했다. 이리하여 즐거이 함께 갔다. 3년간 학업을 닦은 후, 축은 부모를 그리워하여 먼저 돌아갔다. 2년 후에 산백도 귀향길에 올랐다. 상우로 가서 신재를 찾아갔는데, 아무도 아는 이가 없었다. 한 노인이 웃으면서 "나는 그 사람을 안다. 글을 잘 짓는데, 축씨네 아홉째 딸 영대일 거야"라고 말했다. 그를 뒤따라 문에 이르러 만나서 시를 짓고 술을 마시고서 헤어졌다. 양산백은 낙담하였는데, 그녀가 여자란 사실을 비로소 알게 되었던 것이다. 그는 돌아가 그녀의 맑고 고움을 그리워하다가, 부모께 아뢰어 혼인하고자 하였다. 그러나 어찌할거나, 축영대는 이미 무성鄮城의 낭두廊頭[5]인 마씨와 혼약을 하였기에 뜻을 이루지 못했다. 신은 한숨을 내쉬면서 "살아서는 마땅히 제후에 봉해져야 하고, 죽어서는 마땅히 국가유공자로 묘당에 모셔져야 할 터, 구구한 일을 어찌 논할 수 있으랴!"라고 말했다. 후에 간문제簡文帝가 현인을 천거하도록 하여 고을에서 신을 천거하자, 조서를 내려 무성의 현령으로 삼았다. 병을 얻었는데 낫지 않자, 시종 드는 이에게 "무성 서쪽의 청도원淸道源 구룡허九龍墟가 묻힐 곳이다"라고 부탁하고서 눈을 감았다. 영강寧康 연간 계유년癸酉年[6] 8월 16일 진시辰時[7]이었다. 고을사람들이 며칠 안에 그를 위하여 장사를 지냈다. 다시 이듬해인 을해년乙亥年 늦봄 병자일丙子日에 축이 마씨에게 시집가느라 물길을 타고서 서쪽에서 오는데, 파도가 거칠게 일어 배가 빙빙 돌면서 앞으로 나아가지 못했다. 깜짝 놀라 뱃사공에게 물으니, 뱃사공이 가리키면서 "다름 아니라 저기가 바로 양산백 현령의 새로운 무덤인데, 괴이한 일이 아닐 수 있겠소?"라고 말했다. 영대가 마침내 무덤에 이르러 제사를 지내고 몹시 슬퍼하자, 땅이 갈라지더니 파묻히고 말았다. 하인이 놀라서 치마를 끌어 집어 당기니, 거센 바람에 구름인양 날아가 동계董溪 서쪽 섬에 이르러 떨어졌다. 마씨는 관에 알리고 관곽을 열게 하였는데, 큰 뱀이 무덤을 지키고 있는지라 열 수가 없었다. 고을에서 이 일을 괴이히 여겨 조정에 알리자, 승상 사안이 '의부총'으로 봉해 달라 아뢰고 강의 동쪽에 비석을 새겼다. 안제 정유년丁酉年 가을에 손은孫恩[8]이 회계에 쳐들어와 무성에 이르렀다가, 요망한 무리들이 비석을 강에 던져버렸다. 태위 유유劉裕[9]가 이들을 토벌하자 신이 유유의 꿈에 나타나 도와주니, 밤에 과연 봉홧불이 휘황하게 빛나고 병사가 보이다 안보이다 하더니 도적들이 바다로 도망쳤다. 유유가 기뻐 상주하여 아뢰니, 임금은 신의 공이 밝고 뛰어나다고 여겨 상을 내려 '의충신성왕義忠神聖王'에 봉하고, 관리에게 묘당을 그곳에 세우라고 영을 내렸다. 월越 지방에 양왕사梁王祠가 있고 서쪽 섬에는 앞뒤로 두 곳의 '황군회계묘黃裙會稽廟'가 있는데, 민간에서는 가뭄이나 물난리, 전염병, 행상行商의 예측할 수 없는 일이 있을 때마다 그 곳에 빌면 늘 효험이 있었다. 송나라 대관大觀 원년 늦은 봄에 조서를 내려 ≪구역도지九域圖志≫와 ≪십도사번지十道四蕃志≫[10]를 모으게 하였으니, 이 사실을 고증할 수 있다. 무릇 기記란 기紀로서, 그 전傳을 기록하여 영원토록 전하는 것이다. 그를 위해서 글을 지어 말하길, "살아서는 스승의 도를 함께 하니 사람들이 그들의 인륜을 바르다 여기고, 죽어서는 무덤을 함께 하니 하늘이 그 인연을 맺어주네. 나라에 신묘한 공을 세우고 백성에게 후한 은덕을 베풀었으니, 의와 충을 시호로 내리고[11] 받들어 제사를 지내노라. 이름이 영원히 빛나고 날로 새로우리라."

【원문】

義忠王廟, 縣西十六里接待亭西, 祀東晉縣令梁山伯, 故有墓在焉. 安帝時, 孫恩寇鄮, 太尉劉裕夢山伯效力, 致賊遁去. 奏封義忠王, 令有司立廟祀之. 宋大觀中, 明州知事李茂誠撰記云, 神諱處仁, 字山伯, 姓梁氏, 會稽人也. 神母夢日貫懷, 孕十二月, 時東晉, 穆帝永和壬子三月一日, 分瑞而生. 幼聰慧有奇, 長就學, 篤好墳典. 嘗從名師過錢塘, 道逢一子, 容止端偉, 負笈擔簦. 渡航相與坐而問曰 : “子爲誰?” 曰 : “姓祝, 名貞, 字信齋.” 曰 : “奚自?” 曰 : “上虞之鄉.” 曰 : “奚適?” 曰 : “師氏在邇.” 從容與之討論旨奧, 怡然自得. 神乃曰 : “家山相連, 予不敏, 攀魚附翼, 望不爲異.” 於是樂然同往. 肄業三年, 祝思親而先返. 後二年, 山伯亦歸省. 之上虞, 訪信齋, 擧無識者. 一叟笑曰 : “我知之矣. 善屬文, 其祝氏九娘英臺乎?” 踵門引見, 詩酒而別. 山伯悵然, 始知其爲女子也. 退而慕其淸白, 告父母求姻, 奈何已許鄮城廊頭馬氏, 弗克. 神喟然嘆曰 : “生當封侯, 死當廟食, 區區何足論也.” 後簡文帝擧賢, 郡以神應召, 詔爲鄮令. 嬰疾弗瘳, 囑侍人曰 : “鄮西淸道源九龍墟爲葬之地也.” 瞑目而殂. 寧康癸酉八月十六日辰時也. 郡人不日爲之塋焉. 又明年乙亥, 暮春丙子, 祝適馬氏, 乘流西來, 波濤勃興, 舟航縈回莫進. 駭問篙師. 指曰 : “無他, 乃山伯梁令之新冢, 得非怪歟?” 英臺遂臨冢奠, 哀慟地裂而埋葬焉. 從者驚引其裙, 風烈若雲飛, 至董溪西嶼而墜之. 馬氏言官開槨, 巨蛇護冢, 不果. 郡以事異聞於朝, 丞相謝安奏請封義婦冢, 勒石江左. 至安帝丁酉秋, 孫恩寇會稽, 及鄮, 妖黨棄碑於江. 太尉劉裕討之, 神乃夢裕以助, 夜果烽燧熒煌, 兵甲隱見, 賊遁入海. 裕嘉奏聞, 帝以神功顯雄, 褒封義忠神聖王, 令有司立廟焉. 越有梁王祠, 西嶼有前後二黃裙會稽廟, 民間凡旱澇疫癘, 商旅不測, 禱之輒應. 宋大觀元年季春, 詔集≪九域圖志≫及≪十道四蕃志≫, 事實可考. 夫記者, 紀也, 以紀其傳不朽云爾. 爲之詞曰, 生同師道, 人正其倫. 死同窀穸, 天合其姻. 神功於國, 膏澤於民. 謚義謚忠, 以祀以禋. 名輝不朽, 日新又新.

【주석】

1) 안제安帝는 동진의 사마덕종司馬德宗을 가리키며, 396년부터 418년까지 재위하였다.

2) 대관大觀은 송나라 휘종徽宗의 연호로서, 1107년부터 1110년까지이다.

3) 명주明州는 당나라 개원開元 26년738년)에 월주越州에서 분리되어 설치되었으며, 치소는 무현鄮縣(지금의 절강성 은현 남서쪽 42리에 위치한 은강진鄞江鎭)에 있었다. 명주의 경역은 지금의 절강성 영파寧波, 은현, 자계慈溪, 봉화奉化 및 주산군도舟山群島에 해당한다.

4) 동진의 목제 영화 연간 임자년은 352년이다.

5) 명대 영락永樂 18년에 북경에 수도를 정한 후 황성皇城의 네 문과 종고루鐘鼓樓 등지에 주택과 점포를 지어여 백성과 상인이 거주하도록 하였는데, 이를 낭방廊房이라 한다. 낭방에는 이들 백성과 상인 가운데에서 유력자를 뽑아 세금을 걷도록 하였는데, 이를 낭두廊頭라 한다.

6) 영강寧康은 동진 효무제孝武帝의 연호로서 영강 연간은 373년부터 375년까지이다. 계유년癸酉年은 373년이다.

7) 진시辰時는 오전 7시부터 9시까지를 가리킨다.

8) 손은孫恩(? -402))은 낭야군琅琊郡(지금의 산동山東에 속함) 출신으로, 자는 영수靈秀, 동진 시기의 오두미교五斗米教의 도사이자 반란군 수령이다. 안제安帝 때인 융안隆安 3년(399년)에 병사를 일으켰다가 원흥元興 원년(402년) 3월에 임해臨海 공격에 실패하여 바다로 뛰어들어 자살했다.

9) 유유劉裕(363-422)는 자가 덕여德輿이며, 남조의 송宋을 건국한 정치가이자 군사가이다. 융안 3년에 기병하여 류의劉毅, 손은孫恩, 환초桓楚 등의 세력을 평정하여 남방을 통일하는 한편, 북벌에 나서서 남연南燕, 후진後秦 등을 정벌하여 세력을 확장하였다. 영초永初 원년(402년)에 당시 동진의 공제恭帝(사마덕문司馬德文)를 폐위하고 제위에 올라 국호를 송이라 하였다.

10) ≪송사宋史·예문지藝文志3≫의 〈사부史部·지리류地理類〉에 따르면, 북송대에는 왕증王曾의 ≪구역도九域圖≫(3권)와 왕존王存의 ≪구역지九域志≫(10권)가 있었다. ≪구역도지九域圖志≫는 이 두 가지를 합친 것이라 추정된다. 송대 휘종徽宗 대관大觀 원년(1107년)에 구역도지국九域圖志局을 설치하여 전국 각지의 지리도지를 편찬케 하였다. ≪십도사번지十道四蕃志≫는 당나라 때에 양재언梁載言이 편찬한 전국지리지로서, 모두 16권으로 이루어져 있다. 양재언은 당나라 측천무후則天武后 치세인 691년을 전후하여 생존했던 인물로서 회주자사懷州刺史를 지냈다.

11) 이 부분의 원문은 판본에 따라 시문일충謚文溢忠으로 적혀 있기도 한다.

【해제】

이 글은 명말청초의 인물인 문성도聞性道가 펴낸 ≪강희은현지康熙鄞縣志≫에 실려 있으며, 송대 휘종 대관大觀 연간에 명주 지사를 지냈던 이무성李茂誠이 지은 〈의충왕묘기〉를 인용하고 있다. 문성도(1644년 전후에 재세)는 영파 출신으로 자는 천내天乃이며, 명대 의종毅宗 숭정崇禎 연간 말 및 강희康熙 연간 초에 걸쳐 생존했던 인물로 추정된다. ≪강희은현지≫는 총 24권으로 이루어져 있으며, 강희 25년인 1686년에 찍혀졌다.

■ 최문규崔文奎의 〈양산백축영대묘비기梁山伯祝英臺墓碑記〉

근래에 여러 어르신을 찾아뵈니 전하여 듣기에 이러하다. 옛날에 제녕濟寧 구곡촌九曲村에 축씨가 있었는데, 그의 집은 엄청난 부자이고 마을 사람들은 그를 원외라 일컬었다. 세상 아들 가운데 공부하는 이가 왕왕 지극히 귀해지고 가문을 빛내는 것을 보건만 자기만은 아들이 없는지라, 자신의 부귀를 귀히 여기지 않고 마을 이장의 번다한 세금 징수를 귀히 여겼으나 부유한들 무엇하랴? 슬하에 이름이 영대라는 딸 하나가 있는데, 총명하고 지혜롭기가 비범하였다. 아버지가 탄식하여 마지않는 것을 듣고서 마침내 복장을 바꾸어 입고서 자제로 가장한 뒤 나가 가족을 시험하였으나 알아보지 못하고, 나가 마을 사람을 시험하였으나 알아보지 못하였다. 부모에게 말씀드리고, 마침내 글을 읽어 가세를 떨쳐 어버이의 근심을 덜어드리기로 하였다. 때는 마침 늦봄, 경물은 산뜻하였다. 하인이 책상자를 지고서 오교吳橋 수십 리의 버들숲을 지나다가 잠시 멈추었는데, 우연찮게 추읍鄒邑 서쪽에 사는 양대공梁大公의 아들인 산백을 만났다. 문득 물어 뜻이 서로 맞는지라 함께 역산嶧山의 선생에게 가서 수업을 받으니, 낮에는 함께 공부하고 밤에는 함께 잠을 잤다. 3년간 옷을 벗지 않았으니, 도탑게 믿고 배우기를 즐겨하였다고 할 수 있다. 어느 날 영대는 부모의 안부가 궁금하여 알리고서 제녕으로 돌아갔다. 어느덧 반년이 지나 산백 역시 영대의 요청에 따라 그의 집에 찾아갔다. 영대는 속히 여자 차림을 갖추고서 나타나니, 목란장군과 비슷한 면이 있었다. 산백은 헤어져 돌아와 일 년이 채 안되어 병들어 집에서 죽어 오교 동쪽에 장사지냈다. 서쪽 마을의 부자 마도령의 친영親迎이 다가오자 영대는 고심하였다. 산백은 군자요, 나는 일찍이 마음으로 혼인을 허락하였는데, 부모의 명과 매파의 말도 없이 부부의 인연을 맺었다. 성이 다른 이에게 다시 시집가는 것은 처음 먹은 마음을 거스르는 일이다. 처음 만난 이를 잊고 낯선 이를 사랑하느니 차라리 목숨을 버려 의를 취하는 게 나으리. 슬픔에 겨워 죽으매, 잠시 고요하더니 서글픈 안개가 방 가득 자욱하고 나는 새 슬피 울거늘, 듣는 이들은 깜짝 놀랐다. 마도령은 수레를 돌려 빈손으로 돌아갔다. 마을의 선비와 아낙들은 그녀의 절개가 아름답다고 여겨 산백의 묘에 함께 장사지내 생전의 바람을 이루어주었으니, 하늘의 이치로나 인간의 정리로나 올바른 일이다. 이로부터 오랜 세월이 흐르자 무덤과 화표華表 모두 이로 인해 적막하다. 한때의 절의를 오랜 세월에 인멸되게 함은 어진 군자로서 견딜 수 없는 일이다. 하물며 우리 명나라는 조상 대대로 근원을 곧게 하여 인심을 바르게 하고, 절의를 숭상하여 천하에 권면하였음에랴. 이제 다시 가신을 구해 치리治理를 돕게 하였으니, 이 세상 백성에게 얼마나 다행스런 일인가.

현재 남경공부우시랑南京工部右侍郎이자 전 독찰원우부도어사督察院右副都御史이며 총독량저總督粮儲의 칙령을 받든 신태현新泰縣의 최문규崔文奎가 길을 지나다가 이곳의 무너져내림을 둘러보고서 보답을 바라지 않고 베풀고자 하는 간절한 마음이 들었다. 그리하여 음양학 훈술訓術인 포공간鮑恭幹에게 부탁하였다. 그는 이전에 장추진張秋鎮[1]에서 공적을 세워 작록을 상으로 받았으며, 최근에는 궁궐에서 공적을 세워 그의 이름을 상주하였는데, 이번의 부탁을 받아들이기로 하였으니, 어찌 그 마음 씀씀이가 없었으랴! 이모저모 헤아리면서 일을 꾀하였으니, 네 곳의 경계에 돌을 세우고 주위에 담을 두르고 무덤을 돋우었으며, 사당을 두어 신령을 안치하고 문을 세워 들고나게 하며 관리를 두어 사당을 지키게 하였다. 이전에 제멋대로이던 것이 이제는 바로 잡히고, 이전에 없었던 것이 이제는 있게 되었다. 정덕正德 10년 을해년乙亥年[2] 겨울에 시작하여 올해 병자년丙

子年 봄에 마쳤다. 포공간은 공에게 결과를 보고하려 하면서 조정린趙廷麟에게 청하여 이번 일의 본말을 갖추어 시간의 순서에 따라 이를 비석에 적게 하였다. 이제 말할 수밖에 없나니, 하느님께서는 올바름을 내리시어 사람에게 인색하지 않으시나[3], 오직 사람들은 어리석고 사악하여 그 곧음을 잃어버렸다. 오직 영대만이 천지의 바른 기운을 받아 곱고 정숙함을 간직하였으니, 참된 본성은 마음에 감추어져 있어 무리지어 지내더라도 지킬 바를 변치 않았으며, 살아서는 도덕에 밝았고 죽어서는 하늘에 탄식하고서 떠났다. 그의 마음은 해와 별처럼 밝고, 그의 절개는 가을 서리만큼 꿋꿋하다. 이를 미루어 충忠이라 할 수 있고 효孝라 할 수 있으며 세상의 귀감이라 할 수 있으니, 세상 교화의 근본과 관련되어 사라지지 않을 것이다. 오호라! 천년토록 절의를 드리우고 천년토록 절의를 애도하리라. 이는 누구의 힘이런가? 충신의 힘씀이로다. 충신은 누구이런가? 최공을 가리키노라. 이렇게 하지 않는다면 태사太史가 충신과 열녀를 함께 전하리라. 더불어 모두 기록하노라.

정덕 십일년 병자년 가을 팔월 길일에 세우다.

【원문】

邇來訪諸故老, 傳聞 : 在昔濟寧九曲村, 祝君者, 其家巨富, 鄉人呼爲員外. 見世之有子讀書者, 往往至貴, 顯耀門閭, 獨予無子, 不貴其貴, 而貴里胥之繁科, 其如富何? 膝下一女, 名英臺者, 聰慧殊常. 聞父咨嘆不已, 卒然變笄易服, 冒爲子弟, 出試家人不認識, 出試鄉隣不認識. 上白於親畢, 竟讀書乃振門風以謝親憂. 時値暮春, 景物鮮明, 從者負笈過吳橋數十里柳蔭暫駐, 不約而會鄒邑西居梁大公之子, 名山伯, 動問契合, 同詣嶧山先生授業, 晝則同窓, 夜則同寢, 三年衣不解, 可謂篤信好學者. 一日, 英臺思曠定省, 言告歸寧. 倏經半載, 山伯亦如英臺之請, 往拜其門. 英臺速整女儀出見, 有類木蘭將軍者. 山伯別來不一載, 疾終于家, 葬於吳橋迤東. 西莊富室馬郎親迎至期, 英臺苦思. 山伯君了, 吾嘗心許爲婚, 并無父母之命, 媒妁之言, 以成室家之好. 更適他姓, 是異初心也. 與其忘初而愛生, 孰若舍生而取義, 悲傷而死. 少閔, 愁煙滿室, 飛鳥哀鳴, 聞者驚駭. 馬郎旋車空歸. 鄕黨士婦, 謂其令節, 從葬山伯之墓, 以遂生前之願. 天理人情之正也. 越此歲久, 松揪華表, 爲之寂然. 俾一時之節義, 爲萬世之湮沒, 仁人君子所不堪. 矧惟我朝祖宗以來, 端本源以正人心, 崇節義以勵天下. 又得家相以之佐理, 斯世斯民何其幸歟?

時南京工部右侍郎前督察院右副都御史, 奉勅總督粮儲新泰崔公諱文奎, 道經顧玆廢圮, 其心拳拳, 施於不報之地, 乃託陰陽訓述鮑恭幹, 昔有功於張秋, 陞以爵祿, 近有功於闕里, 書以奏名, 授今玆托, 豈無用其心哉! 載度載謀, 四界竪以石, 周圍繚以垣, 阜其冢, 妥神有祠, 出入有扉, 守神祠有役. 昔之不治者, 今皆治之; 昔之無有者, 今皆有之. 始於十年乙亥冬, 終於今歲丙子春. 恭幹將復公命, 請廷麟具其事之本末, 歲月先后, 文諸石. 不得已而言曰: 上帝降衷, 不啬於人, 惟人昏淫, 喪厥貞耳. 獨英臺得天地之正氣, 萃扶盥之倩淑, 眞情隱於方寸, 群居不移所守, 生則明乎道德, 沒則吁天而逝. 其心皎若日星, 其節凜若秋霜, 推之可以爲忠, 可以爲孝, 可以表俗, 有關世敎之本, 不可泯也. 噫! 垂節義於千載之上, 挽節義於千載之下. 伊誰力歟? 忠臣力也, 忠臣誰歟? 崔公謂也. 不然, 太史嘗以忠臣烈女同傳. 幷皆記之.

正德十一年丙子秋八月吉日立

【주석】

1) 장추진張秋鎭은 지금의 산동성 양곡현陽谷縣 남동쪽에 위치하여 있다.

2) 정덕正德은 명나라 무종武宗의 연호이며, 정덕 10년은 1515년이다.

3) 이 부분은 판본에 따라 '土帝降哀', '士帝降衷', '土帝降衷' 등으로 적혀 있으나 여기에서는 '上帝降衷'으로 보아 해석하였다. ≪서경書經·탕고湯誥≫에 "위대한 하느님께서는 낮은 백성들에게 올바름을 내리신다(惟皇上帝降衷于下民)"라는 기록이 있다.

【해제】

이 글은 명대 정덕 11년(1516년)에 최문규崔文奎(1451-1536)가 양축의 사당과 묘를 중수重修할 때에 세운 비문이다. 최문규는 제남부濟南府 신태현新泰縣 묘장苗莊(지금의 산동성 신태시 용정진龍廷鎭 묘장) 출신으로, 자는 응숙應宿이고 호는 송계松溪이다. 정덕 7년(1512년)에 남경도찰원우부도어사총독량저南京都察院右副都御史總督粮儲를 지내고, 정덕 10년(1515년)에는 남경공부우시랑南京工部右侍郎에 임명되었으며, 가정嘉靖 원년(1522년)에 남경공부상서南京工部尙書에 올랐다. 그는 남경공부우시랑에 재임중이던 정덕 11년(1516년)에 하천 수리사업을 진행하는 과정에서 양산백과 축영대의 무덤을 개수하였으며, 이때 묘비를 세우면서 이 비문을 지었다. 이 묘비는 이후 세인들에게 잊혀진 채 사라졌다가 제녕시로부터 남동쪽 15킬로미터에 위치한 미산현微山縣 마파향馬坡鄕에서 1952년에 백마하白馬河를 준설할 때 발견되었다가 1976년에 물길을 정비하는 과정에서 다시 땅속에 파묻히고 1995년 봄에 재발굴되었다. 이 비문은 양축 이야기의 발원지가 제녕이라는 주장의 유력한 근거로 제시되고 있는데, 비문의 글자가 분명치 않은 곳이 많아 연구자에 따라 달리 해석되는 곳이 많다.

■ 장학張鶴의 ≪선종기략仙踪記略≫

동진 영강寧康[1] 연간에 오군吳郡의 양산백과 국산國山[2]의 축영대가 3년 동안 함께 공부하였는데, 축영대가 여자인지 모른 채 의형제를 맺어 침식을 함께 했다. 양산백이 은현의 현령이 되어 하루는 아전에게 이르길, "지금은 바야흐로 천지상현십육겁天地相玄十六劫으로, 상제께서 나를 진실되고 돈독하다 여겨 하늘로 불러들여 책을 만들어 국내외의 액운을 정하라 하셨다"라고 말하고서는 마침내 죽으니 사명산四明山 아래에 장사지냈다. 축영대가 가서 슬피 울며 조문하자, 무덤이 갑자기 갈라지매 축영대가 떨어져내리고 다시 닫히니, 옷깃만 드러날 뿐이어서 하인이 그것을 잡아당기자 모두 찢어져 얼마 후 나비로 변하여 날아갔다. 진晉나라 총중서總中書[3]인 사안이 의총義冢으로 봉해줄 것을 상주하였다.

선계에서는 양산백을 수의랑守義郎에 봉하였으며, 축영대를 종정녀鍾情女에 봉하고 집 쉰다섯 채를 봉하였는데, 대은산大隱山[4]의 신선의 거처인 견산甄山에 있다.

【원문】

東晉寧康年間, 吳郡梁山伯, 國山祝英臺同學三年, 不知祝英臺乃女子, 結爲兄弟, 寢食與俱. 梁爲鄞縣令, 一日謂吏曰: 此時正當天地相玄十六劫, 帝君謂我誠篤, 召人太虛造冊, 定華夷劫運, 遂卒, 葬四明山下. 祝往哭弔, 墓忽開裂, 祝墜下復合, 僅露衣襟, 從者褫之皆毁, 旋化蝶數飛去. 晋恖中書謝安奏封義冢, 仙籍封梁山伯爲守義郎, 封祝英臺爲鍾情女, 冊居第五十六, 大隱山福地之甄山.

【주석】

1) 영강寧康은 동진 효무제孝武帝의 연호로 373년부터 375년까지이다.
2) 오군吳郡은 소주蘇州의 옛 명칭이고, 국산國山은 의흥宜興의 옛 명칭이다.
3) 총중서總中書는 승상에 해당하는 관직명이다.
4) 대은산大隱山은 절강성 여요시余姚市 대은진大隱鎭에 소재한 산이다.

【해제】

≪선종기략仙踪記略≫은 청대에 장학張鶴이 광서光緒 6년(1880년)에 펴낸 도교 관련 서적이다. 속편을 포함하여 총 4권으로 이루어져 있다. 장학은 자가 정향靜芗, 호는 옥청궁도인玉清宮道人으로, 거문고의 대가로 알려져 있으며, 저서로 ≪금학입문琴學入門≫이 있다.

양산백과 축영대(월극越劇)

제1장 부모와의 이별

(축씨 공부방)

막 뒤(합창) 상우현上虞縣 축가장祝家莊 옥수하玉水河 가에 축영대가 있는데, 아리땁고 똑똑하다네. 가슴에 큰 뜻 품어 항주杭州에서 공부하고 싶지만, 아버지가 승낙하지 않아 묘책을 짜내 병이 난 양 꾸미고서 차도 마시지 않고 밥도 먹지 않은 채 방문을 닫아걸었다네. 다급해진 축 원외는 안절부절 못하네.(조명이 밝아진다)(축공원祝公遠이 초조하게 서성거린다)

축공원(노래) 영대 하는 일 너무나 제멋대로, 공부하겠노라 항주에 가겠다네. 우리 집 천금처럼 귀한 딸, 규방에서 용을 그리고 봉황을 수놓아야 할 터. 그녀를 항주에 보내자니, 처녀를 어찌 멀리 내보낼 수 있으랴. 항주에 보내지 않자니, 병이 깊어질까 두렵네. 아무리 생각해보아도 마음이 놓이질 않는구나.(은심銀心이 등장한다)

은 심(이어 노래) 우리 아가씨 공부하고 싶어 묘책을 짜냈으니, 설마 원외께서 승낙하지 않으시랴. (앞으로 나서며 문안드린다) 원외 나리! 아가씨가 편찮으셔요!

축공원(놀라 묻는다) 은심아, 무슨 일이기에 호들갑을 떠느냐?

은 심(노래) 아가씨는 항주에서 공부하고 싶은데, 어찌하여 원외께서 승낙하지 않으시나요. 이 때문에 아가씨 고민하고 종일토록 근심하다가 병을 얻었답니다. 이제 침상에 누워 병이 깊으니, 특별히 나리께 말씀드리나이다.

축공원(대사) 이를 어찌하면 좋을꼬? 내가 가서 살펴보아야겠다.

은 심(대사) 나리, 아가씨가 이제 막 가까스로 잠이 들었으니 놀라 깨우지 마십시오. (담 밖에서 딱따기를 치는 소리와 함께 '글자로 한 해의 운수를 점치시오'라는 소리가 들려온다)

은 심(대사) 아! 나리, 제가 보기에는 점쟁이를 모셔 점을 쳐서 난제를 해결하는 게 좋을 듯하옵니다.

축공원(대사) 그것도 괜찮겠구나.(은심이 무대를 내려갔다가 다시 올라온다)

은 심(대사) 점쟁이를 모셔왔습니다.

축공원(대사) 들어오시오.

은 심(대사) 선생님, 들어가시지요! (손짓한다) (점쟁이로 변장한 축영대가 무대에 오른다)

축영대(대사) 원외 나리 계시옵니까, 인사 올립니다.

축공원(대사) 이쪽에 앉으시오.

축영대(대사) 나리, 감사합니다. 그럼 앉겠습니다. 나리께서 무슨 일로 점을 치시려는지요?

축공원(대사) 점을 쳐서 해답을 구하려구요.

축영대(대사) 그러시다면 향안香案을 놓아주십시오.

축공원(대사) 은심아, 향안을 진열하거라.

은 심(대사) 네. (향안을 진열한다)

축영대(대사) 나리, 무슨 어려운 일이 있습니까?

축공원(대사) 딸아이가 항주로 공부하러 가겠다는데 내가 허락하지 않았더니 종일토록 고민하다가 병을 얻었소. 길흉이 어떤지 알 수 없으니, 점을 쳐보려고 선생을 특별히 청하였소.

축영대(대사) 따님의 나이가 몇인지요?

축공원(대사) 올해 열여섯에 오월 초닷새 신辰시 생이오.

축영대(대사) 그런 일로 저를 부르셨군요. (점을 친 후) 나리, 점괘를 보니 아무래도 따님을 집에서 떠나보내는 게 좋겠습니다.

축공원(대사) 어떻게 그걸 알 수 있소?

축영대(대사) 따님이 집에 있으면 재앙이 많고 병이 많으나, 집을 떠나면 병도 없고 재앙도 사라집니다. 항주에 가서 공부한다면 …… 더 욱 운수대통일 것입니다.

축공원(대사) 이걸 어떡한다지? 이걸 어떻게 하면 좋을꼬? …… (은심은 터져 나오는 웃음을 도저히 참지 못한다)

축공원(대사) 계집종 이놈, 뭐가 그리 우스운 게냐? 선생을 모시고 썩 내려가지 않구!

은　심(대사) 네, 알겠습니다. (축영대와 은심이 함께 웃는다)

축영대(대사) 아버지!

축공원(대사) 넌 ……

축영대(대사) (분장을 지우고) 소녀 영대이옵니다.

축공원(대사) 영대야! 네가 감히 아비를 희롱하다니!

축영대(대사) (간청하면서) 아버지! 소녀가 사내로 변장하였어도 들통 나지 않았으니, 이제 공부하러 떠나도록 허락해주세요!

축공원(대사) 참으로 제멋대로로구나!

(노래) 속담에 이르기를 오직 사내만이 공명을 구한다는데, 어찌하여 규방의 아가씨가 집을 떠난단 말이냐? 설령 네가 사내로 변장하더라도 어찌 가짜를 진짜로 속일 수 있을까보냐.

축영대(대사) 아버지, 소녀 사내로 변장하여 아버지조차 속여 넘겼으니, 이번에 가더라도 만에 하나의 실수도 없을 것이옵니다.

축공원(노래) 어떻든지 부모님의 마음에 걱정을 끼치지 말거라.

은　심(대사) 나리는 마음 놓으소서. 제가 시동으로 변장하여 조석으로 모시겠나이다.

축공원(노래) 네 이놈 …… 아녀자가 얼굴을 내미는 건 집안을 욕되게 하는 일이거늘!

은　심(대사) 나리, 아가씨가 집에 있어 몸에 병이 들면 어찌 하시렵니까? 이제 서생으로 변장하면 나리조차도 자기 딸을 알아보지 못할 터이니, 소인 보기에는 아가씨가 공부하러 가도록 윤허해주심이 좋을 듯하나이다.

축공원(대사) 닥쳐라!

축영대(대사) 아버지!

축공원(대사) 영대야, 넌 갈 수 없다. 처녀의 몸으로 어찌 사람들 앞에 얼굴을 드러내고 멀리 항주에 갈 수 있단 말이냐? 정 공부하고 싶다면 선생을 모셔 가르침을 받도록 하자꾸나.

축영대(대사) 항주에 유명한 스승이 계시답니다 ……

축공원(대사) 설사 유명한 스승이 있더라도 네가 계집애이니 어찌하랴.

축영대(대사) 소녀는 기어이 가고야 말겠습니다!

축공원(대사) 우리 집의 천금 같은 딸이 멀리 공부하러 가는 건 체통을 잃는 거란다.

축영대(대사) 저희 집안은 글 읽는 가문으로, 소녀가 공부하러 멀리 떠남은 지식과 예를 갖추기 위함이옵니다. 소녀도 옛적에 아버지께서 조대고曹大家[1], 채문희蔡文姬[2] 모두 일대의 재녀로서 천고에 이름을 남겼노라고 말씀하시던 걸 들은 적이 있습니다. 소녀가 그들을 본받아서는 안 된다는 말씀은 아니시겠지요?

축공원(대사) 그건 …… (혼잣말로) 딸의 결심이 이리 굳은 걸 보니 …… 만약 영대가 정말로 일대의 재녀가 될 수 있다면 ……

축영대(대사) 아버지, 승낙해주실 거지요?

축공원(대사) 그래, 어쩔 수 없구나! 영대야, 이번에 남자로 변장해서 가면 절대로 들통 나서는 안 된다. 삼년간의 배움을 채우면 곧바로 속히 돌아와야 한다. 만약 집에 중요한 일이 있어 집안의 편지를 받으면 즉시 돌아오너라.

축영대(대사) 소녀, 말씀에 따르겠나이다!

- 막이 내린다

제2장 초교에서의 결의형제

(초교草橋) (축영대와 은심은 사내로 변장하고, 은심은 어깨에 책과 행낭을 메고서 축영대를 따라 무대에 오른다)

축영대(노래) 화창한 날씨에 꽃은 비단처럼 아름답고

은 심(노래) 사내로 변장하여 멀리 집을 떠나네.

축영대(노래) 동네의 친척을 피하고

은 심(노래) 길가는 아는 이를 속여 넘기네.

축영대(노래) 오리를 가니 청송령青松嶺이고

은 심(노래) 이쯤 오니 벌써 초교정草橋亭이로세.

축영대(대사) 은심아, 우리 정자에서 잠시 쉬어가자꾸나. (주인과 노복이 쉬고 있는데, 양산백이 무대에 올라오고, 사구四九가 어깨에 책과 행낭을 메고서 뒤따라 올라온다.)

양산백(노래) 고향 떠나고 부모님과 헤어져 항주로 공부하러 가는 길. 낡은 정자가 보이니, 사구를 불러 쉬어가자 하네.

사 구(대사) 도련님, 무슨 일이오?

양산백(대사) 다리가 시큰거리니 여기에서 잠시만 쉬어가자꾸나.

사 구(대사) 도련님 말씀이 이치에 맞소. (양산백이 걸음을 옮겨 들어가려다가 고개 들어 쳐다보더니 잠시 멈칫거린다)

사 구(대사) 도련님, 정자 안에 사람이 있는뎁쇼.

양산백(대사) 아하, 보아하니 나그네인 모양이다. 공부하러 가는 사람 같기도 하고. (양산백이 정자에 들어가 축영대에게 손을 맞잡아 인사를 건넨다)

양산백(대사) 형씨께 소생 예를 올립니다.

축영대(대사) 저도 답례를 올립니다.

양산백(대사) 형씨의 성함은 어찌 되시는지요? 댁은 어디십니까?

축영대(대사) 제 성은 축이고 이름은 영대로, 상우上虞 축가촌祝家村 사람입니다. 형씨는요?

양산백(대사) 회계會稽의 양산백입니다.

축영대(대사) 양형께서는 항주로 공부하러 가는 길입니까?

양산백(대사) 그렇습니다. 그대는요?

축영대(대사) 저 역시 항주로 스승을 찾아 공부하러 가는 길입니다.

양산백(대사) 아주 잘 되었습니다! 잘 되었어요! 앉으시지요. (사구가 은심에게 다가가 한담을 건넨다)

사 구(대사) 어이구, 두 분은 어디로 갑니까?

은 심(대사) 항주로 공부하러 갑니다.

사 구(대사) 우리도 항주로 공부하러 갑니다만.

은 심(대사) 거참 공교롭군요. (축영대에게 다가가 불쑥 말한다) 아가씨 ……

축영대(대사) (급히 덮어 숨기며) 집에 멀쩡하게 있는 아가씨를 뭐 하러 끄집어내느냐?

은 심(대사) 어어 …… 아가씨께서 함께 나오셔서 공부하면 좋았을 거라는 생각이 들어서요.

축영대(대사) 그래.

양산백(대사) 그대 혹시 …… 설마 ……

축영대(대사) 아아, 형씨께서 모르는 일이 있습니다.

(노래) 우리 집에 구매九妹가 있는데, 똑똑하고 영리하여 탄복을 자아내네. 용 그리고 봉황 수놓기에 재주꾼이고 거문고와 바둑, 서화 못하는 게 없다네. 이번에 항주로 공부하러 가는데, 여동생도 함께 가고 싶어했네. 난 모름지기 남자도 공부하고 여자도 공부해야 한다고 생각하오. 아버지께서 너무 고집스러운 탓에 끝내 여동생을 떼어놓고 왔다오.

양산백(대사) (칭찬하며) 훌륭한 생각입니다! 훌륭해요!

(노래) 그대의 고명한 뜻에 절로 머리 숙여지니, 저와 생각이 딱 맞는구려. 남녀 모두 부모가 낳았으니, 여자도 책 읽어 학문을 닦아야지요!

축영대(대사) (고마워하며) 지나친 칭찬에 몸 둘 바를 모르겠습니다. 무슨 그런 말씀을! (남몰래 높이 평가한다)

(노래) 천하 사내 똑같은 줄 알았건만, 여자 위해 불평하기란 쉽지 않은 일이네.

양산백(노래) 이처럼 훌륭한 벗은 세상에 드무니, 의형제를 맺고 싶은 마음이 드는구나.

(대사) 축형, 내게 할 말이 있는데, 입을 떼기가 어렵군요.

축영대(대사) 무슨 하실 말씀이 있는지요? 뭐든 따르겠습니다.

양산백(대사) 그럼 솔직히 말하겠습니다.

(노래) 저에게는 형도, 동생도 없고, 여동생도, 누나도 없다오.
인연 있으면 천리 먼 길이라도 만날 터, 그대를 만나 기쁘기 그지없네. 그대와 의형제를 맺고자 하나, 그대의 뜻을 모르겠소.

축영대(대사) 아아! (잠시 생각하더니)

(노래) 보살펴주신 덕분에 두터운 정으로 의형제를 맺네. 앞으로의 공부에 좋은 짝 있으니, 어찌 원치 않으리오?

(대사) 길 가던 중이라 향촉을 갖고 있지 않으니, 이를 어찌 하면 좋을까요?

양산백(대사) 흙을 모아 향을 피워도 괜찮지요. 그대의 나이 올해 ……

축영대(대사) 열여섯입니다.

양산백(대사) 저는 올해 열일곱입니다.

축영대(대사) 나이 많은 이가 형이고, 나이 적은 이가 아우이지요.

양산백(대사) 그렇다면 그대와 나 하늘에 절을 올립시다.

축영대(대사) 하늘에 절을 올리지요. (축영대는 양산백의 동작을 본받아 절을 한다)

양산백(대사) 이보게 아우, 올라오소. 형의 절을 받으시게.

축영대(대사) 아우도 절을 올려야지요.

양산백(대사) 사구야, 어서 와서 축 도련님께 인사 올려라.

축영대(대사) 은심아, 어서 와서 양 도련님을 뵈어야지.

사 구(대사) 축 도련님께 인사 올립니다.

은 심(대사) 양 도련님께 인사 올립니다.

양산백(대사) 아우, 날이 곧 저물 테니, 우리 길을 떠나세.

축영대(대사) 은심아, 행장을 들거라.

양산백(대사) 아우, 갑시다.

축영대(대사) 형님, 가십시다. (양산백이 축영대의 손을 잡고 동행할 때, 축영대는 부끄럽고 놀라지만 태연히 동행하여 무대를 내려간다)

- 막이 내린다

제3장 중매를 부탁하다

(양산백과 축영대의 공부방)

막 뒤(합창) 양산백과 축영대, 정답기가 산만큼 무겁고 바다처럼 깊다네. 동문수학하매 서로 시기함 없이 뜻과 마음 맞아 서로 경애하네. 세월은 유수처럼 흘러 어느덧 삼년이 지났네.

(축영대는 먹을 갈고 양산백은 글을 짓다가, 양산백이 홀연 축영대의 귀걸이 자국을 발견한다)

축영대(대사) 아니, 무얼 하는 거예요?

양산백(노래) 아우, 그대와 나 삼년간 동문수학했는데, 오늘 문득 귀걸이 자국이 보이네. 오직 여자만이 귀걸이를 하나니, 아우여, 귀를 뚫은 건 무엇 때문인가?

축영대(노래) 형님은 쓰라는 글은 쓰지 않고 무엇 때문에 이리저리 쉼 없이 둘러보는가? 내 귀걸이 자국을 얘기하려니 그 일이 떠올라 우스워 죽겠네. 우리 마을엔 해마다 난장이 서는데, 나더러 관음보살로 분장케 하였네.

양산백(대사) (웃으며) 으응, 그래.

축영대(노래) 앞으로 또 멋대로 의심하면 내가 ……

양산백(이어 노래) 아우는 성내지 마소. 아우, 내가 쓴 이 글 어떤지 보소. (은심이 밖에서 머리를 내밀고서 바라보다가 눈치 빠르게 소리를 지른다)

은 심(대사) 양 도련님, 양 도련님, 선생님이 부르셔요.

양산백(대사) 아, 선생님이 부르신다고? 다행히 글이 이미 완성되었으니 망정이지. 아우, 잠시 기다리소, 내가 금방 다녀올 테니.(무대에서 내려간다)

은 심(대사) (손에 편지를 쥐고서 소리 죽여 축영대를 부른다) 아가씨, 원외 나리에게서 편지가 또 왔어요.

축영대(대사) 정말이니? 어디 좀 보자. (편지를 보면서 눈살을 찌푸린다)

은 심(대사) 우리에게 어서 돌아오라는 거지요?

축영대(고개를 끄덕인다)

(노래) 집을 떠나 공부한지 삼년, 늙은 아버지는 편지마다 돌아오라 재촉하네. 그와의 삼년 동문수학 심상치 않아 정은 산만큼 무겁고 바다처럼 깊네. 아버지 병들어 자식 돌아오길 기다리니, 절친한 양산백을 떨치기 어렵네.

은 심(노래) 공부하는 삼년간 늘 함께 했으니, 아가씨 마음을 나는 잘 안다네. 양 도련님은 집안이 빈한하지만 그에겐 덕이 있고 재주가 있다네. 월하노인이 혼처를 정하도록 사모님께 중매를 부탁하는 게 나으리.

(은심이 사모에게 청하려고 무대에서 내려간다) (축영대는 곰곰이 생각에 잠긴 채 이리저리 거닌다)

축영대(노래) 내가 어떻게 직접 중매를 부탁할꼬 …… (은심이 사모를 이끌고서 나온다)

은 심(대사) 도련님, 사모님이 오셨어요.

사 모(대사) 영대야, 은심이 말해주더구나. 집에서 돌아오라고 또 편지가 있다면서?

축영대(대사) 방금 보내온 편지에 병이 났으니 어서 돌아오라 재촉하셨어요.

사 모(대사) 아버지가 편찮으시면 마땅히 돌아가야지. 언제 출발할 테냐?

축영대(대사) 선생님께 말씀드리고, 내일 아침 일찍 출발할 생각입니다.

사 모(대사) 그게 좋겠구나. 가는 길에 조심하거라. 은심아, 잘 보살펴드려라.

은 심(대사) 네. (눈치 빠르게) 도련님, 전 가서 짐을 꾸릴게요.

축영대(대사) (말할 듯 말듯) 사모님 ……

사 모(대사) 영대야, 내게 할 말이 있느냐?

축영대(대사) 저 …… 아니오, 없어요. (잠시 후) 사모님.

사 모(대사) 영대야, 할 말이 있으면 앉아서 얘기해 보거라.

축영대(대사) 사모님.

(노래) 스승의 가르쳐주신 은혜는 바다와 같고, 사모님은 따뜻하게 대해주셨네.

사 모(대사) 천만에, 무슨 그런 말을.

축영대(대사) 사모님. (잠시 멈추고서)

(노래) 전 초교에서 양산백과 의형제를 맺고 삼년간이나 동문수학했어요.

사 모(대사) 그건 나도 이미 알고 있단다.

축영대(대사) 사모님!

(노래) 삼년이나 오래도록 가슴 가득히 차마 밝힐 수 없는 일이 있어요.

사 모(대사) 영대야, 할 말이 있으면 말해도 괜찮단다.

축영대(노래) 사모님, 영대는 원래 남장을 했답니다.

사 모(낯빛이 변치 않은 채 미소 짓는다)

(노래) 사모는 마음속으로 진즉 알고 있었다네.

축영대(대사) 사모님께서 진즉 알고 계셨어요?

(노래) 소매 안에서 부채 옥장식을 꺼내어 사모님께 드리니 ……

사 모(노래) …… 어찌 하려고?

축영대(대사) 사모님!

(노래) 하얀 나비 모양의 부채 옥장식, 의형인 양산백에게 전해 주소서.

사모님의 도움으로 성사되면 큰 은혜 영원히 가슴에 간직하리다.

사 모(노래) 영대는 과연 정 많은 아가씨, 산백에겐 덕과 재주가 있네. 사모 기꺼이 매파가 되어 양산백과 축영대를 맺어 주리라.

- 막이 내린다

제4장 십팔 리의 배웅

(길을 가는 중)

막 뒤(합창) 동문수학 삼년에 정은 바다와 같으니, 산백은 영대와의 작별을 아쉬워하네. 서로 함께 의지하면서 산을 내려와 전당[錢塘] 향하는 길에 오르네. (양산백, 축영대, 사구, 은심이 무대에 오른다)

축영대(노래) 공부방 앞에 한 그루 매화, 나무 위 수많은 새는 짝을 짓네. 까치는 나무 가득 짹짹 울면서 그대 양형께 희소식을 전하네.

양산백(노래) 우리 형제 두 사람 산을 내려오니, 문 앞의 까치 짝을 짓누나. 까치는 희소식을 전하니, 아우 집에 돌아가는 길 평안하길 비네.

축영대(대사) 형님, 가시죠.

양산백(대사) 아우, 가세.

축영대(노래) 성을 나서 관문을 지나니, 보이는 건 나무 하는 나무꾼뿐.

양산백(노래) 아침부터 저녁까지 고생 많으니, 나무 하여 지내기 팍팍하네.

축영대(노래) 나무꾼은 누굴 위해 나무 하나? 그대는 누굴 위해 하산하여 배웅하나?

양산백(노래) 나무군은 처자식 위해 나무 하고, 난 아우 위해 하산하여 배웅하지.

축영대(노래) 산 지나고 또 산을 지나네.

양산백(노래) 앞에 봉황산에 이르렀네.

축영대(노래) 봉황산에는 온갖 꽃 만발했네.

양산백(노래) 작약과 모란이 빠져 있네.

축영대(노래) 형님이 모란을 좋아한다면, 저와 함께 집에 돌아가시지요. 우리 집에 어여쁜 모란 있으니, 형님이 따려 하면 어렵지 않으리.

양산백(노래) 그대 집의 모란이 좋기는 하나, 아쉽게도 길 아득하니 어찌 꺾으리오.

축영대(노래) 연잎 푸릇푸릇한 맑은 연못, 원앙 쌍쌍이 짝을 지었네. 형님! 제가 어여쁜 아가씨라면, 원앙처럼 짝을 짓고 싶으오?

양산백(노래) 짝을 짓지, 짝을 짓지, 아쉽게도 그대 아우는 아가씨가 아니라네!

축영대(노래) 앞에 한 줄기 강에 이르렀네.

양산백(노래) 한 쌍의 큰 거위 떠돌아다니네.

축영대(노래) 수컷은 앞서 가고, 암컷은 뒤따르며 오라비를 부르네.

양산백(노래) 거위가 말 하는 걸 본 적이 없으니, 어찌 암컷이 수컷을 부를까!

축영대(노래) 암컷이 미소 지으며 형님을 참 우둔한 거위라 비웃는 게 보이지 않소!

양산백(노래) 기왕 내가 우둔한 거위라면 앞으로 날 형님이라 부르지 마오. (화를 내는 양산백에게 축영대가 잘못을 빈다)

축영대(대사) 형님 ……

은 심(노래) 눈앞에 외나무다리가 있네. (양산백이 먼저 다리에 오른다)

양산백(대사) 아우, 어서 건너오소!

축영대(노래) 가슴이 두근거리고 겁이 많다오.

양산백(노래) 형이 그댈 부축하여 다릴 건너겠소. (양산백이 축영대를 부축하여 다리를 건너다가 다리 한 가운데에 이른다)

축영대(노래) 그대와 나, 견우직녀처럼 오작교를 건너누나. (양산백은 축영대를 부축하여 다리를 내려서고, 사구와 은심이 뒤따라 다리를 건넌다)

막 뒤(합창) 강가 모래톱을 지나니 또 마을일세, 마을 안 누렁이가 왕왕 짖는구나.

축영대(노래) 앞쪽의 사나이를 물지 않고, 뒤쪽의 아가씨만 무는구나.

양산백(노래) 아우 이야기는 너무 황당쿠나, 여기에 어디 아가씨가 있다고? 용기

내어 당황하지 말게, 형이 개를 때려 마을을 지나게 해줄 테니.

축영대(노래) 눈앞에 우물 하나 있으니, 우물은 얼마나 깊을꼬? (우물 안에 돌을 던진다)

양산백(노래) 우물물 깊건 말건 아무 상관없으니, 서둘러 길 가는 게 중요하네. (축영대는 양산백에게 모습을 비추어보자고 하여 서로 붙들고서 우물 앞에 이르러 비추어본다)

축영대(노래) 우물 바닥에 두 개의 모습, 남자 하나와 여자 하나가 환하게 웃네.

양산백(노래) 나는 분명 남자이니, 날 여자에 비유해선 안 되네.

막 뒤(합창) 우물을 지나니 또 집일세, 앞쪽에 관음당에 이르렀네.

양산백(노래) 관음당, 관음당, 자식을 보내주는 관음이 동쪽에 앉아 있네.

축영대(노래) 관음대사 중매를 서주시니, 자, 나와 그대 쌍쌍이 맞절을 올리세. (양산백을 끌어당겨 함께 무릎을 꿇는다)

양산백(노래) 아우의 이야기가 갈수록 황당하니, 두 남자가 어떻게 맞절을 하는가? 어서 가세!

막 뒤(합창) 낡은 사당을 지나 앞으로 나아가누나.

은 심(노래) 소 한 마리 다가오는 게 보이네.

사 구(노래) 소 등에 목동이 앉아 있네.

은 심(노래) 산간 민요를 불러 근심을 푸는구나.

축영대(노래) 오직 소에게 거문고를 타 주어도 알아듣지 못함이 아쉽고, 형님이 소만큼 미련함이 한탄스럽네.

양산백(노래) 내가 화를 내는 것은 아니네만, 누구 마음대로 나를 여기저기 비유하는가!

축영대(노래) 형님, 화 내지 마세요. 아우가 잘못했다 용서를 빌게요.

양산백(대사) 좋네, 어서 가세.

축영대(노래) 형님의 도타운 정을 입으매, 산 넘고 물 건너 나를 배웅하네. 속담에 이르기를 그리운 님 천리 길 배웅해도 끝내는 이별해야 하리니, 형님은 여기에서 발걸음을 돌려 돌아가소서.

양산백(노래) 아우와 초교에서 의형제 맺은 정 깊으니, 그대를 정자까지는

배웅하려네. (짝 지어 다시 길을 간다)

막 뒤(합창) 십팔 리의 배웅길 정자에 이르네, 정자에 이르렀네. (양산백과 축영대가 정자에 들어가 앉고, 사구와 은심은 정자 아래에서 쉰다)

축영대(노래) 그대와 나 기러기처럼 서로 헤어지네.

양산백(노래) 아우, 내게 혹 할 말이 남아 있는가?

축영대(노래) 헤어지매 묻고 싶은 한 마디 있네, 형님 댁에 마음에 둔 색시감 있으시오?

양산백(노래) 내게 짝 없다는 걸 진즉 알고 있을 터인데, 어찌하여 오늘 또 묻는가?

축영대(노래) 형님 부모님이 짝을 정하지 않았다면, 아우가 형님의 중매를 설까 해서라네.

양산백(노래) 아우가 날 위해 중매를 선다 하니, 천금 같은 이는 어느 누구일꼬?

축영대(노래) 바로 우리 집의 구매이니, 형님께서 좋아하실지 모르겠네.

양산백(노래) 구매는 올해 몇 살이오?

축영대(노래) 나와 쌍둥이이니 동갑이라오.

양산백(노래) 구매가 그대와 닮았소?

축영대(노래) 생김새가 영락없이 나를 닮았다오.

양산백(노래) 그대의 부친께서 허락해주실는지 모르겠네.

축영대(노래) 아버지께서 내게 뛰어난 이 구해 달라 부탁하셨다오.

양산백(노래) 아우께서 성사시켜 주신다니 감사하기 짝이 없네.

축영대(노래) 형님께서 꽃가마 메고 일찍 오시오. 약속하리니 음력 칠월 칠석에 ……

양산백(노래) 오, 칠월 칠석에,

축영대(노래) …… 우리 집으로 오시오.

막 뒤 여자 목소리(합창) 이별하기 아쉬워 차마 헤어지지 못하고, 마음에 수천 마디 말하고 싶어도, 그대께서 어서 빨리 오시기만을 기다릴 테요.

- 막이 내린다

제5장 님 그리워 산을 내려오다

(양산백과 축영대의 공부방)

막 뒤(합창) 제비 돌아가니 공부방 썰렁하고, 석양은 어슴푸레 낡은 홰나무를 비추누나.

양산백(노래) 영대가 나와 헤어져 돌아가고부터 공부방은 양산백 홀로 쓸쓸하네.

(대사) 아아, 아우여!

(노래) 어느 때고 그대 찾아가고 싶지 않으랴만, 학문을 이루지 못해 갈 수 없음을 어찌 하랴. (사모가 무대에 오른다)

양산백(대사) 사모님!

사 모(대사) 산백아, 마음이 편치 않은 듯하니 무슨 일이냐?

양산백(대사) 사모님 …… (말을 꺼내기 주저하며) 제자 고향 생각이 나서 ……

사 모(대사) 고향 생각이 난다면 돌아가야지! (양산백이 말을 하려다 머뭇거린다) 너에게 물어보고 싶은 일이 있다.

양산백(대사) 사모님, 말씀하십시오.

사 모(대사) 산백아, 들어보아라.

(노래) 영대와 함께 동문수학한 지 삼년, 그의 마음을 너는 알겠니? 너 이번에 가면 영대를 방문하겠니 하지 않겠니? 다시 묻는다만, 그 애가 도대체 남자일까 아가씨일까?

양산백(노래) 아우가 돌아가고 나서 늘 그리워했었네. 사모님, 사내인지 여자인지 묻는 게 참으로 기이하네요.

사 모(노래) 그 애가 떠나면서 내게 중매를 서 달라 부탁했다네. 신표는 바로 부채 옥장식이라네. (부채 장식을 꺼낸다)

양산백(대사) (부채 장식을 받아들면서) 아!

(노래) 하지만 아우가 누굴 아내로 맞아들이려 하지요?

사 모(노래) 산백아! 영대는 원래 여자란다.

양산백(대사) (깜짝 놀라 얼이 빠진 모습으로) 아! 영대가 여자라구요 ……

사 모(대사) 그렇단다!

양산백(대사) 영대가 여자라구 …… 알고 보니 영대가 바로 구매로군요. 구매가 바로 영대이구요 …… (취한 듯 홀린 듯 중얼거린다) 삼년 동안이나 한 책상에서 함께 공부하였는데 …… (홀연 기쁨을 주체하지 못하고서)

(노래) 영대 자신이 자기의 중매를 선다고 했네.

사 모(대사) (고개를 끄덕이며 웃는다) 혼약을 한 마당이니 어서 혼인을 청해야지. 내일 선생님께 아뢰고 산을 내려가 영대를 찾아가렴!

양산백(대사) (손을 맞잡아 인사를 거듭 드린다) 사모님, 감사합니다. 감사합니다!(사모는 무대를 내려간다)

양산백(대사) 사구야! 사구야!

(노래) 사구야, 어서 나와 행장을 꾸리자.(조명이 어두워진다)

막 뒤(합창) 한 마음으로 산을 내려가 영대를 찾아가느라, 도련님과 시동 모두 바쁘네. 양산백은 안절부절 그저 어서 빨리 축가장에 가고 싶네.

(대사, 念) 저 사구.

(노래) 갈팡질팡, 허둥지둥 행장을 꾸리는구나. 초대장 얌전하게 챙겨라, 아이구! 부채 옥장식을 잊어선 안 되지. 산 뒤쪽 수탉이 울기까지 기다릴 수 없네.

(대사, 念) 공부방을 떠나 산언덕을 내려가네.

(노래) 바삐 앞으로 나아가네.

\- 막이 내린다

제6장 추억

(길 가는 중) (양산백이 무대에 오르고, 사구는 짐을 메고 뒤따른다)

양산백(노래) 축가장으로 영대를 찾아가네. 걸으면서 즐거워하네, 동창이 부부될 터. 걸으면서 생각하네, 나와 그녀 한 책상에서 함께 공부하면서 정 깊어라. 걸으면서 넋을 잃네, 삼년이나 남녀를 가리지 못하다니. 걸으면서 곰곰이 생각하네, 십팔 리 정자까지 배웅하던 일 떠올리네. 눈앞은 예전 그 모습, 지난 일을 추억하니 기쁘고도 놀랍네. 그녀는 매화로 봄소식 넌지시 드러냈건만, 돌부처 같은 난 눈치 못 챘네. 기억나네, 성을 나서 관문 지나 그녀는 아내 위해 나무 하는 나무꾼에 비유했지. 산을 지나고 또 지나 그녀는 집에 내가 꺾어줄 모란 있다고 말했지. 산을 내려와 연못에 이르러 못물에 짝 짓는 원앙 있다고 말했지. 연못 지나 강을 보고서, 아이구, 산백은 참으로 멍텅구리! 그녀는 외나무다리에서 견우가 직녀를 만난다고 말했지. 그녀는 마을가 누렁이가 아가씨를 문다고 말했지. 우물 속에 비치는 모습이 남자와 여자와 같다고 한 말이, 관음 앞에서 맞절을 하자고 한 말이 떠오르네. 갖가지로 비유하였건만, 나는 눈치 채지 못했네. 영대여, 소에게 거문고를 타준다는데, 이 소가 바로 나였구료! 눈앞엔 어느덧 정자가 보이네. 정자에서 그녀 직접 구매와 혼인케 하겠노라 말했는데, 구매가 바로 축영대일 줄이야!

(대사) 영대여! 중매쟁이 영대여!

(노래) 제대로 해야지. 소매에서 부채 옥장식을 꺼내어 기쁜 마음으로 간직하니. 영대가 나더러 꽃가마 메고 오라면서 축씨 댁에서 하루빨리 만나자 했지. 사구더러 길을 재촉하라 하니, 날개 달려 그녀에게 날아가지 못해 한스럽구나.

- 막이 내린다

제7장 혼인 권유, 축가 방문

(축영대의 규방) (축영대는 묵묵히 앉아 꽃을 수놓고 있다. 양산백을 그리는 마음에 기쁨이 솟구친다. 은심이 무대에 오른다)

은 심(대사) 아가씨, 양 도련님이 곧 오세요.

축영대(대사) 네가 어떻게 아느냐?

은 심(대사) 제가 어찌 몰라요? 어젯밤에 촛불의 불꽃이 쌍심지를 맺었는데, 불꽃이 쌍심지로 서면 경사가 난답니다. (축공원이 기쁨에 넘쳐 들어온다)

축공원(대사) 경사로다, 경사로다. 영대 너의 혼사가 들어왔다!

(노래) 오늘 중매쟁이가 우리 집에 와, 아비를 위해 딸의 혼처를 주선했네. 이제 훌륭한 사위를 얻으니, 축씨 가문은 더욱 빛이 나겠네.

축영대(노래) 아버지, 딸의 혼처를 정하셨나요?

축공원(노래) 하늘이 내린 좋은 인연은 마음에 바라던 바라네.

축영대(노래) 아버지는 딸을 누구와 짝 지워 주시려나요?

축공원(노래) 재산 많고 권세 있는 태수의 아들 마문재馬文才란다.

축영대(대사) (한참동안 깜짝 놀라다가) 아버지, 저는 결혼하지 않겠어요.

축공원(대사) 문벌이 걸맞는데, 어찌하여 결혼하지 않겠다는 거냐?

축영대(대사) 저는 시집가지 않겠습니다.

축공원(대사) 왜 시집가지 않겠다는 거냐?

축영대(대사) 전 평생 아버지를 모시고 싶습니다.

축공원(대사) 영대야, 아비도 어찌 너를 슬하에서 떠나보내고 싶겠느냐. 하지만 딸 자식이 성장하면 마땅히 시집을 보내는 것이란다.

축영대(대사) 저는 나이 아직 어리답니다.

축공원(대사) 아비가 어찌 딸의 청춘을 그르칠 수 있겠느냐. 애야 ……

축영대(대사) 저는 원치 않습니다.

축공원(대사) 네가 …… (약간 노기를 띠며) 어험! 내 알았다. 네가 항주에서 공부할 적에 설마 …… 은심아, 아가씨를 모시고 삼년간 공부

할 때 무슨 일이 있었느냐? 말해 보아라! (은심은 두렵고 당혹스러운 표정으로 축영대를 바라본다)

축영대(대사) 은심아, 말해도 괜찮아.

은 심(대사) (겁을 먹고서) 아가씨는 항주에서 삼년간 공부하면서 회계의 양산백 도련님을 만나 의형제를 맺어 잠시도 떨어지지 않았습니다. 정자까지 십팔 리를 배웅하던 중 아가씨가 ……

(노래) 아가씨가 자기 입으로 구매와의 혼인을 허락하였답니다.

축공원(대사) 알고 보니 그런 일이!

(노래) 어쩐지 좋은 말로 타일러도 씨가 먹히지 않는다 했더니, 알고 보니 바깥에서 정분이 났던 게로구나. 아름답고 원만한 인연을 싫다하여 아비의 마음을 저버리다니. 반고가 하늘과 땅을 나눈 뒤로 딸이 직접 정혼하는 일이 어디 있단 말이냐? 마씨 댁은 중매쟁이와 약혼 예물을 보내고, 부친의 명도 있었네. 양산백 그 녀석은 우리 축씨와 통혼하기 어렵다네.

축영대(대사) 아버지 ……

축공원(대사) 혼사는 이미 정해졌으니, 더 이상 꺼내지 말아라. (축영대는 발끈 화를 내며 즉시 무대를 내려간다) (조명이 어두워진다) (조명이 밝아지고, 세트는 응접실로 바뀐다) (축공은 곰곰이 생각에 잠긴 채 안절부절 못한다. 은심이 차를 받쳐 들고 무대에 오른다)

축공원(대사) 은심아, 아가씨더러 내려오라 하여라.

은 심(대사) 네. (무대에서 내려간다)

축공원(노래) 은심을 캐물어서야 영대와 산백이 정분 맺음을 알았네. 어쩐지 여러 차례 재촉해도 돌아오지 않더니, 내 병 중하다 핑계 삼아서야 집 앞에 이르렀네. 이제 마씨 댁에 허혼했음을 들어 알고서 식음을 전폐한 지 사흘, 머잖아 마씨 댁이 신부 맞는 길일이 가까워오는데 …… (은심이 무대에 오른다)

은 심(대사) 나리.

축공원(대사) 아가씨더러 내려오라 일렀느냐?

은 심(노래) 몸에 병이 있어서 내려와 뵈올 수 없다고 하더이다.

축공원(대사) 이런 …… (축씨 댁 하인이 명함을 들고서 무대에 오른다)

축공원(대사) (명함을 보면서) 양산백이라 …… (머뭇거리다가) 으흠 …… 안으로 모셔라!

하 인(대사) 양 도련님, 안으로 드시지요. (양산백과 사구가 무대에 오른다)

양산백(대사) 축 어르신, 소생 문안드립니다.

축공원(대사) 오호! 양 도령, 멀리 마중하지 못한 걸 용서하시오.

양산백(대사) 소생 외람되이 방문하였사오니, 어르신의 용서를 비옵니다.

축공원(대사) 무슨 그런 말씀을! 무슨 일로 이곳 누추한 곳까지 걸음을 하셨는가?

양산백(대사) 긴히 드릴 말씀이 있어서 어르신께 문안드립니다.

축공원(대사) 천만의 말씀이오이다.

양산백(대사) 영대 누…… 누이도 볼 겸 해서 찾아뵈었습니다. (축씨네 하인이 차를 받쳐 올리자, 은심을 이를 받아든다.)

은 심(대사) 양 도련님, 차를 드시지요.

양산백(대사) 아! 은심!

사 구(대사) (은심을 가리키며) 은심 아우 …… 도련님, 은심 누이입니다.

양산백(대사) 사구야! (그를 제지한다)

축공원(대사) 양 도령, 먼 길을 오셨으니 잠시 서재로 들어와 쉬시지요. 영대에게 나오라 하여 만나게 해드리리다. (하인에게) 양 도령을 서재로 모셔 쉬시도록 해라, 지체치 말고.

하 인(대사) 네. 양 도련님, 드시지요. (축씨 댁 하인이 양산백과 사구를 데리고 무대에서 내려간다)

축공원(대사) 은심아, 아가씨더러 내려오라고 해라. 찾아온 손님이 있으니. (은심이 급히 무대에서 내려간다) 잠간만, 아가씨에게 먼저 나를 만나러 오라고 해라.

은 심(대사) 네. (무대에서 내려간다)

축공원(노래) 영대는 이미 마씨 댁의 예물을 받았으니, 마씨의 며느리로 마씨 댁 사람이네. 산백이 찾아올 줄 뉘 알았으랴, 양인의 정이 끊기지 않으면 화근이 되리라. (축영대가 무대로 올라온다)

축영대(대사) 아버지.

축공원(대사) 영대야, 양산백이 너를 찾아왔다.

축영대(대사) 양 오라버니는 어디에 있나요?

축공원(대사) 영대야, 내가 보기에는 만나지 않는 게 좋을 것 같구나.

축영대(대사) 저와 오라버니가 의형제를 맺어 삼년간이나 동문수학한 터에, 먼 길을 마다 않고 찾아왔는데 어찌 만나지 않는단 말입니까?

축공원(대사) 넌 이미 마씨 댁 사람이니라.

축영대(대사) 저는 허락한 적이 없습니다.

축공원(대사) 혼인대사는 마땅히 부모의 뜻대로 한다는 걸 어찌 듣지 못했느냐?

축영대(대사) 아버지, 딸이 정자에서 허혼하였음을 고려해주세요.

축공원(대사) 중매쟁이도 없고 약혼 예물도 없이 일을 처리한다는 건 옳지 않다!

축영대(대사) 사모님이 중매쟁이를 하고 부채 옥장식이 약혼 예물이니, 예법에 어긋나지는 않습니다.

축공원(대사) 영대, 네가 ……

축영대(대사) 아버지!

축공원(대사) 마씨 댁은 양반의 문벌귀족이다.

축영대(대사) 양씨 집안은 빈한하지만 청렴한 사람입니다.

축공원(대사) 영대야! 방자하구나!

(노래) 불효자식, 너는 아비 명에 따라야만 하느니라.

축영대(노래) 아버지, 저를 용서하셔요. 무정한 이는 누구인가요?

축공원(노래) 글을 알면 이치를 훤히 알아야만 할 터, 어찌 제멋대로인가?

축영대(노래) 혼인은 장난이 아니라 여자의 평생이 걸린 일이옵니다.

축공원(노래) 네가 마씨 댁에 시집가지 않는다면, 가문을 욕되게 하리라.

축영대(노래) 저더러 마씨 댁에 시집가라 하시면, 참으로 따르기 어렵나이다.

축공원(대사) 영대, 너 참으로 대담하구나! (격노를 참고 타이른다) 삼종사덕이 불변의 진리임을 어찌 모르느냐. 네가 잘못을 고집하여 깨닫지 못한 채 도리에 어긋난 짓을 한다면, 가문의 치욕이 될 뿐만 아니라 예법에도 어그러질 게야! 영대야, 아비가 평소에 네 뜻대로 따르지 않던 적이 있더냐? 혼인대사는 아이들 장난과는 다르단다. 아비가 이미 너를 마씨 댁과 정혼시켰으니, 절대로 바꿀 수 없다. (축영대는 한참동안 말이 없다가 통곡한다)

축공원(대사) 네가 산백과 의형제를 맺은 우의가 있으니, 한 번 만나는 건 허락하마. 네가 잘 말해서 어여쁜 아가씨를 아내로 맞도록 그에게 권하여라. (축영대는 아무 말이 없다)

축공원(대사) 은심아. (은심이 무대에 오른다)

축공원(대사) 양 도령을 모셔오너라.

은 심(대사) 네. (무대에서 내려간다)

축공원(대사) 영대야, 눈물자국을 보여서는 안 된다. 예의에 맞지 않는 일이야. (축영대가 눈물을 훔친다. 양산백이 무대에 오르고, 사구와 은심이 그를 따라 오른다)

축공원(대사) 오오! 양 도령. (축영대에게) 영대야, 어서 양 도령을 보아야지!

축영대(대사) (몹시 답답하고 괴로우나 억지로 미소를 지으면서) 오라버니.

양산백(대사) 아아 ……

축공원(노래) 도령이 멀리서 누추한 집에 왔는데, 이 늙은이 모시지 못함을 용서하오.

양산백(대사) 어르신께 일이 있다면 편하실 대로 하십시오.

축공원(노래) 앞마을 전錢 원외와 그저께 만나기로 약속했다오. 날짜를 정했으니 바꾸기 힘들어, 양 도령에게 먼저 실례를 해야겠소. 항주에서 누추한 집에 왔으니, 대접이 소홀타 말고 잠시 이야기하시오.

(대사) 영대야, 너와 산백은 결의형제이니 정성껏 대접해야 한다. 조금이라도 소홀히 했다간 ……

(노래) 아비 돌아와 가법으로 다스리리라. (무대에서 내려간다)

축영대(대사) 은심아.

은 심(대사) 네, 아가씨.

축영대(대사) 사구를 데리고 나가 잠시 쉬거라.

은 심(대사) 네. 사구 오라버니, 이리 오세요.

사 구(대사) 도련님 ……

양산백(대사) 말씀대로 하거라! (은심과 사구가 무대에서 내려간다)

축영대(대사) 오라버니.

양산백(대사) 오오! 그대와 나 공부할 직에 사로 형과 아우라 일컬었소 이제 이렇게 화장하였으니, 아우라 부르리요 아니면 ……

축영대(대사) 그대와 나 공부할 적에 나는 남장한 여자라 마땅히 형과 아우라 불러야 했지만, 이제 오라버니와 누이라 불러도 괜찮습니다.

양산백(대사) 누이!

축영대(대사) 오라버니! 이곳은 말할 만한 곳이 아니니, 저의 공부방으로 가시지요.

양산백(대사) 그렇게 하는 게 좋겠소.

축영대(대사) 오라버니, 이리 오시지요.

양산백(대사) 누이 먼저 가시오. (축영대와 양산백이 무대에서 내려온다)

- 막이 내린다

제8장 누대에서의 만남

(누대) (막 뒤에서 합창 소리가 울리는 가운데 축영대가 무대에 오른다)

막 뒤(합창) 오랫동안 헤어신 양산백을 다시 만났건만, 난 기쁘고도 슬프다네. 기쁨은 오늘 그와 다시 만난 것이고, 슬픔은 아름다운 인연이 꺾인 것이라네.

축영대(노래) 그가 기쁨에 겨워 날 찾아왔건만, 난 그저 억지웃음을 띤 채 누대에 오르네. (양산백이 무대에 오른다)

축영대(대사) 오라버니, 이쪽으로 오세요.

양산백(대사) 누이.

축영대(대사) 오라버니, 앉으세요.

양산백(대사) 누이도 앉으시오.

축영대(대사) 오라버니, 정자에서 헤어진 후 그간 평안하셨어요?

양산백(대사) 잘 지냈다오! 누이도 집에서 지내면서 평안하셨겠지요?

축영대(대사) 오라버니 덕분에 저도 잘 지냈습니다. …… 오라버니, 이번 길은 지나는 길이었어요, 아니면 특별히 오신 거예요?

양산백(대사) 특별한 일로 왔소. 하나는 어르신께 문안드리는 것이고, 다른 하나는 그대 구매를 보고 싶어서라오.

축영대(대사) 구매를 ……

양산백(노래) 그날 그대를 배웅하러 전당 가는 길에 그대 집안에 구매가 있다 말했네. 정자에서 중매를 서주었기에 특별히 청혼하러 찾아왔네.

축영대(노래) 오라버니! 구매가 누굴까요? 바로 저 축영대랍니다.

양산백(대사) 나도 알고 있다오--

(노래) 누이여! 양산백과 축영대, 전생의 인연이 이루어지나 보오.

축영대(노래) 기뻐하는 그를 보니 나의 마음 찢어질 듯,
그가 어찌 알랴, 아버지 이미 나의 혼처 정하였음을.

양산백(노래) 오랜만에 다시 만났으니 기뻐해야 할 터에, 어찌하여 얼굴을 찌푸리오?

축영대(노래) 오라버니! 제게 마음 아픈 일이 있어 말씀드리고자 하나 …… 차마 입이 떨어지지 않군요.

양산백(대사) 그대와 나 사이에 하지 못할 말이 뭐가 있겠소? 괜찮으니 말해 보시오.

축영대(대사) 오라버니 …… 누이가 작별하고 집에 돌아온 후, 아버지께서

주관하셔서 누이를 이미 …… 마씨 댁과 정혼하였답니다.

양산백(대사) 마씨 댁 …… 마씨?

축영대(대사) 마태수의 아들 마문재랍니다.

양산백(대사) (한참동안 경악하고서) 영대! 그대, 그대는 …… 진즉 --

(노래) 그대 정자에서 스스로를 중매하여, 집에 구매가 있다고 하였네. 구매가 바로 그대인 이상, 어찌하여 마문재에게 허혼하였는가?

축영대(노래) 오라버니! 누이의 마음을 모르진 않으시겠지요? 제가 어찌 마문재에게 시집가고 싶겠어요!

양산백(노래) 누이여! 나와 그대의 정 변치 말자 맹세했고, 내 마음속에는 오직 그대뿐이네. 그대의 아버지가 마씨에게 허혼했다면, 그대 어서 빨리 퇴혼하오!

축영대(노래) 혼사를 물리려고 갖은 방법을 다해 마씨 댁의 예물과 중매를 거절했다오. 아버지가 부녀의 정을 끊더라도 퇴혼하지 않으려 하니 어찌하리오.

양산백(대사) 아아!

(노래) 아버지께서 퇴혼을 마다하시면, 우리 양씨 댁에서 먼저 꽃가마를 보내겠소! 항주에서 사모님을 모셔와 축씨네 대청에 앉히려네. 결혼 예물로 부채 옥장식을 소맷부리에 단단히 간수하리. 옥나비, 부채 옥장식으로도 부부가 될 수 없단 말인가?

축영대(노래) 옥나비, 부채 옥장식, 나비는 본래 쌍을 이루어야 하네.
그대와 나의 뜻대로 하였건만 예물과 중매로 여길 이 없을 줄 어찌 알았으랴.

양산백(노래) 그걸 예물과 중매로 여겨줄 이 없을지라도 나는 그대와 생사를 함께 하리. 내 관청에 알릴 고소장을 쓸 터이니, 소송장 머리에 이고서 관청에 가소. 그러면 그대 아버지 축 원외에게 알릴 것이네, 재물에 눈이 멀어 약혼을 파기하는 대죄를 저지르지 말라고. 세력을 믿고 남을 업신여기는 마문재에게도 알리려네, 내 사랑하는 아내를 빼앗아가면 틀림없이 죄 있으리라고. 이 소송장을 관청에 가져가, 만약 관리가 청렴하고 공정하다면 내치지 않고 바르게 처리해주리라.

축영대(노래) 사랑에 빠진 오라버니의 구구절절, 누이의 마음 갈기갈기 찢어지네. 관청은 활짝 열려 있어도 관리들끼리 서로 눈감아주는 줄 그대 잘 알리. 저 마씨 집안은 부유하고 권세 있으나, 그대 집안은 세력 없고 가난하네. 만일 그대 관청에 알린다면, 일에 도움되기는커녕 손해만 보리. 오라버니여, 그대 집엔 외아들 그대뿐, 백발의 노모는 누굴 의지하리. 나 영대는 현세에 가망 없으니, 오라버니는 다른 아가씨를 맞으소서.

양산백(노래) 하늘의 선녀일지라도 나는 사랑하지 않는다오! (양산백은 말없이 앉아 있다) (은심이 무대에 올라 술자리를 마련한다) (은심이 무대에서 내려간다)

축영대(노래) 오라버니께서 특별히 누추한 이곳에 오셨으나, 누이 위로할 말이 없네. 변변찮은 술이나마 오라버니께 올리려네.

양산백(노래) 이렇게 그대의 술 한 잔의 대접을 받을 줄은 꿈에도 생각지 못했네.

축영대(대사) 오라버니.

(노래) 기억컨대 초교에서 의형제 맺고 삼년간 동문수학했네. 의기투합하여 서로 경애하니, 이 내 마음 그대에게 진즉 허락했네. 그대가 내 귀걸이 자국을 알아본 일이 기억나오. 저는 얼굴이 빨개진 채 대꾸하지 못했지요. 십팔 리 정자까지 배웅길에 진심을 토로했던 일이 기억나오. 짝을 이룬 원앙에 빗댄 일이 기억나오, 오작교에서 만나는 견우직녀를 말한 일이 기억나오. 우물 속에 나란히 얼굴을 비추던 일이 기억나오. 관음당에서 맞절을 하던 일이 기억나오. 나는 부채 옥장식을 예물로 남기고, 사모님께 중매 서달라 부탁했지요. 칠월 칠석에 만나자 약속하고, 헤어질 때 구매와 혼인시키겠노라 말했지요. 연인 되어 마침내 가족을 이룰 수 있기를 고대하였건만, 뉘 알았으랴, 아름

다운 인연은 두 동강 나고 말았네. 오라버니! 나와 그대 짝 이루기 어려우니, 아버지가 마씨 댁 중매를 받아들였소. 나와 그대 성혼하기 어려우니, 아버지는 마씨 댁 예물을 받았소. 나와 그대 배필 되기 어려우니, 아버지는 마씨 댁 술을 마셨소. 오라버니! 아버지의 명은 어길 수 없고, 마씨 댁 권세 커서 퇴혼하기 어렵다오.

양산백(노래) 누이가 속마음을 이야기하니, 내 간장은 갈기갈기 찢어져 할 말이 없구료. 닭 울음소리에 새벽꿈에서 깨어나고, 세찬 바람 불어와 연꽃을 꺾누나. 두 마음 서로 맞아 짝 이루렸더니, 이승에 아내로 맞지 못할 줄 뉘 알았으랴. 슬프고 분하여도 하소연할 곳 없구나 …… 한없던 기쁨이 실망으로 변했네. (양산백은 울분이 극에 달해 병이 난다)

축영대(대사) 오라버니, 그대 …… 그대 ……

(노래) 오라버니여! 몸을 보중하고 상심하지 마소서. 오라버니여! 이 모든 건 누이 탓일세.

양산백(대사) 누이, 오라비는 결코 그대를 원망하지 않다네. 내가 그대를 위해 도중에 비 오듯 땀을 흘리면서 달려왔던 걸 그대는 알고 있으리!

(노래) 누이여, 그대 그리워 정신은 몽롱하고 식음을 전폐했네.

축영대(노래) 오라버니, 그대 그리워 세 끼의 식사가 아무 맛이 없다오.

양산백(노래) 누이여, 그대 그리워 붓 들어 글 쓰기를 잊었네.

축영대(노래) 오라버니, 그대 그리워 바느질하기를 잊었소.

양산백(노래) 누이여, 그대 그리워 의관이 단정하지 않아도 갖출 마음이 없네.

축영대(노래) 오라버니, 그대 그리워 거울보기 귀찮아 머리도 빗지 않고 세수도 하지 않소.

양산백(노래) 누이여, 그대 그리워 부귀영화도 진기하게 여기지 않네.

(노래) 누이여, 그대 그리워 어느 낮인들 밤까지 그립지 않으리.

축영대(노래) 오라버니, 그대 그리워 어느 밤인들 새벽닭 울기까지 그립지 않으리.

양산백(노래) 그대 나를 그리워하고, 난 그대를 그리워하네.

축영대(노래) 금세에는 짐작컨대 부부되기 어렵겠네.

양산백(노래) 누이와 작별하여 집으로 돌아가야겠네.

축영대(대사) 오라버니, 이런 모습으로 ……

양산백(노래) 그대의 집에 죽는다 해도 끝내 이루어지지 않으리!

축영대(대사) 오라버니 기어이 돌아가시겠다면 누이 굳이 만류하지 않겠으나, 그대를 배웅하게 해주소서. 오라버니 ……

- 막이 내린다

제9장 양산백을 배웅하다

(복도. 축영대는 양산백을 부축하여 나온다)

축영대(노래) 오라버니 배웅하여 연꽃 못에 이르니, 떨어진 연꽃 잎새 못 가득 붉네. 연꽃은 여물어 연밥을 맺으나, 오라버니 날 찾음은 허사가 되었네. 오라버니 배웅하여 누대 남쪽에 이르니, 그대 오늘 돌아가나 내 맘은 불안하네. 나와 그대 금세에 짝이 될 인연 없으나, 내세에 그대와 다시 만나리. 오라버니 배웅하여 난간 서쪽에 이르니, 그대 올 땐 즐겁더니 갈 땐 서글퍼라. 오늘 그대와 나 헤어진 후, 몸은 헤어지더라도 마음만은 함께 하네. 오라버니 배웅하여 대청 북쪽에 이르니, 돌아가 울지 말라 오라버니께 권하네. 저는 무정한 사람 아니요, 한 조각 참된 마음은 벽옥과 같다네. 이제 곧 마씨 댁으로 갈 터이니, 오늘 이별한 후 언제 오리오?

양산백(노래) 집에 돌아가 병 나으면 그대 보러 오겠소만, 내 명 짧아 요절하여 오지 못할까 두렵네.

축영대(노래) 오라버니의 서글픈 말에 오장이 끊기고 마음이 찢어질 듯. 이 내 몸 제 뜻대로 하기 어려우나, 이 내 마음은 양산백을 따라가네. 그대 성한 몸으로 날 찾아왔건만 오히려 병을 안고 돌아가게 만들었네.

양산백(노래) 내게 예기치 못한 변고가 생기면, 호교진胡橋鎭 위에 비석을 세워주오.

축영대(노래) 무덤에 비석을 세우리, 비석을 세우리. 오라버니, 붉은색 검은색 두 개를 새기리. 검은 글자로 양산백이라 새기고, 붉은 글자로 축영대라 새기리. 나와 그대 생전에 부부되지 못하지만, 죽어서라도 그대와 무덤을 함께 하리. (양산백이 병들어 돌아가고, 축영대는 한참동안 넋을 잃는다)

- 막이 내린다

제10장 산백의 임종

(양산백의 침실) (양산백은 병들어 침상에 누워 있다. 산백의 어머니가 보따리를 끼고서 밖에서 들어오고, 사구가 뒤따라 들어온다)

산백모(대사) 산백아, 내 아들아, 어미가 축씨 댁에서 돌아왔다.

양산백(대사) (침상에서 일어나 앉는다. 어머니가 그를 부축한다) 어머니, 돌아오셨어요? 영대는 오나요, 오지 않나요? (산백의 어머니가 머리를 흔들면서 탄식한다)

양산백(대사) 어머니께서 그녀에게 와달라고 말씀하셨는데, 가련케도 죽음을 앞두고 바랄 게 없으니, 한 번만이라도 만날 수 있다면 죽어도 여한이 없으리.

산백모(대사) 네 말대로 된다면 오죽 좋을까.

(노래) 영대가 이미 마씨 댁 사람인 걸 어찌 하랴. 아들아. 얼굴 한 번 보고 싶어도 그러지를 못하는구나. 영대가 검은 머리카락 잘라내고, 이 편지를 직접 써주더구나. 평소 써놓은 시와 글을 싸서 어미더러 네게 가져가 간직하라 하더구나.

양산백(노래) 어머니가 가져오신 영대의 편지, 위로의 말이 씌어 있네. 몸은 오기 어려워도 마음은 이미 왔노라면서, 훌훌 털고 일어나기를 바라네. 가련케도 이 몸은 뼈에 사무치는 그리움에 중병이 들었으니, 우리 영원히 이별하여 다시 만나기 어려움을 한탄하노라.

(대사) 이것이 그녀가 지난날 지은 시의 원고입니까?

(노래) 시의 원고를 보니 마치 그녀를 마주하는 듯, 오히려 나를 수심에 잠기게 하네. 병중에 그대 얼굴 보고 싶었건만, 가련케도 그대는 만나고 싶어도 올 수 없네. 아아, 이것이 그녀의 고운 머리카락인가요?

(노래) 검은머리 파뿌리 되도록 이라는 속담이 있건만, 그대와 난 금세에는 짝이 될 인연이 없네. 가련쿠나, 나는 정신이 혼미하고 식음을 전폐하니, 그대로 인해 맺은 온갖 시름 풀어낼 길이 없네. (홀연 풍악소리가 들려온다)

양산백(대사) 사구야! 어찌된 풍악소리냐?

사 구(대사) 앞마을 아가씨가 시집을 가는데, 혼수를 보내는 모양입니다.

양산백(대사) 생각해보니 영대도 마씨 집으로 떠나겠구나. 아아, 어머니, 보아하니 아들의 명이 얼마 남지 않았으니, 아들 죽은 후 부탁드릴 중요한 일이 있습니다.

(노래) 항주에서 삼년을 공부하여 집안을 더욱 빛내기를 바랐네. 영대로 인해 돌이킬 수 없는 병에 걸릴 줄 뉘 알았으랴. 아들이 만약 황천길을 가더라도 어머니는 몸을 보중하소서. 아들의 원대로 해주시기를 간청하나니, 나 죽은 후 호교진에 비석을 세우소서. 무덤의 비석을 검은 글 빨간 글로 두 개를 새기소서. 검은 글로는 양산백을 새기고 빨간 글로는 축영대를 새기소서. 나와 그

녀 이승에서는 부부되지 못하나, 죽은 후에는 그녀와 무덤을 함께 하리. (양산백은 세상을 떠나고, 산백의 어머니와 사구는 슬피 운다)

- 막이 내린다

제11장 조문하여 통곡하다

(양씨 집안의 빈소. 사구가 향을 피운다)

축영대(대사) (무대 안에서) 오라버니! (축영대가 소복차림으로 급히 무대에 오른다. 은심이 뒤따라 무대로 올라온다)

축영대(대사) 아이구, 오라버니 ……

(노래) 오라버니 혼백이 사라지는 걸 보니, 나도 모르게 호곡하네. 누대에서의 이별이 영이별이 되니, 함께 늙을 연분은 이 세상에 없네. 오라버니! 하늘은 사람의 소원대로 좋은 짝을 이루어주신다 여겼건만, 뉘 알았으리, 인연 명부에 이름이 올라 있지 않을 줄을. 그대가 월하노인 잡아끌고 오기를 고대하였건만, 뉘 알았으리, 까치는 울지 않고 까마귀가 울 줄을. 피리와 퉁소 소리로 신부 맞으러 오리라 고대하였건만, 뉘 알았으리, 은하수에 닿기도 전에 오작교 끊길 줄을. 빨간 꽃가마 타고 그대의 집에 가기를 고대하였건만, 뉘 알았으리, 하얀 소복차림으로 조문하러 올 줄을. 아아, 오라버니여! 그대 한 눈은 감고 한 눈은 떴으니, 그대 누굴 잊지 못하나? 그대 한 눈은 감고 한 눈은 떴으니, 나이든 노모를 버리기 어려워서인가? 한 눈은 감고 한 눈은 떴으니, 친척, 이웃, 스승과 동학을 떠나기 힘들어서인가? 한 눈은 감고 한 눈은 떴으니, 빼어난 재주가 아까워서인가? 한 눈은 감고 한 눈은 떴으니, 부모의 상을 입을 사람이 없어서인가? 한

눈은 감고 한 눈은 떴으니, 누이와 헤어지기 아쉬워서인가? 오라버니의 가슴속 이야기를 하였더니, 그의 두 눈 뜨지 않고 영원히 감기네. 아아! 오라버니! 불러도 대답 없는 오라버니, 이 내 마음은 화살에 맞은 듯 쓰라리네. 슬픔과 한을 안고 그대 고이 잠드소서, 나 홀로 외로이 어찌 살아갈까! 그대와 나 생전에 산과 바다처럼 변치 말자 정혼을 맹세했으니, 오랜 세월이 지나도 영원히 헤어지지 않으리. 아아! 오라버니여 …… (축영대는 몹시 슬퍼하며 양산백에게 달려든다. 은심이 급히 달려가 부축한다)

은 심(대사) 아가씨, 아가씨.

축씨 하인(대사) (무대에 오른다) 아가씨, 나리께서 어서 집으로 돌아오라십니다.

축영대(대사) 오라버니 …… (축영대는 슬픔이 극에 달하여 멍한 표정으로 서 있다가 은심의 부축을 받아 가마 안으로 들어간다)

- 막이 내린다

제12장 혼인 핍박

(누대) (축영대 앞에는 혼수가 쌓여 있고, 축공원은 딸에게 화장하고서 가마에 오르라고 권하고 있다. 축영대는 아버지의 말에 아랑곳하지 않은 채 멍하니 앉아 있다)

축공원(대사) 영대야, 이런 때에 어찌하여 화장을 하지 않는 거냐?

(노래) 오늘은 결혼하기에 길한 날, 마씨 댁의 꽃가마가 문 앞에 멈추었네. 영대야, 여자가 자라면 시집을 가는 게 옛 가르침이란다. 제 멋대로 굴지 말고 어서 빨리 화장하고 단장하렴. (축영대는 아무 말도 하지 않는다)

축공원(대사) 딸에게 화장하라 여러 차례 권했는데, 넌 왜 거들떠보지도 않는 거냐? 애비는 심혈을 기울여 네 평생을 위해 고심했을 뿐이다. 오늘은 기쁜 날이니 화장하지 않겠노라 버티지 말고, 애비 생각을 좀 해다오. (축영대는 여전히 거들떠보지도 않는다.)

축공원(노래) (화를 내며) 넌 어찌하여 수만 마디의 권고에도 꿈쩍도 하지 않느냐?

축영대(대사) 아버지!

(노래) 저는 맹세코 다른 사람에게는 시집가지 않을 거예요.

축공원(노래) 이미 엎질러진 물이니 돌이킬 수 없단다.

축영대(노래) 차라리 죽었으면 죽었지 마씨 집 문에 들어서지 않을 거예요.

축공원(노래) 네가 마씨 집에 시집가지 않는다면 어찌한단 말이냐?

축영대(노래) 오라버니와 함께 살지 않는다면 죽어서라도 무덤을 함께 하겠어요.

축공원(대사) (몹시 성을 내며) 어찌 이런 법이 있단 말이냐! 애비가 너를 위해 이 문벌과 친척관계를 맺으려는데, 가문의 명예를 더럽힐지라도 안 된단 말이냐? 감히 이토록 방자하다니! 너, 너, 멀쩡한 애비를 화가 나 미치게 할 작정이냐!

축영대(한참동안 침묵하다가)

(노래) 오라버니 죽으니 모든 의욕 사라졌는데, 아버지는 시집가라 소리소리 채근하네. 축가 문 앞에는 꽃가마가 멈춰서고, 호교진 위에는 무덤의 비석이 세워지네. 생전에 부부되지 못했으니, 죽어서라도 무덤을 함께 하려네! 아버지, 기어이 저를 시집보내시렵니까?

축공원(대사) 오냐.

축영대(대사) 아버지의 뜻에 따르겠습니다.

축공원(대사) 따르겠다니 됐다.

축영대(대사) 다만 제 뜻대로 한 가지 일만 하도록 아버지께 부탁드립니다.

축공원(대사) 말해 보거라.

축영대(노래) 아버지 제게 가마에 오르라 핍박하시니, 저에게 간청할 일 하나 있나이다. 가마 앞에 흰 비단 등불 두 개를 걸고, 가마 뒤에 지전 삼천 냥을 마련하소서. 꽃가마는 먼저 호교진에 가고, 저는 소복차림으로 무덤에 제사지내렵니다.

축공원(대사) 이런 ……

(노래) 오늘 마씨 댁에서 신부 맞으러 왔는데, 어찌 산백의 무덤에 절한단 말이냐?

축영대(노래) 아버지께서 승낙하지 않으시면, 가마에 오르라 해도 절대 할 수 없습니다.

축공원(대사) (어쩔 수 없다는 듯) 그래, 네 뜻에 따르마. 하지만 한 가지, 겉에는 붉은색 옷을 입고 안에 소복을 입을 것이며, 무덤에 제사를 지낸 후에는 즉시 마씨 댁에 가서 천지신명께 절을 올려야 한다. 어서 속히 단장하여라. 한 치의 오차도 없어야 하느니라. (무대를 내려간다)

- 막이 내린다

제13장 무덤에 기도하고 나비로 변하다

(양산백의 무덤 앞) (악사와 의장이 앞서 가고, 하인들이 뒤따르며, 그 뒤를 축영대의 꽃가마가 따른다. 꽃가마가 양산백의 무덤 앞에 이르자 더 이상 나아가지 못한다)

은 심(대사) (가마 안쪽을 향해) 이제 양 도련님 무덤 앞이니, 아가씨, 나오세요. (은심의 부축을 받아 축영대가 가마에서 나온다) (축영대는 무릎걸음으로 나아가 무덤 앞에서 울면서 절을 한다)

축영대(대사) 아아! 오라버니!

(노래) 오라버니 보이지 않고 무덤만 보이니, 비통한 마음으로 슬피 흐느끼네. 영대의 결심은 바뀌지 않으니, 제가 어찌 마문재에게 시집갈 수 있으리? 오라버니! 함께 살 수 없을 바에야 함께

죽기 원하나니 --- (광풍이 갑자기 일어나고 우레와 함께 큰비가 퍼붓더니, 우르르 쾅 하는 소리에 무덤이 갈라지고 축영대가 몸을 던져 뛰어들려 한다. 하인이 말리려고 붙잡은 옷깃은 찢어져, 조각조각 나비로 변하여 바람을 타고 춤을 춘다) (조명이 어두워진다) (조명이 다시 밝아지면서 바람은 자고 햇살은 따사로우며, 꽃과 새가 봄을 다투고 오색 무지개가 만 리에 펼쳐진다. 축영대와 양산백은 나비로 변하여 너울너울 춤을 춘다)

막 뒤(합창) 만 리의 오색 무지개에 온갖 꽃 피어나고, 꽃 사이 나비는 짝지어 나네. 영원토록 헤어지지 않는구나, 양산백과 축영대.

- 극이 끝나다

【해제】

월극 〈양산백과 축영대〉는 1949년 말 북경의 회인당懷仁堂에서 공연되었으며, 1952년 제1차 전국희곡시연대회에서 극본상, 음악작곡상, 무대미술설계상, 연출 일등상 등을 수상하였다. 이 극본은 이후 독일, 소련, 북한, 일본, 싱가폴 등지에서 공연되었으며, 1953년에는 상해영화제작소上海電影制片廠에 의해 최초의 국산컬러영화로 제작되기도 하였다.

월극은 절강성浙江省 소흥紹興 지구의 승현嵊縣, 신창新昌 일대에서 발원하여 절강성, 상해, 강소성江蘇省을 비롯한 전국 각지에서 유행하였다. 발원지가 옛 월越나라에 속하기에 월극越劇이라 일컬었다.

쌍선보권雙仙寶卷

세월을 헛되이 보내지 마오, 청춘은 다시 오지 않네.
사람 되어 불경을 읽지 않으면 보물산에 들어가도 빈손으로 돌아오리.
불경을 읽으면 고해에서 떠나고 보권을 들으면 윤회에서 벗어나네.
복을 빌면 재앙을 없애리니, 어서 빨리 수행하라.
멀리 푸른 산 바라보니 나날이 좋아지고 서호 안에는 물결이 넘실거리네.
석가여래의 뜻 깨닫는 이 있다면 성인이 못되어도 유유자적할 수 있으리.

각설하고, 천지가 개벽할 때에는 글자는 흔적조차 없었다. 제일 먼저 창힐蒼頡이 글자를 만드니, 곧 전체篆體이다. 요순堯舜에서 탕湯에 이르고, 은殷나라가 주周나라에 이르더니, 오백 년만에 성인이 한 분 나오셨다. 주나라 말 산동의 연주부兗州府 곡부현曲阜縣에 성인이 나셨다. 돌집에서 태어나매 해산할 때에 붉은 빛이 하늘에 가득하고 안개가 땅에 자욱하였다. 후에 자라시니 시詩와 서書가 정해지고 예악禮樂이 지어졌으며, 주역周易이 씌어지고 춘추春秋가 전해졌다. 선왕의 도로써 천하에 널리 알려져 공부자孔夫子라 일컬어졌다. 천하 사람들이 그의 명망을 듣고 예를 배우니, 제자가 삼천 명이요, 현인이 일흔두 명이었다. 소흥부紹興府 제기현諸暨縣 사람 중에 성은 양梁이요 이름은 산백山伯이라는 이가 있었다. 부모는 동갑으로 나이 쉰에 아들 하나만을 낳아 나이 이제 열일곱이 되고 집안이 풍족하였다. 산동의 공부자가 열국을 주유하다가 항주杭州에 이르렀다는 소식을 듣고서 찾아뵈어 공부하고자 하였다.

산동에 가서 스승을 좇으려고 방 앞에 와 부모님을 뵈오네.
"저는 항주에 가서 스승을 좇아 글을 배우려 하옵니다.
부모님은 집안에서 염려치 마소서, 아들 갔다가 오래지 않아 돌아오겠습니다."
이 말 들은 부모는 아들을 불러, 내 말 들어보라 하네.
"밖에 나가는 것이 어찌 집안 보다 좋으랴, 모든 일에 조심해야 하느니라."

사구四九라는 시동에게 도련님을 신경 써서 보살피라 분부하네.
거문고에 칼, 책과 상자를 정리하여 부모님께 하직인사 올리고 길을 떠나네.
때는 바야흐로 춘삼월, 붉은 복숭아꽃과 푸른 버들잎은 때맞춰 싱그럽구나.
주인과 하인 따지지 않고 길을 오르매, 책속에 멋진 일 따로 있으리.

월주성越州城 밖 행화촌杏花村 축가장祝家莊에 부자가 있으니, 성은 축祝이요, 이름은 봉封으로, 하何씨를 아내로 맞아 재산이 풍족하여 창고에 쌀이 썩을 지경이었다. 소생으로 아들과 딸을 하나씩 두었는데, 아들은 축경祝慶으로 이미 장가들어 아내를 맞이하였고, 딸은 영대英臺로 아직 시집가지 않았는데 아주 어여쁘게 생겼다.

영대 아가씨 아리따운 용모에 정성껏 부모님께 효도하고 순종하네.
침선일은 갖가지 할 줄 알고, 봉황과 용 수놓으매 하나하나 꼼꼼하네.
어려서부터 용모 아리땁고, 시서를 익혀 고금을 누루 꿰네.
듣자 하니 산동의 공부자께서 항주에 학관을 열어 제자를 모은다네.
그 분이 유명한 스승임은 모두 아노니 나도 이제 가서 시문을 읽어야지.
만약 책속의 참맛을 읽어낼 수 있다면, 만고에 재녀才女의 이름을 전하리.
남몰래 잠시 생각하니 마음속으로 기뻐하여 고운 발걸음 옮겨 규방을 나서네.

영대는 방 앞에 이르러 "아버지, 어머니, 계십니까, 소녀 인사드리고자 합니다.", "오냐! 우리 딸이 무슨 할 말이 있어 나왔느냐?", "아버지, 어머니, 소녀 듣건대 공부자가 항주에 학관을 연다 하니, 소녀 시서를 익히러 가고 싶어 이에 아뢰옵니다. 아버지, 어머니, 소녀 만약 깊이 깨우침을 얻는다면 행화촌의 이름을 빛내오리다."

원외랑[3)] 부부 슬며시 웃음 짓더니, "딸아, 이제 잠시 사정을 들어보아라.
오직 남자만이 책을 읽나니, 어느 여자가 이름 날리는 건 보았느냐?
조정에 수많은 문관과 무관 모두가 사내대장부뿐이란다.
너는 규방의 아가씨이니 어찌 남자와 함께 공부를 한단 말이냐?

밖에 나가 스승을 좇는 건 너의 본분이 아니니 침선을 배워야 마땅하도다."
영대는 부모님의 말씀을 듣고 다시 부모님께 말씀을 아뢰네.
"제발 바라건대 부모님께서는 저를 보내주소서, 시서를 읽는 것이 제 원입니다."

원외랑 말하기를 "네가 방에 가서 남장을 하여 부모에게 보여 보아라. 만약 정체를 들키지 않는다면 너를 보내주고, 남자처럼 보이지 않는다면 갈 생각은 하지 말아라."

이 말 들은 영대는 기쁜 마음으로 방으로 돌아와 사내처럼 꾸미네.
세 가닥 푸른 실로 한 움큼 묶고 비녀와 귀고리를 뽑아내고 망건을 쓰네.
소매 큰 두루마기를 몸에 걸쳤는데, 어찌하랴 발이 작아 걷기 힘들구나.
신발 안에 솜을 쑤셔넣고서 헐거울까봐 끈으로 동여매네.
황양목 산가지를 한 움큼 쥐고서 강호의 점쟁이로 분장한다.
입안에 가득한 난계蘭溪의 말투, 어여쁜 젊은 사내가 영락없구나.
매향梅香과 시녀아이 보더니만 모두들 배가 아프다고 웃어댄다.
영대는 규방을 떠나 곧바로 화원의 문을 나서네.
몸을 들어 담문을 들어서더니 큰소리로 두어 번 점치라 외친다.
영대 아버지 듣고서 생각하기를 "딸이 공부하러 가고 싶다는데
때마침 점쟁이가 왔으니 길흉이 어떠한지 물어보아야겠다."
서재 안에 주빈을 나누어 앉고서 "딸아이의 사주를 점치고 싶소.
올봄 나이 열여섯에 칠월 초이레 오시午時 생이오.
제대로 점을 치기만 하면 선생에게 후하게 사례하겠소."
영대는 점을 치는 체 하더니 입을 열어 이렇게 말하였다.
"이 명은 역마가 움직이는 운수이니 밖에 나가 집안을 귀하게 할 게 틀림없소.
만약 집안에 있으면 재난이 많으리니 밖에 내보내야 재앙을 면할 수 있소."
영대 아버지 이 말을 듣고 기뻐서 은을 주어 곧바로 사례하네.
영대는 은을 받아들고 슬며시 웃음 짓는데, 아버지라 부르는 소리에 가만 살펴보니
아이는 바로 친딸로서, 점쟁이로 분장하여 아버지를 시험하였구나.
아버지는 듣고서 하하 웃으니, 딸의 분장이 과연 꼼꼼하도다.

아버지가 얼굴을 마주하고서도 속았으니 남들이야 알아차릴 수 없으리.
영대는 아버지의 허락을 받자 마음속으로 뛸 듯이 기뻐하네.
안방의 올케가 이 사실을 알고 시부모님을 뵙고서 이렇게 말하네.
"아가씨가 항주로 간다는데, 아가씨 몸에 대단히 좋지 않습니다.
젊은 처녀가 타지에 가면 틀림없이 사내의 몸을 찾을 것입니다.
사내는 많고 그는 여자이니, 남자와 여자가 비록 서로 응하지 않더라도
시부모님께서는 마음을 정하여, 아가씨를 밖에 내보내지 마소서."
영대의 부모가 아무 대꾸도 하지 않자, 영대아가씨가 입을 여네.
"제게 만약 나쁜 마음이 일어난다면 하늘이 증명해줄 겁니다."
고개 들어 꽃병을 보더니 얼른 뒤뜰로 나가
모란꽃 한 송이를 꺾어 꽃병 속에 꽂네.
"제가 이 꽃으로 맹세하노니, 제 몸과 한가지입니다.
제가 항주에 가서 몸이 바르지 않으면, 이 꽃은 꽃병에서 말라죽을 것입니다.
몸이 외시에 있어도 정절을 지킨다면, 이 꽃은 싱싱하기가 똑같을 것입니다."
부모는 이 말을 듣고 속으로 기뻐, "내 딸이 어찌 경거망동하겠느냐?
어서 가서 속히 돌아와 찾아뵈어야 하리니, 도중에 여러 일에 조심하여라.
만약 시서를 배워 익히면 속히 돌아와 내 마음을 편안케 하여라."
영대 아가씨 알았노라 말하고는 고개 숙여 부모님께 절을 올리네.
먼저 아버지께 절하고 어머니께 절한 다음 오빠와 올케에게 절을 올리누나.
아가씨 작별인사를 올리고 몸을 일으키더니 짐을 꾸려 떠나려 한다.
원외랑 부부는 거듭 부탁하여, "가는 도중에 조심해야 한다.
사람을 만나면 말을 적게 하고 절대로 온 마음을 주어서는 안 된다.
스스로 여자임을 알고 조심하여야 하니, 들통 나면 아무 소용이 없다.
우리 마을에서는 명예가 중하니, 아이는 늘 조심해야 하느니라."
말씀을 듣고 영대는 예예 대답한다. "제게도 나름의 지혜가 있습니다."
곧장 순심順心이란 시녀를 불러 시동으로 분장하여 모시게 하는구나.
부모님 두 분과 작별하고, 또 오빠와 올케와도 작별하네.
여러 가지 물건이 갖추어지자 부모님께 인사드리고 대문을 나서네.
봄볕 화창하고 경치 아름답고, 붉은 복숭아꽃 푸른 버들은 마음에 흡족하네.
쌍쌍의 나비 꽃 사이를 날아다니고 짝지은 꾀꼬리는 나무 위에서 지저귄다.

배고프면 먹고 목마르면 마시면서 길을 가매 그저 항주에 이르기만 애타게 바라네.
길가에 바람 쏘이는 정자가 보이니, 안에서 쉬려고 잠시 걸음을 멈추네.
주인과 하인이 정자 안에 이르매, 서생 한 사람이 안에 있구나.
곁에 역시 시동이 있는데, 슬며시 웃으면서 몸을 일으켜 맞이하네.
영대는 앞으로 나아가 서둘러 예를 갖추고, 서생 역시 예를 갖추네.

이 정자 안에 있는 이는 양산백인데, 양산백이 앞으로 나서며 말을 건넸다. "묻자온대 그대의 성함은 어떠하시오?", "나는 축영대라 하고, 집은 월주라오. 지금 항주로 가서 스승을 좇아 공부하려던 참이오." 산백이 말하기를, "나는 소흥의 제기현 사람이라오. 나 역시 스승을 좇아 항주로 가는 길이니, 마침 길동무하면 되겠소." 영대 말하기를, "그대는 올해 몇 살이시오?", "나는 열일곱에 7월 초이레 오시 생이오." 영대 말하기를, "나는 한 살이 어리지만, 동월 동일 동시 생이로군요." 결의형제하고자 하매, 바로 그 뜻이 이러하였다.

짝지어 땅바닥에 꿇어앉아 의형제를 맺으니, 해와 달과 별이 증명하리라.
두 사람이 함께 서서 열 가지를 맹세하니, 친동기간보다도 훨씬 낫구나.
가는 길에 의형제 맺어 함께 하고, 마음과 뜻 합쳐 길에 오른다.
어려움은 함께 괴로워하고, 복은 함께 즐기며 헤어지지 않으려네.
붉은 해 서산 너머로 지니, 투숙하려 여관 문을 들어서네.
저녁밥을 다 먹고 방으로 들어가자, 영대는 요령을 피워 이렇게 말한다.

영대 말하길, "형님, 아우는 어려서부터 병이 많아서 옷을 벗고서는 잠을 잘 수 없습니다." 산백이 말하길, "아우에게 병이 있다면 옷을 벗지 말아야지!"

하룻밤은 쉬이 지나 이른 아침 일찌감치 출발하네.
쌍쌍이 형제가 길을 가고, 두 사람의 시동 역시 뒤를 따르네.
새벽에 길 떠나 밤에 묵으며 지체 없이 전당錢塘 건너 항주에 이르네.
서른여섯 갈래의 버들꽃 거리, 일흔두 곳의 주루의 문.
두 사람은 선생이 계신 곳을 물어 선생을 찾아뵙고 예를 올리네.

공자는 각자에게 두 가지를 물으니, 집은 어디이고 어느 곳 사람인가.
산백과 영대는 함께 대답하여 회계현과 제기현 사람이며
제 이름은 양산백이고, 그의 이름은 축영대입니다.
함께 공부하자 형제 되고, 도중에 의형제 맺어 친동기보다 낫습니다.
특별히 스승을 찾아 함께 왔으니, 엎드려 바라건대 저희들을 가르쳐주소서.
공자는 이 말 듣고 마음속으로 기뻐하여 정성껏 두 사람을 가르치네.
밤에는 한 침상에 각각 이불을 덮고, 낮에는 한데 앉고 함께 다니네.
공자가 영대의 모습을 찬찬히 살펴보니, 아가씨임에 틀림없구나.
마음속에만 둔 채 발설하지 않으니, 공자 마음속에 나름의 생각이 있네.
영대도 마음속 생각에, 화장실 볼일 보러 가더라도 어울리지 말아야지.
뭇사람은 남자이고 나만 여자이니, 남에게 들통나면 어찌 되겠는가?
선생님께 말씀드려 패를 달아, 번갈아 가고 함께 가지 못하게 하네.
누구라도 법규에 따르지 않으면 손바닥 열 대를 때려 용서치 않네.
뭇 학생들이 명령을 준수하니, 영대는 이때 남몰래 기뻐하였네.
날이 가고 달이 흘러 금방 지나, 세월은 반년이 다 되었네.
산백은 열심히 공부하나 글 배움이 얕으니 영대의 총명함에 미치지 못하네.
유월이 되어 날씨 무더워 영대는 방안에서 옷고름을 풀었다네.
뜻밖에 산백이 들어와 보니, 눈같이 흰 살갗에 가슴이 드러났네.
앞으로 나아가 곧 말하기를 "영대 아우는 어찌하여 젖에 봉우리가 있는가?"
영대는 즉시 대꾸하면서 동문수학하는 의형제에게 외치네.
"사내가 젖이 크면 승상감이라고 관상술에서 분명히 밝히고 있소."
산백은 그에게 속아 넘어가니 영대가 여자임을 어찌 알랴.
온몸에 땀 흥건하도록 더운 날씨인데도 영대는 옷고름을 풀지 않으려 하네.
산백이 다시 영대에게 말하길, "옷을 벗어야 시원한 바람이 들지."
영대는 다시 산백을 불러 말하길, "형에게 알려줄 자세한 사정이 있소.
동생에게는 병이 있어 무더운 날에도 감히 옷고름을 풀지 못한다오.
만약 조금이라고 찬바람을 쏘이면 금방 병이 든다오."
산백은 그가 옷을 벗지 않자 마음속에 의혹이 일어 가만히 생각해 보네.
누구나 오줌을 누면 서서 보건만, 오직 영대만은 쪼그려 앉네.
모습을 보아도 사내 같지가 않으니, 혹시 아가씨가 아닐까?

입을 열어 다시 영대에게 묻기를, "어찌하여 오줌을 눌 때 쪼그려 앉는가?
사람들은 너를 계집애라 말하는데, 난 도무지 속사정을 모르겠네.
바라건대 동생은 솔직히 말해주오, 절대로 남에게 알리지 않을 테니."

"양형이 모르는 말씀이오. 옛 사람이 한 말을 기억하나니, '오줌 눌 때 해와 달과 별을 마주하지 말라. 똑바로 서면 해와 달과 별을 범하여, 장수를 누리지 못하고 높은 지위에 오를 수 없을까 염려스럽다.' 당신이 정말 몰라서 내게 묻는 것일 터, 나와 당신은 결의형제이니 못된 이야기를 듣고 의심하지 마소. 남이 뭐라 하든 어찌 형과 더불어 고향을 떠나와 공부하는 게 중요하지 않겠소."

산백이 듣고 보니 참으로 멋쩍어 더 이상 캐물을 엄두가 나지 않네.
영대는 열심히 공부하여 가슴속 가득한 문장이 비길 데가 없구나.
시 읊조려 대구 이루매 갖가지 잘하고, 부 짓고 대답하매 하나하나 정교하네.
세월은 마치 시위에서 놓여난 화살과 같이 눈 깜짝할 사이에 삼년이 되었네.
마침 청명절 경치 좋은 때를 맞아 학생 모두가 봄놀이를 가누나.
영대와 산백은 함께 가면서 봄볕 구경하매 경치 살갑구나.
시냇가 길을 가며 장난치며 노닐 새 원앙은 짝지어 물결을 희롱하네.
한 무리의 학생들 말하길, 산백과 영대는 형제의 몸과 같다 하네.
"우리 오늘 내기를 하세, 각자 돌로 원앙을 맞추세.
원앙을 맞추면 술을 권하고, 맞추지 못하면 찬 물을 벌주로 세 잔 마시세."
모두들 좋아라 바삐 던져 물속의 원앙을 맞추네.
오직 영대만은 기력이 부쳐 물결 속의 원앙을 맞추지 못하네.
모두들 영대가 영락없이 계집애라 놀려대네.
영대는 듣고서 아무 대꾸하지 않고 돌아와 가만히 생각하니 가슴이 답답하네.
'오래 되면 분명히 들통날 터, 차라리 일찌감치 돌아가는 게 낫겠다.'
선생님 한 분에게 작별을 고하고, 백은 오십냥을 선생께 보내네.
집안의 부모님 분부하시길, 스승을 좇으매 근심하지 말라 하셨지.
공자는 마음속에 알고 있는 터라, 곧바로 영대를 돌아가게 하네.
동창들 여러 사람에게 작별인사를 하고 의형 산백형과 작별하네.

"오늘 밤은 형과 함께 하지만, 내일 아침이면 헤어질 터이네.
형과 차마 작별할 수 없으니, 어찌 내일 아침 함께 떠나지 못하는가?
이러하니 책중의 말씀이 옳네, 부모 집에 계실 적엔 멀리 떠나지 않는 법.
삼년 동안 부모님을 뵙지 못했으니, 돌아가 부모님을 봉양하는 게 낫겠소"
산백은 곧바로 영대에게 말하네, "나의 학문은 열에 셋이 부족하오.
일 년하고 반년만 더 배우면 그때에는 동생과 함께 떠나련만."
영대 다시 산백에게 말하길, "본래 형과 함께 떠날 작정이었소만
오직 부모님께서 분부하시니 내일 아침 먼저 돌아가려오.
동생에게 이제 터놓고 할 말이 있으니, 오늘 형께서 들으시오.
글 익힘에 정통하여 집에 돌아가시는 길에 싹 번서 우리 집에 들르시오.
집안에 친 누이동생이 있으매 대단히 어여쁜 아가씨라오.
내가 형과 의가 좋으니, 누이동생을 그대와 짝지워 주고 싶소.
형이 만약 일찍 온다면 좋은 짝을 이루지만, 늦게 온다면 이룰 수가 없소
내가 시 한 수를 줄 터이니, 이 시를 보고 나를 보는 양 하소서."
곧바로 시를 양산백에게 건네주자, 산백이 받아들어 읽는구나.
시에 이르기를
'옛일 기억컨대 도중에 맺은 정분 깊으니, 온갖 꽃 피어나는 화사한 봄이었네.
오직 추위에 피어난 매화만이 정결하매, 춘정으로 꽃 향기 좇지 않으리.'
산백이 꼼꼼히 살펴보매, 시 안에 천만가지 정이 듬뿍 담겼구나.
급히 글을 꺼내 주면서 영대를 부른다.
"내게도 그대에게 줄 시가 있으니, 이 시를 보고 나를 본 듯하소."
영대가 두 손으로 받아 첫머리부터 읽는구나.
시에 이르기를
'삼년간 함께 공부하며 정을 주고받으매, 달구경에 시 읊조리며 정 깊었어라.
오늘 헤어지매 창자가 끊어질 듯, 내년 가을에 꼭 만나자 약속하네.'
영대가 보고서 차마 헤어지기 아쉬워 슬픔에 눈물 방울져 흘러내리누나.
형에게 약속 어기지 말고 내년 가을 우리 집에 오라 부탁하네.
두 사람은 삼경까지 이야기하매, 손잡고 신신당부하며 이야기 끝이 없네.
동생의 말 다하기 어려우니 내년에 꼭 우리 집에 오소서.
일각이 채 안되어 날이 밝으니, 영대는 작별하고 길 떠나려 하네.

삼년간 함께 먹고 한데 잔지라 차마 서로 버리고 헤어지지 못하누나.
오늘 어쩔 수 없이 먼저 돌아가니, 아우 생각에 절대로 근심하지 마소서.
산백은 눈물 머금은 채 보내지 못하고, 주인과 하인 두 사람이 길을 떠나네.
영대와 차마 헤어지기 섭섭하여 손 붙들고 동행하여 잠시 배웅하네.
영대 다시 형을 불러 "어서 학관으로 돌아가 시문을 읽으소서.
내년 팔월 길 떠나면 형께서는 먼저 월주성으로 오소서.
만약 일찍 오시면 정혼하시나, 늦게 오면 누이동생과 혼인할 수 없소.
형과 오늘 헤어지매, 다시 만나려면 봄을 건너야 하리.
님을 천리 길 배웅하여 끝내 이별하리니, 오늘 잠시 서로 헤어지노라."
산백이 신신당부하며 눈물 흘리니, 영대는 슬피 울며 산백을 바라보네.
영대가 멀리 가는 것을 보고서 슬픔을 머금은 채 학당으로 돌아오누나.
산백은 밤낮으로 그리워하는데, 이 이야기는 잠시 미뤘다가 다시 하기로 하자.

각설하고, 영대 아가씨는 순심과 함께 나는 듯이 집으로 돌아갔다. 새벽에 길을 떠나고 밤에는 묵으면서, 도중의 경관은 다 구경하지도 못하고 길에서 겪은 고초는 이루 말할 수도 없는데, 어느덧 집문 앞에 이르렀다. 순심이 먼저 가서 알렸다. "원외랑 어른, 영대 아가씨가 돌아왔어요!"

축공 부부 이 말 듣고 알고서, 마음에 대단히 기뻐하네.
영대 아가씨 고운 발걸음 옮겨 앞으로 나아와 부모님께 절을 올리네.
영대는 방 앞에 이르러 두 무릎을 꿇고서
"불효 여식 오래도록 떨어져 부모님을 봉양하기 어려웠나이다.
항주에 가서 학당에 들어 스승을 모시고 배우매
선생님의 정성스러운 가르침을 받았나이다.
저는 이제 글을 배움이 깊고 시서에 능통해졌으며
배우는 동안 동료들에게 참모습을 드러내지 않았습니다."
그리고서 정성스레 예를 갖추어 오빠와 올케에게 절하며
"누이 밖에 나가 있음은 오빠와 올케가 부모님을 모신 덕분입니다."
온 집안의 남녀들이 아가씨를 만나매,

영대는 각자에게 은자를 상으로 주라 분부하고
맑은 향을 살라 불전에 무릎 꿇고 깊이 조아리누나.
꽃병 속 모란꽃을 보니 여전히 싱싱하매,
방에 들어가 여자 옷으로 갈아입으며 산백을 그리워하네.
여러 번 아가씨라 밝히고 싶었건만 그 정을 감추었네,
참군자요 좋은 집안의 빼어난 선비인 그대를 사랑하여
속마음 은근히 말하여 그대에게 결혼을 허락했네.
오직 내년 중추절에 한 걸음에 우리 집에 오소서.
형과 나란히 서서 이번 생애에 다시는 헤어지지 않겠노라 굳게 맹세하려네.
방선을 벗고 검은 머리 다듬고서 온 몸을 치장하니 이여쁜 아가씨로다.
마치 항아姮娥가 월궁을 떠난 듯, 선녀가 속세에 내려온 듯하여라.
하루종일 양산백을 그리워하고 꿈속에서도 늘 형을 부르네.
세월은 살같이 지나 늦겨울이 가고 다시 새봄이 왔네.
아가씨는 산백이 오기를 손꼽아 기다리는데, 혼담이 마음을 번민케 하누나.

축씨 마을 앞마을에 마馬씨 성의 원외랑이 있는데, 소생으로 마준馬俊이라는 아들이 하나 있었다. 영대의 재주와 용모가 빼어나다는 말을 듣고서 부모에게 아뢰어 혼인하고자 하니, 원외랑이 중매쟁이에게 부탁하여 축씨집에 와서 인사를 마쳤다. 중매쟁이가 말하기를, "아가씨에게 중매를 서러 왔습니다." 축공이 말하기를, "어느 집 도령이오?", "앞마을의 마씨 원외랑의 도련님으로 명망이 있습지요." 축공이 말하기를, "알고 보니 집안도 엇비슷하고, 그 집 도령도 출중하군요."

원외랑은 곧 사주단자를 써서 여덟 글자를 중매쟁이에게 건네주네.
중매쟁이 작별하고 총총히 떠나니, 마씨 댁은 대단히 좋아한다.
시녀가 아가씨에게 말해주매, 영대는 혼이 나산 듯 놀라네.
삽시에 눈물이 줄줄 흐르고 오래도록 침상 이불에서 흐느끼누나.
영대는 칼로 도려낸 듯 마음이 쓰라리니
공부하는 중에 양산백과 평생을 함께 하기로 약속했었음이라.

이별할 적에 떨어지기 섭섭하여 서로 배웅하면서
시구를 주어 집에 돌아가는 올 봄에 꼭 만나자 약속했었지.
우리 집에 이르러 배필이 되길 간절히 바랐는데
뉘 알았으랴, 오늘 청천벽력 같은 소식에 놀랍기 그지없네.
우리 부모님 결정하여 나를 시집보내기로 하고
마가 댁 부모님이 허혼하였으니 변명할 길이 없구나.
형이 만약 우리 집에 오면 뭐라고 대답할까?
삼년간 함께 공부하면서 쌓은 그대의 정을 저버렸구나.
이번 생애에 더 이상 부부로 맺어지지 않는다면
내세에 동심결 맺어 헤어지지 말자고 맹세하리!
영대 곰곰이 생각하매 갖가지 마음 아프고
눈물방울 흘리니 만 대의 화살에 맞은 듯 가슴이 쓰라리다.

슬픔에 잠겨 있는 영대는 그만두고, 항주의 산백을 이야기해볼거나.
열심히 공부하여 배움에 뛰어나매, 아우 영대를 떠올리네.
올 가을에 만나기로 수없이 당부했으니, 나 이제 작별하고 귀향길에 오르네.

이튿날 서로 작별하매, 선생께서 배웅하며 예물을 바쳤다. 밤에 배를 불러 집으로 돌아가는 길에 먼저 소흥에 이르렀다. 행화촌을 물어 찾아가 말하길, "게 누구 있느냐?" 행랑아범이 말하길, "상공은 뉘시오?" 산백이 말하길, "행랑아범, 번거롭겠지만 영대 구상공에게 알려주시오, 동창 양산백이 찾아왔노라고." 행랑아범 말하길, "아니오! 우리 집에는 영대 구소저九小姐만 있을 뿐이오." 산백이 생각해보니, 틀림없이 아우가 남장을 한 것이로다. 산백이 말하길, "노인양반, 나는 당신의 구소저와 삼년간 함께 공부하면서 결의형제한 사이이니 날 위해 통보해주시오. 할 수 있겠소, 없겠소?" 행랑아범은 들어가 알리는 수밖에 없었다.

행랑아범 안에 들어가 아가씨에게 알리니, 알아듣고 묻기를
"오늘 무슨 얼굴로 만나랴, 내가 이제 어떻게 설명할꼬?"

시녀 순심을 보내 밖에서 양산백을 맞아들이라 시키네.
사구[四九]가 순심을 보고서 실눈을 뜬 채 웃으면서 다가오더니.
외쳐 말하길, "순심이, 알고 보니 남장을 하였구먼.
주인도 거짓 꾸미고 시녀도 꾸몄더니 오늘 그대를 보매 참모습을 드러냈구나."
순심이 곧바로 입을 열어 상공을 부르네.

"양상공, 우리 집 아가씨가 상공께 서재로 드셔서 뵙자고 하십니다." 산백이 생각하여 말하길, "영대 아우가 과연 남장 여인이로구나."

산백이 순심을 뒤따라 앞 대청을 지나고 뒤 대청에 이르네.
굽이진 회랑을 돌아드니 안쪽 서재가 앞에 있구나.
서재 안으로 들어서니 갖가지 장식물은 일찍이 들은 적이 없는 것들.
상감하여 테를 두른 의자에 앉아 함께 공부하던 아우를 생각하네.
"지난날 남장한 아우, 오늘 여자로 분장하니 어떻게 부를꼬?
생각건대 그에게 나를 향한 뜻 있어 누이와 혼인시키겠노라 거짓말하였구나.
만약 그와 부부가 될 수 있다면 천 번 만 번 마음에 흡족하리."
이런저런 생각에 마음이 가라앉지 않아 순식간에 흰 얼굴에 홍조가 떠오르네.
시녀가 향기로운 차를 내오고 나서, 안쪽의 아가씨에게 말하네.
영대 아가씨 바삐 화장하고서 가벼운 걸음걸이로 서재에 이르렀네.
산백이 머리 들어 살펴보니 정신이 아득하다.
눈썹은 봄날 갓 피어난 버들과 같고, 눈은 가을물의 푸른 물결처럼 맑네.
타고난 수려한 계란형 얼굴에 전족한 세 치 발은 붉은 마름 같구나.
몸에 걸친 옷은 참으로 단아하고 허리에는 상강의 물결같은 치마를 동여맸네.
걸어오는 모습은 마치 꽃이 흔들리는 듯, 선녀가 속세에 내려온 듯하도다.
온갖 교태로움은 인간세상에 드무니, 달 속의 항아만이 할 수 있으리.
살그미니 앵두 같은 입을 벌려 함께 공부하던 양산백을 부르네.
"귀한 걸음 수고로이 이곳에 오셨는데 누이 영접이 늦으니 죄가 크소이다."
두 사람이 쌍쌍이 인사를 나누고 좌우에 주빈을 나누어 앉네
차 한 잔을 마시더니 서둘러 입을 열어 일의 사정을 말하네.

산백이 말하길, "아우가 알고 보니 남장 여인이었구료. 내가 여러 번 캐물어도 늘 속이더니 진짜 여인이구료!" 영대 말하길, "제가 오로지 뛰어난 스승에게 학문을 좇고자 하매, 여러모로 양梁 오라비의 버리지 않은 은덕을 입어 의형제를 맺었습니다."

급히 시녀에게 분부하여 원외랑을 모셔오라 하네.
축공이 의관을 갖추어 입고 바삐 오니, 주빈의 인사 나눔이 심히 은근하도다.
영대가 낳아주신 아버지께 아뢰기를, "이 분은 양산백입니다.
역시 참된 군자의 뜻을 품어 삼년간 함께 공부하며 의형제를 맺었어요.
의형제 맺어 친오누이보다 더 나아, 함께 다니고 좇으며 떨어지지 않았지요."
축공이 듣고서 마음에 흡족하여, "나의 여식이 그대와 함께 하였구료."
원외랑이 인사를 나누고 밖으로 나가자, 영대가 곧 산백을 부른다.
"그대와 허물없이 삼년간 글을 배웠는데, 오늘은 뒤뜰에서 함께 노니네."
알고 보니 뒤뜰은 영대가 그 안에서 시문을 공부하던 곳이라네.
두 사람이 함께 꽃밭에 들어가매, 산백이 눈을 들어 자세히 보네.
서재의 장식은 그림과 같고, 사철의 화초는 때맞춰 싱그럽네.
천연의 녹나무 안석이 하나 있고, 보정동로寶鼎銅爐에서는 향기 피어오르네.
양쪽에 여덟 개의 반죽斑竹 의자 있고, 문방사보를 놓은 탁자가 가운데에 있네.
산백을 윗자리 앉으라 청하고서 영대는 아래에서 모시고 앉았네.
순심이 향기로운 차를 내오고 서재에는 술자리가 마련되었네.
시녀가 서둘러 다 차리자 영대가 산백을 불러 말하네.
"변변찮은 술이나 사양치 마시고, 함께 공부하던 옛 일을 이야기하시지요."
두 사람이 곧바로 자리에 들어 옥주전자와 금잔으로 술을 주고 받네.
술이 세 순배에 이르러 잔을 놓으매, 영대는 약간 취기가 오르네.
배꽃 같은 얼굴에 복숭아빛을 띠니, 산백 보고서 마음이 즐겁네.
살짝 웃음을 머금고서 입을 열어, "누이 이제 사정을 들어보소.
직접 입으로 나와 약속하여 남몰래 평생을 나에게 허락하였소.
만약 나와 부부가 된다면 합격자 방에 이름 올리는 것보다 좋으리."
영대 이 말 듣고서 두 눈에 눈물 흘리더니 산백을 불러 하소연하네.

"오직 형이 늦게 오는 바람에 부모님께서 며칠 전에 혼약을 하셨다오.
앞마을 마씨 댁 아들에게 허혼하여 예의를 갖추어 육례가 집에 이르렀소.
소저가 마음을 저버린 것이 결코 아니라, 부모님이 혼인을 정하셨다오."
이 말 들은 산백이 낯빛을 잃으니, 마치 보물을 잃어버린 듯하네.
한참 동안 멍하니 있다가 눈물을 주르륵 흘리네.
"춘부장께서 이미 허혼했지만, 삼년간 함께 배운 정을 생각해야 할 터.
차라리 나 양산백에게 배필로 주시고, 앞마을 마씨에게 시집보내지 마시지.
그대와 나 서로 속마음을 알지만, 다른 사람의 성정은 잘 알지 못할 터이네.
내가 곧바로 집에 돌아가 매파에게 청하여 그대의 사주를 취하려네."

영대가 말하길, "이 일은 부모님께서 이미 승락하셨으니 결단코 되돌이키기 어려울 것입니다. 한 집의 여자가 어찌 두 집의 납폐를 받겠으며, 어찌 부모님을 끌어들이는 일이 아니겠습니까? 마씨 댁에서 알게 되면 어찌 그만두려 하겠습니까?"

"딸자식이 부모님을 해치고 법을 어기면, 옆의 여러 사람 말이 구구하리!"
산백이 듣고서 대꾸할 말이 없어 울상을 지은 채 눈물만 줄줄 흘리네.
영대가 술을 따라 권하면서 산백을 불러 잠시 들어보라 하네.
"책 속에 옥 같은 얼굴의 여인 있으니, 소저를 마음에 담아두지 마소서.
이번 생애에 부부 되지 못하지만, 내세에 동심결 맺기를 원하노라.
작년에 헤어질 때 서로 약속하매, 그대와 결혼할 마음이 있었네.
뜻밖에 그대 늦게 왔으니 결코 소저가 그대를 저버린 건 아니라네.
소저는 마씨 아들에게 허혼하였단 말 듣고 청천벽력과 같았었네.
남몰래 맺은 언약 아뢸 수 없어 그대의 뜻 부모님께 전하기 어려웠네.
사주단자 적을 적에 마음이 찢어지는 듯, 슬픔에 젖어 눈물 흘렸네."
산백이 다시 말하기를, "영대 누이, 애초에 왜 말하지 않았소?
이 세상에서 부부 되지 못하면 죽어 저승에 가서 염라대왕에게 말하리라.
대 앞에서 혼인의 일을 캐물어, 어찌된 까닭에 두 사람이 혼인할 수 없는지를.
기왕에 혼인의 연분이 없다면, 왜 하필 함께 공부하며 정의를 깊게 했소?"

생각해보니 바다처럼 넓은 정 견딜 수 없어 눈물방울 쉼없이 흘러내린다.
산백은 말하면서 눈물을 비 오듯 흘리더니, 시 한 수를 읊조린다.
"좋은 인연 이루어질까 바랐더니, 늦게 오는 바람에 마씨 댁에 허혼하였네.
당시에 추위 속 매화 좋다고 믿었더니, 오늘 매화는 봄과 함께 하지 않네."

시를 다 써서 영대에 주자, 영대 한 번 보고서 두 눈에 눈물 방울져 흘러내리더니, 역시 시 한 수를 적었다.

"물이 남교藍橋[4]를 가로막아 일이 이루어지지 않으니,
추위 속 매화는 말없이 화사한 봄을 원망하네.
가지의 매화꽃은 미친 듯 불어오는 바람에 떨어지니
넋을 잃을 것만 같다고 동풍에게 하소연하네."
슬픔을 머금고 양산백에게 시를 주매, 산백이 보고 몹시도 괴로워하네.
즉시 작별인사를 하고 몸을 일으키니, 영대는 산백을 보내기 섭섭하네.
쓴 약재를 마시듯 마음이 괴롭고, 간장을 도려내듯 애가 타네.
산백은 여러 번 영대를 부르면서, 고운 님 차마 헤어지기 아쉬워하네.
한 걸음 다가가 바라보며 다시 누이를 불러 사정을 이야기하네.
"오늘 서로 만났거니와 어느 날 다시 만날 수 있으리오?"
영대는 비통한 심정 가눌 길 없는데, 슬퍼도 큰소리로 울 수 없네.
배웅하다 병풍 뒤에 이르러, 네 개의 눈동자 마주 보며 차마 헤어지지 못하네.
영대 눈물을 머금고 산백을 부르는데, 목이 메어 말이 나오지 않네.
"형께서 오늘 집에 돌아가시면, 조심하여 보중하시고 슬퍼하지 마소서."
산백은 제자리에 서서 다시 보더니 눈물이 샘처럼 솟구쳐 옷깃에 떨어진다.
양산백은 슬프게 흐느껴 울더니 눈 딱 감고 작별하여 떠나네.
막 떠나려다 마음이 섭섭하여 고개 돌려 다시 영대를 쳐다보누나.
눈물 젖은 눈이 눈물 젖은 눈을 바라보고, 애끓는 이가 애끓는 이를 보내네.
양산백이 앞으로 걸어가매, 영대는 산백을 보지 않는구나.
오래도록 흐느끼다 규방으로 돌아와 침상 이불에서 서글피 우네.
공부하지 말아야 했나 한스럽고, 밀려드는 근심은 바다처럼 깊도다.

생각건대 산백이 집에 돌아가 우리 집을 떠올리면 목숨 보존하기 어려우리.
만약 산백의 몸이 죽는다면, 내가 산백을 해친 것이로다.
종일 고통스러워하는 영대를 잠시 제쳐두고, 길을 떠나는 산백을 말해보자.
1리를 가면 1리를 생각하고, 한 마당을 가면 한 마당을 생각하네.
생각하면 생각할수록 마음이 어지럽고, 마음은 온통 그리운 님의 생각.
영대의 아리따운 얼굴이 떠오르매, 그 아름다운 자태가 남과 짝 지워지다니.
애초에 보는 눈 없음이 후회스러우니, 삼년동안 어여쁜 여인임을 몰랐구나.
칼로 도려낸 듯한 산백의 마음은 잠시 제쳐두고, 시동의 가슴앓이도 말해보자.
시동 사구는 마음에 한스러우니, 시녀 순심의 용모 빼어나도다.
훗날 부부가 될 수 있다면, 죽어 황천에 가더라도 원망 없으리.
다시 산백이 길가는 이야기로 돌아오매, 어느덧 자신의 집 문에 이르렀네.
부모님은 보고서 기뻐하고, 산백은 두 분에게 절을 하네.
선생님이 가르쳐주심을 세세히 아뢰니, 이제는 시험장 문에 쉽게 들어가겠네.
부모님은 기뻐서 집인 연회를 베풀어 아들의 재주를 높이 사시네.
산백은 술자리를 파하고 서재로 돌아오니, 우울하고 답답하여 흥겹지가 않네.
하루종일 아리따운 그녀를 떠올리매 그리움이 지나쳐 병이 되네.
세 끼의 음식을 먹지 않으니 부모님이 아들을 보러 왔네.
"혹시 공부하느라 너무 고생한 터에 오는 길에 감기에 걸린 게 아닐까?
아니면 마음에 걸리는 일이라도 있는지 부모에게 말해보렴, 해결해줄 테니."
여러 번 캐물으니 산백이 눈물을 머금고서 까닭을 말하네.

"아버지, 어머니, 아들이 지난날 집을 나서서 길을 가다가 축영대라는 젊은 서생을 만나 의형제를 맺어 함께 가서 삼년간 스승을 좇았습니다. 공부하는 삼년간 함께 다니고 지내면서 의기투합하여 한 배에서 나온 형제와 다름없었습니다."

"삼년간 글을 배운 후 영대는 부모님을 모시러 돌아갔네.
아들은 차마 헤어지기 섭섭하여 강가까지 아우를 배웅하였네.
그에게 친 여동생이 있다면서 저와 짝 지워주겠노라 말했었네.

한순간 오매불망 그리워하여 스승께 작별인사하고 돌아왔네.
아들이 회계로 찾아가 행화촌에서 그를 만났네.
아들을 서재로 청하여 만났는데, 여자인 줄 어찌 알았으리오.
예전에 스승을 모시려고 남장하여 집을 떠났노라 세세히 말하더이다.
서재에 술상을 차려 환대하여 아들과 함께 몇 순배 술을 마셨네.
함께 공부한 삼년의 정 달콤하여, 남몰래 평생을 함께 하자 허락했건만
제가 한 달 늦게 오는 바람에 부모가 마씨 집안과 정혼했다면서
이 세상에서 부부가 될 수 없다면, 내세에 동심결 맺기를 원한다 하더이다.
아들은 이 말을 듣고서 하늘이 무너지는 듯하였네.
재주와 용모 뛰어난 아가씨를 사랑할 복이 없네, 마음과 뜻을 함께 했어도.
집에 돌아와 종일토록 그리워하매, 근심이 이 몸에 병이 되었소.
아들의 병든 몸 낫기를 바라신다면 축씨 아가씨를 되찾아 오소서."
양공 부부 그제야 깨닫고서 "아들아, 너는 마음을 편히 먹거라.
아비가 즉시 매파를 구하여 너와 결혼하도록 되돌이키겠노라."
부부는 서둘러 마을의 노魯씨 성의 사람을 청하였네.
언변이 뛰어나니 그가 중매를 서면 제대로 해낼 수 있으리라.
노씨는 예물 비단이 탐이 나서 곧바로 중매하러 떠나네.
빠른 배 한 척이 나는 듯이 달려 어느덧 축씨 댁에 이르렀네.
축공이 알려 뵙기 청하고서 예를 갖추어 주빈의 자리를 나누어 앉네.

노씨가 말하길, "원외랑, 제가 댁에 온 것은 다른 일이 아닙니다. 댁의 따님과 양산백이 삼년간 함께 공부하여 한 형제마냥 정이 깊은지라, 헤어질 때 그의 누이와 짝 지워주겠노라 하였답니다. 그날 산백이 이 댁에 왔음은 축공께서 틀림없이 알고 계실 것입니다."

"며칠 전에 산백이 찾아왔으니, 딸이 지난날의 정을 자세히 말했겠지요.
하지만 한 달 늦게 온 바람에 원외께서는 이미 마씨 집안과 정혼하였소.
산백은 집에 돌아와 마음이 쓰라려 병을 얻어 침상에 눕고 말았소.
양공 부부는 오직 아들 하나뿐인지라 나에게 중매를 서 달라 부탁하였소.

원외께서 자비를 베풀어 영애가 양산백의 배필이 되도록 돌이켜 주소서."
원외 이 말 듣더니 황급히 손을 저으며, "노형, 이 일은 이루어지기 힘드오.
딸을 이미 마씨 아들에게 허혼하였으니, 어찌 법을 어기고 예를 뛰어넘겠소.
이제껏 지아비 하나에 지어미 하나이니, 이 혼인은 절대로 그럴 수 없소."
향기로운 차 한 잔을 마시고 노씨는 작별하여 돌아오네.
상황을 양공에게 알리자, 양공 부부 괴롭기 짝이 없네.
산백은 침상에 누워 소식을 듣더니 더욱 슬퍼하여 병이 깊어지네.
의사를 불러 약을 먹어도 아무 효험이 없고 점을 쳐보아도 영험이 없네.
아버지 어머니는 이때 마음이 괴로워 아들에게 마음을 넓게 먹으라 하네.
엄마가 직접 가서 말해보마, 꼭 영대와 결혼시켜주마.
산백이 듣고서 편지를 쓰매, 어머니가 친히 가시면 꼭 이루어지리다.

산백이 듣고서 몸을 일으켜 편지 한 통을 써서 어머니께 건네주면서 영대에게 전하라 하였다. 양 부인은 편지를 받아들고 밤새껏 배를 타고서 구혼하러 축씨 집에 이르렀다. 축씨 행랑아범에게 물어 축 부인에게 알리니, 축 부인 황망히 나와 맞이하여 청당에 나오더니 예를 갖추고 주빈을 나누어 자리에 앉아 차를 마셨다.

양 부인이 입을 열어 말하길, "비옵건대 어머니께서 사정을 들어보소서.
오로지 제 아들 양산백은 당신의 영대 아가씨에게 달려 있소.
삼년간 형제처럼 함께 공부하면서 두 사람의 정의는 바다처럼 깊었다네.
아들은 댁을 방문하여 천금 같이 귀한 따님을 만났다오.
당시 남장을 한 채 함께 다니고 지내던 옛 적의 정을 떠올렸소.
따님은 헤어질 때 친히 당부하여 남몰래 제 아들의 배필이 되겠노라 했소.
바라건대 부인께서 혼인을 허락하시어 아들의 병이 가벼워지도록 구해주소서."
축 부인이 입을 열어 말하길, "어머니께서 모르시는 일이 있소.
댁의 아드님이 한 달 늦은 바람에 원외께서 마씨와 혼인하기로 허락하였다오.
삼가 전하니 아드님께서는 번뇌치 마시고 달리 좋은 집안을 골라 혼인하소서."
급히 영대를 불러 와서 뵈라 하니, 영대는 화장을 하고서 나오네.

단정하게 인사를 올리고서 백모라 부르매, 양 부인 자세히 살펴보니
과연 용모 빼어나서 그 아름다움은 세상에 다시 보기 드물도다.
아들이 잊지 못해 오직 한 마음으로 아가씨를 그리워하는 것이 당연하도다.
곧바로 연회석을 차려 양 부인을 극진히 대접하네.

영대 아가씨 말하길, "백모님, 아드님의 병환은 어떻습니까?" 양 부인은 눈물을 주르륵 흘리더니 말한다. "아가씨, 내 아들은 아가씨를 밤낮으로 그리워하여 병이 깊다오. 늙은 이 몸이 특별이 그대의 부모님께 간청하러 왔으니, 일이 이루어지지 않으면 내 아들의 남은 생명도 보전하기 어려울 성 싶소. 아가씨, 내 아들이 쓴 편지 한 통이 있으니 읽어보오."

영대는 편지를 보내왔다는 말을 듣고 황망히 몸을 일으키네.
부인이 편지를 건네주자 영대는 봉투를 뜯어 자세한 사정을 보네.
편지에 씌어 있기를, "양산백이 편지를 올리나니, 영대 소저 보소서.
누이와 나는 어느 날 도중에 만나
어여삐 여김을 입어 의형제 맺어 형 아우라 불렀네.
하루 만에 학관에 이르러 스승을 모시고 함께 공부했으나
그대가 남장여인인 줄 까맣게 몰랐네.
맨 처음 그대의 가슴 앞 두 개의 젖을 보았으나,
그대는 사내대장부는 젖이 커야 승상감이라 말하였네.
두 번째로 그대가 쪼그려 앉아 소변 누는 것을 보았으나,
누이는 또 빛을 범하면 천수를 누리지 못하고 죽는다고 말했네.
세 번째로 유월에 옷을 벗지 않았으니,
누이는 또 다병한 몸에 병이 날까봐 그렇다고 말하였네.
배우는 삼년 동안 형처럼, 아우처럼 지내면서
깨끗한 명성에 흠 잡힐 만한 일을 저지른 적이 없었네.
한 탁자에서 먹고 한 침대에서 자며 함께 다니고 앉으매,
황혼이 되어 같은 방에서 잠을 자면서도 어찌 여인인 줄 알았으랴.
과연 여인임을 일찍이 알았더라면 벌써 부부가 되었을 터,

오늘에 이르러 상사병에 걸려 남은 생을 보존하기 어려워라.
학당에서 집안에 누이 있다 내게 말하여
나와 좋은 연분을 맺어 결혼하길 바랐지.
그저 통달하지 못한 부분 배우고자 반 년 더 머물렀으니,
늦게 가면 남에게 허혼할 줄 어찌 알았으랴.
나 이제 병에 걸려 숨이 곧 끊어질 듯하니,
다시는 서로 만나 속마음을 하소연할 수 없으리.
누이께서 나의 편지를 보고 혼인을 응락하시어
내 목숨 구하고 부부되도록 누이 심사숙고해주오.
한 폭의 종이에 수만 마디 다 말할 수 없으니,
편지를 보고서 속히 계획을 정하여 나의 여생을 구해주오.
산백 눈물 머금은 눈으로 세 번 절하나니,
엎드려 바라건대 구구한 정을 살펴주소서."
아가씨는 편지를 읽으며 눈물 자국이 번지는데, 뒤에 네 구의 시가 있으니,
"삼년간 함께 공부하되 이불은 함께 하지 않았으니,
어찌 남장한 여인인 줄 알았으랴.
오늘 두 마음이 모두 변하여
만약 부부 되지 못하면 목숨은 곧 끊어지고 말리."

영대 외쳐 말하기를, "백모님, 오직 부모님이 주관하시어 이미 마씨 집안의 납폐까지 받았습니다. 양형의 명을 더 이상 따를 수 없으니, 내세를 기약할 수밖에 없습니다."

"부탁하오니 백모님께서는 제 말을 전해주소서.
양형께서 마음을 넓게 가지라 달래주소서."
말을 마칠 적에 가슴이 찢어지는 듯 쓰라리고 눈물은 샘솟듯 하는구나.
"양형을 만나기를 바랐으나 보지 못한 터에,
먼저 마씨의 혼담을 받을 줄 누가 알았겠습니까?
이번 생애에는 양산백에게 시집가지 못하지만,

죽어 황천에 갈 때에는 함께 가겠습니다.
어찌하여 부부가 되지 못하는가, 전생의 업보이겠지요.
만약 저와 더불어 좋은 일을 이루고자 한다면,
내세에 맺어져 혼인하기를 바라나이다."
영대 말을 마치고 눈물을 주르륵 흘리더니
산백에게 결의형제의 은혜를 보답하려 하네.
속옷 한 가지를 벗고 검은 머리카락 몇 오라기를 잘라내네.
왼손가락을 찔러 피를 내어 양 형을 위해 약방문을 쓰네.
하나는 동해 용의 폐와 간이요, 둘은 오색 봉황의 창자요,
셋은 누에나방 머리 위의 피요, 넷은 모기 눈알의 눈자위요,
다섯은 팔선八仙의 중지 손톱이요, 여섯은 오모전五姥殿안의 향이요,
일곱은 금계金鷄 다리 위의 발톱이요, 여덟은 파리 머리위의 털이요,
아홉은 서른 세 날의 비요, 열은 뇌공雷公의 번갯불이네.
열 가지 기묘한 약이 있으면, 양 형이 먹고 병이 나아 건강해지리.
영대 아가씨 다 적고서 저도 모르게 마음속에 눈물이 흘러내리네.
진홍빛 젖가리개를 풀어내고, 피 흘려 쓴 시 구슬프도다.
갖가지를 모아 싸매어 양씨 댁 백모님에게 드려 간직케 하네.
양형 오래 살기를 천만 번 당부하면서 영대 아가씨 눈물 줄줄 흘리네.
책 속에 아리따운 여인 있으니, 더욱 아름다운 여인을 따로 고르소서.

양씨 어머니는 혼인이 이루어지지 못하고 피로 쓴 시 한 수를 받아들고서 눈에 눈물 가득 담은 채 작별인사를 나누고 길을 떠나매, 길을 따라 자기 집 문 앞에 이르렀다. 안으로 들어가 자식을 만나, 속옷과 젖가리개를 꺼내고 약방문과 또 혈서 한 통을 꺼내어 아들에게 건네주었다. 양산백은 받아들어 보다가 혼비백산하여 몹시 괴로워하고 더욱 번뇌하더니 종이 한 장을 끄집어냈다.

영대가 글과 편지를 썼으매, 산백은 이를 보고 몹시 슬퍼하네.
글을 처음부터 끝까지 보더니 병세는 더욱 심해지는구나.
시에 이르기를

"삼년간 함께 공부하던 벗, 의형義兄의 은덕을 저버렸네.
자당께서 집에 찾아갔건만 혼사는 끝내 이루어지기 어렵네.
형은 보중하여 달리 좋은 집안의 아가씨를 고르라네.
피로 쓴 시에 깊은 은정 끊겠노라 밝혀놓았네.
원컨대 이 몸 일찍 죽어 이 내 마음 보여주리라.
슬프구나 슬프구나, 머리 조아리매 피눈물이 두 줄기 흘러내린다."
"이번 생애에는 부부 될 수 없더라도 양형 슬퍼하지 말라 권하네.
두 사람의 정의 얼마나 좋았건만, 내세에 다시 짝을 이룰 수밖에 없다네.
삼년간 함께 공부하여 그대에게 허락했건만, 우리 양친 마씨의 청혼을 받아들였네.
그대와 나 정자에서 의형제를 맺고 학업중에 그대에게 부부 되자 허혼하였네.
편지에 명백히 씌어 있으니, 산백은 몹시도 마음 아파하네.
차라리 아가씨가 거절하여 달리 엇비슷한 집안과 결혼하는 게 나았으리.
산백이 글을 보다가 어머니를 부르매, 영대 아가씨 마음 서글퍼라.
양씨 부인은 아들을 설득하나, 한번 보고도 마음이 편치 않음을 알 따름이네.
산백은 편지를 갈기갈기 찢어버리고, 마치 황천길로 나서는 듯하네.
고개 쳐들어 하늘로 오르려 하나 하늘에는 길이 없고,
고개 돌려 땅에 들어가려 하나 땅에는 문이 없네.
산백은 보더니 혼이 나가고, 목이 막혀 몸이 괴롭네.
오래도록 흐느껴 울다가 혼이 되돌아오고, 눈물방울은 옷깃을 적시네.
어찌하여 영대 아가씨를 못 잊어 하는가, 잘못이 있다한들 어찌 따지겠는가?
위로는 형이 없고 아래로는 동생 없으니, 아버지와 어머니는 누굴 의지할꼬?"
산백 듣고서 마음 더욱 괴로와, 만 개의 화살이 가슴을 후비는 듯 쓰라리네.
산백이 얼마나 침통한지는 제쳐두고, 마씨 댁을 이야기해보자.
축씨 댁에 납폐를 보내고, 이달 열엿새에 식을 올리려 하네.
영대 아가씨 마음은 찢어지는 듯, 비통한 울음소리로 양산백을 부르네.
편지 한 통을 써서 남몰래 시동에게 부탁하네.
제기현의 양씨 댁에 보내매, 집안사람들은 명을 받들어 제지하지 않네.
양씨 댁에 이르러 들어가 서재의 산백에게 바치네.
산백이 편지를 받아들어 처음부터 읽으니, 혼령은 하늘 위로 날아오르네.
"정성에 감동하여 당부하는 글이 왔네, 내세에 다시 인연 맺기를 바라네."

눈물을 흘리며 하는 말에 심부름꾼 놀라니, "돌아가 아가씨에게 알리게.
내 어찌 버릴 수 있을손가, 차라리 죽어 평안해지는 게 낫겠네.
내가 편지를 읽고 간장이 끊어져 곧장 죽어 염라대왕을 만난다고 말하게.
나 죽으면 성의 길목에 묻어주오, 고통 있어도 말할 길 없어 너무 괴롭네.
만약 아가씨가 와서 그리워한다면, 3년간 함께 공부한 정이로세.
무덤 앞에 와서 제사를 지낸다면, 죽어 저승에 가서도 기뻐하겠네."
말을 마치자 창자가 끊기는 듯 괴로워하더니, 편지를 입안에 삼키네.
목구멍이 막혀 기가 돌기 어려우매, 삼혼三魂[5]이 아득해지다 끝내 죽고 마네.
침상 앞에서 슬피 울던 아버지 어머니는 아들을 붙들고서 통곡하네.
"아들이 건강해져 좋은 집안을 골라 결혼하기를 바랐더니,
화가 아들에게 미쳐 죽으매, 요절하니 마음 몹시 아프도다."
시동 역시 두 줄기 눈물을 흘리더니, 총총히 작별하고서 길을 떠나네.
양친은 양산백을 입관하고, 아들이 부탁한 말을 되새기네.
성의 한길 길목에 묻고서, 영대가 무덤에 절하여 제사하기를 기다리네.
시동은 곧바로 집으로 돌아가니, 영대는 쓰러져 울다가 혼이 돌아오네.
소리쳐 울면서 "양형, 제가 당신의 목숨을 해쳐 죽게 만들었군요.
영전에 나아가 제사를 지내고 싶지만, 남들의 뒷말이 두렵습니다.
형께서 황천길을 가셨으니 황천에 좇아가 그대의 혼과 함께 하려오."
영대는 간장이 끊어질 듯 우는데, 마씨 댁의 친영親迎이 문앞에 이르렀네.
번듯한 가마는 단정하기 그지없고, 악기소리는 떠들썩하여 그치지 않네.
축씨 부부는 쉴 새 없이 바쁘고, 대청 앞에서 딸을 배웅하려 하네.
영대가 부모님께 말하기를, "제 마음에 맞는 아름다운 사랑을 원했네.
처음엔 그저 한 스승을 모시고 공부하매, 양형과 삼년을 함께 배웠네.
그와 부부로 맺어지길 바랐는데, 더디 오는 바람에 남에게 허혼했네.
양형은 나로 인해 죽고, 성 밖의 무덤은 쓸쓸하기 짝이 없군요.
오늘 딸이 시집을 가니, 나를 새로 생긴 무덤까지 태워 달라 하려네."
그의 무덤 앞에 절을 몇 번 올려, 삼년간 동문수학한 정을 끊으려네.
그런 뒤에 마씨 댁으로 시집가서 동창으로 맺은 의형제를 버리려네.
아버지 어머니께서 허락하지 않는다면, 딸은 방안에서 자진하려네.
축씨 부인 어찌할 길 없어 나이 젊은 딸을 위로하네.

신부를 맞으러 온 무리에게 성 밖으로 길을 돌아가라 부탁하네.
양산백의 무덤 위에 이르러 동창에게 술잔을 바치면 마음을 놓으리.
육국六局[6]의 사람들이 명을 받들고, 영대는 입을 열어 순심을 부르네.
나와 함께 국과 밥, 반찬을 준비하여 동문수학한 이에게 제사지내자.
순심은 이 말 듣고 바삐 준비하고, 아가씨는 부모님께 작별인사를 올리네.
다시 오빠와 올케에게 작별하고, 항아처럼 곱게 화장하고서 길을 떠나네.
영대는 가마에 올라 슬피 우는데, 북소리 피리소리 울리며 대문을 나서네.
길을 따라 빨리 나아가 성밖 한길에 이르렀네.
산백의 무덤 앞에서 가마를 멈추매, 뭇사람이 어여쁜 그녀를 구경하네.

아가씨가 무덤 앞에 도착하여 가마에서 나오니, 순심이 아가씨를 부축하여 무덤위에 도착했다. 영대가 바라보니 새 흙을 쌓아올려 봉분을 이루었으매, 아가씨의 마음은 칼로 베는 듯하였다. "아아, 오라버니, 누이가 오라버니를 제사지내러 왔어요. 오라버니를 불러도 내답이 없으니 너무너무 마음이 아파요!"

무덤을 보니 마음은 칼로 베는 듯, 가느다란 옥 같은 손으로 향을 사르네.
무덤을 마주하여 깊이 고개 숙여 절하고, 울면서 하염없이 양형을 부르네.
"저의 정이 박한 게 아니건만, 이젠 흩어져 혼인을 하지 못하네."
제문을 꺼내어 직접 읽고, 세 잔의 술을 바치면서 눈물이 그치질 않누나.
"엎드려 비옵건대 오라버니 영감하소서, 저승길에 경애의 정 깊으오."
영대가 올라가 슬피 우니, 홀연 무덤 앞에 검은 구름 피어나네.
한바탕 세찬 바람이 땅에서 일고, 공중에는 벽력이 사람을 놀라게 하네.
눈앞이 깜깜하고 밝은 빛 사라지니, 영친하는 사람들 모두 깜짝 놀라네.
우르르 쾅쾅 소리에 무덤이 갈라지고, 귀신의 울부짖음에 사람들 벌벌 떠네.
다만 보이매 영대 새색시가 몸을 던져 구덩이 속에 뛰어드네.
계집종이 급히 쫓아가 재빨리 수놓은 비단치마를 붙삽네.
비단치마 소리내며 두 조각으로 찢어지고, 영대는 구덩이 가운데로 향하네.
다시 보니 거센 바람 땅속으로 들어가고, 전처럼 하늘 열리고 달빛 환하네.
땅이 갈라진 자취는 온통 사라지고, 보이는 건 무덤에 가득한 나비뿐.

흰 바탕에 검은 점은 양산백이요, 노란 바탕에 흰 점은 영대의 혼이로다.
알고 보니 두 사람의 혼이 변하여, 이리저리 날면서 서로 가까이 하네.
이를 본 사람들은 얼이 빠지매, 이 기이한 일은 일찍이 들은 적이 없었네.
모두들 보고서도 어찌 할 수 없어서, 헛되이 꽃가마를 들고 돌아가네.
마씨 댁 청당에 이르러 말씀드리니, 마준馬俊이 듣고서 넋을 잃고 우네.
"재주와 미모 뛰어난 이 박복하나니, 양산백의 혼령을 원망하노라.
왜 나의 어여쁜 아내를 데려갔는가, 이 억울한 사정을 알려 밝혀야겠노라."
원망의 기운이 하늘을 찌르매, 들보에 줄을 높이 매달아 죽었네.
마준의 원혼이 저승으로 가니, 부모님 두 분 모두 서럽게 우네.
관을 사서 입관하여 대청에 안치하매, 다시 축씨 댁 이야기로 돌아가보자.
영대가 나비로 변한 것을 듣고서는, 온 가족들이 모두 기이하게 여기네.
산백의 무덤 앞에서 혼을 부르고, 위패를 모셔놓고 제사를 지내네.
축씨 집안 얘기는 그만하고, 마준의 혼령 얘기로 돌아가자.
고소장 들고서 염왕전에 울며 들어가니, 소머리에 말 얼굴이 크게 외치네.

한 무리의 판관들이 소리쳤다. "잡아라! 어느 곳의 망령이 고소를 하러 왔느냐?", "아, 말 얼굴馬面의 형님, 제가 드릴 말씀이 있습니다. 바다 밑처럼 깊은 억울한 사정이 있어서 특별히 눈물로 하소연하오니, 자비를 베풀어 들어가게 해주십시오!" 말 얼굴이 말하길, "대왕님께 데려가 고하겠네."

소머리에 말 얼굴이 고하자, 염라대왕께서 놀라 큰소리로 외치네.
"억울한 사정이 있으면 바른대로 말하라. 거짓말이면 죄가 가볍지 않을 터."
마준은 처음부터의 사정을 하소연하는데, 오직 양산백의 혼령만을 아뢰네.
"제 아내의 혼백을 빨아들여서, 나비로 변하여 무덤에 있사옵니다."
염라대왕이 듣고 급히 분부하자, 판관은 장부를 샅샅이 살펴보네.
세 사람은 갓 죽은 지 며칠 되지 않아, 끄집어내어 조사하면 확실하겠네.
저승사자를 보내 끌어와, 두 사람의 혼령에게 자세히 묻네.
염라대왕이 대전에서 큰소리로 양산백의 혼령에게 묻는구나.
"어찌하여 영대의 혼백을 빨아들여, 나비로 변해 무덤 안에 있는가.

만일 거짓말을 날조하면 몽둥이와 주릿대가 용서치 않을 것이다."
산백은 이전의 상황을 말하길, "축씨는 남장하여 함께 공부한 사람입니다.
삼년간 동문수학하여 함께 기거했으며, 이별할 때 저와 혼인키로 하였나이다.
단지 찾아가는 것이 좀 늦었는데, 영대가 이미 마씨 집안에 허혼하였습니다.
하여 상사병을 얻어 죽었는데, 다정한 영대가 제 혼을 위해 제사지냈습니다.
영대가 마씨 집에 신행가는 걸 참을 수 없어, 혼백을 빨아들여 혼인한 겁니다."
염라대왕이 양산백에게 물러나라 소리치더니 축영대의 혼에게 물었다.
"산백이 너의 혼백을 빨아들였는데, 너는 진정 그에게 시집가기 원했느냐?"
영대가 울며 염라대왕에게 들려주니, "저는 원래 양씨에게 시집가기로 했어요.
마준과 저는 전혀 무관한데, 어버이 명을 어기기 어려워 마지못해 했어요.
삼년 동문수학한 정을 물리치기 어려워, 죽어 다시 혼인하고 싶을 뿐입니다."
염라대왕은 많은 것이 분명해지자, 급히 판관에게 명령하네.
"천제전天齊殿에서 조사해 볼 때, 부부의 인연은 누구를 배필로 삼아야 하는가?"
판관이 살펴본 후 답하길, "혼인할 연분은 원래 양씨가 배필이옵니다.
전생에서 태산의 바람 이루지 못했고, 금세의 부부는 슬프기 그지없습니다.
수명이 다하지 않았으니 환생해야 하고, 마준은 내세에 결혼해야 합니다.
세 사람은 인간세상에 되돌아가야 마땅하매, 사건의 전말은 이렇습니다."
판관은 즉시 의견을 내놓아 염라대왕께 보고 드렸네.
염라대왕 친히 분부하기를, "현생에서는 산백과 혼인토록 하라."

즉시 세 사람을 인간세상으로 돌려보내라 분부하자, 모두들 환혼탕還魂湯 한 대접을 마셨다. 저승사자가 저승에서 내보내 내하교奈何橋 가에 이르러 손으로 밀자, 한 사람 한사람 놀라 깨어났다. 산백의 원래 귀신이 넋에 들어가 관 두껑을 젖힌 다음 몸에 달라붙자, 세상으로 다시 살아 돌아오니 마치 꿈을 꾼 것 같았다. 영대 역시 원래의 귀신이 들어가 순식간에 되살아나더니 무덤 앞에서 산백을 보고는 관속에서 걸어나와 상봉하여 기뻐서 어쩔 줄을 몰랐다. 염라대왕 앞에서의 일을 이야기하면서 손을 잡고 함께 집안에 도착하니, 행랑아범이 보고는 겁에 질려 넋을 잃고, 다만 귀신이 나타났다고 말할 따름이었다.

산백이 하나하나 사정을 얘기하자, 행랑아범이 집에 알리러 들어갔네.
즉시 환생한 일을 알리니, 부모님께서 듣고 기뻐하시네.
산백과 영대는 급히 안으로 들어가, 앞으로 나아가 부모님을 뵈네.
곧바로 서신을 축씨 댁에 보내니, 부부 크게 기뻐하며 양씨 댁에 이르네.
영대가 부모님을 맞아들이매, 귀한 보배를 다시 얻은 듯하네.
온 가족이 한데 모여 기뻐하는 중에 동방화촉을 밝혀 혼인을 치르네.
산백과 영대는 천지에 참배하고, 부부가 맞절하여 동심결을 맺네.
부모님께 인사를 드리고, 처가의 어르신께 다시 인사를 올리네.
여러 친척들이 오매 인사를 나누고, 선인을 맞아 신방으로 들여보내네.
방안의 화촉 속에 자리를 나누어 앉으매, 산백은 미소를 머금고 입을 여네.
"이제 죽었다가 환생함은 오로지 함께 공부한 3년의 정 덕분일세."
부모는 또 자식에게 묻기를 "어찌 죽었다 살아 다시 사람이 될 수 있었니?
만일 마씨 집안에서 알게 된다면, 어찌 이 일을 그만두려 하겠느냐."
산백은 자세히 부모님께 말씀드리길, "염라대왕의 판단이 이미 내려졌습니다.
세 사람이 함께 환생하되, 영대는 저와 짝이 되어 결혼하라고 하셨습니다.
마씨가 결코 따지러 오지 않을 터이니, 아버지 어머님 안심하십시오."
부부 두 사람은 즐겁기 그지없어 천지신명께 감사드리네.
축씨 댁에 사람을 보내니 결혼예물을 다시 갖추어 이르렀네.
이쪽은 놓아두고 다른 쪽을 볼까나, 마씨 집안에 관해 말하겠노라.
마준이 관속에서 되살아나오니, 대청 앞 사람들이 깜짝 놀라네.
오늘 나를 놀래키지 마라, 스님을 청해 너의 영혼을 달래주마.
마준이 관속에서 듣고는, 급히 부모님 두 분을 부르누나.
"아들이 죽어서는 안 될 명인지라, 염라대왕이 풀어주어 환생했어요."
재판 사연을 자세히 말씀드리니, 부모님이 들으시고 기뻐하시네.
즉시 관을 열고 나오니, 온 가족이 모두 천신께 감사드리네.
마씨 집 사정 얘기는 그만하고, 영대 산백의 이야기로 돌아가자.
마음속 이야기는 다 하기 힘드니, 봄밤의 일각은 천금의 가치가 있네.
하룻밤 이야기야 말해서 무엇 하리, 수탉이 세 번 울자 하늘이 밝아오네.
부부가 몸단장을 단정히 하여, 둘이서 곧장 방문을 나서네.

영대가 말하기를, "서방님! 계집종 순심은 저와 학당에서 삼년간 지냈는데, 시동 사구와 또한 삼년간의 정이 깊습니다. 저는 이제 순심과 사구를 짝지어 주어 당초의 정을 이루어주고자 합니다." 산백이 말하길 : "당신의 말이 나의 뜻과 딱 들어맞는구려."

온 집안의 어른 아이 기뻐하는 중에 사구와 순심도 결혼하네.
잠시 양씨 집안의 이야기는 접어두고, 다시 마씨 댁 사정을 이야기하자.
마씨 집안의 노부부는 아들의 혼처를 구하느라 바쁘기 그지없네.
동방화촉 이 얼마나 기쁜가, 온 집안에 화락한 시간이 흐르도다.
이러한 사연은 말할 필요도 없으니, 다시 양씨 집안의 사정을 이야기하자.
축씨 노부부 두 사람은 양씨 집에 한 달 정도 머물렀네.
축씨 서방님은 몹시 바쁜지라 사람을 보내 부모를 마중케 하네.
매제와 여동생을 맞으려 하니, 한 달 만에 친정에 돌아와 정을 나누려네.
축씨 노부부는 매우 기뻐하고, 산백의 부모님께 말씀드리네.
산백 부부는 바삐 단장하니, 마치 견우와 직녀인 듯하구나.
두 사람이 부모님께 작별인사를 드리고 장인과 함께 길을 나서네.
양씨 노부부가 전송하니, 장인과 사위, 모녀가 배를 타고 떠나네.
가는 길은 마치 순풍에 돛단 듯, 어느새 행화촌에 이르렀네.
온 마을 이웃들 소식 들어 알고서, 환생은 일찍이 들은 적 없다 말하네.
남자와 여자 모두 와서 구경하니, 온 마을이 북적거리네.
축씨 서방님 바쁘기 그지없고, 부부 함께 양친을 맞이하네.
또한 매제와 여동생을 맞이하고, 다함께 대청으로 들어갔네.
산백 부부는 가마에서 내려, 부모와 오빠, 올케에게 인사 올리네.
사람들과 친척들은 죽었다가 환생하는 것은 어려운 일이라 말하네.
오늘 부부 다시금 온전하매, 마치 고목이 다시 봄을 만난 듯하구나.

사람들이 "죽었다 되살아나기는 어려운 일, 모두 전생의 인연"이라 말하자, 산백과 아가씨는 염라대왕이 풀어주어 죽었다가 되살아난 일을 하나하나 이야기하였다. 사람들이 모두들 "참으로 희귀한 일이오"라고 입을 모았다.

사람들의 칭찬은 그만 이야기하자, 축공은 온 집안사람들에게 분부하네.
소, 돼지, 양을 준비하여 제례를 드려, 온 가족이 하느님께 감사드리자.
대청 앞에는 단원주가 놓이고, 식구들은 즐겁게 잔을 돌리며 술을 마시네.
아침마다 즐거워 정성껏 대접하고, 밤마다 자지 않고 좋은 때를 보내네.
부부 두 사람은 마치 물고기와 물처럼 시를 주고받으면서 즐겁기 그지없네.
어느덧 석 달의 세월이 지나자, 양씨 집안에서 신부 맞으러 이르렀네.
축씨 부부는 매우 바삐 혼수 함을 준비하여 집으로 보내드리네.
갖가지 혼수품은 풍성하고, 대청 앞에 술자리 마련하여 떠나는 길 전송하네.
산백 부부는 서둘러 작별인사 올리고, 가마에 올라 곧 담문을 나서네.
배에 올라 빨리 달리니, 자기 집의 부두에 도착하였네.
모든 혼수품을 자리 찾아 배치하매, 양공 부부 마음이 흡족하네.
부부 함께 대청으로 나아가, 시부모 두 분께 인사를 올리네.
온 가족의 상견례가 끝나자, 물고기와 물 같이 세월이 흘러가네.
일 년이 금방 지나더니, 천자의 조서가 반포되어 천하 사람에게 알렸네.
조서가 소흥 관청에 도착하니, 제기현에는 문인들이 많도다.
산백의 학문이 뛰어남을 알고서, 현의 관리는 재촉하여 양씨 집에 이르렀네.
산백이 아름다운 아내와 헤어지기 싫어하자, 영대는 남편에게 권하네.
"학문을 익힘은 명리를 이루고자 함이니, 어서 상경하여 공명을 얻으세요.
만약 크든 작든 관직을 얻게 되면, 가문이 바뀌고 귀인이 됩니다."
산백은 아내의 말을 듣고, 짐을 챙겨 곧 출발하네.
방 앞에서 부모님께 작별인사를 드리고, 방에 홀로 남을 아내를 부탁하네.
시동 사구가 모시고서 총총히 서울로 떠나네.
새벽에 걷고 밤에 묵으며 걸음을 재촉하여 서울의 화금성花錦城에 도착했네.
주인과 종이 황성 안에 들어가서, 여인숙을 찾아 몸을 의탁하네.
황제가 파견한 시험감독관이 문을 나와 이름 불러 모두 시험장에 들어서네.
삼월 초사흘에 과거시험 열리고, 12일에 두 번째 시험이 다가오네.
15일에 세 번째 시험을 보고, 걸출한 인물들이 이른 아침 방문에 내걸렸네.
장원은 다름 아닌, 바로 성이 양씨인 산백이라는 사람이네.
홍포와 사모를 모두 가지런히 하고, 금화金花 두 송이를 정수리에 꽂네.
황제 하사하신 석 잔의 술을 마시고, 사흘간 거리를 돌며 황성을 구경하네.

장원은 황궁에 와 성은에 감사드리고, 금의환향하여 양친을 봉양하려 하네.
황제께서 상주를 허락하시고 봉증封贈[7])을 내리시며,
고향에 내려가 조상의 무덤에 제사지내도록 허락해 주셨네.
황제께서 하사하신 별가別駕를 사양하고 바삐 황제께 감사드린 후,
이튿날 아침 곧바로 출발하여 떠났네.
오는 길에 관의 환영과 전송을 받고, 풍광을 구경하는 새에 집에 도착했네.
방 앞에서 부모님께 인사 올리고, 오색 관을 부모에게 바치었네.
부부는 짝 지어 인사 올리고, 영대는 이제 부인夫人이 되었네.
대청 앞에 단원주를 놓아두고서, 온 가족이 즐거워 잔을 돌려 술을 마시네.
술자리가 파한 후에 부부는 손을 잡고 방으로 들어가네.
밤 새워 나눈 이야기야 세세히 말해 뭐 하겠는가,
날이 밝아 머리 빗고 세수하기를 마쳤네.
대청 앞에서 부모에게 인사올리고, 애초의 사연을 이야기하네.

양장원이 저승에서의 일을 떠올리며 부인에게 말하길, "세간의 부부와 남녀는 전부 업장業障[8])이니, 죽음에 이르면 윤회의 고통을 면하기 어렵소." 부모님께 아들은 관리가 되고 싶지 않으니 관직을 포기하고 수행하기를 원한다고 아뢰었다. 급히 표문을 써서 사람을 서울로 올려보냈다. 임금이 상주를 허락하시니, 산백 부부가 크게 기뻐하고 양공 부부 또한 수행하길 원하였다. 축공 부부는 사위와 딸 모두가 선한 일을 행하는 것을 알고서, 축씨 노부부 또한 집안일을 아들과 며느리에게 맡기고, 양씨 집에 와서 여섯 명이 함께 수양하였다.

산백은 즉시 몸가짐을 바로하고, 수행하여 도를 배우고 세속의 먼지를 떨치네.
대청을 개조하니, 불당이 벌써 완성되었네.
중간에 미륵부살 앉히고, 관세음보살과 대세지보살이 양쪽에 나뉘어 있네.
조석으로 향을 사르고 초를 켜고, 낮엔 아미타불 읽고 밤엔 불경을 외네.
부부는 선을 많이 행하니, 다리 놓고 길을 닦고 굶주리고 빈곤한 사람을 돕네.
선한 일을 많이 행하니, 천궁에서 아이를 집에 보내주었네.
영대 아가씨가 임신하고, 해산하여 어린 서생을 낳았네.

여러 친척 축하해주고, 양수진梁修珍이라 이름 지었네.

세월은 살같이 흘러 아이는 금방 어른으로 자랐네.

뜻을 세워 열심히 공부하여 향상을 추구하니, 나중에 탐화探花[9]가 되었네.

양공 부부는 돌아가시고, 축공 부부 또한 세상을 떠났네.

긴 깃발과 화려한 수레덮개의 안내 받아 함께 서방의 극락세계로 가셨네,

부부는 삼년상을 다 치루고, 한 마음 굳은 의지로 수행하네.

아침에는 아미타불을 쉼 없이 읽고, 밤에는 조정의 몇 권의 경전을 읽네.

부부가 아흔 살까지 수행하매, 부엌신이 옥황상제께 아뢰었네.

옥황상제 매우 기뻐하매, 공적이 가득하여 천문天門에 올려졌네.

신선에게 장수를 축하하게 명하니, 부부 두 사람의 장수를 축하하네.

스님과 도사를 공손히 청하여 인사 올리고, 축수의 청당을 대청에 마련하네.

문무백관들이 하례하러 오니, 홀연 공중에서 오색구름이 내려오네.

상서로운 구름이 대청위로 깔리더니, 특별히 장수를 축하하네.

장수 축하하러 찾아온 종리권鍾離權[10], 관리 되길 원치 않아 시비를 피했지.

금으로 만든 좋은 술이라 이름지어, 특별히 장수를 축원하러 문 앞에 이르네.

세 번 대취한 여동빈呂洞賓[11], 조롱박 등에 지고 손으로 속세를 가리키네.

조롱박에서 불로장생의 약을 꺼내니, 금단을 먹으면 만년간 청춘이로세.

백발홍안의 장과로張果老[12], 매일 봉래산에 한번 다녀온다네.

밤에 운양판雲陽板을 두드리고, 손으로 옥액玉液을 받쳐들고 선도를 바치네.

도를 찾아 수행하던 이철괴李鐵拐[13], 떠돌며 도를 배우러 선계仙溪로 갔네.

밤낮 떠나지 않으니 누가 함께 하랴, 특별히 장수를 축하하러 문에 들어섰네.

도인을 좇아 배우던 한상자韓湘子[14], 조서 한 통 천신의 궁전에 올렸네.

요지로 함께 반도회蟠桃會에 가고, 해와 달과 같은 나이 만만년 청춘이로세.

바다 건너 떠돌던 조국구曹國舅[15], 정을 버린 채 도 배우러 떠돌았네.

보랏빛 인수印綬와 높은 벼슬 떨쳐버리고, 흰머리에 신선의 산가지를 꼽았네.

장수 축원하러 요지에서 온 남채화藍采和[16], 꽃과 난초를 받쳐들어 축수하네.

난초 속에 간직한 영지를 금쟁반에 꺼내어 부처님께 바치네.

뜻을 세워 수행하던 하선고荷仙姑[17], 공업이 이루어져 신선이 되었네.

직접 찾아와 장생주를 마시고, 조엽차趙葉茶를 마시네.

여덟 신선이 모두 와서 대청 앞에서 술자리를 벌이네.

공중에 또 상서로운 구름이 이르더니, 관세음보살이 천문에서 내려오네.
선재와 용녀[18]가 좌우에 나뉘어 모시고, 쌍쌍의 백학이 대청 앞에 서네.
여덟 신선이 모두 일어서고, 산백 부부는 보살께 절을 올리네.
관세음보살이 분부하길, 특별히 옥황상제의 뜻을 받들어 천궁에서 내려왔네.
두 사람은 본래 선동선녀이나, 인간세상을 그리워하여 속세로 떨어졌다네.
수십 년간 어렵게 수행하였으니, 특별히 너희를 제도하여 천궁으로 올리련다.
부부 두 사람 마음에 문득 깨달아, 백학을 타고서 구름 높이 올라가네.
여덟 신선은 각자 신선계로 돌아가고, 관세음보살은 이끌고서 하늘로 오르네.
영소전에서 옥황상제를 알현하니, 상제께서 두 사람에게 하사하시네.
향을 꽂는 삽향동자는 양산백이고, 영대 옥녀는 기를 들고 이르네.
영원히 세상 그리워 속세에 오는 일 없더니,
하늘에서 전하여 아룀은 무슨 까닭인가?
집안에서 진기한 일 거듭 말하매, 향 피우고 촛불 밝혀 천신에게 감사하네.
양씨 댁 모든 이들 도를 닦아, 나중에 역시 하늘로 올라가네.
자손에게 전해져 부귀하고, 모두들 선을 행해 충신 되네.
쌍선보권으로 모아 엮어 세상 사람에게 권하고자 세상에 남기노라.

【해제】

보권寶卷은 설창문학의 일종으로서, 당대의 변문變文과 송대의 설경說經에서 발전된 것이다. 형식상으로는 운문을 위주로 하되, 산문이 일부 섞여 있다. 초기에는 인과응보因果應報를 고취하는 불교의 이야기를 담았으며, 명대 이후에는 차츰 민간고사 혹은 현실생활에서 제재를 취하였다. 이 〈쌍선보권〉은 광서光緖 4년(1878년)에 쓰인 유보영俞步瀛의 초본抄本에 근거하였으며, 원본은 현재 영파의 양축문화공원 자료관에 소상되어 있다.

지은이 주

1) 조대고(曹大家)는 동한(東漢)의 사학자 반소(班昭, 약 49-약 120)를 가리킨다. 사학자인 반표(班彪)의 딸이자, 반고(班固)와 반초(班超)의 누이이다. 반고가 ≪한서(漢書)≫의 '팔표(八表)'와 〈천문지(天文志)〉를 완성하지 못한 채 세상을 떠나자, 황명을 받들어 마속(馬續)과 함께 집필에 참여했다. 그녀의 남편인 조세숙(曹世叔)의 성을 따라 조대고라 일컬어졌다. 주요 작품으로는 ≪동정부(東征賦)≫, ≪여계(女誡)≫ 등이 있다.

2) 채문희(蔡文姬)는 동한말 삼국시기의 재녀인 채염(蔡琰)을 가리키며, 동한의 대문학가인 채옹(蔡邕)의 딸이다. 위중도(衛仲道)에게 시집을 갔으나 남편이 죽자 친정으로 돌아왔다가, 흉노의 침입으로 인해 포로로 끌려가 흉노족과 결혼하여 두 아들을 낳았다. 12년 후에 조조(曹操)가 북방을 통일한 후 거금으로 사들인 끝에 돌아와 동사(董祀)에게 시집갔다. 주요 작품으로는 두 수의 〈비분시(悲憤詩)〉와 〈호가십팔박(胡笳十八拍)〉이 있다.

3) 원외랑(員外郎)은 지방의 유력자 혹은 재력가 등의, 정식 관원 이외의 관원을 의미한다.

4) 전해오는 이야기에 따르면, 남교(藍橋)에는 신선굴이 있는데, 이곳에서 당나라 배항(裵航)이 선녀 운영(雲英)을 만났다고 한다. 이리하여 남교는 남녀가 약속하여 만나는 곳을 의미하게 되었다.

5) 도가에 따르면, 인간에게는 삼혼(三魂)이 있으니, 곧 상령(爽靈), 태원(胎元), 유정(幽精)이 그것이다. 흔히 인간을 구성하는 모든 영혼을 삼혼칠백(三魂七魄)이라 일컫는다.

6) 송대의 官府貴家에서는 四司六局을 두어 宴席의 排設을 관장하였다. 六局은 果子局, 蜜煎局, 菜蔬局, 油燭局, 香藥局, 排辦局을 가리킨다.

7) 황제가 고관의 부모나 조상, 아내에게 작위를 하사하는 것을 가리키는데, 살아있는 이에게 하사하는 것을 봉(封)이라 하고, 죽은 이에게 하사하는 것을 증(贈)이라 한다.

8) 업장(業障)은 불교에서 수행을 방해하는 죄악을 가리킨다.

9) 탐화(探花)는 송대 이후 과거 시험의 전시(殿試)에서 일갑(一甲)의 삼등에 합격한 사람을 가리킨다.

10) 종리권(鍾離權)은 동한과 위진시기의 인물로서, 이름은 권(權), 자는 운방(雲房)이다. 동한의 대장군을 지냈다고 하여 한종리(漢鍾離)라고도 한다. 관직이 대장군에 이르렀으나 전쟁에 패해 종남산(終南山)에 들어가 수련하게 되었다고 한다.

11) 여동빈(呂洞賓)은 당(唐)나라 포주(浦州) 영락현(永樂縣) 사람으로 본명은 여암(呂嵒), 자는 동빈이고 호는 순양자(純陽子), 회도인(回道人)이다. 도교의 창시자로서, 마흔 살에 진인 정화룡(鄭火龍)을 만나 검술을 전수받고, 예순넷에 종리권(鍾離權)을 만나 단법(丹法)을 전수받았다.

12) 장과로(張果老)는 본명이 장과(張果)이며, 중국 신화 속의 팔선(八仙) 가운데 가장 나이

가 많아 이름에 '로(老)'를 덧붙여 일컫는다. 당나라 때의 유명한 연단가, 양생가이다.

13) 이철괴(李鐵拐)는 鐵拐李(철괴리)라고도 하며, 팔선 가운데의 한 사람이다. 만년에 석순산(石笋山)에서 수도하여 신선이 되었다고 한다.

14) 한상자(韓湘子)는 원명은 한상(韓湘), 자는 청부(淸夫)이다. 팔선 가운데의 한 사람으로서, 여동빈을 스승으로 받들어 도를 배웠다. 당나라 한유(韓愈)의 조카라고 여기는 이도 있다.

15) 조국구(曹國舅)는 이름이 일(佾)이고, 북송 인종(仁宗) 조태후(曹太后)의 동생이다. 한종리와 여동빈의 가르침을 받아 신선이 되었다고 한다.

16) 남채화(藍采和)는 당(唐)나라 말기(末期) 사람으로 팔선 가운데의 한 사람이다.

17) 하선고(何仙姑)는 이름이 경(瓊)이며, 당(唐)나라 측천무후(則天武后) 시대의 여선(女仙)으로 팔선 가운데 유일한 여성이다.

18) 선재(善財)는 범어로 Sudhana이며, 민간에서는 선재동자라 일컫는다. 용녀(龍女)는 법신(法神)이다. 두 사람 모두 부처를 모신다고 한다.